Prüfungsfragen in Testform

# Prüfungsfragen in Testform

Repetitorium
des steuerrechtlichen Grundwissens

407 Mehrfachwahlaufgaben

mit Lösungen

aus den Gebieten

Abgabenordnung mit Steuererhebung

Buchführung

Einkommensteuer

Lohnsteuer

Körperschaftsteuer

Gewerbesteuer

Bewertung

Umsatzsteuer

Band 2012

efv ERICH FLEISCHER VERLAG • ACHIM

# Verfasser

Regierungsdirektor a. D. Gerhard Dammeyer, Diplom-Finanzwirt (FH)

    Einkommensteuer

    Lohnsteuer

    Gewerbesteuer

    Umsatzsteuer

Steueramtfrau Almut Luhmann, Diplom-Finanzwirtin (FH)

    Abgabenordnung (ohne Steuererhebung)

Steueroberamtsrat Peter Wojcik, Diplom-Finanzwirt (FH)

    Abgabenordnung (Teil Steuererhebung)

    Buchführung

    Körperschaftsteuer

    Bewertung

---

**Bibliografische Information Der Deutschen Bibliothek**

Die Deutsche Bibliothek verzeichnet diese Publikation in der Deutschen Nationalbibliografie; detaillierte bibliografische Daten sind im Internet über http://dnb.ddb.de abrufbar.

---

ISBN 978-3-8168-5103-5

© 2012 Erich Fleischer Verlag, Achim bei Bremen

Ohne Genehmigung des Verlages ist es nicht gestattet, das Buch oder Teile daraus nachzudrucken oder auf fotomechanischem Wege zu vervielfältigen, auch nicht für Unterrichtszwecke. Auswertung durch Datenbanken oder ähnliche Einrichtungen nur mit Genehmigung des Verlages.

Herstellung: BerlinDruck GmbH + Co KG, 28832 Achim

# Vorwort zur 13. Auflage

Die hier vorgelegte Aufgabensammlung soll allen, die während ihrer Berufsausbildung Kenntnisse des Steuerrechts erwerben müssen, eine Auswahlhilfe bieten. In den Aufgabengruppen werden Grundfragen der jeweiligen Fachgebiete angeschnitten, die die künftige Steuerfachkraft beherrschen sollte. Wer die einzelnen Aufgaben zu lösen versucht, wird schnell erkennen, wo seine Wissenslücken liegen. Die Lösungshinweise werden deutlich machen, ob Faktenwissen fehlte oder falsch kombiniert wurde; sie sollen das Lehrbuch nicht ersetzen, sondern u. a. dazu anregen, einzelne Lehrbuchabschnitte noch einmal gezielt durchzuarbeiten.

Mehrere Gründe sprechen dafür, als Aufgabenform die Mehrfachwahlaufgabe zu präsentieren. Diese Aufgabenform hat sich bei den modernen Leistungstests bewährt, weil sich herausgestellt hat, dass mit ihr nicht nur Faktenwissen, sondern auch das Verständnis für komplizierte Zusammenhänge kontrolliert werden kann. Mehrfachwahlaufgaben werden zwar häufig zunächst als schwierig empfunden, weil sie ungewohnt sind; andererseits reizen sie aber eher zur Bearbeitung als herkömmliche Aufgabenstellungen, weil sie es dem Anfänger scheinbar leichter machen.

Unter den gebotenen Auswahlantworten ist eine oder sind mehrere richtig; die verschiedenen denkbaren Lösungsmöglichkeiten brauchen also – anders als bei den herkömmlichen Aufgabenstellungen – nicht ausfindig gemacht zu werden. Bei näherem Hinsehen zeigt sich allerdings, dass diese Mehrfachwahlaufgaben ihre Tücken haben. Die Auswahlantworten klingen ähnlich; auch die falschen Antworten (Distraktoren) sind nicht ganz unwahrscheinlich. Die Verfasser – mit Erfahrung als Dozenten an Bildungseinrichtungen der Finanzverwaltung und an anderen berufsbildenden Schulen – sind bemüht gewesen, sog. „Känguruhs" (völlig unsinnige Distraktoren) zu vermeiden. Die angebotenen Distraktoren entstammen zum großen Teil der Unterrichtspraxis. Auszubildende haben in schriftlichen Aufsichtsarbeiten oder mündlich diese falschen Ansichten vertreten. Damit wird ein weiterer Vorzug der Mehrfachwahlaufgabe deutlich: Die Auswahlantworten bieten neben den richtigen auch die denkbaren falschen Lösungen. Wer sich nur für die richtige(n) Lösung(en) entscheidet, zeigt, dass er über das geforderte Wissen sicher verfügt. Bei herkömmlichen Aufgabenstellungen wird die richtige Lösung oftmals nur deshalb gefunden, weil die Bearbeiter die Probleme nicht erkennen, die in die Irre führen könnten.

Um dem Benutzer eine gezielte Bearbeitung zu ermöglichen, sind die Aufgaben innerhalb der einzelnen Fachgebiete nach systematischen Gesichtspunkten geordnet. Inhaltsverzeichnisse und Zwischenüberschriften erleichtern den Überblick über die behandelten Themen. Die vorliegende 13. Auflage, der Band 2012, berücksichtigt die inzwischen eingetretenen Rechtsänderungen bis zum 31.12.2011. Soweit

Rechtsänderungen für 2012 bereits feststehen, wird im Lösungsteil darauf hingewiesen. Die umfangreichen Rechtsänderungen, insbesondere im Bereich der Einkommensteuer, machten teilweise erhebliche Änderungen gegenüber der Vorauflage erforderlich.

Die Verfasser hoffen, dass die dem neuesten Rechtsstand angepasste Aufgabensammlung wie bisher eine nützliche Hilfe insbesondere zur Vorbereitung auf Prüfungen sein wird.

Bad Eilsen, im Januar 2012 Die Verfasser

## Inhaltsübersicht

Aufgabe                                                              Seite[*]

         Arbeitsanleitung ................................................................. 13

### A. Abgabenordnung mit Steuererhebung

| Aufgabe | | Seite |
|---|---|---|
| 1–2 | Steuerliche Begriffsbestimmungen ................ (AO §§ 3–15) | 16    205 |
| 3–8 | Zuständigkeit der Finanzbehörden .................. (AO §§ 16–29) | 16    205 |
| 9–10 | Steuergeheimnis ............................................ (AO § 30) | 18    207 |
| 11–15 | Verfahrensgrundsätze .................................... (AO §§ 78–107) | 19    208 |
| 16–19 | Fristen, Wiedereinsetzung ............................. (AO §§ 108–110; BGB §§ 187–193) | 21    210 |
| 20–29 | Verwaltungsakte ............................................ (AO §§ 118–133) | 22    212 |
| 30 | Verspätungszuschlag ..................................... (AO § 152) | 26    216 |
| 31–44 | Steuerfestsetzung ........................................... (AO §§ 155–177) | 27    216 |
| 45–48 | Gesonderte Feststellung von Besteuerungsgrundlagen ............ (AO §§ 179–183) | 33    221 |
| 49–60 | Außergerichtliches Rechtsbehelfsverfahren ..................... (AO §§ 347–368) | 35    223 |
| 61–64 | Fälligkeit von Ansprüchen aus dem Steuerschuldverhältnis .... (AO §§ 220–221) | 40    226 |

[*] Erste Seitenzahl = Aufgabe, zweite Seitenzahl = Lösung

| | | | |
|---|---|---|---|
| 65–67 | Stundung (AO § 222) | 41 | 228 |
| 68–73 | Zahlung, Aufrechnung (AO §§ 224–226) | 43 | 230 |
| 74 | Zahlungsverjährung (AO §§ 228–232) | 45 | 233 |
| 75–76 | Verzinsung (AO §§ 233–239) | 46 | 234 |
| 77–80 | Säumniszuschläge (AO § 240) | 47 | 234 |

## B. Buchführung

| | | | |
|---|---|---|---|
| 81–85 | Bestandskonten | 50 | 237 |
| 86–87 | Vorsteuer und Umsatzsteuerschuld | 52 | 238 |
| 88–89 | Sachkonten und Personenkonten | 53 | 239 |
| 90–92 | Erfolgskonten | 53 | 240 |
| 93–114 | Warenkonten, Wareneinsatz, Umsatz, Rohgewinn | 55 | 241 |
| 115–118 | Rechnungsabgrenzungsposten, sonstige Forderungen und sonstige Verbindlichkeiten | 62 | 249 |
| 119–120 | Rückstellungen | 63 | 251 |
| 121–127 | Privatkonten | 64 | 251 |
| 128–129 | Kundenforderungen (Debitoren) | 66 | 254 |
| 130–132 | Gewinn- und Kapitalauswirkung von Buchungen | 67 | 254 |
| 133–140 | Jahresabschluss einschließlich Gewinnermittlung | 68 | 255 |

## C. Einkommensteuer

| | | | |
|---|---|---|---|
| 141–142 | Allgemeines............................................................................ | 72 | 259 |
| 143–144 | Steuerpflicht......................................................................... (EStG § 1) | 73 | 259 |
| 145–155 | Einkünfte, Gewinnermittlungszeiträume, Summe der Einkünfte, Altersentlastungsbetrag, Freibetrag für Land- und Forstwirte, Gesamtbetrag der Einkünfte, Einkommen, zu versteuerndes Einkommen........................ (EStG §§ 2, 3, 3c, 4, 4a, 5, 9a, 10 ff., 13, 15, 18, 19, 21, 22, 24a, 31, 32, 34g, 46) | 74 | 260 |
| 156–172 | Gewinnermittlung................................................................ (EStG §§ 4, 5, 6, 7, 9b, 9c, 11, 12) | 79 | 264 |
| 173–177 | Wechsel der Gewinnermittlungsart..................................... | 87 | 272 |
| 178–183 | Veranlagung........................................................................ (EStG §§ 25–26c) | 89 | 273 |
| 184–193 | Sonderausgaben.................................................................. (EStG §§ 9c, 10 ff.) | 92 | 275 |
| 194–206 | Kinder, Sonderfreibeträge, Einkommensteuertarif.............. (EStG §§ 24b, 31, 32, 32a) | 97 | 282 |
| 207–217 | Außergewöhnliche Belastungen......................................... (EStG §§ 33–33b) | 102 | 287 |
| 218–224 | Einkünfte aus Kapitalvermögen......................................... (EStG §§ 2, 12, 20, 32d, 36, 43 ff.) | 107 | 291 |
| 225–230 | Einkünfte aus Vermietung und Verpachtung..................... (EStG §§ 7, 9b, 21; EStDV § 9a) | 110 | 294 |
| 231–235 | Sonstige Einkünfte ............................................................ (EStG § 9a, § 22 Nr. 1 Satz 3 Buchst. a und Nr. 2, § 23; EStDV § 55) | 113 | 296 |

| | | | |
|---|---|---|---|
| 236–240 | Steuerfestsetzung, Steuerermäßigungen, Vorauszahlungen ...... (EStG §§ 34g, 35, 35a, 36, 37, 51a) | 115 | 298 |

## D. Lohnsteuer

| | | | |
|---|---|---|---|
| 241–244 | Dienstverhältnis .................................................................... (EStG § 19 Abs. 1; LStDV § 1) | 120 | 301 |
| 245–253 | Arbeitslohn ............................................................................ (EStG §§ 3, 3b, 8, 19, 38a; LStDV § 2) | 122 | 302 |
| 254–265 | Werbungskosten .................................................................... (EStG §§ 3, 3c, 9, 9a, 12) | 126 | 305 |
| 266–268 | Ermittlung der Einkünfte aus nichtselbständiger Arbeit .......... (EStG §§ 2, 9a, 19) | 132 | 310 |
| 269 | Ausstellung der Lohnsteuerkarte, Ersatzbescheinigung ........... (EStG § 39 Abs. 2, § 52b) | 134 | 311 |
| 270–280 | Eintragungen auf der Lohnsteuerkarte, Daten im ELStAM-Verfahren................................................... (EStG §§ 38b, 39, 39a, 39e, 52b) | 134 | 311 |
| 281–287 | Durchführung des Lohnsteuerabzugs...................................... (EStG §§ 39b, 39c, 41–41c, 42b; LStDV § 4) | 139 | 315 |
| 288–290 | Veranlagung von Arbeitnehmern............................................. (EStG § 46) | 143 | 317 |

## E. Körperschaftsteuer

| | | | |
|---|---|---|---|
| 291 | Allgemeines ........................................................................... | 148 | 319 |
| 292–293 | Steuerpflicht........................................................................... (KStG §§ 1, 2) | 148 | 319 |
| 294–295 | Ermittlung des Einkommens.................................................. (KStG §§ 7 ff.) | 149 | 319 |

## F. Gewerbesteuer

| | | | |
|---|---|---|---|
| 296 | Allgemeines.................................................................... | 152 | 321 |
| 297–300 | Abgrenzung des Gewerbebetriebs gegenüber der Land- und Forstwirtschaft und gegenüber der selbständigen Arbeit ........ (GewStG § 2) | 152 | 321 |
| 301–302 | Ermittlung des Gewerbeertrags ................................... (GewStG § 7) | 154 | 323 |
| 303–304 | Hinzurechnungen ........................................................ (GewStG § 8) | 155 | 324 |
| 305–307 | Kürzungen .................................................................... (GewStG § 9) | 156 | 325 |
| 308 | Maßgebender Gewerbeertrag ....................................... (GewStG § 10) | 159 | 327 |
| 309 | Steuermessbetrag ......................................................... (GewStG § 11) | 159 | 328 |
| 310 | Zerlegung des Gewerbesteuermessbetrags ................... (GewStG § 28) | 160 | 328 |

## G. Bewertung

| | | | |
|---|---|---|---|
| 311–320 | Allgemeine Bewertungsvorschriften ............................ (BewG §§ 1–16) | 162 | 329 |
| | Besondere Bewertungsvorschriften | | |
| 321–328 | a) Einheitsbewertung; Allgemeines ............................. (BewG §§ 19–32) | 165 | 332 |
| 329–330 | b) Grundvermögen ..................................................... (BewG §§ 68–94) | 167 | 334 |
| 331 | c) Betriebsvermögen ................................................... (BewG §§ 95–109) | 168 | 334 |
| 332–337 | d) Bedarfsbewertung (für die Grunderwerbsteuer) ...... (BewG §§ 138 ff.) | 169 | 334 |

## H. Umsatzsteuer

| | | | |
|---|---|---|---|
| 338–341 | Allgemeines | 174 | 337 |
| 342–348 | Unternehmer, Unternehmen (UStG § 2) | 175 | 338 |
| 349–351 | Leistungsaustausch (UStG § 1 Abs. 1 Nr. 1) | 177 | 341 |
| 352–359 | Lieferung, sonstige Leistung (UStG § 3 Abs. 1, 4, 9, 12) | 179 | 342 |
| 360–366 | Gebiete, Ort der Leistung (UStG § 1 Abs. 2 und 2a, § 3 Abs. 5a, 6 und 7, §§ 3a, 3b, 3c) | 182 | 346 |
| 367–368 | Kommissionär, Agent (UStG § 3 Abs. 3) | 185 | 349 |
| 369–375 | Unentgeltliche Wertabgaben (UStG § 3 Abs. 1b und 9a) | 186 | 349 |
| 376–378 | Innergemeinschaftlicher Erwerb (UStG § 1 Abs. 1 Nr. 5, §§ 1a, 1b) | 189 | 353 |
| 379–385 | Steuerbefreiungen (UStG §§ 4–9) | 190 | 354 |
| 386–393 | Bemessungsgrundlage, Entstehung der Steuer, Berichtigung (UStG §§ 10, 13, 17, 20) | 193 | 357 |
| 394–396 | Steuersatz (UStG § 12) | 197 | 361 |
| 397–399 | Sonderregelungen – besondere Besteuerungsformen (UStG §§ 19, 25, 25a) | 198 | 362 |
| 400–405 | Vorsteuerabzug, Berichtigung des Vorsteuerabzugs (UStG §§ 15, 15a; UStDV §§ 33, 35, 44, 45) | 200 | 363 |
| 406–407 | Besteuerungsverfahren (UStG § 18; UStDV §§ 46–48) | 203 | 366 |

# Arbeitsanleitung

Die folgenden Mehrfachwahlaufgaben enthalten jeweils einen Aufgabenstamm, der mit einer Frage endet. Bei jeder Aufgabe sind Antworten oder Aussagen vorgegeben, von denen mindestens eine Antwort oder Aussage richtig ist. Es können aber auch mehrere oder alle vorgegebenen Antworten oder Aussagen zutreffend sein. Soweit das Wort „sind" in der Fragestellung verwendet wird, soll daraus nicht gefolgert werden, dass mindestens zwei Antworten oder Aussagen zutreffen. Eine Aufgabe ist nur dann gelöst, wenn alle richtigen und keine falschen Lösungen angegeben werden.

Dem Buch ist ein Antwortbogen beigefügt, auf dem für jedes Fachgebiet die Aufgabennummern und Lösungsbuchstaben angegeben sind. Durchkreuzen Sie auf diesem Antwortbogen zu jeder Aufgabe die Buchstaben, die die richtige(n) Lösung(en) bezeichnen. Anschließend können Sie dann Ihre Ergebnisse durch Vergleich mit den richtigen Lösungsbuchstaben kontrollieren, die jeweils den Lösungshinweisen vorangestellt sind. In diesen Lösungshinweisen werden die Lösungen im Einzelnen erläutert. Das Studium der Lösungshinweise bietet den großen Vorteil, dass bereits vorhandenes Wissen wiederholt und damit vertieft wird und gleichzeitig Wissenslücken durch diese Art der Kurzkommentierung geschlossen werden.

# A. Abgabenordnung mit Steuererhebung

Steuerliche Begriffsbestimmungen
Zuständigkeit der Finanzbehörden
Steuergeheimnis
Verfahrensgrundsätze
Fristen, Wiedereinsetzung
Verwaltungsakte
Verspätungszuschlag
Steuerfestsetzung
Gesonderte Feststellung
von Besteuerungsgrundlagen
Außergerichtliches Rechtsbehelfsverfahren
Fälligkeit von Ansprüchen
aus dem Steuerschuldverhältnis
Stundung
Zahlung, Aufrechnung
Zahlungsverjährung
Verzinsung
Säumniszuschläge

## A. Abgabenordnung

## Steuerliche Begriffsbestimmungen
AO §§ 3–15

### Aufgabe 1
Welche Personen sind Amtsträger?

A. Amtlich zugezogener Sachverständiger.

B. Steuerberater.

C. Angestellter Bote im Finanzamt.

D. Regierungsinspektor.

### Aufgabe 2
Welche Personen sind Angehörige?

A. Großvater der geschiedenen Ehefrau.

B. Nichte.

C. Ehefrau des Bruders.

D. Onkel.

## Zuständigkeit der Finanzbehörden
AO §§ 16–29

### Aufgabe 3
Für welche Aufgaben ist das Lagefinanzamt örtlich zuständig?

A. Ermittlung der Einkünfte aus der Vermietung eines dem Stpfl. gehörenden Zweifamilienhauses.

B. Feststellung der Einkünfte aus einem Mietwohngrundstück, das den Brüdern Anton und Bertold je zur Hälfte gehört.

C. Feststellung der Einkünfte aus Land- und Forstwirtschaft, wenn mehrere Personen an den Einkünften beteiligt sind.

D. Feststellung des Einheitswerts für ein Betriebsgrundstück.

A. Abgabenordnung

**Aufgabe 4**
Für welche Aufgaben ist das Betriebsfinanzamt örtlich zuständig?
A. Feststellung des Einheitswerts für ein Betriebsgrundstück.
B. Gesonderte und einheitliche Feststellung des Gewinns aus selbständiger Arbeit.
C. Feststellung des Einheitswerts für Betriebe der Land- und Forstwirtschaft.
D. Gesonderte Feststellung des Gewinns aus Gewerbebetrieb.

**Aufgabe 5**
Welche Aussagen über die örtliche Zuständigkeit des Wohnsitzfinanzamts sind richtig?
A. Das Wohnsitzfinanzamt ist für die Festsetzung der Einkommensteuer zuständig.
B. Das Wohnsitzfinanzamt ist für die Ermittlung der nicht selbständig anfechtbaren Besteuerungsgrundlagen für Zwecke der Einkommensbesteuerung zuständig.
C. Das Wohnsitzfinanzamt ist für die gesonderte Feststellung von Einkünften zuständig.
D. Dem Stpfl. gehört ein vermietetes Grundstück, das in einem anderen Finanzamtsbezirk liegt. Das Wohnsitzfinanzamt ist für die Ermittlung der Einkünfte aus der Vermietung des Grundstücks zuständig.

**Aufgabe 6**
A wohnt mit seiner Ehefrau in Goslar. In Hildesheim betreibt er eine Gastwirtschaft und in Herzberg einen Betrieb der Land- und Forstwirtschaft. Die Geschäftsleitung für beide Betriebe befindet sich in Hildesheim. Die Ehefrau des A übt in Wolfenbüttel eine Rechtsanwaltspraxis aus.

Welche Aussagen über die örtliche Zuständigkeit für die Umsatzbesteuerung sind richtig?
A. Das Finanzamt Goslar ist für die Umsatzbesteuerung des A zuständig.
B. Das Finanzamt Herzberg ist für die Umsatzbesteuerung des Betriebs der Land- und Forstwirtschaft zuständig, das Finanzamt Hildesheim für die Umsatzbesteuerung der Gastwirtschaft.
C. Das Finanzamt Hildesheim ist für die Umsatzbesteuerung des A zuständig.
D. Das Finanzamt Goslar ist für die Umsatzbesteuerung der Ehefrau des A zuständig.

## A. Abgabenordnung

**Aufgabe 7**

Sachverhalt wie unter Aufgabe 6.

Welche Aussagen über die örtliche Zuständigkeit sind richtig?

A. Das Finanzamt Wolfenbüttel hat den Gewinn aus der Rechtsanwaltspraxis festzustellen.

B. Das Finanzamt Herzberg hat den Gewinn aus Land- und Forstwirtschaft festzustellen.

C. Das Finanzamt Hildesheim hat den Gewinn aus Land- und Forstwirtschaft festzustellen, weil sich die Geschäftsleitung im Bezirk des Finanzamts Hildesheim befindet.

D. Das Finanzamt Hildesheim hat den Gewinn aus der Gastwirtschaft festzustellen.

**Aufgabe 8**

Sachverhalt wie unter Aufgabe 6.

Welche Aussagen über die örtliche Zuständigkeit sind richtig?

A. Der Einheitswert für den Betrieb der Land- und Forstwirtschaft ist vom Finanzamt Herzberg festzustellen.

B. Das Finanzamt Hildesheim hat den Einheitswert für den Betrieb der Land- und Forstwirtschaft festzustellen, weil sich die Geschäftsleitung im Bezirk des Finanzamts Hildesheim befindet.

C. Das Finanzamt Goslar ist für die Einkommensteuerveranlagung der Ehegatten zuständig.

D. Das Finanzamt Wolfenbüttel ist für die Einkommensteuerveranlagung der Ehefrau zuständig.

## Steuergeheimnis

AO § 30

**Aufgabe 9**

Steuerinspektor A lässt die Steuerakten des auf seinem Veranlagungsplatz geführten Bauunternehmers Kalk versehentlich in der Kantine des Finanzamts Y liegen.

Die dort mit Kantinenarbeiten beschäftigte Verwaltungsarbeiterin Putz benutzt die Gelegenheit, sich anhand der Akten einen Überblick über die Einkommensverhältnisse des Kalk zu verschaffen. Abends teilt sie das Gelesene ihrem Ehemann mit.

# A. Abgabenordnung

Herr Putz, der als Sachbearbeiter in der Grunderwerbsteuerstelle des Finanzamts Y tätig ist, erzählt am folgenden Tag das Erfahrene seinem Mitarbeiter. Frau Putz ist bei ihrer Einstellung für den öffentlichen Dienst besonders verpflichtet worden.

Welche Aussagen über die Verletzung des Steuergeheimnisses sind richtig?

A. A hat das Steuergeheimnis verletzt.

B. A hat das Steuergeheimnis nicht verletzt, weil er nicht die Absicht hatte, die Verhältnisse des Kalk zu offenbaren.

C. Frau Putz hat das Steuergeheimnis nicht verletzt, weil sie die Verhältnisse des Kalk einem Amtsträger offenbart.

D. Herr Putz hat das Steuergeheimnis nicht verletzt, weil er die Verhältnisse des Kalk einem Amtsträger während der Dienststunden mitteilt.

**Aufgabe 10**

Steuerinspektor B ist im Finanzamt als Amtsprüfer tätig. In welchen Fällen verletzt er das Steuergeheimnis?

A. B erzählt auf einer Gartenparty, in seinem Wohnort lebten mehrere bekannte Schauspieler. Einer sei bereits dreimal geschieden. B sind diese Verhältnisse im Steuerfestsetzungsverfahren bekannt geworden.

B. B erzählt seinem Nachbarn X, er habe dienstlich erfahren, dass der Bauunternehmer Kalk für einen Sanatoriumsaufenthalt 10.000 € aufgewandt habe. X war diese Tatsache aus Gesprächen mit seinem Freund Kalk bereits bekannt.

C. B erzählt seiner Ehefrau, dass der Kreistagsabgeordnete Y einen Strafprozess verloren habe. B hat diese Tatsache einem Gespräch entnommen, das zwei Kollegen beim Mittagessen in der Kantine des Finanzamts führten.

D. B erzählt dem befreundeten Steuerinspektor Y, die Ehefrau des Autofabrikanten Z habe zwei uneheliche Kinder. B hat diese Tatsache im Veranlagungsverfahren erfahren.

## Verfahrensgrundsätze
AO §§ 78–107

**Aufgabe 11**

In welchen Fällen ist ein Amtsträger nach § 82 AO ausgeschlossen?

A. Fertigung der Abschrift eines für seine Cousine bestimmten Verwaltungsakts.

B. Erstellung einer Probeberechnung zur Einkommensteuerfestsetzung für den Stiefvater.

## A. Abgabenordnung

C. Abschließende Zeichnung der für seinen Freund bestimmten Einkommensteuerfestsetzung.

D. Anforderung der Einkommensteuererklärung 01 von seinem Neffen auf Weisung eines Vorgesetzten.

**Aufgabe 12**

Welche Aussagen zu § 83 AO (Besorgnis der Befangenheit) sind richtig?

A. Ein Amtsträger hat sich der Mitwirkung zu enthalten, wenn der Stpfl. ernste private Auseinandersetzungen mit ihm behauptet.

B. Ein Amtsträger hat gem. § 83 AO den Vorsteher zu unterrichten, wenn der Stpfl. erklärt, der Amtsträger dürfe seine Einkommensteuerveranlagung nicht durchführen, weil er fachlich nicht hinreichend vorgebildet sei.

C. § 83 AO räumt dem Stpfl. kein selbständiges Recht zur Ablehnung von Amtsträgern ein.

D. Ein Amtsträger hat den Vorsteher zu unterrichten, wenn er seine Verlobte veranlagen will.

**Aufgabe 13**

Welche Aussagen zur Handlungsfähigkeit sind zutreffend?

A. Die rechtswirksame Abgabe einer Steuererklärung setzt Handlungsfähigkeit voraus.

B. Wer nach BGB rechtsfähig ist, ist auch handlungsfähig.

C. Volljährige sind immer handlungsfähig.

D. Beschränkt Geschäftsfähige können in bestimmtem Umfang handlungsfähig sein.

**Aufgabe 14**

Welche Aussagen zu den Besteuerungsgrundsätzen sind zutreffend?

A. Das Finanzamt hat im Besteuerungsverfahren von Amts wegen die für den Stpfl. günstigen Umstände zu berücksichtigen.

B. Das Finanzamt hat die Steuer nach Maßgabe der Gesetze gleichmäßig festzusetzen.

C. Das Finanzamt darf dritte Personen ohne weitere Voraussetzung zur Klärung eines Steuerfalls zur Auskunftserteilung heranziehen.

D. Das Finanzamt kann in jedem Fall eine Auskunftserteilung an Amtsstelle anordnen.

A. Abgabenordnung

## Aufgabe 15
Welche der folgenden Personen haben der Finanzbehörde gegenüber ein Auskunftsverweigerungsrecht?

A. Der Gewerbetreibende G in seiner Einkommensteuerangelegenheit.

B. Der Bruder des G in der Einkommensteuersache des G.

C. Die Tante des G in der Einkommensteuersache des G.

D. Der Verleger einer Tageszeitung hinsichtlich der Identität eines Inserenten zwecks unbefugter Hilfe in Steuersachen (Chiffreanzeige).

## Fristen, Wiedereinsetzung
AO §§ 108–110, BGB §§ 187–193

## Aufgabe 16
Welche Aussagen zu Fristen sind richtig?

A. Es handelt sich um eine Frist, wenn das Finanzamt den Stpfl. A auffordert, zur Erteilung einer mündlichen Auskunft am 15.12.01 im Finanzamt zu erscheinen.

B. Gesetzliche Fristen können stets verlängert werden.

C. Behördliche Fristen können stets verlängert werden.

D. Die Rechtsbehelfsfrist ist eine Ausschlussfrist.

## Aufgabe 17
Der Einkommensteuerbescheid 01 wurde am 25.02.03 mit einfachem Brief zur Post gegeben.

Kalenderauszug:

| | | | |
|---|---|---|---|
| 25.02.03 | Donnerstag | 26.03.03 | Freitag |
| 26.02.03 | Freitag | 27.03.03 | Samstag |
| 27.02.03 | Samstag | 28.03.03 | Sonntag |
| 28.02.03 | Sonntag | 29.03.03 | Montag |
| 01.03.03 | Montag | 30.03.03 | Dienstag |
| 02.03.03 | Dienstag | 31.03.03 | Mittwoch |
| 03.03.03 | Mittwoch | 01.04.03 | Donnerstag |

Wann ist der Einkommensteuerbescheid 01 unanfechtbar geworden?

A. Mit Ablauf des 28.03.03.

## A. Abgabenordnung

- B. Mit Ablauf des 29.03.03.
- C. Mit Ablauf des 31.03.03.
- D. Mit Ablauf des 01.04.03.

**Aufgabe 18**

Welche der folgenden Aussagen zur Wiedereinsetzung in den vorigen Stand sind zutreffend?

- A. Für die Annahme eines Verschuldens i. S. des § 110 AO genügt einfache Fahrlässigkeit.
- B. Eine Wiedereinsetzung ist nur auf Antrag zulässig.
- C. Auch bei Versäumnis der Monatsfrist (§ 110 Abs. 2 Satz 1 AO) kann eine Wiedereinsetzung in Betracht kommen.
- D. Das Verschulden von Hilfspersonen ist dem Stpfl. stets zuzurechnen.

**Aufgabe 19**

In welchen der folgenden Fälle liegt kein Verschulden i. S. des § 110 AO vor?

- A. Der Stpfl. beruft sich auf Arbeitsüberlastung.
- B. Der Stpfl. beurteilt die Rechtslage falsch und legt deshalb keinen Einspruch ein.
- C. Während eines 5-wöchigen Spanienurlaubs eines Arbeitnehmers wird der Einkommensteuerbescheid bekannt gegeben und unanfechtbar.
- D. Die Einspruchsfrist wurde um nur einen Tag überschritten.

## Verwaltungsakte

AO §§ 118–133

**Aufgabe 20**

In welchen Fällen handelt es sich um einen Verwaltungsakt im Sinne der AO?

- A. Bewilligung einer Stundung.
- B. Ablehnung eines Erlassantrags.
- C. Niederschlagung einer Einkommensteuerabschlusszahlung gem. § 261 AO.
- D. Vertrag zwischen einem Finanzamtsvorsteher und einem Grundstückseigentümer über die Anmietung von Diensträumen.

A. Abgabenordnung

## Aufgabe 21
In welchen Fällen liegt eine wirksame Bekanntgabe eines Verwaltungsakts vor?

A. Der Einkommensteuerbescheid 01 ist vom Briefträger in den Hausbriefkasten des A eingeworfen worden. Der minderjährige Sohn des A vernichtet den Verwaltungsakt.

B. Der Einkommensteuerbescheid 01 wird dem Stpfl. im Finanzamt ausgehändigt.

C. Der Vorsteher des Finanzamts teilt dem Stpfl. mündlich mit, die Einkommensteuerabschlusszahlung 01 in Höhe von 2.000 € werde ihm hiermit erlassen.

D. Dem Stpfl. ist der Einkommensteuerbescheid durch die Post übermittelt worden. Der Bescheid weist aufgrund fehlerhafter Rechtsanwendung eine falsche Steuerschuld aus.

## Aufgabe 22
Welche Rechtsfolgen treten mit Bekanntgabe eines Verwaltungsakts ein?

A. Der Verwaltungsakt wird wirksam.

B. Der Verwaltungsakt wird anfechtbar.

C. Der Verwaltungsakt darf vom Finanzamt grundsätzlich nicht mehr jederzeit geändert werden.

D. Die Rechtsbehelfsfrist beginnt.

## Aufgabe 23
A hat eine Einkommensteuer-Abschlusszahlung 01 in Höhe von 5.000 € zu entrichten. Der Betrag ist am 01.07.02 fällig.

Am 25.06.02 bittet A fernmündlich den zuständigen Sachgebietsleiter M, die Abschlusszahlung bis zum 01.11.02 zu stunden, da er bei termingerechter Zahlung in erhebliche Zahlungsschwierigkeiten geraten würde. M erklärt dem Stpfl., er sei mit einer Stundung bis zum 01.11.02 einverstanden.

Welche Aussagen zu dem Sachverhalt sind richtig?

A. Mit der Zustimmungserklärung von M ist ein Verwaltungsakt entstanden.

B. Der Verwaltungsakt ist mit der Zustimmungserklärung wirksam geworden.

C. Der Verwaltungsakt darf widerrufen werden, wenn dem Finanzamt der Stundungszeitraum nachträglich als zu lang bemessen erscheint.

D. Ein Widerruf der Stundung ist nicht zulässig.

## A. Abgabenordnung

**Aufgabe 24**

Die Ehegatten Herbert und Luise Grabert (G) leben laut Angabe in der Einkommensteuererklärung 01 seit dem 01.07.01 dauernd getrennt. Sie beantragen für 01 die Zusammenveranlagung. Herbert G wohnt in Hannover, Gartenstraße 2, Luise G in Hannover, Gartenstraße 8.

Das Finanzamt veranlagt die Ehegatten am 01.07.02 für das Jahr 01 zu einer Einkommensteuer von 3.000 €. Es erlässt einen zusammengefassten Steuerbescheid, gerichtet an

>Herrn Herbert Grabert
>Gartenstraße 2
>
>und Frau Luise Grabert
>
>Gartenstraße 8
>30453 Hannover

Im Übrigen erteilt das Finanzamt einen Steuerbescheid, den es mit folgender Anschrift am 05.07.02 zur Post aufgibt:

>Herrn und Frau
>Herbert Grabert
>
>Gartenstraße 2
>30453 Hannover

Herr G leitet den Bescheid am 20.07.02 seiner Ehefrau zur Kenntnisnahme zu.

Welche Aussagen zu dem erlassenen Verwaltungsakt sind richtig?

A. Es ist zulässig, dass für die Ehegatten G ein zusammengefasster Steuerbescheid erging.

B. Der Einkommensteuerbescheid ist beiden Ehegatten wirksam bekannt gegeben worden.

C. Der Einkommensteuerbescheid gilt dem Ehemann am 08.07.02 als bekannt gegeben.

D. Der Einkommensteuerbescheid ist keinem Ehegatten gegenüber wirksam bekannt gegeben worden.

**Aufgabe 25**

A ist 17 Jahre alt. Er ist von seinen Eltern mit Genehmigung des Vormundschaftsgerichts zum selbständigen Betrieb eines Lederwarengeschäfts ermächtigt worden. Neben den Einkünften aus Gewerbebetrieb bezieht A noch Einkünfte aus Kapitalvermögen.

Welche Aussagen zu den A betreffenden Bescheiden sind richtig?

## A. Abgabenordnung

A. Der Umsatzsteuerbescheid ist A bekannt zu geben.
B. Der Einkommensteuerbescheid ist den Eltern von A bekannt zu geben.
C. A ist Schuldner der Einkommensteuer und Umsatzsteuer.
D. Alle A betreffenden Steuerbescheide sind seinen Eltern bekannt zu geben.

**Aufgabe 26**

Das Finanzamt veranlagte den Stpfl. D für das Jahr 01 zu einer Einkommensteuer von 5.000 €. Der Bescheid wurde im Dezember 02 bekannt gegeben. Im Februar 03 geht beim Finanzamt folgendes Schreiben des D ein:

„Beim Ausfüllen meiner Einkommensteuer-Erklärung 01 habe ich die Einkünfte aus selbständiger Arbeit (Vergütung für die Tätigkeit als Aufsichtsratsmitglied) versehentlich mit 6.320 € statt mit 3.620 € angegeben. Ich bitte, den Steuerbescheid 01 entsprechend zu berichtigen."

Bei Bearbeitung des Antrags stellt das Finanzamt fest, dass der Bescheid noch einen weiteren Fehler enthält. Auf das zu versteuernde Einkommen des D wurde anstatt des zutreffenden Splittingtarifs der Grundtarif angewendet, weil dem Bearbeiter bei der Eingabe der Grunddaten ein Fehler unterlaufen war (kein Rechtsirrtum).

Eine Gewinnermittlung zu den Einkünften aus § 18 EStG lag dem Finanzamt nicht vor.

Welche Aussagen über eine Berichtigung des Bescheides nach § 129 AO sind richtig?

A. Der Einkommensteuerbescheid darf nicht nach § 129 AO berichtigt werden.
B. Der Einkommensteuerbescheid darf bezüglich des Schreibfehlers des D nach § 129 AO berichtigt werden.
C. Der Einkommensteuerbescheid darf hinsichtlich des Tariffehlers nach § 129 AO berichtigt werden, obwohl er bereits unanfechtbar geworden ist.
D. Der Einkommensteuerbescheid darf nach § 129 AO berichtigt werden. Der Stpfl. hat jedoch keinen Rechtsanspruch auf die Berichtigung (Ermessensentscheidung).

**Aufgabe 27**

Gegen A ist wegen verspäteter Beantwortung einer Rückfrage zur Einkommensteuererklärung 01 ein Verspätungszuschlag in Höhe von 30 € (5 % der Einkommensteuerschuld) festgesetzt worden.

Welche Aussagen über den erlassenen Verwaltungsakt sind richtig?

A. Es handelt sich um einen nicht begünstigenden Verwaltungsakt.

## A. Abgabenordnung

B. Es handelt sich um einen rechtmäßigen Verwaltungsakt.

C. Der Verwaltungsakt darf nach § 130 Abs. 1 AO zurückgenommen werden.

D. Der Verwaltungsakt darf nach § 129 AO berichtigt werden.

## Aufgabe 28

A begründet den Antrag auf Stundung der Einkommensteuerabschlusszahlung 01 damit, dass er bei termingerechter Entrichtung des Betrags in erhebliche Zahlungsschwierigkeiten geraten würde. Das Finanzamt entspricht seinem Antrag. 3 Monate später erfährt das Finanzamt, dass A bei Beantragung der Stundung entgegen seinen Angaben ein Sparguthaben von 50.000 € hatte.

Welche Aussagen zu dem erlassenen Verwaltungsakt (Stundung) sind richtig?

A. Der Verwaltungsakt ist rechtswidrig.

B. Der Verwaltungsakt darf zurückgenommen werden.

C. Der Verwaltungsakt darf mit rückwirkender Kraft zurückgenommen werden.

D. Der Verwaltungsakt darf nur mit zukünftiger Wirkung zurückgenommen werden.

## Aufgabe 29

Das Finanzamt hat A am 05.07.02 die Einkommensteuerabschlusszahlung 01 in Höhe von 3.000 € mit Wirkung vom 10.07.02 bis zum 01.12.02 gestundet. Die Voraussetzungen des § 222 AO waren erfüllt. Einen Widerruf des Verwaltungsakts hat sich das Finanzamt nicht vorbehalten. Am 01.08.02 erbt A 50.000 €.

Welche Aussagen zu dem erlassenen Verwaltungsakt sind richtig?

A. Die Stundung ist ein rechtswidriger begünstigender Verwaltungsakt.

B. Die Stundung ist ein rechtmäßiger begünstigender Verwaltungsakt.

C. Das Finanzamt darf die Stundung nach dem Erbfall widerrufen.

D. Das Finanzamt darf die Stundung auch mit Wirkung für die Vergangenheit widerrufen.

## Verspätungszuschlag

AO § 152

## Aufgabe 30

Welche Aussagen zum Verspätungszuschlag sind richtig?

## A. Abgabenordnung

A. Ein Verspätungszuschlag darf festgesetzt werden, wenn ein Stpfl. die Einkommensteuerabschlusszahlung schuldhaft verspätet entrichtet.

B. Ein Verspätungszuschlag darf festgesetzt werden, wenn ein Stpfl. eine Steueranmeldung schuldhaft verspätet einreicht.

C. Der Verspätungszuschlag ist auf 50 € festgesetzt worden (Einkommensteuerschuld 500 €). Nach Unanfechtbarkeit des Einkommensteuerbescheides wird die Einkommensteuerschuld auf 300 € geändert. Der Verspätungszuschlag ist ebenfalls herabzusetzen.

D. Die Festsetzung des Verspätungszuschlags ist – auch wenn sie mit der Steuerfestsetzung verbunden ist – ein selbständig anfechtbarer Verwaltungsakt.

## Steuerfestsetzung

AO §§ 155–177

### Aufgabe 31

Welche Aussagen über Steuerbescheide sind richtig?

A. Steuerbescheide sind stets schriftlich zu erteilen.

B. Bei allen Steuerbescheiden beginnt die Rechtsbehelfsfrist nur, wenn dem Stpfl. eine Rechtsbehelfsbelehrung bekannt gegeben worden ist.

C. Freistellungsbescheide sind Steuerbescheide.

D. Schriftliche Steuerbescheide müssen die Höhe der festgesetzten Steuer ausweisen.

### Aufgabe 32

Welche Verwaltungsakte können unter dem Vorbehalt der Nachprüfung erteilt werden?

A. Freistellungsbescheide.

B. Feststellungsbescheide.

C. Steuermessbescheide.

D. Stundungsverfügungen.

### Aufgabe 33

Welche Aussagen über Steuerfestsetzungen unter dem Vorbehalt der Nachprüfung sind richtig?

## A. Abgabenordnung

A. Die Steuerfestsetzungen können bis zum Ablauf der Festsetzungsfrist jederzeit geändert werden.

B. Die Steuerfestsetzungen müssen vor Ablauf der Festsetzungsfrist abschließend geprüft werden.

C. Es ist zulässig, den Vorbehalt der Nachprüfung auf einzelne Besteuerungsgrundlagen des Steuerbescheides zu beschränken.

D. Steuerfestsetzungen unter dem Vorbehalt der Nachprüfung liegen nur vor, wenn der Vorbehalt ausdrücklich im Steuerbescheid angegeben ist.

**Aufgabe 34**

Bei Durchführung der Einkommensteuerveranlagung 01 stellt das Finanzamt fest, dass die AfA nach § 7 EStG nicht genau berechnet werden kann, weil Meinungsverschiedenheiten zwischen dem Stpfl. und dem Bauunternehmer über die Höhe der Baukosten des vermieteten Zweifamilienhauses bestehen. Außerdem hat der zuständige Sachbearbeiter Zweifel, ob geltend gemachte Aufwendungen als außergewöhnliche Belastungen berücksichtigt werden können.

Welche Aussagen zur Vorläufigkeit der Steuerfestsetzung sind richtig?

A. Das Finanzamt kann die Einkommensteuer 01 in vollem Umfang vorläufig festsetzen.

B. Das Finanzamt kann die Einkommensteuer 01 nur insoweit vorläufig festsetzen, als sie auf die beiden unklaren Punkte entfällt.

C. Das Finanzamt kann die Einkommensteuer 01 nur insoweit vorläufig festsetzen, als sie auf die AfA nach § 7 EStG entfällt.

D. Das Finanzamt darf die Einkommensteuer 01 nur insoweit vorläufig festsetzen, als Ungewissheit in tatsächlicher Hinsicht über Besteuerungsgrundlagen besteht.

**Aufgabe 35**

Welche Aussagen über Steueranmeldungen sind richtig?

A. Steueranmeldungen sind Steuererklärungen, in denen der Stpfl. die Steuerschuld selbst berechnet hat.

B. Mit Eingang einer Steueranmeldung beim Finanzamt liegt stets eine Steuerfestsetzung unter Vorbehalt der Nachprüfung vor.

C. Umsatzsteuerjahreserklärungen, Lohnsteueranmeldungen und Umsatzsteuervoranmeldungen sind Steueranmeldungen.

D. Gegen Steueranmeldungen ist als Rechtsbehelf der Einspruch gegeben.

# A. Abgabenordnung

## Aufgabe 36

U hat die Umsatzsteuerjahreserklärung 01 mit einer selbst errechneten Zahllast von 3.000 € am 06.06.02 beim Finanzamt eingereicht. Die Erklärung wird vom zuständigen Bearbeiter des Innendienstes am 21.06.02 abschließend geprüft. Da sich Beanstandungen nicht ergeben, nimmt das Finanzamt keine weiteren Handlungen vor. Am 01.09.02 geht beim Finanzamt eine Kontrollmitteilung ein. Daraus ergibt sich, dass U im Kalenderjahr 01 Umsätze in Höhe von 8.000 € nicht der Umsatzsteuer unterworfen hat.

Welche Handlungen hat das Finanzamt vorzunehmen?

A. Die Umsatzsteuer 01 in Höhe von 3.000 € ist durch schriftlichen Bescheid festzusetzen.

B. Der Vorbehalt der Nachprüfung ist nach der abschließenden Prüfung des Steuerfalles am 21.06.02 aufzuheben.

C. Der Umsatzsteuerbescheid 01 ist nach Eingang der Kontrollmitteilung gem. § 173 Abs. 1 Nr. 1 AO zu ändern.

D. Ein schriftlicher Änderungsbescheid ohne Vorbehalt der Nachprüfung ist zu erteilen.

## Aufgabe 37

A hat die Umsatzsteuerjahreserklärung 01 mit einer selbst errechneten Zahllast von 5.000 € am 05.05.02 beim Finanzamt eingereicht. Auf die Einlegung eines Einspruchs hat A für den Fall verzichtet, dass die Steuer nicht abweichend von der Erklärung festgesetzt wird.

Am 20.05.02 gibt der Stpfl. eine berichtigte Umsatzsteuerjahreserklärung 01 über eine Zahllast von 4.200 € ab.

Wie ist der Sachverhalt zu beurteilen?

A. Mit Eingang der Umsatzsteuerjahreserklärung beim Finanzamt liegt eine unanfechtbare Steuerfestsetzung über 5.000 € vor.

B. Auf die Einlegung des Rechtsbehelfs kann erst nach Erlass des Steuerbescheides verzichtet werden.

C. Die Steuerfestsetzung kann auch nach Unanfechtbarkeit bis zum Ablauf der Festsetzungsfrist geändert werden.

D. Mit Eingang der berichtigten Umsatzsteuerjahreserklärung beim Finanzamt liegt eine neue Steuerfestsetzung über 4.200 € vor.

## A. Abgabenordnung

**Aufgabe 38**

A hat die Einkommensteuererklärung 00 am 02.09.02 und die Gewerbesteuererklärung 01 am 05.02.05 beim Finanzamt eingereicht. Die Einkommensteuererklärung 01 ist trotz Festsetzung eines Zwangsgeldes nicht eingereicht worden.

Welche Aussagen zur Festsetzungsverjährung sind richtig?

A. Die Steuern (Gewerbesteuermessbetrag, Einkommensteuer 00 und 01) dürfen nach Ablauf des 31.12.05 nicht mehr festgesetzt werden.

B. Die Einkommensteuer 00 darf nach Ablauf des 31.12.06 nicht mehr festgesetzt werden.

C. Der Gewerbesteuermessbetrag darf nach Ablauf des 31.12.08 nicht mehr festgesetzt werden.

D. Die Einkommensteuer 01 darf nach Ablauf des 31.12.08 nicht mehr festgesetzt werden.

**Aufgabe 39**

Die Festsetzungsfrist für die Durchführung der Einkommensteuerveranlagung 01 des A endet mit Ablauf des 31.12.06. Der Steuerbescheid wird am 31.12.06 mit der Post aufgegeben und am 03.01.07 in den Hausbriefkasten des A eingeworfen. Gegen den Bescheid legt A Ende Januar Einspruch ein, über den mit Ablauf des 20.06.07 unanfechtbar entschieden wird.

Welche Aussagen zur Festsetzungsverjährung sind richtig?

A. Die Steuerfestsetzung durfte wegen Ablaufs der Festsetzungsfrist nicht mehr erfolgen.

B. Der Einspruch musste der Sache nach erfolglos bleiben, weil die Festsetzungsfrist bereits abgelaufen war.

C. Die Festsetzungsfrist endet mit Ablauf des 20.06.07.

D. Die Festsetzungsfrist für die Einkommensteuer 01 ist gewahrt, weil der Steuerbescheid vor Ablauf der Festsetzungsfrist den Bereich der Finanzbehörde verlassen hat.

**Aufgabe 40**

Aufgrund eines Additionsfehlers des Sachbearbeiters wird die Einkommensteuerschuld des A für das Jahr 01 statt mit 5.000 € auf 500 € festgesetzt. Die Bekanntgabe des Bescheides erfolgte am 01.10.06. Im April 07 entdeckt das Finanzamt diesen Fehler. Gleichzeitig stellt es anhand einer Kontrollmitteilung fest, dass bei der Veranlagung 01 Einkünfte aus Vermietung und Verpachtung mit einer steuerlichen Auswirkung von 800 € nicht erfasst worden sind. Insoweit liegen neue Tatsachen vor. Eine leichtfertige Steuerverkürzung durch A ist nicht anzunehmen. Die Einkommensteuererklärung 01 hat A am 01.04.02 eingereicht.

Welche Aussagen zur Änderung des Steuerbescheides sind richtig?

A. Das Finanzamt darf den Einkommensteuerbescheid 01 im Jahr 07 nicht mehr ändern.

B. Das Finanzamt darf den Einkommensteuerbescheid 01 bis zum Ablauf des 01.10.07 ändern.

C. Das Finanzamt darf bis zum Ablauf des 01.10.07 einen Steuerbescheid 01 mit einer auf 5.800 € geänderten Steuerschuld erlassen.

D. Das Finanzamt darf nur den Additionsfehler bis zum 01.10.07 berichtigen.

## Aufgabe 41

Bei Feststellung des Einheitswerts für den land- und forstwirtschaftlichen Betrieb des A sind dem Finanzamt zwei Rechtsfehler zuungunsten des Stpfl. unterlaufen. Innerhalb der Rechtsbehelfsfrist beantragt A mündlich eine schlichte Änderung des Feststellungsbescheids gem. § 172 Abs. 1 Nr. 2 Buchst. a AO bezüglich des einen Fehlers über 20.000 €. Der dem Fehler zugrunde liegende konkrete Lebenssachverhalt wird von A genau beschrieben. Nach Ablauf der Rechtsbehelfsfrist, aber vor Änderung des fehlerhaften Verwaltungsakts bittet A, auch den zweiten Rechtsfehler über 30.000 € in die Korrektur einzubeziehen.

Wie ist zu entscheiden?

A. Den Anträgen des A kann nicht entsprochen werden, weil Feststellungsbescheide nicht nach § 172 Abs. 1 Nr. 2 Buchst. a AO geändert werden dürfen.

B. Eine mündliche Antragstellung steht einer schlichten Änderung nicht entgegen.

C. Das Finanzamt darf den Bescheid bezüglich des Rechtsfehlers über 20.000 € nach § 172 Abs. 1 Nr. 2 Buchst. a AO ändern.

D. Das Finanzamt darf auch den begründeten Erweiterungsantrag über 30.000 € in die Änderung einbeziehen.

## Aufgabe 42

A ist am 01.03.03 nach Erklärung zur Einkommensteuer 01 veranlagt worden. Der Bescheid wurde ihm am 20.03.03 bekannt gegeben. Aus einer der zuständigen Amtsprüfungsstelle am 15.03.03 von der Außenprüfungsstelle zugeleiteten Kontrollmitteilung ergibt sich, dass A aus einem privaten Veräußerungsgeschäft im Jahr 01 nach § 22 Nr. 2 EStG zu erfassende Einkünfte von 15.000 € bezogen hat. A hatte diese Einkünfte nicht erklärt.

## A. Abgabenordnung

Die Außenprüfungsstelle hatte die Kontrollmitteilung am 15.02.03 ausgefertigt, aufgrund eines Versehens jedoch erst am 15.03.03 der Amtsprüfungsstelle zugeleitet.

Liegen hinsichtlich der Einkünfte aus dem privaten Veräußerungsgeschäft neue Tatsachen gem. § 173 AO vor?

A. Neue Tatsachen liegen nicht vor, weil die zuständige Amtsprüfungsstelle vor Bekanntgabe des Bescheides Kenntnis von den Einkünften erlangt hat.

B. Es liegen neue Tatsachen vor, weil die zuständige Amtsprüfungsstelle im Zeitpunkt der Veranlagung (Unterzeichnung der Verfügung) keine Kenntnis von den Einkünften hatte.

C. Neue Tatsachen liegen nicht vor, weil das Finanzamt (Außenprüfungsstelle) im Zeitpunkt der Veranlagung Kenntnis von den Einkünften hatte.

D. Neue Tatsachen liegen nicht vor, weil das Finanzamt seine Ermittlungspflicht verletzt hat.

**Aufgabe 43**

Am 01.08.02 setzte das zuständige Finanzamt die Einkommensteuerschuld 01 des Stpfl. F auf 4.000 € fest. Der Einkommensteuerbescheid 01 wurde im September 02 unanfechtbar.

Im November 02 erfährt das Finanzamt durch eine Kontrollmitteilung, dass F im Jahr 01 bezogene Einkünfte aus Vermietung und Verpachtung mit einer einkommensteuerlichen Auswirkung von 320 € nicht erklärt hat.

Zur Stellungnahme aufgefordert, teilt F mit, dass er die Einkünfte aus Vermietung und Verpachtung versehentlich nicht angegeben habe. Einer Berichtigung des Bescheids bezüglich dieser Einkünfte würde er jedoch nicht zustimmen. Im Übrigen sei ihm bei Durchsicht seiner Unterlagen aufgefallen, dass er Sonderausgaben mit einer einkommensteuerlichen Auswirkung von 420 € bisher nicht geltend gemacht habe. Insoweit beantrage er nunmehr die Berichtigung des Einkommensteuerbescheids 01.

Die Angaben des Stpfl. sind zutreffend. Den Stpfl. trifft kein grobes Verschulden, dass die Sonderausgaben erst nachträglich bekannt werden.

Wie ist der Sachverhalt im Hinblick auf § 173 AO zu beurteilen?

A. Bezüglich der Einkünfte aus Vermietung und Verpachtung liegen neue Tatsachen vor.

B. Der Steuerbescheid ist nach § 173 Abs. 1 AO zu ändern.

C. Die berichtigte Einkommensteuerschuld beträgt 3.900 €.

D. Hinsichtlich der Sonderausgaben liegen neue Tatsachen vor.

# A. Abgabenordnung

## Aufgabe 44

| Unanfechtbare Einkommen-steuerschuld | Erhöhung der Steuer durch neue Tatsachen gem. § 173 Abs. 1 Nr. 1 AO | Minderung der Steuer durch neue Tatsachen gem. § 173 Abs. 1 Nr. 2 AO (kein grobes Verschulden des Stpfl.) | Erhöhung der Steuer durch Rechtsfehler des Finanzamts | Minderung der Steuer durch Rechtsfehler des Finanzamts |
|---|---|---|---|---|
| € | € | € | € | € |
| a) 20.000 | + 3.000 | – | + 1.000 | ./. 1.500 |
| b) 20.000 | + 3.000 | – | + 1.000 | ./. 800 |
| c) 20.000 | – | ./. 3.000 | + 2.000 | ./. 2.500 |
| d) 20.000 | + 4.000 | ./. 3.000 | + 2.000 | ./. 6.500 |

Wie hoch ist die berichtigte Einkommensteuer?

A. Im Fall a)    22.500 €.

B. Im Fall b)    23.000 €.

C. Im Fall c)    17.000 €.

D. Im Fall d)    17.000 €.

## Gesonderte Feststellung von Besteuerungsgrundlagen
AO §§ 179–183

## Aufgabe 45
Welche Aussagen über Feststellungsbescheide sind richtig?

A. Feststellungsbescheide sind mit Rechtsbehelfen selbständig anfechtbare Verwaltungsakte.

B. In Feststellungsbescheiden werden Besteuerungsgrundlagen stets gesondert festgestellt.

C. Feststellungsbescheide enden mit der Feststellung der Besteuerungsgrundlage.

D. Es steht im Ermessen des Finanzamts, Feststellungsbescheide der Besteuerung zugrunde zu legen.

## A. Abgabenordnung

### Aufgabe 46

A wohnt in einer gemieteten Eigentumswohnung in Lüneburg. In Uelzen betreibt er zusammen mit seinem Bruder eine Rechtsanwaltspraxis. Ferner ist er Eigentümer eines vermieteten Zweifamilienhauses in Celle. Ihm gehören zusammen mit seiner Schwester bei der Deutschen Bank in Hamburg deponierte Aktien (ungeteilte Erbengemeinschaft).

Welche Einkünfte sind für Besteuerungszwecke des A gesondert festzustellen?

A. Die Einkünfte aus der Rechtsanwaltspraxis.

B. Die Einkünfte aus Kapitalvermögen.

C. Die Einkünfte aus der Eigentumswohnung in Lüneburg.

D. Die Einkünfte aus dem Zweifamilienhaus in Celle.

### Aufgabe 47

Ein in Osnabrück wohnender Stpfl. betreibt in Bielefeld ein Fuhrunternehmen auf eigenem Betriebsgrundstück. Er erzielt hohe Gewinne.

Wie viele gesonderte Feststellungen sind für Besteuerungszwecke des Stpfl. durchzuführen?

A. Keine gesonderte Feststellung.

B. Eine gesonderte Feststellung.

C. Zwei gesonderte Feststellungen.

D. Drei gesonderte Feststellungen.

### Aufgabe 48

G wohnt in Hannover in einem Sechsfamilienhaus, das ihm und seinem Bruder je zur Hälfte gehört. Die Ehefrau des G wohnt ebenfalls in Hannover und ist Eigentümerin eines in Celle gelegenen Betriebs der Land- und Forstwirtschaft.

Die Ehegatten leben dauernd getrennt.

Wie viele gesonderte Feststellungen sind für Besteuerungszwecke der Ehegatten G durchzuführen?

A. Zwei gesonderte Feststellungen.

B. Drei gesonderte Feststellungen.

C. Vier gesonderte Feststellungen.

D. Fünf gesonderte Feststellungen.

# A. Abgabenordnung

## Außergerichtliches Rechtsbehelfsverfahren
AO §§ 347–368

**Aufgabe 49**

In welchen Fällen ist ein Einspruch formgerecht eingelegt worden?

A. Der Einspruch wird zu Protokoll erklärt.

B. Der Einspruch wird per Telefax eingelegt.

C. Der Einspruch wird durch Telegramm eingelegt.

D. Der Einspruch wird fernmündlich erklärt.

**Aufgabe 50**

Das Finanzamt hat einem Stpfl. den Einkommensteuerbescheid 01 ohne Beifügung einer Rechtsbehelfsbelehrung durch die Post übermittelt.

Welche Rechtsfolgen hat das Fehlen der Rechtsbehelfsbelehrung?

A. Der Steuerbescheid gilt als noch nicht bekannt gegeben.

B. Die Rechtsbehelfsfrist beginnt nicht.

C. Gegen den Einkommensteuerbescheid ist grundsätzlich auch nach Ablauf mehrerer Jahre seit Bekanntgabe der Einspruch zulässig.

D. Der Steuerbescheid ist nichtig.

**Aufgabe 51**

Welche Wirkungen hat die Einlegung eines zulässigen Einspruchs?

A. Der angefochtene Verwaltungsakt ist nur hinsichtlich der Punkte der Anfechtung auf seine Richtigkeit zu überprüfen.

B. Der angefochtene Verwaltungsakt muss der Oberfinanzdirektion zur Überprüfung vorgelegt werden.

C. Der angefochtene Verwaltungsakt wird mit Ablauf der Rechtsbehelfsfrist unanfechtbar.

D. Der angefochtene Verwaltungsakt kann auch zum Nachteil des Stpfl. geändert werden.

**Aufgabe 52**

A legt gegen den Einkommensteuerbescheid 01 fristgerecht Einspruch ein. Er trägt begründet vor, dass der dem Einkommensteuerbescheid zugrunde gelegte unan-

## A. Abgabenordnung

fechtbare Gewinnfeststellungsbescheid aufgrund eines Rechenfehlers des Finanzamts den Gewinn um 10.000 € zu hoch ausweist.

Wie ist der Sachverhalt zu beurteilen?

A. Der Einspruch gegen den Einkommensteuerbescheid ist als unbegründet zurückzuweisen.

B. Der Gewinnfeststellungsbescheid ist zu berichtigen.

C. Dem Einkommensteuerbescheid ist der berichtigte Gewinnfeststellungsbescheid zugrunde zu legen.

D. Dem Einspruch gegen den Einkommensteuerbescheid ist zu entsprechen.

**Aufgabe 53**

Das Finanzamt hat die unanfechtbare Einkommensteuerfestsetzung 01 in Höhe von 10.000 € zulässigerweise gem. § 129 AO auf 10.800 € berichtigt. Gegen den Berichtigungsbescheid legt der Stpfl. fristgerecht Einspruch ein und beantragt – begründet – die Berücksichtigung bisher nicht geltend gemachter Sonderausgaben, die zu einer Steuerminderung von 2.000 € führen würden. Den Stpfl. trifft kein grobes Verschulden daran, dass die Sonderausgaben nachträglich bekannt werden.

Was hat das Finanzamt zu veranlassen?

A. Die Einkommensteuer 01 ist auf 8.800 € herabzusetzen.

B. Der Berichtigungsbescheid ist aufzuheben.

C. Der Einspruch ist als unzulässig zu verwerfen, weil die ursprüngliche Steuerfestsetzung von 10.000 € bereits unanfechtbar war.

D. Dem Einspruch kann durch Erlass eines Abhilfebescheides entsprochen werden.

**Aufgabe 54**

A wohnt in Braunschweig. In Gifhorn betreibt er eine Radio- und Elektrogroßhandlung.

Die zuständigen Finanzämter haben A für das Jahr 01 für alle in Betracht kommenden Steuern veranlagt und die Bescheide bekannt gegeben. Etwaige gesonderte Feststellungen sind den Steuerbescheiden zugrunde gelegt worden.

Bei Durchsicht der Bescheide stellt A fest, dass das Finanzamt aufgrund eines Rechtsirrtums den Gewinn aus Gewerbebetrieb um 8.000 € zu hoch festgestellt hat.

Er legt daher unter Angabe der Gründe beim zuständigen Finanzamt form- und fristgerecht den zulässigen Rechtsbehelf ein.

Welche Aussagen zum Sachverhalt sind richtig?

# A. Abgabenordnung

A. Gegen den anzufechtenden Verwaltungsakt ist der Einspruch gegeben.

B. Das Finanzamt Gifhorn kann dem Rechtsbehelf durch Einspruchsentscheidung entsprechen.

C. Das Finanzamt Gifhorn kann dem Rechtsbehelf durch Erlass eines Änderungsbescheides abhelfen.

D. Der Rechtsbehelf ist gegen den Gewinnfeststellungsbescheid 01 einzulegen.

## Aufgabe 55

Sachverhalt wie unter Aufgabe 54.

Welche Aussagen zum Sachverhalt sind richtig?

A. Um eine Herabsetzung der Einkommensteuerschuld zu erreichen, muss A Einspruch gegen den Einkommensteuerbescheid 01 einlegen.

B. Das Finanzamt kann dem Stpfl. keine Rechtsbehelfskosten auferlegen, weil dem Finanzamt der Fehler bei der Gewinnermittlung unterlaufen ist.

C. Nach abschließender Bearbeitung des Rechtsbehelfs durch das zuständige Finanzamt hat das Finanzamt Braunschweig eine Folgeänderung durchzuführen.

D. Nach abschließender Bearbeitung des Rechtsbehelfs hat das Finanzamt Gifhorn einen weiteren Änderungsbescheid zu erlassen.

## Aufgabe 56

A eröffnete 02 ein gewerbliches Transportunternehmen. Das der Einkommensteuerveranlagung 02 zugrunde gelegte Einkommen betrug 20.000 € (Einkünfte aus Gewerbebetrieb 24.000 € abzüglich Sonderausgaben von 4.000 €).

Für den Veranlagungszeitraum 03 erging im Juli 04 folgender Einkommensteuerbescheid:

| | |
|---|---:|
| Einkünfte aus Gewerbebetrieb | ./. 50.000 € |
| Gesamtbetrag der Einkünfte | 0 € |
| Sonderausgaben | 4.000 € |
| Einkommen | 0 € |
| zu versteuerndes Einkommen | 0 € |
| Einkommensteuerschuld | 0 € |

Ende Juli 04 geht beim zuständigen Finanzamt folgendes Schreiben des A ein:

> Gegen den Bescheid für 03 lege ich den zulässigen Rechtsbehelf ein.
>
> Begründung:
> Im November 03 habe ich Löhne in Höhe von 5.000 € für meine beiden im Transportunternehmen tätigen Kraftfahrer aus privaten Mitteln bezahlt. Dieser

37

## A. Abgabenordnung

Vorgang ist irrtümlich weder gebucht noch bei der Gewinnermittlung berücksichtigt worden. Der im Einkommensteuerbescheid 03 ausgewiesene Verlust aus Gewerbebetrieb muss folglich auf 55.000 € erhöht werden.

Hochachtungsvoll

gez. A

Die Angaben des A sind zutreffend.

Welche Aussagen zum Sachverhalt sind zutreffend?

A. Zur Wahrung seiner Interessen muss A gegen den Einkommensteuerbescheid 03 Einspruch einlegen.

B. A ist durch den Einkommensteuerbescheid 03 beschwert.

C. Der Einkommensteuerbescheid 03 ist aufgrund des Einspruchs des A antragsgemäß zu ändern.

D. A muss den Einspruch gegen einen Feststellungsbescheid richten.

## Aufgabe 57

Gegen die Festsetzung eines Zwangsgeldes legt ein Stpfl. Rechtsbehelf ein. Der Rechtsbehelf ist zulässig, aber unbegründet.

Was hat das Finanzamt zu veranlassen?

A. Das Finanzamt legt den Rechtsbehelf der vorgesetzten Finanzbehörde zur Entscheidung vor.

B. Das Finanzamt weist den Rechtsbehelf nach Rücksprache mit der vorgesetzten Finanzbehörde zurück.

C. Das Finanzamt weist den Rechtsbehelf als unbegründet zurück.

D. Das Finanzamt leitet den Rechtsbehelf an das Finanzgericht weiter.

## Aufgabe 58

A hat gegen den Gewinnfeststellungsbescheid 01 fristgerecht den zulässigen Rechtsbehelf eingelegt.

Er beantragt, den Gewinn von 13.000 € auf 9.000 € herabzusetzen. Der Rechtsbehelf des Stpfl. ist begründet.

Wie kann das Finanzamt dem Rechtsbehelf des Stpfl. entsprechen?

A. Das Finanzamt kann den Feststellungsbescheid nach § 131 Abs. 1 AO ändern.

B. Das Finanzamt kann dem Antrag des A durch eine Einspruchsentscheidung entsprechen.

# A. Abgabenordnung

C. Das Finanzamt kann dem Antrag des A nicht entsprechen.

D. Das Finanzamt kann den Feststellungsbescheid gem. § 172 Abs. 1 Nr. 2 Buchst. a AO ändern.

**Aufgabe 59**

Sachverhalt wie unter Aufgabe 58, aber mit der Erweiterung, dass A ferner beantragt, die auf den Differenzbetrag von 4.000 € entfallende Einkommensteuer bis zur Entscheidung über den Einspruch zu stunden. Der Stpfl. befindet sich nicht in Zahlungsschwierigkeiten.

Was wird das Finanzamt aufgrund des Stundungsantrags veranlassen?

A. Es wird die Vollziehung des Einkommensteuerbescheides über den strittigen Betrag aussetzen.

B. Es wird dem Stpfl. Vollstreckungsaufschub gewähren.

C. Es wird dem Stundungsantrag entsprechen.

D. Es wird die Vollziehung des Feststellungsbescheides über den strittigen Betrag aussetzen.

**Aufgabe 60**

Bei A wurde eine Betriebsprüfung für die Jahre 01 und 02 durchgeführt.

Gegen den am 12.01.04 übersandten Betriebsprüfungsbericht legt er am 20.01.04 „Widerspruch" ein, weil er sich durch die darin ausgewiesenen Gewinnerhöhungen beschwert fühlt. Die Nachforderungsbescheide für 01 und 02 wurden A am 14.04.04 bekannt gegeben.

Im Hinblick auf seinen Widerspruch vom 20.01.04 verzichtet A auf eine Anfechtung dieser Bescheide.

Welche der folgenden Aussagen sind zutreffend?

A. Der am 20.01.04 eingelegte Rechtsbehelf ist unzulässig, weil er falsch bezeichnet wurde.

B. Der Betriebsprüfungsbericht ist kein Verwaltungsakt. Ein Rechtsbehelf ist nicht gegeben.

C. Der Widerspruch vom 20.01.04 ist als Einspruch gegen die Nachforderungsbescheide umzudeuten.

D. Ein Rechtsbehelf ist erst ab 14.04.04 statthaft.

## A. Abgabenordnung

## Fälligkeit von Ansprüchen aus dem Steuerschuldverhältnis
AO §§ 220–221

**Aufgabe 61**

Am 10.05.01 (01 = 2011) werden ein Einkommensteuerbescheid, ein Bescheid über die Festsetzung eines Zwangsgeldes, eine Umsatzsteuer-Voranmeldung April 01 und ein Haftungsbescheid für die Inanspruchnahme eines Arbeitgebers wegen nicht einbehaltener Lohnsteuer im Speicherkonto zum Soll gestellt und, soweit erforderlich, auch zur Post gegeben.

Für welche Ansprüche ist der Fälligkeitstag richtig angegeben?

A. Einkommensteuer-Abschlusszahlung, fällig am 10.06.01.

B. Zwangsgeld, fällig am 20.05.01.

C. Umsatzsteuer-Vorauszahlung April 01, fällig am 10.05.01.

D. Lohnsteuer laut Haftungsbescheid, fällig am 20.05.01.

**Aufgabe 62**

Der Unternehmer U hat seine Voranmeldung zur Umsatzsteuer wiederholt mit erheblicher Verspätung eingereicht und die selbst ermittelte Vorauszahlung verspätet entrichtet. Da durch die Festsetzung von Verspätungszuschlägen keine Änderung seines Verhaltens herbeigeführt werden konnte, prüft der zuständige Sachbearbeiter die Möglichkeit der Vorverlegung des gesetzlichen Fälligkeitstages.

Welcher Tag darf als von der gesetzlichen Regelung abweichender Fälligkeitstag bestimmt werden?

A. Als abweichender Fälligkeitstag darf der letzte Werktag des Voranmeldungszeitraumes bestimmt werden.

B. Der auf den letzten Kalendertag des Voranmeldungszeitraumes folgende Werktag ist der frühestmögliche abweichende Fälligkeitstag.

C. Jeder Kalendertag, der nach Ablauf des Voranmeldungszeitraumes und vor dem gesetzlichen Fälligkeitstag liegt, darf bestimmt werden.

D. Die Vorverlegung eines gesetzlich bestimmten Fälligkeitstages ist rechtlich nur zulässig, wenn sie angekündigt worden ist.

**Aufgabe 63**

Am 14.04.09 werden die Vorauszahlungen zur Einkommensteuer 09 festgesetzt. Für das Kalenderjahr 09 und die folgenden Kalenderjahre wird sich voraussichtlich eine Einkommensteuer in Höhe von 9.000 € ergeben. Bis zum Tag der Sollstellung des

## A. Abgabenordnung

Vorauszahlungsbescheides, die am 16.04.09 vorgenommen wird, hatte der Stpfl. keine Vorauszahlungen zu entrichten.

Wann und in welcher Höhe sind Vorauszahlungen für 09 und 10 zu entrichten?

A. Am 10.06.09, 10.09.09 und 10.12.09 sind jeweils 3.000 € zu entrichten.

B. Ab 10.03.09 sind bis zur Neufestsetzung der Vorauszahlungen vierteljährlich 2.250 € zu entrichten.

C. Ab 10.06.09 sind bis zur Neufestsetzung der Vorauszahlungen vierteljährlich 3.000 € zu entrichten.

D. Ab 10.03.10 sind bis zur Neufestsetzung der Vorauszahlungen vierteljährlich 2.250 € zu entrichten.

**Aufgabe 64**

Der Unternehmer U gibt seine Umsatzsteuererklärung 08 am 22.09.09 ab. Die ermittelte Jahressteuer beträgt 12.215 €, alle Vorauszahlungen leistete U vollständig und rechtzeitig, insgesamt 9.000 €. Durch Steuerbescheid vom 29.10.09 (Donnerstag) wird die Jahressteuer auf 12.793 € festgesetzt.

Wann und in welcher Höhe sind die Abschlusszahlungen (Erklärung und Steuerbescheid) fällig?

A. Leistet U die Abschlusszahlung von 578 € nach dem 02.12.09, sind für den ersten Monat der Säumnis zusätzlich 5,50 € Säumniszuschlag zu entrichten.

B. Die Abschlusszahlung laut Erklärung ist am zehnten Tag nach Eingang der Erklärung zu entrichten.

C. Spätestens am 22.10.09 hat U 3.215 € zu entrichten.

D. Der durch Abrechnung des Steuerbescheides ermittelte Mehrbetrag ist innerhalb eines Monats nach Aufgabe des Bescheides zur Post zu entrichten.

## Stundung

AO § 222

**Aufgabe 65**

Die Einkommensteuer in Höhe von 980 € ist am 23.04.09 (Donnerstag) fällig. Der Stpfl. beantragt mit Schreiben vom 25.04.09 (Sonnabend), das am 27.04.09 (Montag) beim Finanzamt eingeht, die fällige Zahlung zu stunden. Der Antrag ist begründet. Besondere Gründe, die die verspätete Antragstellung rechtfertigen, werden nicht vorgebracht und können auch bei einer Rückfrage nicht ermittelt werden.

## A. Abgabenordnung

Welche Entscheidungen über die beantragte Stundung sind richtig?

- A. Die beantragte Stundung darf nicht gewährt werden, weil der Antrag nach Ablauf des Fälligkeitstages eingereicht worden ist.
- B. Da der Stundungsantrag begründet ist, ist dem Antrag ab Fälligkeitstag zu entsprechen.
- C. Die Stundung ist mit Wirkung vom Eingangstag des Antrages zu bewilligen, weil der Antrag erst nach Ablauf des Fälligkeitstages beim Finanzamt eingegangen ist.
- D. Die Stundung ist ab Fälligkeit zu gewähren, weil der Antrag innerhalb der Schonfrist eingereicht worden ist.

**Aufgabe 66**

Die am 10.03.09 fällige Einkommensteuer ist antragsgemäß ab Fälligkeit in Raten zu 2.500 € gestundet. Die Raten sind jeweils am 15.04.09, 15.05.09 und 15.06.09 zu entrichten. Die Stundung ist unter dem Vorbehalt des Widerrufs erlassen worden. Am 25.05.09 stellt der Bearbeiter der Stundungsstelle fest, dass nur am 14.04.09 2.500 € entrichtet worden sind. Er widerruft sofort die gewährte Stundung.

Welchen Gesamtbetrag fordert der Bearbeiter unverzüglich an?

- A. 5.025 €.
- B. 2.525 €.
- C. 5.175 €.
- D. 5.050 €.

**Aufgabe 67**

A hat sein Einzelhandelsgeschäft an B veräußert und eine Tätigkeit als leitender Angestellter übernommen. Die Versteuerung des Gewinns aus der Geschäftsveräußerung führt zu einer Einkommensteuer-Nachzahlung in Höhe von 4.200 €, die am 10.06.09 fällig ist. Da A die Zahlung nicht termingerecht leisten kann, beantragt er, die Abschlusszahlung bis zum 10.09.09 zu stunden.

Zur Begründung führt A aus, dass er im Augenblick mit seiner Familie (4 Personen) ausschließlich von seinem Gehalt von netto 1.500 € leben müsse. Sein Sparguthaben von 3.000 € sei für Notfälle zurückgelegt und dürfe nicht verbraucht werden. Zur Tilgung der Steuerschuld wolle er eine Teilzahlung von 5.000 € verwenden, die er am 01.09.09 aus der Geschäftsveräußerung erwarte.

Welche Aussagen bezeichnen die Gründe, die für die Entscheidung über den Stundungsantrag maßgebend sind?

A. Abgabenordnung

A. Die Stundung wird gewährt, weil die Einziehung des Betrags mit Rücksicht auf die wirtschaftliche Lage des A unbillig ist.

B. Die Verwendung des Sparguthabens zur Tilgung der Steuerschuld ist A nicht zuzumuten.

C. 1.200 € dürfen antragsgemäß gestundet werden.

D. Soweit die Tilgung aus eigenen Mitteln nicht möglich ist, darf von A die Aufnahme eines Kredits verlangt werden.

## Zahlung, Aufrechnung

AO §§ 224–226

### Aufgabe 68

Der Vollziehungsbeamte legt dem Vollstreckungsschuldner V am Montag, 03.04.09, einen Auftrag vor, nach dem er berechtigt ist, wegen 337 € Umsatzsteuer, fällig 05.03.09, und der zu erhebenden Säumniszuschläge zu pfänden. V will die Pfändung durch Übergabe eines Schecks abwenden; die Pfändungsgebühr entrichtet V durch Übergabe von Bargeld.

Wann und in welcher Höhe ist in der dargestellten Weise eine Zahlung an den Vollziehungsbeamten bewirkt?

A. Der Vollziehungsbeamte ist zur Annahme des Schecks berechtigt. Als Einzahlungstag gilt der Tag der Gutschrift des Betrags.

B. Die Zahlung gilt am 06.04.09 als entrichtet.

C. Der Scheck lautet über 343 €.

D. V tilgt die Ansprüche teilweise durch unbare Zahlung und teilweise durch Barzahlung.

### Aufgabe 69

In welchem der nachfolgend beschriebenen Fälle ist eine Zahlung wirksam geleistet worden und der Einzahlungstag richtig bestimmt?

A. Am Bankschalter der X-Bank wird Bargeld zur Gutschrift auf dem Konto der Finanzbehörde bei der Y-Bank übergeben. Als Einzahlungstag gilt der Tag der Übergabe des Bargeldes.

B. Übersendung eines Banküberweisungsauftrages an die beauftragte Bank zur Überweisung des Betrags auf ein Konto der Finanzbehörde. Als Einzahlungstag gilt der Tag der Gutschrift auf dem Konto der Finanzbehörde.

## A. Abgabenordnung

C. Übersendung einer Postanweisung an die Postbank zur Gutschrift des Betrags auf dem Postbankkonto der Finanzbehörde. Als Einzahlungstag gilt der Tag der Gutschrift.

D. Abbuchung vom Konto des Stpfl. nach Ablauf des Fälligkeitstages. Eine Einzugsermächtigung liegt vor. Als Einzahlungstag gilt der Fälligkeitstag.

**Aufgabe 70**

Am 11.12.09 übersendet der Schlachtermeister S dem Finanzamt einen Postscheck über 350 € ohne Angabe des Verwendungszwecks. Der Kontenverwalter ermittelt durch Abfrage des Speicherkontos folgende Ansprüche, die noch nicht getilgt sind:

|  |  |
|---|---|
| Einkommensteuer | 150 €, fällig 01.12.09 |
| Umsatzsteuer | 150 €, fällig 20.11.09 |
| Zwangsgeld | 150 €, fällig 10.12.09 |

Welche Ansprüche werden durch die geleistete Zahlung getilgt?

A. Zwangsgeld 150 € Umsatzsteuer 150 €
   Einkommensteuer 49 € Säumniszuschlag zur
   Umsatzsteuer 1 €

B. Zwangsgeld 150 € Umsatzsteuer 150 €
   Einkommensteuer 50 €

C. Zwangsgeld 150 € Umsatzsteuer 100 €
   Einkommensteuer 100 €

D. Umsatzsteuer 150 € Einkommensteuer 150 €
   Zwangsgeld 50 €

**Aufgabe 71**

Der Unternehmer U übersendet am 10.09.09 einen Scheck über 600 €. Der Betrag ist zur Tilgung der Einkommensteuer 09 bestimmt. Der Sendung ist ein weiterer Scheck über 470 € beigefügt, für dessen Buchung vom Stpfl. keine Angaben gemacht worden sind. Folgende Ansprüche hat U noch nicht entrichtet:

|  |  |
|---|---|
| Zwangsgeld | 50 €, fällig 01.09.09 |
| Zwangsgeld | 150 €, fällig 22.09.09 |
| Einkommensteuer | 600 €, fällig 10.09.09 |
| Lohnsteuer | 200 €, fällig 10.09.09 |
| Umsatzsteuer | 100 €, fällig 01.09.09 |
| Verspätungszuschlag | 50 €, fällig 10.09.09 |

Wie ist die geleistete Zahlung auf die Ansprüche aufzuteilen?

A. Die vom Stpfl. getroffene Bestimmung ist nicht zu beachten.

B. 200 € sind zur Tilgung des Zwangsgeldes zu verwenden.

## A. Abgabenordnung

C. Umsatzsteuer und Lohnsteuer sind in der Reihenfolge ihrer Fälligkeit zu tilgen.

D. Zur Tilgung des Verspätungszuschlags reicht die geleistete Zahlung nicht aus.

**Aufgabe 72**

Der Unternehmer U schuldet 219 € Umsatzsteuer und 229 € Kirchensteuer. Beide Ansprüche sind am 20.05.09 fällig. Weitere Beträge schuldet U nicht. Am 25.05.09 (Tag der Gutschrift) überweist U 250 € auf das Bankkonto der Finanzbehörde. Eine Bestimmung für die Verwendung der Zahlung hat U nicht getroffen.

Wie ist die geleistete Zahlung vom Kontenverwalter aufzuteilen?

A. 125 € Umsatzsteuer, 125 € Kirchensteuer.

B. 219 € Umsatzsteuer, 31 € Kirchensteuer.

C. 120 € Umsatzsteuer, 130 € Kirchensteuer.

D. 21 € Umsatzsteuer, 229 € Kirchensteuer.

**Aufgabe 73**

Der Bäckermeister B hat gegen das Bundesland eine Forderung aus der Lieferung von Brötchen an die Steuerakademie in Höhe von 1.000 €. Die Rechnung ist bereits bei der Geschäftsstelle eingegangen und zur Zahlung angewiesen worden. B schuldet seinerseits 1.000 € Umsatzsteuer, die bereits fällig ist.

Unter welchen Voraussetzungen und von wem darf die Aufrechnung erklärt werden?

A. Die Aufrechnung darf durch die Finanzbehörde nur in Höhe des Landesanteils an der Umsatzsteuer erklärt werden.

B. Der Bäckermeister kann die Forderungen durch Aufrechnung miteinander ausgleichen.

C. Für die Aufrechnung ist das jeweilige Bundesland Gläubiger der Umsatzsteuer.

D. Eine Aufrechnung ist nicht möglich, weil Gläubiger und Schuldner nicht identisch sind.

## Zahlungsverjährung

AO §§ 228–232

**Aufgabe 74**

Durch den Steuerbescheid vom 18.12.09 wird ein Einkommensteueranspruch in Höhe von 10.000 € festgesetzt. Nach Erhalt einer Mahnung vom 22.02.10 beantragt

## A. Abgabenordnung

der Stpfl. die Stundung dieses Anspruchs. Dem Antrag wird vom Tag der Antragstellung an bis zum 10.12.10 stattgegeben.

Welche Auswirkungen haben Stundung und Mahnung auf Beginn und Ende der Zahlungsverjährung?

A. Die Zahlungsverjährung beginnt mit Ablauf des 31.12.09.

B. Die Zahlungsverjährung wird durch die Mahnung und Stundung des Anspruchs unterbrochen.

C. Die Verjährungsfrist beträgt 5 Jahre.

D. Der Anspruch erlischt durch Verjährung mit Ablauf des 31.12.15.

## Verzinsung

AO §§ 233–239

### Aufgabe 75

Die Einkommensteuer wird ab Fälligkeitstag (15.05.09) in Raten zu 500 € gestundet, die am 15.06.09, 15.07.09 und 15.09.09 zu entrichten sind. Gründe, die die Erhebung von Stundungszinsen ausschließen oder ihre Erhebung unbillig erscheinen lassen, liegen nicht vor. Der Stpfl. leistet folgende Zahlungen:

| | |
|---|---|
| am 15.06.09 | 500 € |
| am 16.07.09 | 500 € |
| am 15.09.09 | 500 € |

Wie viel und für welchen Zeitraum sind Stundungszinsen festzusetzen?

A. Der Zinszeitraum beginnt mit Ablauf des Fälligkeitstages.

B. Die Stundungszinsen werden nach Ablauf der Stundung festgesetzt.

C. Die Zinsen betragen 0,5 % für jeden vollen Zinsmonat.

D. Die festzusetzenden Stundungszinsen betragen 17,50 €.

### Aufgabe 76

A beantragt für 07 die Veranlagung zur Einkommensteuer. Die im Veranlagungsjahr einbehaltenen Lohnsteuerabzugsbeträge sind mit 1.752 € auf der Lohnsteuerbescheinigung angegeben. Die mit Bescheid vom 19.10.09 festgesetzte Steuer beträgt 812 €.

Welche der nachfolgenden Aussagen zur Zinsfestsetzung sind zutreffend?

A. Für die Berechnung der Zinsen werden 900 € als zu verzinsender Betrag zugrunde gelegt.

A. Abgabenordnung

B. Der Zinslauf beginnt mit Ablauf des Kalenderjahres, in dem die Steuer entstanden ist.

C. Der Zinszeitraum endet mit der Bekanntgabe der Steuerfestsetzung.

D. Die festzusetzenden Zinsen betragen 27 €.

## Säumniszuschläge

AO § 240

### Aufgabe 77

An den gesetzlichen Fälligkeitstagen sind jeweils 1.120 € Einkommensteuer-Vorauszahlungen zu entrichten. Der Stpfl. leistet folgende Zahlungen durch Überweisung:

| Einzahlungstag | Betrag | Zeitraum |
|---|---|---|
| 10.03.09 | 400 € | I/09 |
| 11.03.09 | 519 € | I/09 |
| 19.03.09 | 201 € | I/09 |
| 17.06.09 | 1.120 € | II/09 |
| 14.09.09 | 1.120 € | III/09 |
| 11.02.10 | 1.120 € | IV/09 |

Wie viel Säumniszuschläge sind für 09 insgesamt zu erheben?

A. 49 €.

B. 46 €.

C. 62 €.

D. 51 €.

### Aufgabe 78

Für 08 sind an den gesetzlichen Fälligkeitstagen jeweils 2.000 € Einkommensteuer-Vorauszahlungen zu entrichten. Die IV. Vorauszahlung ist rückständig. Mahnung und Einleitung der Zwangsvollstreckung sind erfolglos geblieben. Am 18.08.09 wird der Steuerbescheid 08 abgerechnet und zur Post gegeben. Die festgesetzte Einkommensteuer beträgt 8.535 €.

Welchen Betrag hat der Stpfl. am 07.10.09 an den Vollziehungsbeamten zur Abwendung der Pfändung (ohne Pfändungsgebühr) zu entrichten?

## A. Abgabenordnung

A. 2.740 €.

B. 2.560 €.

C. 2.735 €.

D. 2.540 €.

**Aufgabe 79**

Der Unternehmer U übermittelt seine Umsatzsteuer-Voranmeldung für den Monat August 01 am 22.09.01. Die selbst ermittelte Vorauszahlung beträgt 582 € und wird von U am 11.10.01 per Scheck entrichtet. (01 = 2011)

Welche der folgenden Aussagen über die zu erhebenden Säumniszuschläge sind richtig?

A. Der erste Monat der Säumnis beginnt mit Ablauf des gesetzlichen Fälligkeitstages.

B. Die Schonfrist endet am 25.09.01.

C. Es sind 11 € Säumniszuschlag zu entrichten.

D. Voraussetzung für die Vollstreckung der Säumniszuschläge nach Tilgung der Vorauszahlung ist ein Leistungsgebot.

**Aufgabe 80**

Der Unternehmer U reicht seine Umsatzsteuer-Voranmeldung 5/09 termingerecht ein. Er leistet den selbst ermittelten Betrag von 968 € jedoch nicht. Durch Bescheid vom 26.06.09 wird die Vorauszahlung wegen eines Rechenfehlers auf 468 € geändert. U überweist den festgesetzten Betrag am 15.07.09 auf das Bankkonto der Finanzbehörde.

Für welchen Zeitraum und in welcher Höhe sind Säumniszuschläge zu erheben?

A. Wegen verspäteter Zahlung sind 19 € Säumniszuschlag zu erheben.

B. Die Säumnis beginnt mit der Bekanntgabe des Vorauszahlungsbescheides.

C. U ist zur Zahlung von 14 € Säumniszuschlag aufzufordern.

D. Bemessungsgrundlage für den zu erhebenden Säumniszuschlag ist die auf 468 € geänderte Vorauszahlung.

# B. Buchführung

Bestandskonten
Vorsteuer und Umsatzsteuerschuld
Sachkonten und Personenkonten
Erfolgskonten
Warenkonten, Wareneinsatz, Umsatz, Rohgewinn
Rechnungsabgrenzungsposten, sonstige Forderungen und sonstige Verbindlichkeiten
Rückstellungen
Privatkonten
Kundenforderungen (Debitoren)
Gewinn- und Kapitalauswirkung von Buchungen
Jahresabschluss einschließlich Gewinnermittlung

# B. Buchführung

## Vorbemerkung

Der Betriebsinhaber, in dessen Betrieb sich die folgenden Geschäftsvorfälle bzw. Buchungen ergeben, ermittelt seinen Gewinn nach § 5 Abs. 1 EStG.

Soweit die jeweilige Aufgabe oder Antwort keine andere Aussage enthält,

– werden die in den einzelnen Sachverhalten vorkommenden Umsätze nach den allgemeinen Bestimmungen des UStG sowie nach vereinbarten Entgelten versteuert (Regelbesteuerung),

– zeichnen die beteiligten Unternehmer Umsatzsteuer bzw. Vorsteuer und Entgelt sofort getrennt auf (Nettomethode),

– werden die Bemessungsgrundlagen für Entnahmen und Verwendung von Gegenständen auf einem besonderen Konto gebucht,

– ist von der Berechtigung zum vollen Vorsteuerabzug auszugehen,

– ist durch die beteiligten Unternehmer ein Verzicht auf Steuerbefreiungen nach § 9 UStG nicht erklärt worden.

## Bestandskonten

### Aufgabe 81

Welche Aussagen über Bestandskonten (mit Ausnahme des Kapitalkontos) sind richtig?

A. Die Anfangsbestände stehen stets auf der Sollseite.

B. Buchungen auf solchen Konten sind erfolgsneutral.

C. Buchungen auf solchen Konten haben keine Auswirkung auf die Höhe des Kapitals.

D. Solche Konten werden beim Jahresabschluss über das Schlussbilanzkonto abgeschlossen.

### Aufgabe 82

Geschäftsvorfall:

Einzahlung von 1.000 € Bargeld aus der Kasse auf das betriebliche Bankkonto (Kontostand ./. 5.000 €).

Welche Auswirkungen hat dieser Geschäftsvorfall auf die Bilanz?

B. Buchführung

A. Die Position Kasse vermindert sich.
B. Die Position Bank vermindert sich.
C. Aktiv-Passiv-Tausch.
D. Die Bilanzsumme vermindert sich.

**Aufgabe 83**

Buchungssatz: Kreditoren an Debitoren.

Welche Deutungen dieses Buchungssatzes sind richtig?

A. Eine Forderung an einen Kunden wird an den Lieferanten abgetreten.
B. Ein Kunde bezahlt durch Banküberweisung.
C. Eine Schuld an den Lieferanten wird mit einer Forderung aufgrund einer Warenlieferung an den Lieferanten verrechnet.
D. Ein Lieferant wird durch Banküberweisung bezahlt.

**Aufgabe 84**

Buchungssatz: Bank an sonstige Forderungen.

Welche Deutungen dieses Buchungssatzes sind richtig?

A. Ein Mieter im Betriebsgebäude überweist Miete für Dezember 09 (fällig am 01.12. 09) am 20.01.10. Buchung am 20.01.10.
B. Der Beitrag zu einer betrieblichen Versicherung für 10 (fällig am 01.01.10) wird am 28.12.09 durch Banküberweisung beglichen. Buchung am 28.12.09.
C. Die betriebliche Versicherung überweist einen Beitragsrückerstattungsanspruch für das Kalenderjahr 09 wegen Nichtinanspruchnahme der Versicherung in 09 am 15.03.10. Buchung am 15.03.10.
D. Die Gemeinde verrechnet den Grundsteuererstattungsanspruch für das Betriebsgrundstück für das Kalenderjahr 09 am 02.08.10 mit fälliger Grundsteuer für das private Einfamilienhaus. Buchung am 02.08.10.

**Aufgabe 85**

Buchungssatz: Sonstige Verbindlichkeiten an Bank.

Welche Deutungen dieses Buchungssatzes sind richtig?

A. Überweisung der von den Arbeitnehmern im Monat Oktober 09 einbehaltenen Lohnsteuer am 10. November 09 vom betrieblichen Bankkonto an die Finanzbehörde.

B. Buchführung

B. Überweisung von rückständigen Grundstücksabgaben für das Betriebsgrundstück für das Kalenderjahr 09 am 02.08.10 an die Gemeindekasse.

C. Überweisung der Telefongebühren für Dezember 09 im Januar 10 vom betrieblichen Bankkonto.

D. Überweisung der Sozialversicherungsbeiträge für die Angestellten für Oktober bis Dezember 09 im Januar 10 vom betrieblichen Bankkonto.

## Vorsteuer und Umsatzsteuerschuld

### Aufgabe 86

Buchungssatz:   Umsatzsteuerschuld an Privateinlagen.

Welche Deutungen dieses Buchungssatzes sind richtig?

A. Die Finanzbehörde verrechnet einen Einkommensteuererstattungsanspruch mit fälliger Umsatzsteuer, die sich aufgrund betrieblicher Geschäftsvorfälle ergeben hatte.

B. Die Finanzbehörde überweist überzahlte Umsatzsteuer, die sich aufgrund betrieblicher Geschäftsvorfälle ergeben hatte, auf das private Bankkonto.

C. Umsatzsteuer wird vom privaten Bankkonto bezahlt.

D. Umsatzsteuer auf Entnahmen wird gebucht.

### Aufgabe 87

Buchungssatz:   Bank an sonstige betriebliche Erträge und Umsatzsteuerschuld.

Welche Deutungen dieses Buchungssatzes sind richtig?

A. Die Finanzbehörde überweist eine Umsatzsteuerüberzahlung, die sich aufgrund betrieblicher Geschäftsvorfälle ergeben hat, auf das betriebliche Bankkonto.

B. Verkauf eines Wirtschaftsgutes des Anlagevermögens (Buchwert 1.000 €) für brutto 2.300 € gegen Banküberweisung vom gleichen Tag.

C. Eingang einer im Vorjahr direkt abgeschriebenen Forderung aus einem Warenverkauf auf dem betrieblichen Bankkonto.

D. Verkauf eines geringwertigen Wirtschaftsgutes, dessen Anschaffungskosten im Vorjahr in voller Höhe als Betriebsausgaben abgezogen wurden (§ 6 Abs. 2 EStG), gegen Banküberweisung vom gleichen Tag.

# B. Buchführung

## Sachkonten und Personenkonten

**Aufgabe 88**
Welche Aussagen über Sachkonten sind richtig?

A. Zu den Sachkonten gehören die aktiven und die passiven Bestandskonten.

B. Zu den Sachkonten gehören die Erfolgskonten und die gemischten Konten.

C. Auf den Sachkonten werden die Geschäftsvorfälle nach sachlichen Gesichtspunkten geordnet im Geschäftsfreundebuch gebucht.

D. Auf den Sachkonten werden die Geschäftsvorfälle nach sachlichen Gesichtspunkten geordnet im Hauptbuch gebucht.

**Aufgabe 89**
Welche Aussagen über Personenkonten sind richtig?

A. Personenkonten sind die Konten Kundenforderungen und Lieferantenschulden.

B. Personenkonten sind die Lohnkonten für die Arbeitnehmer des Betriebs.

C. Personenkonten sind zusätzliche Konten, auf denen der Inhalt der Sachkonten Kundenforderungen und Lieferantenschulden nochmals dargestellt wird, jedoch getrennt für die einzelnen Kunden und getrennt für die einzelnen Lieferanten.

D. Als Personenkonten bezeichnet man die Kapitalkonten und die Privatkonten des Betriebsinhabers.

## Erfolgskonten

**Aufgabe 90**
Welche Aussagen über Erfolgskonten sind richtig?

A. Auf den Erfolgskonten werden sämtliche Kapitaländerungen gesammelt.

B. Buchungen auf Erfolgskonten sind erfolgswirksam.

C. Buchungen auf Erfolgskonten wirken sich auf die Höhe des Kapitals aus.

D. Erfolgskonten werden beim Jahresabschluss über das GuV-Konto abgeschlossen.

# B. Buchführung

## Aufgabe 91

Geschäftsvorfall:

Lohnzahlung für Dezember 09 am 30.12.09

| | |
|---|---:|
| Bruttolöhne | 3.000 € |
| Einbehalten wurden: | |
| Sozialversicherung Arbeitnehmeranteil | 607 € |
| Lohnsteuer, Solidaritätszuschlag und Kirchensteuer | 613 € |
| Bar ausgezahlt | 1.780 € |

Der Arbeitgeberanteil zur Sozialversicherung hat 580 € betragen.

Sozialversicherungsbeiträge und Steuerabzugsbeträge werden am 08.01.10 von dem Betriebsinhaber an die Sozialversicherungsträger bzw. die Finanzbehörde abgeführt.

Wie wirken sich die vorzunehmenden Buchungen aus?

A. Die am 30.12.09 vorzunehmende Buchung bewirkt eine Gewinnminderung von 3.580 €.

B. Die am 30.12.09 vorzunehmende Buchung bewirkt eine Kapitalminderung von 3.000 €.

C. Die am 08.01.10 vorzunehmende Buchung bewirkt eine Kapitalminderung von 580 €.

D. Die am 08.01.10 vorzunehmende Buchung ist erfolgsneutral.

## Aufgabe 92

Geschäftsvorfall:

Mit Schreiben vom 01.04.09 teilt ein Geschäftsfreund dem Betriebsinhaber (Handelsvertreter) mit, dass er ihm für eine am selben Tag ausgeführte Vermittlungsleistung 595 € (einschließlich Umsatzsteuer) gutgeschrieben und gleichzeitig, wie verabredet, diesen Betrag mit einer privaten Schuld des Betriebsinhabers von 595 € aufgerechnet hat.

Wie wirkt sich die vorzunehmende Buchung aus?

A. Der Gewinn erhöht sich um 500 €.

B. Es ergibt sich eine private Kapitalminderung von 595 €.

C. Es ergibt sich insgesamt eine Kapitalminderung von 95 €.

D. Die Höhe der abzugsfähigen Vorsteuer ändert sich nicht.

# B. Buchführung

## Warenkonten, Wareneinsatz, Umsatz, Rohgewinn

**Aufgabe 93**

Geschäftsvorfall:

Der Betriebsinhaber hat Waren für 1.190 € einschließlich Umsatzsteuer am 28.12.09 bestellt. Die Lieferung erfolgt am 30.12.09. Die Rechnung geht am 05.01.10 ein. Die Waren werden am 10.02.10 durch Bank bezahlt.

Welche Buchungen sind vorzunehmen?

A. Am 28.12.09: Wareneinkauf und Vorsteuer an Kreditoren.

B. Am 30.12.09: Wareneinkauf und sonstige Forderungen an Kreditoren.

C. Am 05.01.10: Vorsteuer an sonstige Forderungen.

D. Am 10.02.10: Kreditoren an Bank.

**Aufgabe 94**

Buchungssatz:   Wareneinkauf und Vorsteuer an Kreditoren.

Welche Deutungen dieses Buchungssatzes sind richtig?

A. Ein Spediteur stellt Frachtkosten für beförderte Waren in Rechnung, die der Betriebsinhaber eingekauft hat.

B. Überweisung der Frachtkosten an den Spediteur.

C. Wareneinkauf auf Ziel.

D. Preisnachlass vom Lieferanten auf die noch nicht bezahlten Waren.

**Aufgabe 95**

Buchungssatz:   Wareneinkauf und Vorsteuer an Privateinlagen.

Welche Deutungen dieses Buchungssatzes sind richtig?

A. Eine private Mietforderung wird durch eine umsatzsteuerpflichtige Warenlieferung des Mieters für den Betrieb beglichen.

B. Privateinlage von Waren, die ursprünglich für den privaten Verbrauch bestimmt waren.

C. Ein Kunde bezahlt einen Wareneinkauf vom 02.02.09 am 01.04.09 mit privaten Geldmitteln.

D. Frachtkosten (einschließlich Umsatzsteuer) für eingekaufte Waren werden sofort mit privaten Geldmitteln bezahlt.

## B. Buchführung

**Aufgabe 96**

Buchung: Wareneinkauf an Warenverkauf 1.000 €.

Welche Auswirkungen hat diese Buchung?

A. Die Höhe des Kapitals bleibt unverändert.
B. Der Gewinn erhöht sich.
C. Der wirtschaftliche Wareneinsatz erhöht sich.
D. Der wirtschaftliche Warenumsatz erhöht sich.

**Aufgabe 97**

Buchung: Wareneinkauf 500 € und Vorsteuer 95 € an Privateinlagen 595 €.

Welche Auswirkungen hat diese Buchung?

A. Es ergibt sich eine betriebliche Kapitalminderung von 500 €.
B. Es ergibt sich eine private Kapitalerhöhung von 595 €.
C. Es ergibt sich insgesamt eine Kapitalerhöhung von 95 €.
D. Der Gewinn vermindert sich um 500 €.

**Aufgabe 98**

Buchungssatz: Kreditoren an Wareneinkauf und Vorsteuer.

Welche Deutungen dieses Buchungssatzes sind richtig?

A. Rücksendung noch nicht bezahlter Waren an den Lieferanten.
B. Der Betriebsinhaber gleicht eine Lieferantenschuld durch Hingabe von Waren aus.
C. Ein Lieferant gewährt einen Preisnachlass auf noch nicht bezahlte Waren.
D. Wareneinkauf auf Ziel.

**Aufgabe 99**

Buchungssatz: Aufwandskonto an Wareneinkauf.

Welche Deutungen dieses Buchungssatzes sind richtig?

A. Der Betriebsinhaber entnimmt dem Warenlager Gegenstände, die er für Reparaturarbeiten an seinem nicht zum Betriebsvermögen gehörenden selbst bewohnten Einfamilienhaus gebraucht.
B. Der Einstandspreis verdorbener Waren, die zum Verkauf bestimmt waren, wird umgebucht.

B. Buchführung

C. Der Einstandspreis innerbetrieblich verbrauchter Waren, die ursprünglich zum Verkauf bestimmt waren, wird umgebucht.

D. Durch einen Brand im Warenlager wurden Waren vernichtet, die zum Verkauf bestimmt waren. Der Einstandspreis dieser Waren wird umgebucht.

**Aufgabe 100**

Geschäftsvorfall:

Der Betriebsinhaber hat seinem Warenlager Reinigungsmittel entnommen und sie für die Reinigung der Geschäftsräume verwendet.

Wie wirkt sich die vorzunehmende Buchung aus?

A. Die Privatentnahmen erhöhen sich.

B. Der Rohgewinn ändert sich.

C. Der Reingewinn vermindert sich.

D. Es ergibt sich eine Kapitalminderung.

**Aufgabe 101**

Geschäftsvorfall:   Warenverkauf auf Ziel.

Warenwert                40.000 €       (Einstandspreis 30.000 € + 5.700 € USt)
+ Umsatzsteuer            7.600 €
                         47.600 €

Welche Auswirkungen hat dieser Geschäftsvorfall auf die Bilanz?

A. Die Position Debitoren erhöht sich um 47.600 €.

B. Die Position Waren vermindert sich um 40.000 €.

C. Die Position Umsatzsteuerschuld erhöht sich um 7.600 €.

D. Die Bilanzsumme erhöht sich um 17.600 €.

**Aufgabe 102**

Geschäftsvorfall:   Wareneinkauf wird sofort aus privaten Mitteln bezahlt.

Warenwert                20.000 €       (Verkaufspreis 30.000 € + 5.700 € USt)
+ Umsatzsteuer            3.800 €
                         23.800 €

Welche Auswirkungen hat dieser Geschäftsvorfall auf die Bilanz?

A. Die Position Waren erhöht sich um 20.000 €.

B. Die Position Umsatzsteuerschuld erhöht sich um 3.800 €.

B. Buchführung

C. Die Position Kreditoren erhöht sich um 23.800 €.

D. Die Position Kapital bleibt unverändert.

**Aufgabe 103**

Buchungssatz:   Debitoren an Warenverkauf und sonstige Verbindlichkeiten.

Welche Deutungen dieses Buchungssatzes sind richtig?

A. Warenverkauf auf Ziel, der Umsatz ist steuerfrei.

B. Warenverkauf auf Ziel mit späterer Rechnungserteilung (Umsatzbesteuerung nach vereinbarten Entgelten).

C. Warenverkauf auf Ziel mit sofortiger Rechnungserteilung (Umsatzbesteuerung nach vereinbarten Entgelten).

D. Warenverkauf auf Ziel (Umsatzbesteuerung nach vereinnahmten Entgelten).

**Aufgabe 104**

Buchungssatz:   Warenverkauf und Umsatzsteuerschuld an Debitoren.

Welche Deutungen dieses Buchungssatzes sind richtig?

A. Waren werden auf Ziel verkauft.

B. Ein Kunde gleicht eine Forderung durch eine umsatzsteuerpflichtige Hergabe von Waren aus, die zur Weiterveräußerung bestimmt sind.

C. Wegen geltend gemachter Mängel wird der Preis noch nicht bezahlter Waren durch den Betriebsinhaber gemindert.

D. Ein Kunde schickt noch nicht bezahlte Waren zurück.

**Aufgabe 105**

Geschäftsvorfall:   Warenverkauf auf Ziel.

| | | |
|---|---|---|
| Warenwert | 1.000 € | (Einstandspreis 500 € + 95 € USt) |
| + Umsatzsteuer | 190 € | |
| | 1.190 € | |

Dieser Warenverkauf wurde **nicht** gebucht, wohl aber die spätere Bezahlung.

Welche Auswirkungen hat dieser Fehler?

A. Der Reingewinn wird um 500 € zu niedrig ausgewiesen.

B. Der wirtschaftliche Wareneinsatz wird zutreffend ausgewiesen.

C. Der Rohgewinn wird um 500 € zu niedrig ausgewiesen.

D. Der wirtschaftliche Umsatz wird um 1.000 € zu niedrig ausgewiesen.

## B. Buchführung

**Aufgabe 106**

Buchung: Privatentnahmen 1.190 € an Warenverkauf 1.000 € und Umsatzsteuerschuld 190 €.

Dieser Geschäftsvorfall hat sich jedoch tatsächlich nicht ereignet.

Welche Auswirkungen hat diese Falschbuchung?

A. Der Reingewinn wird zutreffend ausgewiesen.

B. Der wirtschaftliche Umsatz wird um 1.000 € zu hoch ausgewiesen.

C. Der Rohgewinn wird um 1.000 € zu hoch ausgewiesen.

D. Die Umsatzsteuerzahllast wird um 190 € zu hoch ausgewiesen.

**Aufgabe 107**

Was wird als wirtschaftlicher Wareneinsatz bezeichnet?

A. Die eingekauften, aber noch nicht verkauften Waren zum Einstandspreis (ohne Vorsteuer).

B. Die eingekauften und bereits verkauften Waren zum Einstandspreis (ohne Vorsteuer).

C. Die eingekauften und bereits verkauften Waren zum Verkaufspreis (ohne Umsatzsteuer).

D. Stets die eingekauften und bereits bezahlten Waren zum Einstandspreis (ohne Vorsteuer), die bereits verkauft wurden.

**Aufgabe 108**

Die nachfolgenden Zahlenangaben sind Nettobeträge, also ohne Umsatzsteuer bzw. Vorsteuer.

|  | **Kalenderjahr 09** |
|---|---|
| Warenendbestand | 10.000 € |
| Warenanfangsbestand | 20.000 € |
| Wareneingang | 100.000 € |
| Warenbezugskosten | 3.000 € |
| Warenrücksendungen an Lieferanten | 4.000 € |
| Preisnachlässe für Kunden | 5.000 € |
| Verdorbene Waren, Einstandspreis | 2.000 € |
| Warenentnahmen für den Privathaushalt, Einstandspreis | 1.000 € |
| Teilwert der entnommenen Waren | 1.200 € |

Wie hoch ist der wirtschaftliche Wareneinsatz des Kalenderjahres 09?

A. 101.000 €.

## B. Buchführung

B. 104.000 €.

C. 105.800 €.

D. 106.000 €.

**Aufgabe 109**

Was wird als Rohgewinn bezeichnet?

A. Der Unterschiedsbetrag zwischen den betrieblichen Erträgen und den betrieblichen Aufwendungen.

B. Der Unterschiedsbetrag zwischen den verkauften Waren zum Verkaufspreis (ohne Umsatzsteuer) und den verkauften Waren zum Einstandspreis (ohne Vorsteuer).

C. Der Unterschiedsbetrag zwischen dem wirtschaftlichen Umsatz und dem wirtschaftlichen Wareneinsatz.

D. Der Unterschiedsbetrag zwischen dem wirtschaftlichen Umsatz sowie den Erträgen aus Hilfsgeschäften einerseits und dem wirtschaftlichen Wareneinsatz sowie den außerordentlichen Aufwendungen andererseits.

**Aufgabe 110**

Die folgenden Zahlenangaben sind Nettobeträge, also ohne Umsatzsteuer bzw. Vorsteuer.

|  | **Kalenderjahr 09** |
|---|---|
| Warenendbestand, Einstandspreis | 12.000 € |
| Warenendbestand, Teilwert | 9.000 € |
| Warenanfangsbestand, Einstandspreis | 20.000 € |
| Warenanfangsbestand, Teilwert | 22.000 € |
| Wareneingang | 100.000 € |
| Innerbetrieblicher Warenverbrauch | 2.000 € |
| Wirtschaftlicher Umsatz | 159.000 € |

Wie hoch ist der Rohgewinn des Kalenderjahres 09?

A. 48.000 €.

B. 50.000 €.

C. 51.000 €.

D. 53.000 €.

**Aufgabe 111**

Was wird als wirtschaftlicher Umsatz bezeichnet?

B. Buchführung

A. Stets die Summe der vereinbarten Entgelte.

B. Stets die Summe der vereinnahmten Entgelte.

C. Die eingekauften und bereits verkauften Waren zum Einstandspreis (ohne Vorsteuer).

D. Die eingekauften und bereits verkauften Waren zum Verkaufspreis (ohne Umsatzsteuer).

**Aufgabe 112**

Die folgenden Zahlenangaben sind Nettobeträge, also ohne Umsatzsteuer bzw. Vorsteuer.

|  | Kalenderjahr 09 |
|---|---|
| Warenendbestand | 10.000 € |
| Warenanfangsbestand | 20.000 € |
| Wareneingang | 93.000 € |
| Preisnachlässe von Lieferanten | 2.000 € |
| Warenrücksendungen von Kunden | 5.000 € |
| Gestohlene Waren, Einstandspreis | 1.000 € |
| Gestohlene Waren, Verkaufspreis | 1.600 € |
| Gestohlene Waren, Entschädigung der Versicherung | 1.100 € |
| Rohgewinn | 60.000 € |

Wie hoch ist der wirtschaftliche Umsatz des Kalenderjahres 09?

A. 157.000 €.

B. 159.400 €.

C. 159.900 €.

D. 160.000 €.

**Aufgabe 113**

Durch ein Versehen ist im Warenbestand vom 31.12.09 bzw. 01.01.10 ein Warenposten im Wert von 10.000 € nicht enthalten. Die Warenbestände vom 01.01.09 und 31.12.10 sind vollständig aufgenommen und zutreffend bewertet worden.

Welche Auswirkungen hat die fehlerhafte Warenbestandsaufnahme im Kalenderjahr 09?

A. Der wirtschaftliche Wareneinsatz wird zu niedrig ausgewiesen.

B. Der Rohgewinn wird zu hoch ausgewiesen.

C. Der wirtschaftliche Umsatz wird zutreffend ausgewiesen.

D. Der Reingewinn wird zu hoch ausgewiesen.

## Aufgabe 114
Sachverhalt wie unter Aufgabe 113.

Welche Auswirkungen hat die fehlerhafte Warenbestandsaufnahme im Kalenderjahr 10?

A. Der wirtschaftliche Wareneinsatz wird zu niedrig ausgewiesen.

B. Der Rohgewinn wird zu hoch ausgewiesen.

C. Der wirtschaftliche Umsatz wird zutreffend ausgewiesen.

D. Der Reingewinn wird zu hoch ausgewiesen.

# Rechnungsabgrenzungsposten, sonstige Forderungen und sonstige Verbindlichkeiten

## Aufgabe 115
Am 01.10.09 wurde vom betrieblichen Bankkonto 6.000 € Miete für Geschäftsräume für den Zeitraum 01.10.09 bis 31.03.10 bezahlt und wie folgt gebucht: Mietaufwand an Bank.

Welche Buchungen sind zum 31.12.09 vorzunehmen?

A. Aktive Rechnungsabgrenzungsposten an Mietaufwand 3.000 €.

B. Bank an Mietaufwand 3.000 €.

C. GuV-Konto an Mietaufwand.

D. Schlussbilanzkonto an aktive Rechnungsabgrenzungsposten.

## Aufgabe 116
Aufgrund welcher Geschäftsvorfälle sind beim Jahresabschluss für 09 Rechnungsabgrenzungsposten zu bilden?

A. Die Kraftfahrzeugsteuer für ein betriebliches Fahrzeug für die Zeit vom 09.10.09 bis 08.10.10 wird am 06.10.09 bezahlt.

B. Der Beitrag zur Berufsgenossenschaft für Dezember 09 wird am 06.01.10 bezahlt.

C. Ein Mieter im Betriebsgebäude überweist die Miete für Januar 10 am 21.12.09.

D. Der Betriebsinhaber erhält die Provision für Dezember 09 am 20.01.10.

# B. Buchführung

**Aufgabe 117**

Geschäftsvorfall:

18.000 € Miete für Geschäftsräume für die Zeit vom 01.10.09 bis 31.03.11 werden dem Mietvertrag entsprechend am 31.03.10 durch Überweisung vom betrieblichen Bankkonto bezahlt und wie folgt gebucht: Mietaufwand an Bank 18.000 €.

Dieser Sachverhalt wird beim Jahresabschluss für 09 und 10 nicht berücksichtigt.

Welche Auswirkungen hat dieser Fehler?

A.  Lediglich der Gewinn für 09 ist unzutreffend.

B.  Lediglich der Gewinn für 10 ist unzutreffend.

C.  Lediglich der Gewinn für 11 ist unzutreffend.

D.  Die Gewinne für 09, 10 und 11 sind unzutreffend.

**Aufgabe 118**

Geschäftsvorfall:

Private Miete in Höhe von 400 € und Miete für Geschäftsräume in Höhe von 600 € für Januar 10 werden am 30.12.09 vom betrieblichen Bankkonto bezahlt.

Wie wirken sich die vorzunehmenden Buchungen aus?

A.  Der Gewinn des Jahres 09 vermindert sich insgesamt um 600 €.

B.  Das Kapital des Jahres 09 vermindert sich insgesamt um 1.000 €.

C.  Der Gewinn des Jahres 10 vermindert sich insgesamt um 600 €.

D.  Das Kapital des Jahres 10 vermindert sich insgesamt um 600 €.

# Rückstellungen

**Aufgabe 119**

Geschäftsvorfall:

In der Bilanz per 31.12.09 war eine steuerlich zulässige Rückstellung wegen zu erwartender Prozesskosten in Höhe von 5.000 € aufgrund eines am Bilanzstichtag schwebenden Prozesses gebildet worden.

Die tatsächlichen Prozesskosten haben 5.600 € betragen und sind am 04.05.10 von dem privaten Bankkonto überwiesen worden.

Welche Auswirkungen hat die am 04.05.10 vorzunehmende Buchung?

## B. Buchführung

A. Es ergibt sich insgesamt eine Kapitalminderung von 5.600 €.

B. Es ergibt sich eine private Kapitalerhöhung von 5.600 €.

C. Der Gewinn verändert sich nicht.

D. Die Privateinlagen erhöhen sich um 5.600 €.

**Aufgabe 120**

Geschäftsvorfall:

In der Bilanz per 31.12.09 ist eine Gewährleistungsrückstellung in Höhe von 1.000 € für das Kalenderjahr 09 ausgewiesen worden.

Der tatsächliche Aufwand für Gewährleistungen für das Jahr 09 beträgt 800 € und wird am 01.06.10 von dem privaten Bankkonto überwiesen.

Welche Buchungen sind vorzunehmen?

A. Am 31.12.09: Aufwendungen für Gewährleistungen an Rückstellungen.

B. Am 31.12.09: GuV-Konto an Aufwendungen für Gewährleistungen.

C. Am 31.12.09: Rückstellungen an Schlussbilanzkonto.

D. Am 01.06.10: Rückstellungen an Privateinlagen und sonstige betriebliche Erträge.

## Privatkonten

**Aufgabe 121**

Welche Aussagen über Privatkonten sind richtig?

A. Auf den Privatkonten werden die privaten Kapitaländerungen gesammelt.

B. Buchungen auf Privatkonten sind erfolgsneutral.

C. Buchungen auf Privatkonten wirken sich auf die Höhe des Kapitals aus.

D. Privatkonten werden beim Jahresabschluss über das GuV-Konto abgeschlossen.

**Aufgabe 122**

Buchungssatz:    Zinsaufwendungen und Privatentnahmen an Kasse.

Welche Deutungen dieses Buchungssatzes sind richtig?

A. Zinsen für private Schulden werden aus der Kasse bezahlt.

B. Zinsen und Tilgung für betriebliche und private Schulden werden aus der Kasse bezahlt.

C. Der Betriebsinhaber erhält Zinsen für betriebliche und private Forderungen in bar.

D. Zinsen für betriebliche und private Schulden werden bar bezahlt.

## Aufgabe 123

Geschäftsvorfall: Barentnahme 300 €.

Welche Auswirkungen hat dieser Geschäftsvorfall auf die Bilanz?

A. Die Position Kasse vermindert sich.

B. Die Position Kapital vermindert sich.

C. Aktiv-Passiv-Tausch.

D. Die Bilanzsumme vermindert sich.

## Aufgabe 124

Geschäftsvorfall:

Private Miete in Höhe von 500 € und Miete für Geschäftsräume in Höhe von 452 € wird am Fälligkeitstag durch Hingabe von Waren beglichen. Der Betriebsinhaber berechnet die Waren zum Einstandspreis von 800 € zuzüglich 152 € Umsatzsteuer.

Welche Auswirkungen hat dieser Geschäftsvorfall auf die Bilanz?

A. Die Position Waren vermindert sich um 800 €.

B. Die Position Umsatzsteuerschuld erhöht sich um 152 €.

C. Die Position Kapital vermindert sich um 952 €.

D. Die Bilanzsumme vermindert sich um 952 €.

## Aufgabe 125

Buchung:

Privatentnahmen (Entnahmen von Gegenständen) 1.000 € und Privatentnahmen 190 € an Wareneinkauf 1.000 € und Umsatzsteuerschuld 190 €.

Welche Auswirkungen hat diese Buchung?

A. Der wirtschaftliche Wareneinsatz vermindert sich.

B. Der Rohgewinn erhöht sich.

C. Der Reingewinn erhöht sich.

## B. Buchführung

D. Das Kapital erhöht sich.

**Aufgabe 126**

Buchungssatz:     Gebäude an Privateinlagen.

Welche Deutungen dieses Buchungssatzes sind richtig?

A. Der Kaufpreis für ein betriebliches Gebäude (umsatzsteuerfreier Erwerb) wird aus privaten Mitteln bezahlt.

B. Ein bisher zum Privatvermögen gehörendes Gebäude wird in den Betrieb eingebracht.

C. Gebäude-Unterhaltungskosten werden aus privaten Mitteln bezahlt.

D. Herstellungskosten des Gebäudes werden sofort bei Vorlage der Rechnung aus privaten Mitteln bezahlt.

**Aufgabe 127**

Durch ein Versehen ist die private (nichtunternehmerische) Nutzung des zum Betriebsvermögen gehörenden PKW (betriebliche Nutzung mehr als 50 %) nicht als Privatentnahme behandelt worden.

Der Brutto-Listenpreis für den am 02.01.09 (Zeitpunkt der Erstzulassung) von einem Unternehmer erworbenen PKW betrug 41.650 €.

Die private Nutzung des PKW ist ertragsteuerlich nach der 1%-Regelung zu behandeln.

Welche Auswirkungen hat dieser Fehler?

A. Der Gewinn wird um 3.994 € zu niedrig ausgewiesen.

B. Das Kapital wird um 3.994 € zu niedrig ausgewiesen.

C. Die Umsatzsteuerzahllast wird zutreffend ausgewiesen.

D. Die Bilanzsumme wird zutreffend ausgewiesen.

## Kundenforderungen (Debitoren)

**Aufgabe 128**

Zum 31.12.09 ergibt sich bei einer GmbH ein Forderungsendbestand in Höhe von 690.900 €. In diesem Bestand ist eine Forderung von 11.900 € gegen den Kunden A enthalten, mit deren Eingang nicht mehr zu rechnen ist, da der Aufenthalt des A seit Monaten unbekannt ist. Außerdem ist eine Forderung gegen den Kunden B in Höhe von 23.800 € enthalten, mit deren Eingang nur zu 60 % zu rechnen ist.

# B. Buchführung

Welche Bilanzposten müssen u. a. in der Bilanz der GmbH zum 31.12.09 erscheinen?

A. Aktivposten Kundenforderungen mit 655.200 €.

B. Aktivposten zweifelhafte (dubiose) Forderungen mit 23.800 €.

C. Aktivposten Kundenforderungen mit 679.000 €.

D. Aktivposten zweifelhafte (dubiose) Forderungen mit 15.800 €.

## Aufgabe 129

Welche Buchung ist vorzunehmen, wenn die Forderung des Kunden B (vgl. Aufgabe 128) in 10 mit einem Betrag von 70 % von 23.800 € = 16.660 € auf dem Bankkonto der GmbH eingeht?

A. Bank 16.660 € an zweifelhafte Forderungen 15.800 € und sonstige betriebliche Erträge 860 €.

B. Bank 16.660 € und Umsatzsteuerschuld 1.140 € an zweifelhafte Forderungen 15.800 € und sonstige betriebliche Erträge 2.000 €.

C. Bank 16.660 € und Vorsteuer 1.140 € an zweifelhafte Forderungen 15.800 € und sonstige betriebliche Erträge 2.000 €.

D. Bank 16.660 € und Umsatzsteuerschuld 1.140 € an zweifelhafte Forderungen 12.800 €, sonstige betriebliche Erträge 2.000 € und Umsatzsteuerschuld 3.000 €.

## Gewinn- und Kapitalauswirkung von Buchungen

### Aufgabe 130

Welche Buchungen wirken sich auf die Höhe des Gewinns aus?

A. Sonstige Forderungen an Bank.

B. Kasse an Privateinlagen.

C. Privatentnahmen an Mieterträge.

D. Löhne an Warenverkauf.

### Aufgabe 131

Welche Buchungen wirken sich auf die Höhe des Kapitals aus?

A. Privatentnahmen an Umsatzsteuerschuld.

B. Wareneinkauf an Privateinlagen.

C. Privatentnahmen an Privatentnahmen (Entnahmen von Gegenständen).

D. Allgemeine Kosten an Wareneinkauf.

**Aufgabe 132**

Welche Buchungen wirken sich auf die Höhe des Kapitals **und** die Höhe des Gewinns aus?

A. Kraftfahrzeugkosten an Bank.

B. Debitoren an Warenverkauf.

C. Warenverkauf an Wareneinkauf.

D. Mietaufwand an Privateinlagen.

## Jahresabschluss einschließlich Gewinnermittlung

**Aufgabe 133**

Welche Konten geben Bestände an das Schlussbilanzkonto ab?

A. Sonstige Verbindlichkeiten.

B. Warenverkauf.

C. Wareneinkauf.

D. Kapital.

**Aufgabe 134**

Welche Aussagen über den Abschluss der Warenkonten nach der Bruttomethode sind richtig?

A. Bei gleichem Zahlenwerk ist die Kontensumme des GuV-Kontos höher als beim Abschluss der Warenkonten nach der Nettomethode.

B. Der Rohgewinn wird in dem GuV-Konto ausgewiesen.

C. Der wirtschaftliche Wareneinsatz wird in dem GuV-Konto ausgewiesen.

D. Der wirtschaftliche Wareneinsatz wird auf das Warenverkaufskonto umgebucht.

**Aufgabe 135**

Welche Aussagen über den Abschluss der Warenkonten nach der Nettomethode sind richtig?

A. Der wirtschaftliche Wareneinsatz wird in dem GuV-Konto ausgewiesen.

B. Der wirtschaftliche Umsatz wird in dem GuV-Konto ausgewiesen.

C. Bei gleichem Zahlenwerk ist die Kontensumme des Warenverkaufskontos höher als beim Abschluss der Warenkonten nach der Bruttomethode.

D. Der Rohgewinn wird in dem Warenverkaufskonto ausgewiesen.

**Aufgabe 136**

Buchungssatz: Warenverkauf an GuV-Konto.

Welche Deutungen dieses Buchungssatzes sind richtig?

A. Umbuchung des Rohgewinns vom Warenverkaufskonto auf das GuV-Konto.

B. Abschluss des Warenverkaufskontos nach der Bruttomethode.

C. Abschluss des Warenverkaufskontos nach der Nettomethode.

D. Umbuchung der verkauften Waren zum Verkaufspreis (ohne Umsatzsteuer) vom Warenverkaufskonto auf das GuV-Konto.

**Aufgabe 137**

Buchung: GuV-Konto an Erfolgskonto.

Welche Aussagen zu dieser Buchung sind richtig?

A. Diese Buchung wirkt sich gewinnmindernd aus.

B. Durch diese Buchung werden Ertragskonten abgeschlossen.

C. Auf dem Erfolgskonto hat sich ein Sollsaldo ergeben.

D. Diese Buchung erfolgt im Rahmen des Jahresabschlusses.

**Aufgabe 138**

Buchungssatz: Kapitalkonto an GuV-Konto.

Welche Deutungen dieses Buchungssatzes sind richtig?

A. Umbuchung der Summe der betrieblichen Kapitaländerungen auf das Kapitalkonto.

B. Abschluss des Kapitalkontos.

C. Abschluss des GuV-Kontos.

D. Umbuchung des Verlustes auf das Kapitalkonto.

## B. Buchführung

**Aufgabe 139**

Welche Aussagen zum Eigenkapital sind richtig?

A. Eigenkapital kann die Summe der Besitzposten sein.

B. Eigenkapital kann die Summe der Schuldposten abzüglich der Summe der Besitzposten sein.

C. Eigenkapital kann die Summe der Schuldposten zuzüglich der Summe der Besitzposten sein.

D. Eigenkapital kann die Summe der Besitzposten abzüglich der Summe der Schuldposten sein.

**Aufgabe 140**

Der Gewinn für 09, der nach § 4 Abs. 1 Satz 1 EStG ermittelt wurde, beträgt 50.000 €. Welche Zahlen können dieser Gewinnermittlung zugrunde gelegen haben?

A. Betriebsvermögen am 31.12.08 ./. 110.000 €
   Betriebsvermögen am 31.12.09 ./. 50.000 €
   Privatentnahmen 20.000 €
   Privateinlagen 30.000 €

B. Betriebsvermögen am 31.12.08 80.000 €
   Betriebsvermögen am 31.12.09 150.000 €
   Privatentnahmen 30.000 €
   Privateinlagen 50.000 €

C. Betriebsvermögen am 31.12.08 30.000 €
   Betriebsvermögen am 31.12.09 ./. 10.000 €
   Privatentnahmen 100.000 €
   Privateinlagen 10.000 €

D. Betriebsvermögen am 31.12.08 ./. 20.000 €
   Betriebsvermögen am 31.12.09 40.000 €
   Privatentnahmen 30.000 €
   Privateinlagen 40.000 €

# C. Einkommensteuer

Allgemeines
Steuerpflicht
Einkünfte, Gewinnermittlungszeiträume,
Summe der Einkünfte, Altersentlastungsbetrag,
Freibetrag für Land- und Forstwirte,
Gesamtbetrag der Einkünfte,
Einkommen, zu versteuerndes Einkommen
Gewinnermittlung
Wechsel der Gewinnermittlungsart
Veranlagung
Sonderausgaben
Kinder, Sonderfreibeträge, Einkommensteuertarif
Außergewöhnliche Belastungen
Einkünfte aus Kapitalvermögen
Einkünfte aus Vermietung und Verpachtung
Sonstige Einkünfte
Steuerfestsetzung, Steuerermäßigungen, Vorauszahlungen

## C. Einkommensteuer

## Vorbemerkung

Die Umsätze werden nach vereinbarten Entgelten besteuert. Ferner ist von der Berechtigung zum vollen Vorsteuerabzug auszugehen.

Den Aufgaben und Lösungen wurden das Einkommensteuergesetz (EStG), zuletzt geändert durch Beitreibungsrichtlinie-Umsetzungsgesetz vom 07.12.2011 (Berücksichtigung der Änderungen ab 2012 im Lösungsteil), und die Einkommensteuer-Durchführungsverordnung (EStDV), zuletzt geändert durch das Steuervereinfachungsgesetz 2011 vom 01.11.2011, die Einkommensteuer-Richtlinien 2008 (EStR) und die Hinweise im Einkommensteuerhandbuch 2010 (EStH) zugrunde gelegt. Die Dienstanweisung zur Durchführung des Familienleistungsausgleichs nach dem X. Abschnitt des Einkommensteuergesetzes (DA-Fam EStG) wurde in der Fassung „Stand Januar 2009" vom 30.09.2009 (BStBl 2009 I S. 1030 ff.) angewandt.

## Allgemeines

### Aufgabe 141

Es gibt mehrere Erhebungsformen der Einkommensteuer für natürliche Personen. Welche?

A. Veranlagte Einkommensteuer.

B. Körperschaftsteuer.

C. Lohnsteuer.

D. Kapitalertragsteuer.

### Aufgabe 142

Welche Stellung hat die veranlagte Einkommensteuer im System der Steuerarten?

A. Besitzsteuer.

B. Personensteuer.

C. Direkte Steuer.

D. Gemeinschaftsteuer.

# C. Einkommensteuer

## Steuerpflicht
EStG § 1

### Aufgabe 143
Welche der folgenden Aussagen über die Einkommensteuerpflicht natürlicher Personen sind richtig?

A. Personen, die im Inland einen Wohnsitz haben, sind unbeschränkt einkommensteuerpflichtig.

B. Personen, die im Inland weder einen Wohnsitz noch ihren gewöhnlichen Aufenthalt haben, sind – soweit § 1 Abs. 2 und 3 EStG keine Anwendung findet – beschränkt einkommensteuerpflichtig, wenn sie inländische Einkünfte i. S. des § 49 EStG haben.

C. Personen, die im Inland keinen Wohnsitz, aber ihren gewöhnlichen Aufenthalt haben, sind unbeschränkt einkommensteuerpflichtig.

D. Personen, die weder einen Wohnsitz noch ihren gewöhnlichen Aufenthalt im Inland haben, sind auch dann beschränkt einkommensteuerpflichtig, wenn sie keine inländischen Einkünfte i. S. des § 49 EStG haben.

### Aufgabe 144
Der ledige Italiener Giovanni (G), bisher wohnhaft in Neapel, ist zum 01.04.03 in das Inland eingereist, um hier für mehrere Jahre tätig zu sein. Bis zum 31.03.03 hatte G im Inland weder einen Wohnsitz noch Einkünfte. Ab 01.04.03 wohnte er in einem Arbeiterwohnheim in Köln. G fand am 15.11.03 bei einem Verkehrsunfall den Tod.

Welche der folgenden Aussagen über die persönliche Einkommensteuerpflicht des G im VZ 03 sind richtig?

A. 01.01. bis 31.03.03 beschränkt steuerpflichtig,
01.04. bis 31.12.03 unbeschränkt steuerpflichtig.

B. 01.01. bis 31.03.03 nicht steuerpflichtig,
01.04. bis 15.11.03 unbeschränkt steuerpflichtig,
16.11. bis 31.12.03 nicht steuerpflichtig.

C. 01.01. bis 31.03.03 beschränkt steuerpflichtig,
01.04. bis 15.11.03 unbeschränkt steuerpflichtig,
16.11. bis 31.12.03 beschränkt steuerpflichtig.

D. 01.01. bis 31.03.03 beschränkt steuerpflichtig,
01.04. bis 15.11.03 unbeschränkt steuerpflichtig,
16.11. bis 31.12.03 nicht steuerpflichtig.

## C. Einkommensteuer

# Einkünfte, Gewinnermittlungszeiträume, Summe der Einkünfte, Altersentlastungsbetrag, Freibetrag für Land- und Forstwirte, Gesamtbetrag der Einkünfte, Einkommen, zu versteuerndes Einkommen

EStG §§ 2, 3, 3c, 4, 4a, 5, 9a, 10 ff., 13, 15, 18, 19, 21, 22, 24a, 31, 32, 34g, 46

### Aufgabe 145
Zu welchen Einkunftsarten gehört der Begriff „Gewinn"?
- A. Einkünfte aus selbständiger Arbeit.
- B. Einkünfte aus Gewerbebetrieb.
- C. Einkünfte aus Vermietung und Verpachtung.
- D. Einkünfte aus Land- und Forstwirtschaft.

### Aufgabe 146
Welche Aussagen über das Wirtschaftsjahr sind richtig?
- A. Das Wirtschaftsjahr umfasst stets einen Zeitraum von 12 Monaten.
- B. Das Wirtschaftsjahr ist ein Ermittlungszeitraum.
- C. Das Wirtschaftsjahr kann vom Kalenderjahr abweichen.
- D. Das Wirtschaftsjahr ist der Bemessungszeitraum für die Einkommensteuer bei Stpfl. mit Einkünften aus einer Gewinneinkunftsart.

### Aufgabe 147
Ein Landwirt ermittelt seine Gewinne jeweils für die Zeit vom 01.07. bis 30.06. Nach den vorliegenden Bilanzen betragen die Gewinne

für das Wj. 01/02 = 30.000 €,

für das Wj. 02/03 = 22.000 €,

für das Wj. 03/04 = 140.000 €,

für das Wj. 04/05 = 16.000 €.

Im Gewinn des Wj. 03/04 ist ein steuerpflichtiger Veräußerungsgewinn (Veräußerung eines Teilbetriebs) in Höhe von 132.000 €, entstanden am 02.08.03, enthalten.

Von welchem Gewinn ist bei der Einkommensteuerveranlagung für die Kalenderjahre 02 ff. auszugehen?

C. Einkommensteuer

A. Kj. 02 = 30.000 €   Kj. 04 =  78.000 €
   Kj. 03 = 81.000 €   Kj. 05 =  16.000 €

B. Kj. 02 = 26.000 €   Kj. 04 =  12.000 €
   Kj. 03 = 147.000 €

C. Kj. 02 = 30.000 €   Kj. 04 = 140.000 €
   Kj. 03 = 22.000 €   Kj. 05 =  16.000 €

D. Kj. 02 = 26.000 €   Kj. 04 =  78.000 €
   Kj. 03 = 81.000 €

**Aufgabe 148**

Bauunternehmer Ziegel (Z) ist seit dem 01.04.01 als Kommanditist an der Firma Stein KG in Braunschweig beteiligt. Das Wirtschaftsjahr der Firma Stein KG endet jeweils am 31.03. eines Jahres. Laut Feststellung des zuständigen Finanzamts beträgt der Gewinnanteil des Z für das Wirtschaftsjahr 04/05 an der Firma Stein KG 24.000 €. Auf diesen zu erwartenden Gewinnanteil überwies die Stein KG 10.000 € bereits im Februar 05 auf das Bankkonto des Z. Der Gewinnanteil des Z für das Wirtschaftsjahr 05/06 betrug 18.000 €.

Z buchte:        Bank an Privateinlage 10.000 €.

Der Gewinn des Z aus seinem Baubetrieb (ohne Beteiligung an der KG) beträgt 60.000 € laut Bilanz per 31.12.05. Weitere Einkünfte aus Gewerbebetrieb hat Z nicht.

Wie hoch sind die bei der Einkommensteuerveranlagung für das Kj. 05 anzusetzenden Einkünfte aus Gewerbebetrieb?

A. 79.500 €.

B. 70.000 €.

C. 84.000 €.

D. 74.000 €.

**Aufgabe 149**

Welche Aussagen über das Wirtschaftsjahr bei Gewerbetreibenden sind richtig?

A. Bei einem im Handelsregister eingetragenen Gewerbetreibenden darf die Umstellung eines bisher auf den 31.03. eines Kj. endenden Wj. auf ein auf den 31.12. eines Kj. endendes Wj. nur im Einvernehmen mit dem Finanzamt vorgenommen werden.

B. Bei einem Gewerbetreibenden, dessen Firma nicht im Handelsregister eingetragen ist, entspricht das Wj. dem Kj.

75

## C. Einkommensteuer

C. Ein im Handelsregister eingetragener Gewerbetreibender, der seinen Gewerbebetrieb am 01.06. eröffnete und auf den 31.05. regelmäßig Abschlüsse macht, durfte dieses vom Kj. abweichende Wj. ohne Zustimmung des Finanzamts wählen.

D. Ein im Handelsregister eingetragener Gewerbetreibender, der bisher auf den 31.05. regelmäßige Abschlüsse machte, darf auch ohne Einvernehmen mit dem Finanzamt ein anderes vom Kj. abweichendes Wj. wählen.

**Aufgabe 150**

Welche Aussagen über den Freibetrag nach § 13 Abs. 3 EStG sind richtig?

A. Der Freibetrag nach § 13 Abs. 3 EStG ist von der Summe der Einkünfte abzuziehen.

B. Sind in der Summe der Einkünfte von 21.000 € eines ledigen Stpfl. Einkünfte aus Land- und Forstwirtschaft in Höhe von 1.200 € enthalten, so ist ein Freibetrag nach § 13 Abs. 3 EStG von 670 € vom Gesamtbetrag der Einkünfte abzuziehen.

C. Erzielt von zusammenveranlagten Ehegatten nur einer der Ehegatten Einkünfte aus Land- und Forstwirtschaft, so kann ein Freibetrag nach § 13 Abs. 3 EStG von höchstens 1.340 € berücksichtigt werden.

D. Hat ein lediger Stpfl. mit einer Summe der Einkünfte von 32.000 € seit 01.10. des VZ Einkünfte aus Land- und Forstwirtschaft erzielt, deren Höhe 500 € beträgt, so wird ein Freibetrag nach § 13 Abs. 3 EStG von 500 € berücksichtigt.

**Aufgabe 151**

An welcher Stelle sind im Rahmen der einkommensteuerlichen Systematik die nachfolgend aufgeführten Beträge abzuziehen?

A. Der Altersentlastungsbetrag nach § 24a EStG ist vom Einkommen abzuziehen.

B. Außergewöhnliche Belastungen nach den §§ 33 bis 33b EStG sind bei der Ermittlung des Einkommens zu berücksichtigen.

C. Der freibleibende Betrag nach § 46 Abs. 3 EStG bzw. der Härteausgleich nach § 70 EStDV ist vom Einkommen abzuziehen.

D. Die Ermäßigung gem. § 34g EStG für geleistete Parteispenden ist von der festzusetzenden Einkommensteuer abzuziehen.

**Aufgabe 152**

Ein lediger Stpfl., in 2010 71 Jahre alt geworden, erzielte im Veranlagungszeitraum (VZ) 2011

C. Einkommensteuer

| | | |
|---|---|---|
| Einkünfte aus Gewerbebetrieb | = | 2.000 € |
| Bruttoarbeitslohn aus einem gegenwärtigen Dienstverhältnis (§ 19 Abs. 1 Nr. 1 EStG) | = | 4.500 € |
| Versorgungsbezüge (Pension) aus einem früheren Dienstverhältnis (§ 19 Abs. 2 EStG) | = | 5.380 € |
| Einkünfte aus Vermietung und Verpachtung | = | ./. 5.000 € |
| Einkünfte aus Leibrenten (§ 22 Nr. 1 Satz 3 Buchst. a Doppelbuchst. aa EStG) | = | 2.000 € |

Wie hoch ist der im VZ anzusetzende Altersentlastungsbetrag?

A.  1.900 €.

B.  1.800 €.

C.  1.400 €.

D.  600 €.

**Aufgabe 153**

Ein lediger Steuerberater, der im VZ 2011 sein 69. Lebensjahr vollendet hat, ermittelt seinen Gewinn nach § 4 Abs. 3 EStG. Im VZ haben die Betriebseinnahmen 180.000 € und die Betriebsausgaben 60.000 € betragen. Bei dem Stpfl. sind für den VZ Freibeträge gem. § 32 Abs. 6 EStG von 3.504 € für ein Kind zu berücksichtigen, das nicht in seiner Wohnung gemeldet ist und dessen Mutter unbeschränkt einkommensteuerpflichtig ist. Die Mutter hat für das Kind das gesetzliche Kindergeld in Höhe von (184 € × 12 =) 2.208 € erhalten.

Der Stpfl. hat im VZ Krankenversicherungsbeiträge in Höhe von 4.000 € geleistet.

Welche der folgenden Aussagen sind richtig?

A.  Die Summe der Einkünfte für den VZ beträgt        120.000 €.

B.  Der Gesamtbetrag der Einkünfte für den VZ beträgt    118.252 €.

C.  Das Einkommen für den VZ beträgt                   114.216 €.

D.  Das zu versteuernde Einkommen für den VZ beträgt   110.712 €.

**Aufgabe 154**

Die zusammenveranlagten Ehegatten haben im VZ folgende Einkünfte:

**Ehemann**

    Arbeitslosengeld in Höhe von 18.000 € und Einnahmen aus einer gewerblichen Tätigkeit (Vermittlungsprovision) von 1.200 €.

## C. Einkommensteuer

**Ehefrau**

Einnahmen aus einem gegenwärtigen Dienstverhältnis (steuerpflichtig) von 24.000 €.

Ausgaben sind dem Ehemann für die Erzielung des Arbeitslosengeldes in Höhe von 350 € und für die Erzielung der Vermittlungsprovisionen in Höhe von 240 € entstanden. Der Ehefrau sind im VZ abzugsfähige Werbungskosten von 890 € entstanden.

Von den Zinserträgen auf dem privaten Sparkonto des Ehemannes in Höhe von 2.500 € ist u. a. die Kapitalertragsteuer von 25 % unter Berücksichtigung eines Freistellungsauftrags von 1.602 € ordnungsmäßig einbehalten worden.

Wie hoch ist die Summe der Einkünfte?

A. 41.610 €.

B. 24.968 €.

C. 24.070 €.

D. 23.960 €.


**Aufgabe 155**

Ein lediger Stpfl., in 2011 70 Jahre alt geworden, hat im VZ folgende Einkünfte:

| | |
|---|---:|
| § 13 Abs. 1 Nr. 1 EStG: | 600 € |
| § 15 Abs. 1 Nr. 2 EStG: | 3.000 € |
| § 18 Abs. 1 Nr. 1 EStG: | 10.200 € |
| § 19 EStG (nur aus Versorgungsbezügen von 31.002 €): | 27.000 € |
| § 21 Abs. 1 Nr. 1 EStG: | ./. 10.500 € |

Der Abzug für Vorsorgeaufwendungen ergibt sich mit 2.000 €; andere Sonderausgaben und außergewöhnliche Belastungen werden nicht geltend gemacht.

Wie hoch ist das Einkommen?

A. 24.896 €.

B. 26.627 €.

C. 26.996 €.

D. 26.396 €.

C. Einkommensteuer

# Gewinnermittlung
EStG §§ 4, 5, 6, 7, 9b, 9c, 11, 12

**Aufgabe 156**
Welche Aussagen zum Gewinnbegriff sind richtig?

A. Unterschiedsbetrag zwischen dem Betriebsvermögen am Schluss des Wirtschaftsjahres und dem Betriebsvermögen am Schluss des vorangegangenen Wirtschaftsjahres, vermehrt um den Wert der Entnahmen und vermindert um den Wert der Einlagen.

B. Unterschiedsbetrag zwischen dem Betriebsvermögen am Schluss des Wirtschaftsjahres und dem Betriebsvermögen am Schluss des vorangegangenen Wirtschaftsjahres, vermehrt um den Wert der Einlagen und vermindert um den Wert der Entnahmen.

C. Unterschiedsbetrag zwischen dem Betriebsvermögen am Schluss des Wirtschaftsjahres und dem Betriebsvermögen am Schluss des vorangegangenen Wirtschaftsjahres.

D. Überschuss der Betriebseinnahmen über die Betriebsausgaben.

**Aufgabe 157**
Textilwarenhändler Pelz ermittelt seinen Gewinn durch Bestandsvergleich. Die laut Buchführung zutreffend ermittelten und belegten Gesamtkosten des überwiegend betrieblich genutzten Personenkraftwagens, bei dessen Anschaffung (wie auch aus den laufenden Kosten) Pelz den Vorsteuerabzug gem. § 15 Abs. 1 UStG in vollem Umfang in Anspruch genommen hat, betrugen 12.600 € (8.208 € AfA und 4.392 € laufende Kosten). Die sich aus einem ordnungsgemäßen Fahrtenbuch ergebende private Nutzung des vor 2 Jahren angeschafften PKW beträgt 6.000 km. Von den in diesem Kj. insgesamt gefahrenen 20.000 km entfallen 2.000 km auf Fahrten zwischen Wohnung und Betrieb (jeweils eine Hin- und Rückfahrt täglich – Entfernung 5 km).

Der Stpfl. hat bisher aus dem vorstehend aufgeführten Sachverhalt außer der Erfassung der Gesamtkosten keine steuerlichen Folgerungen gezogen. Er will von der Sonderregelung des § 6 Abs. 1 Nr. 4 Satz 3 EStG Gebrauch machen.

Welche Beträge sind dem Gewinn hinzuzurechnen?

A. Dem Gewinn sind 3.780 € zuzüglich USt als nicht abziehbare Kosten der Lebensführung (§ 12 Nr. 1 EStG) und für 1.000 km die Differenz zwischen 1,26 € und dem Entfernungskilometersatz nach § 9 Abs. 1 Nr. 4 EStG als nicht abziehbare Betriebsausgaben hinzuzurechnen (§ 4 Abs. 5 Nr. 6 EStG).

B. Dem Gewinn sind 3.780 € als nicht abziehbare Kosten der Lebensführung (§ 12 Nr. 1 EStG) und für 1.000 km die Differenz zwischen 1,26 € und dem Entfer-

## C. Einkommensteuer

nungskilometersatz nach § 9 Abs. 1 Nr. 4 EStG als nicht abziehbare Betriebsausgaben hinzuzurechnen (§ 4 Abs. 5 Nr. 6 EStG).

C. Dem Gewinn sind 5.040 € als nicht abziehbare Kosten der Lebensführung (§ 12 Nr. 1 EStG) hinzuzurechnen.

D. Dem Gewinn sind 3.780 € und für 2.000 km die Differenz zwischen 1,26 € und dem Entfernungskilometersatz nach § 9 Abs. 1 Nr. 4 EStG als nicht abziehbare Betriebsausgaben hinzuzurechnen (§ 4 Abs. 5 Nr. 6 EStG).

**Aufgabe 158**

Sachverhalt wie Aufgabe 157 mit der Abwandlung, dass der Stpfl. keinen Gebrauch von der Sonderregelung des § 6 Abs. 1 Nr. 4 Satz 3 EStG machen will.

Der Stpfl. hat das genutzte Fahrzeug zwei Jahre zuvor fabrikneu für 38.000 € zuzüglich 7.220 € USt erworben. Der Listenpreis des Fahrzeugs betrug zur Zeit des Erwerbs 40.000 € zuzüglich 7.600 € USt. Die Nutzung des Fahrzeugs erstreckte sich über das gesamte Kj.

Welcher Betrag ist dem Gewinn für die private Nutzung hinzuzurechnen?

A. 5.426,40 €.

B. 4.800,00 €.

C. 4.560,00 €.

D. 5.712,00 €.

**Aufgabe 159**

Sachverhalt wie Aufgabe 158

Welcher Betrag kann dem Gewinn als nicht abziehbare Betriebsausgabe hinzugerechnet werden?

A. 960,00 €.

B. 856,80 €.

C. 256,80 €.

D. 556,80 €.

## C. Einkommensteuer

**Aufgabe 160**

Ein Gewerbetreibender, Gewinnermittler nach § 4 Abs. 3 EStG, erklärt für die Kj. 01 und 02 folgende Gewinne:

01 = 12.000 €,

02 = 14.000 €.

Am 28.12.01 hat der Stpfl. die am 05.01.02 fällige Betriebsversicherung für 02 in Höhe von 1.000 € bezahlt. Die Miete für Dezember 01 für seine Geschäftsräume in Höhe von 800 €, fällig am 05.12.01, hat der Stpfl. erst am 25.01.02 bezahlt.

Die gezahlten Beträge hat der Stpfl. gewinnmäßig noch **nicht berücksichtigt**.

Wie hoch ist der Gewinn für das Kj. 01 und das Kj. 02?

A. Kj. 01 = 12.000 €, Kj. 02 = 12.200 €.

B. Kj. 01 = 11.000 €, Kj. 02 = 13.200 €.

C. Kj. 01 = 10.200 €, Kj. 02 = 14.000 €.

D. Kj. 01 = 11.200 €, Kj. 02 = 13.000 €.

**Aufgabe 161**

Ein Gewerbetreibender, der seinen Betrieb am 02.01.01 eröffnete und seinen Gewinn nach § 4 Abs. 3 ermittelt, reicht für das Kj. 01 die folgende Gewinnermittlung ein:

Betriebseinnahmen:

| | |
|---|---:|
| Erlöse von Warenverkäufen | 70.000 € |
| Umsatzsteuer | 13.300 € |
| Privatentnahme von Waren (umsatzsteuerpflichtig, 19 % – Nettobetrag) | 1.000 € |
| | 84.300 € |

Der Stpfl. hat die Entnahme im Oktober 01 getätigt.

Betriebsausgaben:

| | |
|---|---:|
| Warenbezahlungen | 50.000 € |
| Vorsteuer | 9.500 € |
| Vorsteuer Lieferwagen | 2.280 € |

## C. Einkommensteuer

Anschaffungskosten eines Lieferwagens 12.000 €
Tag der Anschaffung und Bezahlung = 05.01.01
BND = 4 Jahre

| | | |
|---|---|---|
| AfA = 25 % von | 12.000 € | 3.000 € |
| Ermittlung der Zahllast Umsatzsteuer | 13.490 € | |
| ./. Vorsteuer | 11.780 € | |
| Zahllast | 1.710 € | |
| davon an das FA gezahlte USt (Januar bis November 01, Dezember erst am 12.01.02 bezahlt) | 1.450 € | 66.230 € |
| Gewinn | | 18.070 € |

Wie hoch ist der Gewinn für das Kj. 01?

A. 18.260 €.

B. 18.070 €.

C. 19.880 €.

D. 17.810 €.


**Aufgabe 162**

Ein Gewerbetreibender, Gewinnermittler nach § 4 Abs. 3 EStG, erklärt für das Jahr 02 einen Gewinn von 20.000 €.

Den folgenden Vorgang hat der Stpfl. gewinnmäßig **nicht berücksichtigt:**

Am 10.01.02 hat er Waren aus seinem Betrieb für private Zwecke entnommen, die er für 2.000 € + 380 € USt am 10.11.01 eingekauft und auch sofort bezahlt hatte. Die Wiederbeschaffungskosten betrugen im Zeitpunkt der Entnahme 2.200 € netto, der Verkaufspreis betrug 2.800 €.

Wie hoch ist der Gewinn für das Kj. 02?

A. 22.800 €.

B. 22.200 €.

C. 22.000 €.

D. 20.000 €.

## C. Einkommensteuer

**Aufgabe 163**

Ein Gewerbetreibender, Gewinnermittler nach § 4 Abs. 3 EStG, erklärt für das Kj. 01 einen Gewinn von 10.000 € und für das Kj. 02 einen Gewinn von 22.000 €. Den folgenden Vorgang hat der Stpfl. bei der Gewinnermittlung der einzelnen Jahre noch **nicht berücksichtigt:**

Am 10.12.01 erwarb der Stpfl. Grund und Boden für eigenbetriebliche Zwecke. An den Veräußerer zahlte er am gleichen Tag 30.000 €. Die Anschaffungsnebenkosten in Höhe von 2.100 € zahlte er am 15.01.02.

Am 20.11.02 veräußerte der Stpfl. das Grundstück für 40.000 €. Der Erwerber zahlte den Kaufpreis am gleichen Tag.

Wie hoch ist der Gewinn für das Kj. 01 und das Kj. 02?

A. Kj. 01 = ./. 20.000 €.

B. Kj. 01 = ./. 22.100 €.

C. Kj. 01 = 10.000 €.

D. Kj. 02 = 29.900 €.


**Aufgabe 164**

Ein Gewerbetreibender, Gewinnermittler nach § 4 Abs. 3 EStG, hat für das Jahr 01 Betriebsausgaben in Höhe von 40.000 € abgesetzt. In diesen Betriebsausgaben sind u. a. folgende Beträge enthalten:

1. 200 € für ein am 15.01.01 gestohlenes Rundfunkgerät (Handelsware). Der Einkaufspreis von 150 € wurde bereits im vorangegangenen Jahr entrichtet.

2. 5.000 € (Teilwert) für das vom Stpfl. betrieblich verwendete und ebenfalls am 15.01.01 gestohlene elektronische Prüfgerät. Die steuerlichen Anschaffungskosten betrugen 6.000 €.

   (Anschaffung: 10.01.00) BND = 10 Jahre.

   Der Buchwert zum 01.01.01 betrug 5.400 €.

Wie hoch sind die Betriebsausgaben für das Kj. 01?

A. 39.800 €.

B. 40.200 €.

C. 40.350 €.

D. 34.800 €.

## C. Einkommensteuer

**Aufgabe 165**

Ein Gewerbetreibender, Gewinnermittler nach § 4 Abs. 3 EStG, erklärt für das Jahr 01 einen Gewinn von 18.000 €.

Den folgenden Vorgang hat der Stpfl. – mit Ausnahme der umsatzsteuerlichen Behandlung – gewinnmäßig noch **nicht berücksichtigt**:

Am 01.03.01 kaufte er sich einen gebrauchten PKW für 24.000 € + 4.560 € USt. BND = 4 Jahre. Der Kfz-Händler nahm den alten PKW für 3.000 € + 570 € USt in Zahlung. Der Buchwert des alten PKW betrug am 01.01.01 = 2.400 €; die Jahres-AfA 1.200 € (§ 7 Abs. 1 Satz 1 und 2 EStG). In den als Betriebsausgaben erfassten Umsatzsteuerzahllasten 01 sind die Beträge von 4.560 € und 570 € berücksichtigt. Beide Personenwagen wurden im Kj. 01 laut Fahrtenbuch zu 30 % privat genutzt. Die private Nutzung wird nach § 6 Abs. 1 Nr. 4 Satz 3 EStG ermittelt. Für die laufenden Kosten (ohne AfA) ist die gewinnmäßige und die umsatzsteuerliche Behandlung der privaten Nutzung ordnungsmäßig erfolgt.

Mit welchem Betrag kann der Gewinn für das Kj. 01 angesetzt werden?

A. 16.181 €.

B. 13.181 €.

C. 15.160 €.

D. 14.460 €.

**Aufgabe 166**

Ein Gewerbetreibender, Gewinnermittler nach § 4 Abs. 3 EStG, erklärt für das Kj. 01 einen Gewinn von 10.000 € und für das Kj. 02 einen Gewinn von 22.000 €. Den folgenden Vorgang hat der Stpfl. bei der Gewinnermittlung der einzelnen Jahre noch **nicht berücksichtigt**:

Am 01.12.01 erwarb der Stpfl. eine Rechenmaschine für den Betrieb für 140 € + 26,60 € USt. Den Rechnungsbetrag von 166,60 € bezahlte der Stpfl. am 20.01.02.

Welche der folgenden Aussagen sind richtig?

A. Die an den Lieferanten gezahlte Umsatzsteuer ist im Kj. 02 als Betriebsausgabe abzugsfähig.

B. Der Gewinn für das Kj. 01 ist um 166,60 € zu mindern.

C. Der Gewinn des Kj. 01 beträgt 9.860 €.

D. Der Stpfl. hat die Möglichkeit, die Anschaffungskosten der Rechenmaschine auf die betriebsgewöhnliche Nutzungsdauer zu verteilen und die AfA als Betriebsausgabe abzusetzen.

## C. Einkommensteuer

**Aufgabe 167**

Ein Gewerbetreibender, Gewinnermittler nach § 4 Abs. 3 EStG, erklärt für das Kj. 01 einen Gewinn von 15.000 €.

Den folgenden Vorgang hat der Stpfl. bei der Ermittlung des Gewinns für das Kj. 01 noch **nicht berücksichtigt:**

Anschaffung einer Maschine (BND = 10 Jahre) am 01.09.01 (laut Rechnung) für

|   |   |
|---|---|
|   | 900,00 € |
| + 19 % USt | 171,00 € |
|   | 1.071,00 € |
| + Frachtkosten | 20,00 € |
| + USt | 3,80 € |
|   | 1.094,80 € |

Der Stpfl. hat sofort – unter Abzug von Skonto (5 % von 1.071,00 €) – bezahlt. Die Umsatzsteuerzahllast wurde zutreffend ermittelt und als Betriebsausgabe abgesetzt.

Mit welchem Betrag kann der Gewinn für das Kj. 01 angesetzt werden?

A. 14.804,58 €.

B. 14.080,00 €.

C. 14.658,75 €.

D. 14.125,00 €.

**Aufgabe 168**

Ein Gewerbetreibender, Gewinnermittler nach § 4 Abs. 3 EStG, erklärt für das Kj. 03 einen Gewinn von 20.000 €. Den folgenden Vorgang hat der Stpfl. – mit Ausnahme der umsatzsteuerlichen Behandlung – gewinnmäßig noch **nicht berücksichtigt:**

Am 31.03.03 schenkte der Stpfl. seinem Sohn einen VW-Golf. Der Stpfl. hatte das Kfz (BND 4 Jahre) am 02.01.01 für 20.000 € von einem Beamten erworben und ausschließlich in seinem Betrieb genutzt. Im Zeitpunkt der Schenkung betrugen die Wiederbeschaffungskosten für den PKW 12.000 €.

Wie hoch ist der Gewinn für das Kj. 03?

A. 30.000 €.

B. 18.750 €.

C. 22.000 €.

D. 28.750 €.

## C. Einkommensteuer

### Aufgabe 169

Ein Elektrohändler schenkt seinem bei ihm angestellten Lohnbuchhalter zu dessen Silberhochzeit eine Stehlampe (Einkaufspreis am Tag der Schenkung 42 €, Verkaufspreis am Tag der Schenkung 70 €, tatsächlich beim Einkauf vor 2 Jahren bezahlter Preis 33 € – alles Nettobeträge). Eine gleiche Stehlampe schenkt er auch seiner Tante zum Geburtstag und eine weitere einem langjährigen Kunden zu dessen Geschäftsjubiläum. Die einzelnen Schenkungen sind gesondert aufgezeichnet worden. Andere Geschenke haben die genannten Personen von dem Elektrohändler im selben Wirtschaftsjahr nicht erhalten, jedenfalls nicht aus betrieblichen Mitteln.

In welcher Höhe liegen nicht abziehbare Betriebsausgaben vor?

A. In Höhe von 70 €.

B. In Höhe von 0 €.

C. In Höhe von 33 €.

D. In Höhe von 84 €.

### Aufgabe 170

Ein Gewerbetreibender, der seinen Gewinn durch Bestandsvergleich ermittelt, hat zum 31.12.01 sein Betriebsvermögen auf 40.000 € und zum 31.12.02 sein Betriebsvermögen auf 55.000 € ermittelt. Die Privatentnahmen 02 betragen 15.000 € und die Privateinlagen 2.000 €. In den Privatentnahmen sind folgende Beträge **nicht enthalten:**

    3.000 € anteilige private Kfz-Kosten

    1.000 € nicht abziehbare Betriebsausgaben nach § 4 Abs. 5 EStG
    (in den Betriebsausgaben enthalten)

Wie hoch ist der steuerlich anzusetzende Gewinn für das Kj. 02?

A. 31.000 €.

B. 32.000 €.

C. 28.000 €.

D. 34.000 €.

### Aufgabe 171

Ein Gewerbetreibender, der seinen Gewinn nach § 5 Abs. 1 EStG ermittelt, hat für das Jahr 01 Betriebsausgaben in Höhe von 30.000 € abgesetzt.

In diesen Betriebsausgaben sind u. a. folgende Beträge enthalten:

Kapitalertragsteuer                                                       200 €

## C. Einkommensteuer

| | |
|---|---|
| Löhne und Gehälter | 10.000 € |
| Aufwendungen in tatsächlicher Höhe (Bus) für Mittagsheimfahrten (zwischen Wohnung und Betrieb) | 300 € |
| Anzahlung am 01.12.01 auf eine Maschine (Restbetrag von 800 € + 19 % USt wurde bei Lieferung am 10.01.02 bezahlt; BND = 10 Jahre) | 400 € |

Wie hoch sind die Betriebsausgaben für das Kj. 01?

A. 29.600 €.
B. 29.400 €.
C. 29.100 €.
D. 29.500 €.

### Aufgabe 172

Für die Betreuung ihrer zu ihrem Haushalt gehörenden 8-jährigen Tochter durch die Tagesmutter M sind der selbständig tätigen Rechtsanwältin R, ledig, Aufwendungen in Höhe von 400 € monatlich entstanden. Dieser monatlich – außer Juli wegen Urlaubs – an M überwiesene Betrag setzt sich zusammen aus 300 € für die Betreuung und 100 € für die Verpflegung der Tochter.

Außerdem überwies R an einen pensionierten Musiklehrer insgesamt 900 € für der Tochter erteilte Klavierstunden.

In welcher Höhe kann R die Aufwendungen wie Betriebsausgaben abziehen?

A. 3.534 €.
B. 4.000 €.
C. 2.200 €.
D. 2.800 €.

## Wechsel der Gewinnermittlungsart

### Aufgabe 173

Ein Gewerbetreibender, der bis zum 31.12.01 seinen Gewinn nach § 4 Abs. 3 EStG ermittelt hat, geht ab 01.01.02 zur Gewinnermittlung nach § 5 Abs. 1 EStG über. Der Gewinn laut Bilanz per 31.12.02 beträgt 30.000 €.

Die Eröffnungsbilanz zum 01.01.02 weist u. a. folgende Bilanzposten aus:

Aktiva:   20.000 € Waren

## C. Einkommensteuer

Passiva:   5.000 € Warenschulden

Mit welchem Betrag kann der Gewinn für das Kj. 02 (unter Berücksichtigung möglicher Anträge) angesetzt werden?

A. 25.000 €.

B. 37.500 €.

C. 45.000 €.

D. 35.000 €.

**Aufgabe 174**

Wie Aufgabe 173, nur weist die Eröffnungsbilanz zum 01.01.02 u. a. folgende Bilanzposten aus:

Aktiva:   5.000 € Anzahlungen auf LKW

   4.000 € Kundenforderungen

Wie hoch ist der Gewinn für das Kj. 02?

A. 30.000 €.

B. 39.000 €.

C. 34.000 €.

D. 26.000 €.

**Aufgabe 175**

Wie Aufgabe 173, nur weist die Eröffnungsbilanz zum 01.01.02 u. a. folgende Bilanzposten aus:

Aktiva:   10.000 € Bank

Passiva:   500 € USt-Schuld

Wie hoch ist der Gewinn für das Kj. 02?

A. 30.000 €.

B. 29.500 €.

C. 30.500 €.

D. 40.500 €.

**Aufgabe 176**

Wie Aufgabe 173, nur weist die Eröffnungsbilanz zum 01.01.02 u. a. folgende Bilanzposten aus:

## C. Einkommensteuer

Aktiva: 16.000 € Fuhrpark

800 € RAP (am 28.12.01 vorausbezahlte Betriebsversicherung für das Kj. 02 – jeweils fällig am 05.01. eines jeden Jahres)

Wie hoch ist der Gewinn für das Kj. 02?

A. 46.800 €.
B. 30.800 €.
C. 30.000 €.
D. 29.200 €.

**Aufgabe 177**

Wie Aufgabe 173, nur weist die Eröffnungsbilanz zum 01.01.02 u. a. folgende Bilanzposten als Passiva aus:

3.000 € Bankschulden (Erwerb einer Maschine)

2.000 € Garantierückstellung

Wie hoch ist der Gewinn für das Kj. 02?

A. 28.000 €.
B. 32.000 €.
C. 27.000 €.
D. 25.000 €.

## Veranlagung

EStG §§ 25–26c

**Aufgabe 178**

Welche Aussagen zur Veranlagungsart sind richtig?

A. Eine Einzelveranlagung kommt nur für eine ledige und unbeschränkt einkommensteuerpflichtige natürliche Person in Betracht.
B. Für beide Ehegatten, die zu Beginn des Kj. 01 die Voraussetzungen des § 26 Abs. 1 Satz 1 EStG erfüllten und ab 01.10.01 dauernd getrennt gelebt haben, wird keine Einzelveranlagung für den VZ 01 durchgeführt.
C. Die Ehegattenbesteuerung erfolgt nur dann, wenn die einzelnen Voraussetzungen des § 26 Abs. 1 Satz 1 EStG im VZ gleichzeitig vorgelegen haben.

## C. Einkommensteuer

D. Haben im VZ mehrere Ehen bestanden, so kommt die Ehegattenbesteuerung stets nur für die Ehe in Betracht, die zuletzt geschlossen wurde und bei der die Voraussetzungen des § 26 Abs. 1 Satz 1 EStG vorgelegen haben.

**Aufgabe 179**

Emma Piel, verwitwet seit dem 01.10.01, erfüllte bis zum Zeitpunkt des Todes ihres Ehemannes mit diesem die Voraussetzungen des § 26 Abs. 1 Satz 1 EStG. Sie ist mit ihren Einkünften für die Kj. 01 und 02 zur Einkommensteuer zu veranlagen.

Welche Veranlagungsart(en) kommt (kommen) in Betracht?

A. Einzelveranlagung für den VZ 02.

B. Zusammenveranlagung für den VZ 01.

C. Getrennte Veranlagung für den VZ 01.

D. Besondere Veranlagung für den VZ 01.

**Aufgabe 180**

Die Ehefrau des Stpfl. ist im Kj. 01 gestorben. Die Voraussetzungen des § 26 Abs. 1 Satz 1 EStG lagen vor.

Welche der folgenden Aussagen zur Veranlagungsart sind richtig?

A. Wenn der Stpfl. im Kj. 01 wieder heiratet, mit seiner zweiten Ehefrau die Voraussetzungen des § 26 Abs. 1 Satz 1 EStG erfüllt und keine besondere Veranlagung nach § 26c EStG beantragt, wird für die verstorbene Ehefrau für den VZ 01 eine Einzelveranlagung durchgeführt.

B. Wenn der Stpfl. nicht wieder heiratet, wird für beide Ehegatten für den VZ 01 eine Einzelveranlagung durchgeführt.

C. Wenn der Stpfl. im Kj. 01 wieder heiratet und mit seiner zweiten Ehefrau die Voraussetzungen des § 26 Abs. 1 Satz 1 EStG nicht erfüllt, wird für diese Ehegatten die getrennte Veranlagung durchgeführt.

D. Wenn der Stpfl. nicht wieder heiratet, ist für ihn und seine verstorbene Ehefrau die Ehegattenbesteuerung anzuwenden.

**Aufgabe 181**

Welche der folgenden Aussagen zum Wahlrecht der Veranlagungsart sind zutreffend?

A. Eine Zusammenveranlagung ist nur dann durchzuführen, wenn die Voraussetzungen des § 26 Abs. 1 Satz 1 EStG erfüllt sind und beide Ehegatten die Zusammenveranlagung wählen.

## C. Einkommensteuer

B. Eine Zusammenveranlagung ist durchzuführen, wenn die Voraussetzungen des § 26 Abs. 1 Satz 1 EStG erfüllt sind und keiner der Ehegatten das Wahlrecht ausgeübt hat.

C. Eine getrennte Veranlagung ist durchzuführen, wenn die Voraussetzungen des § 26 Abs. 1 Satz 1 EStG erfüllt sind und einer der Ehegatten die getrennte Veranlagung wählt.

D. Eine getrennte Veranlagung ist durchzuführen, wenn die Voraussetzungen des § 26 Abs. 1 Satz 1 EStG erfüllt sind, einer der Ehegatten die getrennte Veranlagung und der andere Ehegatte die Zusammenveranlagung wählt.

### Aufgabe 182

Welche der folgenden Aussagen über die Ermittlung und den Ansatz der Einkünfte bei Ehegatten sind richtig?

A. Die Einkünfte der Ehegatten werden bei der Zusammenveranlagung zusammen ermittelt.

B. Die Einkünfte der Ehegatten werden bei allen Veranlagungsarten getrennt ermittelt.

C. Bei der Zusammenveranlagung werden die Einkünfte für jeden Ehegatten getrennt ermittelt und anschließend zusammengerechnet.

D. Bei der Zusammenveranlagung gibt es nur eine Summe der Einkünfte.

### Aufgabe 183

Welche der folgenden Aussagen zu den Ehegattenveranlagungsarten sind richtig?

A. Bei allen drei Arten der Ehegattenbesteuerung (Zusammenveranlagung, getrennte Veranlagung und besondere Veranlagung) werden außergewöhnliche Belastungen für die Ehegatten gemeinsam ermittelt (und dann ggf. aufgeteilt).

B. Auch bei einer Zusammenveranlagung wird der Entlastungsbetrag nach § 24a EStG nach der Höhe des Arbeitslohns und der positiven Summe der übrigen zu berücksichtigenden Einkünfte des Ehegatten ermittelt, der die altersmäßigen Voraussetzungen erfüllt.

C. Bei der getrennten Veranlagung sind jedem Ehegatten die von ihm bezogenen Einkünfte zuzurechnen.

D. Bei der Zusammenveranlagung wird die Summe der Einkünfte für beide Ehegatten ermittelt.

## C. Einkommensteuer

## Sonderausgaben
EStG §§ 9c, 10 ff.

### Aufgabe 184
Welche der folgenden Aussagen über die steuerliche Behandlung von Kosten der Lebensführung sind richtig?

A. Sonderausgaben werden vom Gesamtbetrag der Einkünfte abgezogen.

B. Sonderausgaben sind u. a. die im § 10 EStG genannten Aufwendungen, wenn sie weder Betriebsausgaben noch Werbungskosten sind, noch als solche behandelt werden.

C. Sonderausgaben (§§ 10, 10b EStG) sind abzugsfähige Kosten der Lebensführung (unter Beachtung der Abzugsbeschränkungen).

D. § 12 EStG und § 10 EStG befassen sich mit der steuerlichen Behandlung von Kosten der Lebensführung.

### Aufgabe 185
Der selbständig tätige Steuerberater S, zweimal geschieden vor 13 und vor 7 Jahren und wiederverheiratet seit 3 Jahren, leistete im VZ 02 folgende Zahlungen:

Unterhaltszahlungen von monatlich 1.000 € an seine geschiedene erste Ehefrau zuzüglich 160 € monatlich an Beiträgen für deren Kranken- und Pflegeversicherung – Aufwendungen i. S. des § 10 Abs. 1 Nr. 3 EStG – (die Zustimmung der Ehefrau zum Abzug liegt vor);

Unterhaltszahlungen von monatlich 1.200 € an seine geschiedene zweite Ehefrau (keine Aufwendungen für deren Kranken- und Pflegeversicherung), die dem Abzug bei S in Höhe von 800 € monatlich zugestimmt hat;

ab 01.06. zusätzlich monatlich 450 € an die geschiedene zweite Ehefrau für den Unterhalt der gemeinsamen ehelichen Tochter, 9 Jahre, da diese Ende Mai vom Haushalt des S in den der zweiten Ehefrau umgezogen ist;

im Mai 500 € für eine auswärtige Fortbildungsmaßnahme, an der seine derzeitige, nicht berufstätige Ehefrau teilgenommen hat, um in ihrem erlernten Beruf als Steuerfachangestellte, den sie in absehbarer Zeit wieder ausüben wird, auf dem Laufenden zu bleiben.

Andere Sonderausgaben – außer Vorsorgeaufwendungen – weist S nicht nach.

Welche Aussagen zum Sonderausgabenabzug des S aufgrund der aufgeführten Zahlungen (d. h. ohne Vorsorgeaufwendungen) sind für den VZ 02 richtig?

A. Es können 15.725 € als Sonderausgaben abgezogen werden.

B. Es können 27.610 € als Sonderausgaben abgezogen werden.
C. Es können 23.520 € als Sonderausgaben abgezogen werden.
D. Es können 26.670 € als Sonderausgaben abgezogen werden.

**Aufgabe 186**

Ein lediger Stpfl. A, 30 Jahre alt, hat im VZ 2011 lediglich 30.000 € Einkünfte aus Gewerbebetrieb erzielt.

Er hat folgende Sonderausgaben für den VZ nachgewiesen:

| | | | | |
|---|---|---|---|---|
| Spenden an eine politische Partei | | | | 1.680 € |

Kranken- und Pflegeversicherungsbeiträge (ohne Krankengeldanspruch)

|  | | davon entfallen auf § 10 Abs. 1 | | |
|---|---|---|---|---|
|  | | Nr. 3 EStG | Nr. 3a EStG | |
| gezahlte Beiträge | 5.800 € | 3.600 € | 2.200 € | |
| Beitragsrückvergütungen | 600 € | 400 € | 200 € | 5.200 € |

Wie hoch sind die für den VZ 2011 insgesamt abziehbaren Sonderausgaben?

A. 5.800 €.
B. 4.987 €.
C. 4.653 €.
D. 4.617 €.

**Aufgabe 187**

Der Gewerbetreibende G, ledig, leistete 2011:

| | |
|---|---|
| Beiträge zu einer Rentenversicherung (Leibrente ab 65 J.) | 3.000 €, |
| Beiträge zur Kranken- und Pflegeversicherung | 3.600 €, |
| davon entfallen auf die sog. Basiskranken- und Pflegeversicherung | 2.950 €. |

Andere Vorsorgeaufwendungen weist G nicht nach.

Für die Vorsorgeaufwendungen ergibt sich ein Abzug von

A. 5.700 €.
B. 5.760 €.
C. 4.701 €.
D. 5.110 €.

## C. Einkommensteuer

**Aufgabe 188**

Die Ehegatten, beide 45 Jahre alt, beantragen die Zusammenveranlagung. Der Ehemann hat im VZ 2011 aus einem gegenwärtigen Dienstverhältnis (Techniker) 36.000 € als Arbeitslohn bezogen, die Ehefrau hat keinen Arbeitslohn erzielt und ist beim Ehemann in der Krankenversicherung (mit Anspruch auf Krankengeld für den Ehemann) mitversichert. Die Ehegatten haben für den VZ 2011 folgende Zahlungen nachgewiesen:

| | |
|---|---|
| Gezahlte Lohnkirchensteuer | 578 € |
| Arbeitnehmeranteil an der Rentenversicherung | 3.582 € |
| Arbeitnehmeranteil an den anderen Teilen der Sozialversicherung | 3.843 € |
| (Krankenversicherung 2.952 €, Pflegeversicherung 351 €, andere 540 €) | |
| (die Arbeitgeberanteile betragen 3.582 € bei der Rentenversicherung | |
| und 3.519 € bei den anderen Teilen der Sozialversicherung) | |
| Beiträge zur Bausparkasse | 4.000 € |

Im Rahmen der Veranlagung für 2010 sind 150 € Kirchensteuer in 2011 erstattet worden.

Welche der folgenden Aussagen über die Zahlungen sind zutreffend?

A. Die Beiträge zur Bausparkasse sind den übrigen Sonderausgaben zuzuordnen.

B. Für die übrigen Sonderausgaben ergibt sich ein Abzugsbetrag von 428 €.

C. Der Beitrag zur gesetzlichen Rentenversicherung gehört zu den Altersvorsorgeaufwendungen.

D. Die Beiträge zur Kranken- und Pflegeversicherung gehören zu den sonstigen Vorsorgeaufwendungen.

**Aufgabe 189**

Sachverhalt wie Aufgabe 188.

Wie hoch ist die Summe der bei der Veranlagung abzuziehenden Sonderausgaben für den VZ 2011?

A. 4.430 €.

B. 5.560 €.

C. 5.955 €.

D. 5.805 €.

**Aufgabe 190**

Die Ehegatten, beide 42 Jahre alt, beantragen die Zusammenveranlagung. Der Ehemann hat im VZ 2011 als Beamter 32.400 € Bruttobezüge erhalten. Die Ehefrau hat keine Einkünfte.

## C. Einkommensteuer

Die Ehegatten haben für den VZ 2011 folgende Sonderausgaben nachgewiesen:

Beiträge zur Kapitallebensversicherung
(2002 abgeschlossen, Laufzeit 25 Jahre)     1.500 €,
Beiträge zur Kranken- und Pflegeversicherung     3.600 €,
davon entfallen 2.650 € auf die sog. „Basisversorgung".

Wie hoch ist der Abzug der Vorsorgeaufwendungen als Sonderausgaben?

A. 4.920 €.

B. 4.700 €.

C. 4.270 €.

D. 3.902 €.

### Aufgabe 191

Der verheiratete Angestellte T, dessen Ehefrau nicht berufstätig ist, hat für die halbtägige Unterbringung seiner im Juni 6 Jahre alt gewordenen Tochter R von Januar bis einschließlich Juli im Kindergarten an diesen monatlich 230 € überwiesen. Außerdem hat T für Reitstunden seiner Tochter monatlich 50 € (im gesamten VZ) an einen Reitstall überwiesen.

Wie sind diese Aufwendungen steuerlich einzuordnen?

A. Die Betreuungskosten gehören zu den übrigen Sonderausgaben.

B. Die Betreuungsaufwendungen i. S. des § 9c EStG betragen insgesamt 1.380 €.

C. Für die Betreuungsaufwendungen ist ein Sonderausgabenabzug von 1.074 € vorzunehmen.

D. Für die Betreuungsaufwendungen ist ein Sonderausgabenabzug von 920 € vorzunehmen.

### Aufgabe 192

Dem Gewerbetreibenden U entstehen für die an Werktagen für 6 Stunden täglich beschäftigte Haushaltshilfe H monatlich Aufwendungen von 1.900 €. Zu den Aufgaben der H gehören (laut Vertrag) auch täglich eineinhalb Stunden Betreuung der 10-jährigen ehelichen Tochter und des 8-jährigen ehelichen Sohnes. Die mit U zusammen zu veranlagende Ehefrau ist bis 31. März des VZ im Betrieb des U als Arbeitnehmerin beschäftigt (steuerlich anzuerkennendes Ehegattenarbeitsverhältnis). Nach ärztlichem Attest ist die Ehefrau seit dem 02. September des VZ krank.

Welche Aussagen über die steuerliche Behandlung von Betreuungskosten des U sind zutreffend?

## C. Einkommensteuer

A. U kann 2.217 € wie Betriebsausgaben bei der Ermittlung des Gewinns aus Gewerbebetrieb abziehen.

B. Die Ehefrau kann 1.425 € wie Werbungskosten bei der Ermittlung ihrer Einkünfte aus nichtselbständiger Arbeit neben dem Arbeitnehmer-Pauschbetrag abziehen. Für U kommt dann kein Abzug wie Betriebsausgaben mehr in Betracht.

C. U kann 950 € wie Betriebsausgaben bei der Ermittlung des Gewinns aus Gewerbebetrieb abziehen; es sind dann noch 1.267 € als Sonderausgaben zu berücksichtigen.

D. Die Ehefrau kann 950 € wie Werbungskosten bei der Ermittlung ihrer Einkünfte aus nichtselbständiger Arbeit neben dem Arbeitnehmer-Pauschbetrag abziehen; es sind dann noch 1.267 € als Sonderausgaben zu berücksichtigen.

**Aufgabe 193**

Die Ehegatten W (Zusammenveranlagung gem. § 26b EStG) haben im VZ 02 einen Gesamtbetrag der Einkünfte von 58.000 € erzielt.

Die Summe ihrer Umsätze und der von ihnen gezahlten Löhne und Gehälter betrug im VZ 02 insgesamt 600.000 €.

Die Ehegatten haben im VZ 02

der evangelischen Kirchengemeinde für die Restaurierung der Kirche 8.000 €,

der „Deutschen Krebshilfe" 5.000 € und

einer politischen Partei im Sinne des Parteiengesetzes 6.000 €

zugewendet; hierfür liegen auch ordnungsmäßige Zuwendungsbestätigungen vor.

Außerdem haben die Ehegatten einer Buchungsbestätigung ihrer Bank und dem Überweisungsauftrag auf einem vom „SOS Kinderdorf e. V." hergestellten Beleg zufolge dieser Organisation im VZ 150 € überwiesen.

Welche Aussagen zur Berücksichtigung dieser Spenden als Sonderausgaben sind zutreffend?

A. Es verbleibt ein Sonderausgabenabzug von 1.550 € für den dem VZ 02 folgenden VZ.

B. Der Sonderausgabenabzug im VZ 02 beträgt 16.450 €

C. Der Sonderausgabenabzug im VZ 02 beträgt 14.300 €.

D. Der Sonderausgabenabzug im VZ 02 beträgt 15.850 €.

# C. Einkommensteuer

# Kinder, Sonderfreibeträge, Einkommensteuertarif

EStG §§ 24b, 31, 32, 32a

## Aufgabe 194

Die Stpfl. K (Frau) und L (Mann) heiraten am 01.10.02. Beide sind unbeschränkt einkommensteuerpflichtig und leben ab 01.10.02 nicht dauernd getrennt. Seit dem 01.10.02 haben sie eine gemeinsame Wohnung. Sie haben zwei gemeinsame Kinder:
Markus – geb. 10.11.01 (bis 30.09.02 in der Wohnung der Frau K, die diese allein mit Markus bewohnte, gemeldet),
Katrin – geb. 01.12.02.

Welche Aussagen über die einkommensteuerliche Berücksichtigung des Sohnes Markus für das Kj. 01 und deren Auswirkung auf die Gewährung des Entlastungsbetrags für Alleinerziehende sind richtig?

A. Markus ist ein Kind des L i. S. des § 32 Abs. 1 Nr. 1 EStG; für ihn können bei L die Freibeträge nach § 32 Abs. 3 i. V. m. Abs. 6 Satz 1 EStG berücksichtigt werden.

B. Markus ist ein Kind der Frau K i. S. des § 32 Abs. 1 Nr. 1 EStG; für ihn können bei Frau K die Freibeträge nach § 32 Abs. 3 i. V. m. Abs. 6 Satz 1 EStG berücksichtigt werden.

C. Herrn L ist ein Entlastungsbetrag für Alleinerziehende zu gewähren.

D. Frau K ist ein Entlastungsbetrag für Alleinerziehende zu gewähren.

## Aufgabe 195

Text wie Aufgabe 194.

**Ergänzung:** Der Ehemann ist am 15.12.02 gestorben. Die Ehegatten lebten seit dem 15.10.02 dauernd getrennt.

Welche Aussagen über die einkommensteuerliche Behandlung der Tochter Katrin im Kj. 02 sind richtig?

A. Katrin begründet ein Kindschaftsverhältnis i. S. des § 32 Abs. 1 Nr. 1 EStG zu beiden Elternteilen.

B. Für Katrin können bei der Zusammenveranlagung die Freibeträge gem. § 32 Abs. 6 Satz 2 und 5 EStG berücksichtigt werden.

C. Katrin wird für Dezember 02 nach § 32 Abs. 3 EStG berücksichtigt.

D. Für Katrin können nur die Freibeträge nach § 32 Abs. 6 Satz 1 und 5 EStG berücksichtigt werden.

## C. Einkommensteuer

**Aufgabe 196**

A heiratet Frau B (beide unbeschränkt steuerpflichtig) am 01.06.01.

Die Tochter der Frau B, die seit ihrer Geburt nur bei Frau B gemeldet war und ab 01.06.01 im gemeinsamen Haushalt von A (der nicht der Vater ist) und B lebt, vollendet mit Ablauf des 31.05.01 das 17. Lebensjahr. Sie ist im Kj. 01 als kaufmännische Angestellte tätig und erzielt einen Bruttoarbeitslohn von 9.000 €.

Welche Aussagen über die Tochter sind zutreffend?

A. Die Tochter ist ein Kind, das mit Frau B im 1. Grad verwandt ist (§ 32 Abs. 1 Nr. 1 EStG).

B. Zu A besteht kein Kindschaftsverhältnis i. S. des § 32 Abs. 1 EStG.

C. Bei B ist das Kind nach § 32 Abs. 3 EStG zu berücksichtigen.

D. Die Tochter ist nicht zu berücksichtigen, da sie zu hohe Einkünfte erzielt.

**Aufgabe 197**

Die Tochter des Stpfl. hat mit Ablauf des 24.11.01 das 18. Lebensjahr vollendet. Vom 01.08.02 (Schulentlassung 31.07.02) bis zum 31.07.04 ist sie bei einer Agentur für Arbeit als Bewerberin für eine berufliche Ausbildungsstelle gemeldet. Sie erzielt keine Einnahmen. Zum 01.08.04 hat sie einen Ausbildungsplatz gefunden.

Welche Aussagen über die Berücksichtigung der Tochter sind richtig?

A. VZ 01 = Berücksichtigung für 12 Monate nach § 32 Abs. 3 EStG.

B. VZ 02 = Berücksichtigung für 5 Monate nach § 32 Abs. 4 Nr. 1 EStG.

C. VZ 03 = Berücksichtigung nach § 32 Abs. 4 Nr. 1 EStG.

D. VZ 04 = Berücksichtigung für 11 Monate nach § 32 Abs. 4 Nr. 1 EStG.

**Aufgabe 198**

Die unbeschränkt steuerpflichtige Frau A, ledig, 52 Jahre alt, hat ein leibliches Kind, 21 Jahre alt, das sich in Berufsausbildung befindet und keine eigenen Einkünfte oder Bezüge erzielt. Beide leben in der Wohnung der A (keine anderen Mitbewohner).

Der Vater des Kindes ist verstorben.

Welche der folgenden Aussagen sind richtig?

A. Das Kind ist nach § 32 Abs. 3 EStG zu berücksichtigen.

B. Bei der Einzelveranlagung der Frau A ist ein Entlastungsbetrag nach § 24b EStG vom Gesamtbetrag der Einkünfte abzuziehen.

C. Bei der Einzelveranlagung der Frau A kann ein Kinderfreibetrag nach § 32 Abs. 6 Satz 3 Nr. 1 EStG berücksichtigt werden.

D. Für Frau A kommt der Grundtarif nach § 32a Abs. 1 EStG in Betracht.

## Aufgabe 199

Die Ehegatten A und B erfüllen seit Jahren die Voraussetzungen des § 26 Abs. 1 Satz 1 EStG. Ehemann A ist am 30.03.02 gestorben. Die Ehegatten haben bis zum Zeitpunkt des Todes nicht dauernd getrennt gelebt.

Welche der folgenden Aussagen zum anzuwendenden Tarif sind richtig?

A. Bei der Zusammenveranlagung der Ehegatten für das Kj. 01 ist der Splittingtarif anzuwenden.

B. Bei den beiden Einzelveranlagungen der Ehegatten für das Kj. 02 ist der Grundtarif anzuwenden.

C. Bei der Einzelveranlagung der Witwe für das Kj. 03 ist der Splittingtarif anzuwenden.

D. Bei der Einzelveranlagung der Witwe für das Kj. 04 ist der Grundtarif anzuwenden.

## Aufgabe 200

Sachverhalt wie Aufgabe 199. In allen Kj. ist ein minderjähriges eheliches Kind der Ehegatten zu berücksichtigen. B lebt nach dem Tod des A mit dem Kind allein in ihrer Wohnung. Die Voraussetzungen des § 31 EStG für den Abzug der Freibeträge gem. § 32 Abs. 6 EStG sind erfüllt.

Wie hoch sind die zu berücksichtigenden Freibeträge?

A. Bei der Zusammenveranlagung der Ehegatten für das Kj. 02: die Freibeträge nach § 32 Abs. 6 Satz 2 EStG und ein anteiliger Entlastungsbetrag für Alleinerziehende gem. § 24b EStG.

B. Bei einer getrennten Veranlagung der Ehegatten für das Kj. 02 erhält jeder die Freibeträge nach § 32 Abs. 6 Satz 1 EStG und einen Entlastungsbetrag für Alleinerziehende gem. § 24b EStG.

C. Bei der Einzelveranlagung der Witwe für das Kj. 03: die Freibeträge nach § 32 Abs. 6 Satz 3 Nr. 1 EStG und einen Entlastungsbetrag für Alleinerziehende gem. § 24b EStG.

D. Bei der Einzelveranlagung der Witwe für das Kj. 04: die Freibeträge nach § 32 Abs. 6 Satz 3 Nr. 1 EStG und einen Entlastungsbetrag für Alleinerziehende gem. § 24b EStG.

## Aufgabe 201

Zum Haushalt der Alleinstehenden N gehört auch ihre nichteheliche Tochter T, geb. 05.03.1990, die ihre Berufsausbildung (monatliche Ausbildungsvergütung 450 €)

## C. Einkommensteuer

mit Ablegen einer Prüfung am 31.10.2011 beendet hat. Seitdem sucht T eine Anstellung und ist bei einer Agentur für Arbeit als Arbeitsuchende gemeldet; Einkünfte hat sie in der Zeit vom 01.11. bis 31.12.2011 nicht erzielt. Zum 01.02.2012 hat T eine Anstellung gefunden.

Welche der folgenden Aussagen zur steuerlichen Berücksichtigung der Tochter T sind zutreffend?

A. Für die Zeit vom 01.01. bis 31.10.2011 ist T gem. § 32 Abs. 4 Nr. 2 Buchst. a EStG zu berücksichtigen.

B. Für die Zeit vom 01.11. bis 31.12.2011 ist T gem. § 32 Abs. 4 Nr. 1 EStG zu berücksichtigen.

C. Für die Zeit vom 01.11. bis 31.12.2011 ist T gem. § 32 Abs. 4 Nr. 2 Buchst. b EStG zu berücksichtigen.

D. T ist ab 01.11.2011 nicht mehr zu berücksichtigen.

### Aufgabe 202

Die Alleinstehende M lebt mit ihrem 23-jährigen, nichtehelichen Sohn S, der bis 30.09.2011 bei ihr steuerlich zu berücksichtigen ist, in einem Haushalt. Der Vater des S ist 2002 verstorben.

Welche Beträge können bei M 2011 aufgrund der Berücksichtigung des S abgezogen werden?

A. Freibeträge gem. § 32 Abs. 6 EStG von 7.008 €.

B. Freibeträge gem. § 32 Abs. 6 EStG von 5.256 €.

C. Ein Entlastungsbetrag gem. § 24b EStG in Höhe von 1.308 €.

D. Ein Entlastungsbetrag gem. § 24b EStG in Höhe von 981 €.

### Aufgabe 203

Der eheliche Sohn H, geb. 08.06.1986, der Ehegatten E hat im September 2011 ein Physikstudium abgebrochen und wartet seither auf einen Medizinstudienplatz. H hat einen Grundwehrdienst von 9 Monaten abgeleistet. In 2011 erzielt er keine Einkünfte.

Welche steuerliche Berücksichtigung als Kind kommt für den Sohn S 2011 bei den Ehegatten E in Betracht?

A. H kann für 6 Monate nach § 32 Abs. 4 Nr. 2 Buchst. a EStG berücksichtigt werden.

B. H kann für 9 Monate nach § 32 Abs. 4 Nr. 2 Buchst. a EStG berücksichtigt werden.

## C. Einkommensteuer

C. H kann für 12 Monate nach § 32 Abs. 4 Nr. 2 Buchst. a EStG berücksichtigt werden.

D. H kann für 9 Monate nach § 32 Abs. 4 Nr. 2 Buchst. a EStG und für 3 Monate nach § 32 Abs. 4 Nr. 2 Buchst. c EStG berücksichtigt werden.

**Aufgabe 204**

Das eheliche Kind der Ehegatten K und L vollendet am 12.10. des VZ 2011 das 18. Lebensjahr. Am 01.08. des Vorjahres hat das Kind eine Berufsausbildung begonnen; die Ausbildungsvergütung betrug bis September des VZ monatlich 510 € brutto und ab Oktober 630 € brutto monatlich.

Wie hoch sind die für den VZ 2011 für das Kind in Betracht kommenden Freibeträge nach § 32 Abs. 6 EStG?

A. 7.008 €.

B. 5.840 €.

C. 5.256 €.

D. 0 €.

**Aufgabe 205**

Ein Kind vollendet am 12.08. des VZ das 18. Lebensjahr. Es befindet sich in einem Ausbildungsdienstverhältnis; die Ausbildungsvergütung beträgt im VZ von Januar bis Juli 550 € und ab August 690 € monatlich.

Welche Aussagen zur Berücksichtigung des Kindes im VZ sind zutreffend?

A. Das Kind ist bis einschließlich August nach § 32 Abs. 3 EStG zu berücksichtigen; die eigenen Einkünfte und Bezüge spielen dabei keine Rolle.

B. Für die Berücksichtigung von September bis Dezember sind die anteiligen Einkünfte und Bezüge von Bedeutung.

C. Die auf die Zeit vom 13.08. bis 31.12. entfallenden anteiligen Einkünfte und Bezüge sind für die Berücksichtigung maßgebend.

D. Die maßgebenden anteiligen Einkünfte für August sind mit $^{18}/_{30}$ zu ermitteln.

**Aufgabe 206**

Für die 14-jährige nichteheliche Tochter erhält die ledige Mutter das Kindergeld, da die Tochter bei ihr wohnt und auch bei ihr gemeldet ist. Der leibliche Vater, verheiratet, kommt seiner Unterhaltspflicht nach.

Welche der folgenden Aussagen über die Berücksichtigung des Kinderfreibetrags und des Betreuungsfreibetrags bei der Veranlagung der Mutter sind zutreffend?

## C. Einkommensteuer

A. Der Kinderfreibetrag und der Betreuungsfreibetrag sind abzuziehen, wenn deren steuerliche Auswirkung höher ist als das gezahlte Kindergeld.

B. Der Kinderfreibetrag und der Betreuungsfreibetrag sind abzuziehen, wenn die Einkommensteuerminderung durch die Freibeträge gem. § 32 Abs. 6 Satz 1 EStG höher ist als die Hälfte des gezahlten Kindergelds..

C. Der Kinderfreibetrag ist abzuziehen, wenn dessen steuerliche Auswirkung höher ist als die Hälfte des gezahlten Kindergelds.

D. Der Kinderfreibetrag und der doppelte Betreuungsfreibetrag sind abzuziehen, wenn deren steuerliche Auswirkung höher ist als das gezahlte Kindergeld.

## Außergewöhnliche Belastungen
EStG §§ 33–33b

### Aufgabe 207

Durch ein Hochwasser des dem gemieteten Haus des P nahen Flusses ist die im Keller aufgestellte Waschmaschine des P unbrauchbar geworden und musste im Müll entsorgt werden. Die Waschmaschine ist vor 4 Jahren von P für 400 € angeschafft worden und sollte noch mindestens 1 Jahr nutzbar sein. Für die Anschaffung einer neuen Maschine gleichen Typs als Ersatz hat P 530 € bezahlt. Eine Versicherung gegen einen derartigen Schaden war nicht möglich.

Außerdem hat P als einziges Kind seiner verstorbenen Mutter im November die Kosten für deren Beerdigung in Höhe von 5.500 € bezahlt. Die Mutter, die bis zu ihrem Tod in einem Heim untergebracht war, hat außer der persönlichen Habe kein Vermögen hinterlassen; lediglich eine von der Mutter abgeschlossene Versicherung bei einer Sterbekasse zahlte 1.500 € sowie die Rentenversicherung ein Sterbegeld von 1.000 €. Für die Finanzierung der Beerdigung hat P ein Darlehen von 3.000 € aufgenommen, auf das er im VZ Tilgungsleistungen von 300 € und Zinsen von 40 € geleistet hat.

In welcher Höhe sind P im VZ Aufwendungen für außergewöhnliche Belastungen i. S. des § 33 EStG erwachsen?

A. Aufgrund des Hochwasserschadens 430 €, aufgrund der Beerdigung 340 €.

B. Aufgrund des Hochwasserschadens 300 €, aufgrund der Beerdigung 300 €.

C. Aufgrund des Hochwasserschadens 400 €, aufgrund der Beerdigung 3.000 €.

D. Aufgrund des Hochwasserschadens 530 €, aufgrund der Beerdigung 3.040 €.

### Aufgabe 208

Einem ledigen Stpfl. sind im Kj. 01 folgende Aufwendungen entstanden:

## C. Einkommensteuer

1. 3.500 € Krankenhauskosten (15 Tage à 190 € Pflegesatz = 2.850 €, 650 € Kosten für Behandlung und Medikamente). Auf diesen Betrag erstattete die private Krankenversicherung im Kj. 01 2.800 €. Ferner zahlte die private Krankenversicherung im Kj. 01 ein Krankenhaustagegeld von (15 × 50 € =) 750 € und ein Krankentagegeld von (15 × 30 € =) 450 €.

2. 1.500 € Krankheitskosten (nicht durch den Krankenhausaufenthalt entstanden). Auf diesen Betrag erstattete die private Krankenversicherung 1.200 € im Kj. 01.

Die Aufwendungen sind weder Betriebsausgaben noch Werbungskosten. Sämtliche Rechnungen wurden vom Stpfl. im Kj. 01 bezahlt.

Wie hoch sind die vor Abzug der zumutbaren Belastung berücksichtigungsfähigen Aufwendungen nach § 33 EStG für das Kj. 01?

A.  0 €.

B.  1.000 €.

C.  250 €.

D.  300 €.

### Aufgabe 209

Der alleinstehende B hat im VZ 01 eine Summe der Einkünfte von 16.000 € und einen Gesamtbetrag der Einkünfte von 15.000 € erzielt. Bei ihm sind im VZ 01 zwei Kinder zu berücksichtigen.

Wie hoch ist die zumutbare Belastung nach § 33 Abs. 3 EStG für den VZ 01?

A.  3 % von 15.000 €.

B.  2 % von 15.340 €.

C.  3 % von 16.000 €.

D.  2 % von 15.000 €.

### Aufgabe 210

Ein Stpfl. (einziges Kind) unterhält seine 75 Jahre alte Mutter, die weder über eigenes Vermögen noch über eigene Einkünfte und Bezüge verfügt, mit 800 € monatlich während des gesamten Kj. 01. Ferner bezahlte der Stpfl. am 01.09.01 die Krankenhauskosten für seine Mutter in Höhe von 1.600 €.

Welche Aussagen zu den Aufwendungen sind richtig?

A.  Die Aufwendungen sind dem Stpfl. zwangsläufig erwachsen.

B.  Die gesamten Aufwendungen sind mit dem nach § 33a Abs. 1 EStG zu berücksichtigenden Betrag abgegolten.

## C. Einkommensteuer

C. Für die gesamten Aufwendungen ist § 33 EStG maßgebend.

D. Die Krankenhauskosten sind im Rahmen des § 33 EStG zu berücksichtigen, während die Unterhaltsleistungen bis zum Höchstbetrag des § 33a Abs. 1 EStG abziehbar sind.

### Aufgabe 211

Die Brüder K und L unterstützen ihre Eltern (beide 78 Jahre alt, sonst keine weiteren Kinder), die in einem gemeinsamen Haushalt leben und weder über eigenes Vermögen noch über eigene Einkünfte und Bezüge verfügen, während des gesamten VZ mit zusammen monatlich 1.100 € (K = 500 €, L = 600 €).

In welcher Höhe sind die Aufwendungen abziehbar?

A. Die Aufwendungen sind insgesamt mit dem Zweifachen des Höchstbetrags gem. § 33a Abs. 1 EStG zu berücksichtigen.

B. Der für K nach § 33a Abs. 1 EStG zu berücksichtigende Betrag beträgt 6.000 €.

C. Bei L ist ein Betrag in Höhe des (einfachen) Höchstbetrags nach § 33a Abs. 1 EStG zu berücksichtigen.

D. Für die Unterhaltsleistungen ist nach § 33a Abs. 1 EStG insgesamt das Zweifache des Höchstbetrags zu berücksichtigen. Davon sind anteilig für K $5/_{11}$ und für L $6/_{11}$ absetzbar.

### Aufgabe 212

Ein Stpfl. (einziges Kind) unterstützt seinen verwitweten Vater (72 Jahre alt) während des gesamten VZ mit monatlich 350 €. Der Vater ist im VZ 01 als Nachtwächter tätig. Sein Bruttoarbeitslohn 01 beträgt 3.000 €. Im Übrigen besitzt der Vater noch Sparanlagen über 14.000 €. Die Zinseinnahmen im Kj. 01 betragen 820 €; § 32d Abs. 1 EStG ist erfüllt.

Welche Aussagen über die Ermittlung des Höchstbetrags nach § 33a Abs. 1 EStG treffen zu?

A. Die Aufwendungen sind nicht absetzbar, weil der Vater eigenes Vermögen (Sparguthaben) besitzt.

B. Die maßgebenden eigenen Einkünfte des Vaters betragen 2.099 €.

C. Der Höchstbetrag ist um 1.475 € zu kürzen.

D. Nach § 33a Abs. 1 EStG ist ein Betrag von 4.200 € zu berücksichtigen.

### Aufgabe 213

Ein Stpfl. unterstützte seinen Sohn (34 Jahre alt), der bis zum 25.06.01 (01 = 2010) studierte, bis einschließlich Juni 01 mit monatlich 170 € (einschließlich 100 €

## C. Einkommensteuer

Zimmermiete). Der Sohn, der bis zum 30.06.01 noch zum Haushalt des Stpfl. gehörte und auswärts untergebracht war, erhielt eine monatliche Rente aus der gesetzlichen Unfallversicherung von 500 € (steuerfrei). Für den Sohn besteht kein Anspruch auf Kindergeld oder auf einen Kinderfreibetrag. Ab 01.07.01 bestreitet der Sohn seinen Unterhalt allein aus der Unfallrente.

Welche Aussagen über die Abziehbarkeit der Aufwendungen sind richtig?

A. Abziehbar sind nach § 33a Abs. 1 EStG der Höchstbetrag und nach § 33a Abs. 2 EStG 924 €.

B. § 33a Abs. 2 EStG findet keine Anwendung.

C. Die eigenen Bezüge des Sohnes führen zur Kürzung des anteiligen Höchstbetrags nach § 33a Abs. 1 EStG um 2.598 €.

D. Nach § 33a Abs. 1 i. V. m. Abs. 4 EStG ist ein Betrag von 1.020 € abzuziehen.

### Aufgabe 214

Der Stpfl. Volker Weise (W) hat für den gesamten VZ 03 Anspruch auf einen Kinderfreibetrag nach § 32 Abs. 6 Satz 3 EStG für seinen Sohn Xaver (X), der am 15.02.03 das 18. Lebensjahr vollendet hat. X war bis zum 31.03.03 auswärtig in einem Internat untergebracht; ab 01.04.03 studiert er an auswärtigen Hochschulen. Während der Semesterzeiten (April bis Juni und Oktober bis Dezember) bewohnt X am Hochschulort ein jeweils für diese Zeit gemietetes möbliertes Zimmer. In den Semesterferien wohnt X im Haushalt des W. W sind im gesamten VZ 03 Aufwendungen für die Berufsausbildung des X entstanden. Für die Monate Oktober bis Dezember erhielt X Ausbildungszuschüsse von monatlich 100 € in Form eines Stipendiums, da er in dieser Zeit an einer ausländischen Hochschule studierte. Andere Einkünfte und Bezüge hat X in 03 nicht erzielt.

Wie hoch ist der nach § 33a Abs. 2 EStG in Betracht kommende Sonderfreibetrag?

A. 847 €.

B. 385 €.

C. 616 €.

D. 496 €.

### Aufgabe 215

Text wie Aufgabe 214 mit folgender Ergänzung:

X erzielte im VZ 03 zur Bestreitung seines Unterhalts und seiner Berufsausbildung geeignete Einkünfte in Höhe von insgesamt 1.980 € (Einkünfte aus Vermietung und Verpachtung).

## C. Einkommensteuer

In welcher Höhe ist für den VZ 03 auf Antrag ein Sonderfreibetrag gem. § 33a Abs. 2 EStG bei W abzuziehen?

A. In Höhe von 495 €.

B. In Höhe von 528 €.

C. In Höhe von 408 €.

D. In Höhe von 484 €.

**Aufgabe 216**

Für die eheliche Tochter (8 Jahre) der Eheleute Wagner ist seit ihrer Geburt ein Grad der Behinderung von 55 festgestellt. Aufgrund eines Unfalls wird der Grad der Behinderung ab 01.09.08 auf 65 festgestellt. Dies ist auch in ihrem Schwerbehindertenausweis vermerkt.

Die Tochter ist unbeschränkt einkommensteuerpflichtig, hat aber keinerlei eigenes Einkommen.

Welche der folgenden Aussagen über die Berücksichtigung des Behinderten-Pauschbetrags bei der Zusammenveranlagung der Eheleute Wagner für das Kj. 08 sind zutreffend?

A. Der Pauschbetrag kann auf Antrag mit 720 € berücksichtigt werden.

B. Der Pauschbetrag kann auf Antrag mit 890 € berücksichtigt werden.

C. Der Pauschbetrag kann auch auf Antrag nicht berücksichtigt werden.

D. Der Pauschbetrag kann auf Antrag mit 777 € berücksichtigt werden.

**Aufgabe 217**

Die 69-jährige Witwe E des bei einem Dienstunfall vor 12 Jahren ums Leben gekommenen Beamten T weist mit amtlichem Ausweis einen Grad der Behinderung von 90 nach. In dem Ausweis ist neben dem Grad der Behinderung auch ein „H" eingetragen. E erhält vom früheren Dienstherrn des T Hinterbliebenenbezüge.

In welcher Höhe sind bei E außergewöhnliche Belastungen nach § 33b EStG zu berücksichtigen?

A. In Höhe von 1.790 €.

B. In Höhe von 4.070 €.

C. In Höhe von 3.700 €.

D. In Höhe von 1.600 €.

## C. Einkommensteuer

## Einkünfte aus Kapitalvermögen

EStG §§ 2, 12, 20, 32d, 36, 43 ff.

### Aufgabe 218

Der Stpfl. erzielt als Gewerbetreibender aus der Anlage von Betriebskapital Erträge i. S. des § 20 Abs. 1 Nr. 7 EStG. Die Aufwendungen, die im Zusammenhang mit diesen Erträgen entstanden sind, betragen 40 €. Andere Kapitalerträge hat der Stpfl. im VZ nicht erzielt.

Welche Aussagen zur steuerlichen Behandlung dieser Erträge sind zutreffend?

A. Die Erträge unterliegen nicht dem Kapitalertragsteuerabzug, da sie den Einkünften aus Gewerbebetrieb zuzuordnen sind.

B. Die Erträge sind bei der Ermittlung der Einkünfte außer Ansatz zu lassen.

C. Die Erträge sind bei der Ermittlung der Einkünfte unter Abzug des Sparer-Pauschbetrags gem. § 20 Abs. 9 EStG zu berücksichtigen.

D. Die Erträge sind bei der Ermittlung der Einkünfte zu berücksichtigen, die tatsächlichen Aufwendungen von 40 € sind abzugsfähig.

### Aufgabe 219

Der seit Oktober des Vorjahres verwitwete Stpfl. A hat seinem Neffen N vor drei Jahren zu dessen Bau eines Mietwohnhauses ein Darlehen zu einem im unteren Bereich des der marktüblichen Verzinsung liegenden Zinssatz zur späteren Rückzahlung überlassen.

Im VZ hat N insgesamt 3.100 € Zinsen an A entrichtet.

Welche der folgenden Aussagen zur steuerlichen Behandlung der Zinsen bei A sind zutreffend?

A. Die Zinsen unterliegen nicht dem Kapitalertragsteuerabzug.

B. Die Einkünfte aus Kapitalvermögen des A im VZ betragen 2.299 €.

C. Die Einkommensteuer für die Einkünfte aus Kapitalvermögen beträgt 25 %.

D. Die Einkünfte aus Kapitalvermögen sind bei der Veranlagung zur Einkommensteuer außer Ansatz zu lassen, wenn A keinen diesbezüglichen Antrag stellt.

### Aufgabe 220

Ein lediger Stpfl. besitzt ein Sparguthaben; aufgrund von Zinsen werden seinem Konto 4.234 € gutgeschrieben. Bei der Ermittlung dieses Gutschriftbetrags hat die Sparkasse 1.200 € an Kapitalertragsteuer und 66 € Solidaritätszuschlag abgezogen,

## C. Einkommensteuer

da sie diese Beträge einbehalten und abgeführt hat; dabei hat die Sparkasse einen vom Stpfl. erteilten Freistellungsauftrag über 700 € berücksichtigt.

Weitere Einnahmen aus Kapitalvermögen sind dem Stpfl. im VZ nicht zugeflossen. Ein Fall des § 20 Abs. 8 EStG liegt nicht vor.

Welche der folgenden Aussagen sind richtig?

A. Die Einkünfte aus Kapitalvermögen betragen 3.999 €.

B. Die Einkünfte aus Kapitalvermögen betragen 4.699 €.

C. Dem Steuerabzug sind 5.500 € Zinsen unterworfen worden.

D. Die Einkünfte aus Kapitalvermögen betragen 3.433 €.

### Aufgabe 221

Sachverhalt wie Aufgabe 220.

Welche der folgenden Aussagen zur Erfassung der Einkünfte aus Kapitalvermögen sind zutreffend?

A. Die Einkünfte aus Kapitalvermögen sind bei der Ermittlung der Summe der Einkünfte grundsätzlich nicht zu berücksichtigen.

B. Die Einkünfte aus Kapitalvermögen können bei der Ermittlung der Einkommensteuer auf Antrag berücksichtigt werden.

C. Soll der Stpfl. bei der Ermittlung der Einkommensteuer seiner Eltern als Kind gem. § 32 Abs. 4 EStG berücksichtigt werden, sind die Einkünfte aus Kapitalvermögen bei der Prüfung der Einkunftsgrenze des § 32 Abs. 4 Satz 2 EStG stets einzubeziehen.

D. Ohne Antrag gilt die Einkommensteuer auf die Einkünfte aus Kapitalvermögen mit dem Steuerabzug als abgegolten.

### Aufgabe 222

Sachverhalt wie Aufgabe 220.

Welche der folgenden Aussagen zu einem Antrag des Stpfl. gem. § 32d Abs. 4 EStG sind zutreffend?

A. Wenn der Stpfl. den Antrag gem. § 32d Abs. 4 EStG stellt, werden die Einkünfte aus Kapitalvermögen bei der Ermittlung der tariflichen Einkommensteuer berücksichtigt.

B. Auch bei einem Antrag nach § 32d Abs. 4 EStG werden die Einkünfte aus Kapitalvermögen mit einer Einkommensteuer von 25 % besteuert.

## C. Einkommensteuer

C. Der Stpfl. sollte einen Antrag gem. § 32d Abs. 4 EStG stellen, da die einbehaltene Kapitalertragsteuer mit 1.200 € höher ist als die sich richtigerweise ergebende Einkommensteuer von 25 % von 4.699 € = 1.175 €.

D. Ob der Stpfl. einen Antrag nach § 32d Abs. 4 EStG stellen sollte, hängt von der Höhe seiner tariflichen Einkommensteuer ab.

**Aufgabe 223**

Die zusammen zur Einkommensteuer zu veranlagenden Ehegatten haben im Kj. 03 folgende Einnahmen aus Kapitalvermögen erzielt:

    Ehemann 1.900 €,    Ehefrau   600 €.

Den Ehegatten sind hierfür folgende Werbungskosten entstanden:

    Ehemann   70 €,    Ehefrau   30 €.

Es ist davon auszugehen, dass sich die gesonderte Ermittlung der Einkünfte jedes Ehegatten bei der Zusammenveranlagung auswirkt.

Welche der folgenden Ergebnisse sind bei den Einkünften aus Kapitalvermögen möglich?

A. Ehemann:    Einkünfte    288 €,
   Ehefrau:     Einkünfte    600 €.

B. Ehemann:    Einkünfte    898 €,
   Ehefrau:     Einkünfte      0 €.

C. Ehemann:    Einkünfte   1.029 €,
   Ehefrau:     Einkünfte      0 €.

D. Ehemann:    Einkünfte   1.099 €,
   Ehefrau:     Einkünfte   ./. 201 €.

**Aufgabe 224**

Welche der folgenden Aussagen zu einem Antrag auf Einbeziehung der dem Steuerabzug unterworfenen Einkünfte aus Kapitalvermögen in die Ermittlung der tariflichen Einkommensteuer nach § 32d Abs. 6 EStG und deren Folgen sind zutreffend?

A. Durch die Einbeziehung der Einkünfte aus Kapitalvermögen wird der Abzug der tatsächlichen Werbungskosten möglich.

B. Die Einkünfte aus Kapitalvermögen unterliegen auch in diesem Fall dem Steuersatz von 25 %.

C. Die Einkünfte aus Kapitalvermögen sind dann sowohl in der Summe der Einkünfte als auch im Gesamtbetrag der Einkünfte, dem Einkommen und dem zu versteuernden Einkommen zu berücksichtigen.

D. Die einbehaltene Kapitalertragsteuer ist dann auf die festzusetzende Einkommensteuer anzurechnen.

## Einkünfte aus Vermietung und Verpachtung
EStG §§ 7, 9b, 21; EStDV § 9a

### Aufgabe 225

Der Stpfl. H hat an seinem im Kj. 02 fertig gestellten und bezogenen Dreifamilienhaus im Oktober 03 eine zu dem bereits vorhandenen Kellerausgang führende Steintreppe anlegen lassen. Hierzu hatten ihm im Kj. 02 die Mittel gefehlt. Die Handwerkerrechnungen für die Treppe beliefen sich insgesamt auf 1.900 €. Sie wurden noch im Kj. 03 zugesandt. H hat die Rechnungsbeträge im Januar 04 an die Handwerker überwiesen.

Für das Gebäude nimmt H die AfA nach § 7 Abs. 4 EStG in Anspruch.

Welche der folgenden Aussagen zum Aufwand für die Treppe sind richtig?

A. Der Aufwand ist den Herstellungskosten zuzurechnen und für das Kj. 03 zeitanteilig im Rahmen der AfA zu berücksichtigen.

B. Der Aufwand kann auf Antrag als Erhaltungsaufwand behandelt werden, da er nicht mehr als 4.000 € betrug.

C. Der Aufwand ist den Herstellungskosten zuzurechnen und erst ab dem Kj. 04 im Wege der AfA zu berücksichtigen.

D. Der Aufwand ist den Herstellungskosten zuzurechnen. H kann auch für diesen Aufwand im Kj. 03 die AfA für das gesamte Jahr in Anspruch nehmen.

### Aufgabe 226

Dem Stpfl. K sind im Kj. 05 u. a. Aufwendungen in Höhe von 2.000 € zuzüglich 380 € Umsatzsteuer für den Einbau eines Bades und einer Dusche in einer vermieteten Wohnung seines vor 40 Jahren errichteten Mehrfamilienhauses entstanden. In der Wohnung waren bisher nur eine Toilette und ein Waschbecken vorhanden.

Wie können die Aufwendungen für Bad und Dusche 05 als Werbungskosten berücksichtigt werden?

A. Als Herstellungsaufwand mit 2 % im Rahmen der AfA für das Gebäude.

B. Als Herstellungsaufwand mit einer AfA von 238 €.

C. Als Erhaltungsaufwand in Höhe von 2.380 €.

D. Als Erhaltungsaufwand in Höhe von 2.000 €.

## C. Einkommensteuer

**Aufgabe 227**

Der Stpfl. hat im Kj. 02 (= 2010) ein Zweifamilienhaus gebaut. Tag der Fertigstellung: 01.07.02. Außer unstreitigen Gebäudeherstellungskosten von 310.000 € sind dem Stpfl. noch Aufwendungen aufgrund der Rechnung des Gärtnermeisters über 4.000 € entstanden, die in Höhe von 1.500 € auf die Hecke an der Grundstücksgrenze und in Höhe von 2.500 € auf die Anlage des Vorgartens (Fertigstellung ebenfalls zum 01.07.02) entfallen. Das Gebäude wird ausschließlich für Wohnzwecke vermietet. Der Antrag auf Baugenehmigung wurde am 01.03.01 gestellt.

Wie hoch ist die insgesamt zu berücksichtigende AfA für das Kj. 02?

A. 3.115 €.

B. 3.240 €.

C. 3.140 €.

D. 3.300 €.

**Aufgabe 228**

Versicherungsvertreter V (Gewinnermittlung nach § 5 EStG) hat zum 01.10. des VZ ein 8 Jahre altes, viergeschossiges Gebäude für 720.000 € erworben, davon entfallen 160.000 € auf den Grund und Boden. Die Erwerbsnebenkosten (Grunderwerbsteuer, Maklergebühren, Grundbuchkosten usw.) haben 31.200 € zuzüglich 950 € Umsatzsteuer betragen.

Das Gebäude wird wie folgt genutzt:

Erdgeschoss – Büroräume des V (nur umsatzsteuerfreie Umsätze)

1. Stock – an einen Rechtsanwalt umsatzsteuerpflichtig vermietete Büroräume

2. Stock – vermietete Wohnung

3. Stock – eigengenutzte Wohnung des V

Alle Geschosse haben eine gleich große benutzbare Fläche.

Welche der folgenden Aussagen sind richtig?

A. Es liegen vier verschiedene Gebäudeteile vor, die als selbständige unbewegliche Wirtschaftsgüter anzusehen sind.

B. Die steuerlichen Anschaffungskosten für das Erdgeschoss betragen 146.252 €.

C. Die steuerlichen Anschaffungskosten für den 1. Stock betragen 146.067 €.

D. Die eigengenutzte Wohnung ausgenommen, sind für jeden Gebäudeteil nur $3/12$ des jährlichen AfA-Betrags für den VZ der Anschaffung anzusetzen.

## C. Einkommensteuer

**Aufgabe 229**

Sachverhalt wie Aufgabe 228 (Bauantrag nach 1985).
Welche der folgenden Aussagen zur Absetzung für Abnutzung sind zutreffend?

A. Wenn V die Räume im 1. und 2. Stock zulässigerweise als gewillkürtes Betriebsvermögen behandelt, kann er für das Erdgeschoss und diese beiden Stockwerke die AfA gem. § 7 Abs. 4 Nr. 1 EStG in Anspruch nehmen.

B. Wenn V die Räume im 1. Stock zulässigerweise als gewillkürtes Betriebsvermögen behandelt, kann er für das Erdgeschoss und den 1. Stock die AfA gem. § 7 Abs. 4 Nr. 1 EStG in Anspruch nehmen.

C. V kann die AfA gem. § 7 Abs. 4 Nr. 1 EStG für den 1. Stock auch dann in Anspruch nehmen, wenn er den 1. Stock nicht als gewillkürtes Betriebsvermögen behandelt.

D. V kann für das gesamte Gebäude nur die AfA gem. § 7 Abs. 4 Nr. 2 Buchst. a EStG in Anspruch nehmen.

**Aufgabe 230**

In seinem Dreifamilienhaus mit drei gleich großen Wohnungen mit gleichartiger Ausstattung hat der Eigentümer eine Wohnung an einen fremden Mieter für monatlich 1.200 € einschließlich Umlagen – ortsüblicher Mietzins – vermietet; die zweite Wohnung nutzt der Eigentümer selbst; die dritte Wohnung hat er an seinen Onkel für monatlich 500 € einschließlich Umlagen vermietet.
Welche der folgenden Aussagen sind zutreffend?

A. Einkünfte aus Vermietung und Verpachtung ergeben sich nur aus der an den fremden Mieter überlassenen Wohnung.

B. Bei der Ermittlung der Einkünfte aus Vermietung und Verpachtung sind die Einnahmen aus den beiden vermieteten Wohnungen den dazugehörigen Aufwendungen gegenüberzustellen.

C. Die Aufwendungen für die an den Onkel vermietete Wohnung dürfen nur zu $5/12$ als Werbungskosten berücksichtigt werden.

D. $19/36$ der Kosten i. S. des § 9 EStG für das Gebäude sind als Kosten der Lebensführung nicht abzugsfähig.

## C. Einkommensteuer

## Sonstige Einkünfte

EStG § 9a, § 22 Nr. 1 Satz 3 Buchst. a und Nr. 2, § 23; EStDV § 55

### Aufgabe 231

Ein lediger Arbeitnehmer vollendete im Juni 2011 sein 65. Lebensjahr. Die ab Juni gezahlte Rente aus der gesetzlichen Rentenversicherung beträgt monatlich 2.000 €.

Welche Aussagen zur Rentenbesteuerung sind für 2011 richtig?

- A. Die Einnahmen im Sinne des Einkommensteuerrechts betragen 14.000 €.
- B. Die steuerpflichtigen Einnahmen aus der Rente betragen 8.680 €.
- C. Die Einkünfte i. S. des § 22 Nr. 1 Satz 3 Buchst. a Doppelbuchst. aa EStG betragen 8.578 €.
- D. Die steuerfreien Einnahmen betragen 5.320 €.

### Aufgabe 232

Der Stpfl. bezieht seit der Vollendung seines 63. Lebensjahres in 2006 eine Altersrente aus der gesetzlichen Rentenversicherung von 1.800 € monatlich. Die Rente ist zum 01.10.2007 auf 1.850 € monatlich und zum 01.06.2011 auf 1.880 € angehoben worden.

Wie hoch ist der 2011 anzusetzende steuerpflichtige Teil der Rente?

- A. 10.757 €.
- B. 11.970 €.
- C. 10.440 €.
- D. 9.413 €.

### Aufgabe 233

Ein ehemaliger Angestellter des öffentlichen Dienstes erhält seit August 2008, dem Monat der Vollendung seines 65. Lebensjahres, neben der Altersrente aus der gesetzlichen Rentenversicherung noch eine Zusatzrente (sog. VBL-Rente).

Welche der folgenden Aussagen zur steuerlichen Behandlung der Zusatzrente sind zutreffend?

- A. Die Rente ist nach § 22 Nr. 1 Satz 3 Buchst. a Doppelbuchst. aa EStG zu erfassen.
- B. Der Ertragsanteil der Rente ist nach § 22 Nr. 1 Satz 3 Buchst. a Doppelbuchst. bb EStG mit 19 % der Rentenzahlungen als steuerpflichtige Einnahmen anzusetzen.

## C. Einkommensteuer

C. Der Ertragsanteil der Rente ist nach § 22 Nr. 1 Satz 3 Buchst. a Doppelbuchst. bb EStG mit 18 % der Rentenzahlungen als steuerpflichtige Einnahmen anzusetzen.

D. Es handelt sich um Einnahmen aus einem früheren Dienstverhältnis und damit um Arbeitslohn i. S. des § 19 EStG.

### Aufgabe 234

Ein Stpfl., der am 18.06.2004 sein 57. Lebensjahr vollendete, bezieht seit dem 01.06.2004 aus einer privaten Leibrentenversicherung eine Rente wegen verminderter Erwerbsfähigkeit. Die Rente wird ab Vollendung des 65. Lebensjahres in eine Altersrente umgewandelt.

Mit welchem Prozentsatz ist der Ertragsanteil der Rente für das Kj. 2011 anzusetzen?

A. Mit 9 %.

B. Mit 25 %.

C. Mit 26 %.

D. Mit 10 %.

### Aufgabe 235

Ein Stpfl. mit Einkünften aus nichtselbständiger Arbeit erwirbt am 10.07.01 ein Baugrundstück für 50.000 €, das er am 20.12.02 für 60.000 € wieder veräußert. Die vom Stpfl. im Kj. 02 gezahlten Veräußerungskosten haben 2.000 € betragen. Nach den vertraglichen Vereinbarungen ist der Kaufpreis zinslos in zwei Raten von 53.000 € am 20.12.02 und von 7.000 € am 10.03.03 zu zahlen.

Wie hoch ist der in den Kalenderjahren anzusetzende steuerpflichtige Gewinn aus dem privaten Veräußerungsgeschäft?

A. Kj. 02 = 0 €.

B. Kj. 03 = 6.000 €.

C. Kj. 03 = 8.000 €.

D. Kj. 02 = 1.000 €.
   Kj. 03 = 7.000 €.

## C. Einkommensteuer

## Steuerfestsetzung, Steuerermäßigungen, Vorauszahlungen
EStG §§ 34g, 35, 35a, 36, 37, 51a

**Aufgabe 236**

Die tarifliche Einkommensteuer des Stpfl. A für den VZ 01 beträgt 500 €; zu berücksichtigen sind bei der Veranlagung eine Steuerermäßigung gem. § 34g EStG aufgrund geleisteter Parteispenden (Spendenbetrag: 1.200 €), eine einbehaltene Lohnsteuer von 800 € und ein einbehaltener Solidaritätszuschlag von 44 €.

Welche der folgenden Aussagen sind zutreffend?

A. Die festzusetzende Einkommensteuer 01 beträgt 0 €.

B. Die Einkommensteuer-Erstattung 01 beträgt 944 €.

C. Die festzusetzende Einkommensteuer 01 beträgt ./. 100 €.

D. Die Einkommensteuer-Erstattung 01 beträgt 800 €.

**Aufgabe 237**

Die Ehegatten Ernst, beide 67 Jahre, beschäftigen in ihrem gemeinsamen Haushalt ganzjährig eine Hausgehilfin (sozialversicherungspflichtiges Beschäftigungsverhältnis) und ab 01.07. eine Haushaltshilfe (Minijob). Die Aufwendungen für die Hausgehilfin betragen 1.000 € monatlich und für die Haushaltshilfe 300 € monatlich – jeweils einschließlich der vom Arbeitgeber zu tragenden Sozialversicherungsbeiträge.

In welcher Höhe kommt eine Steuerermäßigung gem. § 35a EStG in Betracht?

A. In Höhe von 902 €.

B. In Höhe von 2.655 €.

C. In Höhe von 2.760 €.

D. In Höhe von 3.165 €.

**Aufgabe 238**

Der ledige Stpfl. S erzielt als Einzelhändler einen Gewinn aus Gewerbebetrieb in Höhe von 80.000 €; der Gewerbesteuermessbetrag beträgt 1.575 €; der Hebesatz zur Gewerbesteuer ist von der betreffenden Gemeinde mit 300 % festgesetzt. Aus einer Beteiligung von 20 % an einer OHG erzielt S einen Gewinnanteil in Höhe von 14.900 €; der Gewerbesteuermessbetrag für die OHG beträgt 1.300 €; der Hebesatz zur Gewerbesteuer ist von der betreffenden Gemeinde mit 250 % festgesetzt worden.

## C. Einkommensteuer

S erzielte im VZ neben den gewerblichen Einkünften noch Einkünfte aus selbständiger Arbeit in Höhe von 30.000 € und aus Vermietung und Verpachtung in Höhe von ./. 16.000 €.

Nach § 34g EStG ist bei S eine Steuerermäßigung in Höhe von 850 € zu berücksichtigen.

(Es ist davon auszugehen, dass die tarifliche Einkommensteuer 33.000 € beträgt.)

Welche der folgenden Aussagen zur Ermäßigung der Einkommensteuer des S gem. § 35 EStG treffen zu?

A. Die Ermäßigung beträgt insgesamt 5.375 €.

B. Bei der Ermittlung der anteiligen tariflichen Einkommensteuer ist vorher die Ermäßigung gem. § 34g EStG abzuziehen.

C. Die Ermäßigung beträgt insgesamt 6.973 €.

D. Die Höhe des Hebesatzes ist für die Ermittlung der Ermäßigung ohne Bedeutung.

**Aufgabe 239**

Für den Stpfl. L sind seit 10.03.02 pro Quartal 5.000 € an Vorauszahlungen zur Einkommensteuer festgesetzt. Im April 05 erhält er seinen Einkommensteuerbescheid für 02 (keine Einkünfte aus Land- und Forstwirtschaft) mit einer festzusetzenden Einkommensteuer von 34.800 €, auf die Steuerabzugsbeträge von 13.000 € angerechnet wurden.

Welche Vorauszahlungen zur Einkommensteuer werden in dem Bescheid bei Ausschöpfung aller Möglichkeiten festgesetzt?

A. Zum 10.06., 10.09. und 10.12.05 je 5.600 €.

B. Für den VZ 03 ein Erhöhungsbetrag von 1.800 €.

C. Für den VZ 04 ein Erhöhungsbetrag von 1.800 €.

D. Ab 10.06.06 pro Quartal 5.450 €.

**Aufgabe 240**

Die tarifliche Einkommensteuer von 16.000 € des Stpfl. P ist um eine Steuerermäßigung gem. § 34g EStG in Höhe von 800 € und eine Steuerermäßigung gem. § 35 EStG in Höhe von 700 € gemindert sowie um ein Kindergeld in Höhe von 1.104 € erhöht worden, sodass sich die festzusetzende Einkommensteuer auf 15.604 € beläuft. Bei der Berechnung der tariflichen Einkommensteuer sind zur Ermittlung des zu versteuernden Einkommens vom Einkommen u. a. nach § 32 Abs. 6 EStG ein Kinderfreibetrag von 2.184 € und ein Betreuungsfreibetrag von 1.320 € abgezogen worden; ohne diese Abzüge hätte die tarifliche Einkommensteuer

## C. Einkommensteuer

17.471 € betragen. Nach § 3 Nr. 40 EStG steuerfreie Einnahmen hat P in Höhe von 500 € erzielt, diese würden zu einer Erhöhung der tariflichen Einkommensteuer um 210 € führen.

Welcher Betrag ist für die Zuschlagsteuern (Solidaritätszuschlag, Kirchensteuer) maßgebend?

A. 15.410 €.

B. 14.710 €.

C. 15.200 €.

D. 16.881 €.

# D. Lohnsteuer

Dienstverhältnis
Arbeitslohn
Werbungskosten
Ermittlung der Einkünfte aus
nichtselbständiger Arbeit
Ausstellung der Lohnsteuerkarte, Ersatzbescheinigung
Eintragungen auf der Lohnsteuerkarte, Daten im ELStAM-Verfahren
Durchführung des Lohnsteuerabzugs
Veranlagung von Arbeitnehmern

## D. Lohnsteuer

## Vorbemerkung

Den folgenden Aufgaben und Lösungen wurden das Einkommensteuergesetz (EStG), zuletzt geändert durch das Steuervereinfachungsgesetz 2011, unter Berücksichtigung der Änderungen durch das „Beitreibungsrichtlinie-Umsetzungsgesetz" ab 2012 im Lösungsteil die Lohnsteuer-Durchführungsverordnung (LStDV) 1990, zuletzt geändert durch die Verordnung zur Änderung steuerlicher Verordnungen vom 17.11.2010, die Lohnsteuer-Richtlinien (LStR) 2011 und die Lohnsteuer-Hinweise 2012 zugrunde gelegt.

## Dienstverhältnis

EStG § 19 Abs. 1; LStDV § 1

### Aufgabe 241

Bei welchen der folgenden Sachverhalte liegen Dienstverhältnisse vor?

A. Eine natürliche Person hat bei der Ausübung ihrer Tätigkeit den Weisungen einer anderen Person zu folgen.

B. Eine natürliche Person erhält für erbrachte Leistungen jeweils das vereinbarte Entgelt.

C. Eine natürliche Person übt eine Tätigkeit nichtselbständig aus.

D. Eine natürliche Person ist im öffentlichen Dienst beschäftigt.

### Aufgabe 242

Welche der folgenden Vereinbarungen im Vertrag des Stpfl. Bertram (B) mit der Fa. Cornelius-KG (Fa. C), für deren Produkte B Kunden wirbt, sprechen für das Vorliegen eines Dienstverhältnisses?

A. B darf nicht für andere Firmen tätig werden.

B. Sämtliche B entstehenden Fahrtkosten werden ihm von der Fa. C ersetzt.

C. B erhält unter anderem von der Fa. C 0,5 % der Entgelte der von ihm vermittelten Umsätze.

D. B hat Anspruch auf einen bezahlten Jahresurlaub von 4 Wochen.

## D. Lohnsteuer

**Aufgabe 243**

Die Ehefrau eines Unternehmers ist in dessen Betrieb gegen ein monatliches Entgelt von 1.400 € brutto tätig. Andere Arbeitnehmerinnen im Betrieb erhalten für eine vergleichbare Tätigkeit monatlich 1.700 € brutto.

Entsprechend der mit ihrem Ehemann getroffenen Vereinbarung erhält die Ehefrau ihren Lohn jeweils am letzten Arbeitstag eines Monats gegen Quittung in bar ausgezahlt. Zur Auszahlung gelangt der Lohn nach Abzug der Lohnsteuer und des Sozialversicherungsbeitrags, die ordnungsgemäß einbehalten und abgeführt werden.

Kann das Dienstverhältnis steuerrechtlich anerkannt werden?

A. Da der Arbeitslohn der Ehefrau nicht dem der anderen Arbeitnehmerinnen entspricht, liegt kein steuerrechtlich anzuerkennendes Dienstverhältnis vor.

B. Es liegt ein steuerrechtlich anzuerkennendes Dienstverhältnis vor; der Arbeitslohn beträgt 1.400 €.

C. Die Tätigkeit der Ehefrau ist insgesamt als Mithilfe aufgrund der ehelichen Gemeinschaft anzusehen. Ein Dienstverhältnis liegt nicht vor.

D. Soweit die Ehefrau Arbeitslohn erhält, ist ihre Tätigkeit als Beschäftigung in einem Dienstverhältnis anzusehen. Die darüber hinausgehende Tätigkeit ist als Mithilfe aufgrund der ehelichen Gemeinschaft anzusehen.


**Aufgabe 244**

Der bei dem Steuerberater Kreye (K) im Angestelltenverhältnis tätige Steuerfachangestellte Linders (L) erteilt nach Büroschluss an der örtlichen Volkshochschule während eines Semesters wöchentlich 4 Stunden Unterricht im Fachgebiet „Steuerlehre". Er erhält dafür von der Volkshochschule eine Vergütung von 50 € pro erteilter Unterrichtsstunde.

Steht L bezüglich der Unterrichtserteilung in einem Dienstverhältnis?

A. L steht in einem zweiten Dienstverhältnis, da er an einer Schule unterrichtet.

B. L steht in einem zweiten Dienstverhältnis, da er regelmäßig 4 Stunden wöchentlich unterrichtet.

C. L steht nicht in einem zweiten Dienstverhältnis, da er für ein anderes Wirtschaftsgebilde tätig wird und damit nicht den Weisungen des K unterliegt.

D. L steht nicht in einem zweiten Dienstverhältnis, da er bei einer Unterrichtstätigkeit von nur 4 Stunden wöchentlich nicht weisungsgebunden tätig wird.

## D. Lohnsteuer

## Arbeitslohn

EStG §§ 3, 3b, 8, 19, 38a; LStDV § 2

### Aufgabe 245

Rudolf Salm (S), 68 Jahre, war bis zur Vollendung seines 65. Lebensjahres als Angestellter im öffentlichen Dienst tätig. Er erhält neben einer Rente aus der gesetzlichen Rentenversicherung von der Versorgungsanstalt des Bundes und der Länder (VBL) monatlich 250 € aufgrund der während seiner aktiven Dienstzeit an die Anstalt geleisteten Beiträge.

Wie sind die Bezüge von der VBL steuerlich zu erfassen?

A. Als Arbeitslohn aus einem früheren Dienstverhältnis.

B. Als Versorgungsbezüge i. S. des § 19 Abs. 2 EStG.

C. Nicht als Arbeitslohn, sondern im Rahmen der sonstigen Einkünfte i. S. des § 22 EStG.

D. Als Arbeitslohn, da die Zahlung aufgrund der früheren Tätigkeit des S geleistet wird.

### Aufgabe 246

Der Bauunternehmer Dolle (D) stellt seinem Arbeitnehmer Ehlers (E) für 14 Tage unentgeltlich einen Kran zur Verfügung, den E zur Vornahme eines Umbaus an seinem Einfamilienhaus benötigt.

Was stellt die Zurverfügungstellung des Krans für E dar?

A. Eine Aufmerksamkeit und damit keinen Arbeitslohn.

B. Arbeitslohn.

C. Einen Sachbezug i. S. des § 8 Abs. 3 EStG.

D. Keinen Arbeitslohn, da E kein Geld erhält.

### Aufgabe 247

Für den jährlich einmal stattfindenden Betriebsausflug mit seinen 100 Arbeitnehmern sind dem Gewerbetreibenden Gerdes (G) folgende Aufwendungen entstanden:

| | |
|---|---:|
| Busfahrt | 1.600 € |
| Verpflegung der Arbeitnehmer | 6.400 € |
| Saalmiete | 1.000 € |
| Musikkapelle | 1.500 € |
| | 10.500 € |

## D. Lohnsteuer

In welcher Höhe ergibt sich für den einzelnen Arbeitnehmer steuerpflichtiger Arbeitslohn?

- A. In Höhe von 105 €.
- B. In Höhe von 89 €.
- C. In Höhe von 80 €.
- D. In Höhe von 0 €.

### Aufgabe 248

Der Arbeitnehmer Oswald (O) hat von seinem Arbeitgeber neben dem laufenden Gehalt einen Geldbetrag von 750 € brutto, ein Blumenarrangement im Wert von 80 € und ein Buchpräsent im Wert von 35 € erhalten. Anlass dieser besonderen Zuwendung war die 25-jährige Betriebszugehörigkeit des O.

In welcher Höhe ergibt sich für O aus der Zuwendung steuerpflichtiger Arbeitslohn?

- A. 865 €.
- B. 785 €.
- C. 750 €.
- D. 830 €.

### Aufgabe 249

Anlässlich des 25-jährigen Bestehens seines Unternehmens zahlt Arbeitgeber Michel (M) jedem seiner Arbeitnehmer 400 € brutto neben dem laufenden Arbeitslohn.

Der Arbeitnehmer Nolte (N) erhält von M neben dem Betrag von 400 € zusätzlich 1.500 € brutto, da er als einziger Arbeitnehmer seit der Unternehmensgründung bei M beschäftigt ist.

Auf welchen dem N zugeflossenen Betrag ist die Begünstigung des § 34 Abs. 1 EStG mit der Fünftelregelung anzuwenden?

- A. 1.500 €.
- B. 1.900 €.
- C. 400 €.
- D. 0 €.

### Aufgabe 250

Der Arbeitgeber Vogler (V) zahlt seinem krankenversicherungspflichtigen Arbeitnehmer Wunram (W) neben dem laufenden Gehalt einen monatlichen Zuschuss von

## D. Lohnsteuer

230 € zu dessen Kranken- und Pflegeversicherungsbeiträgen an eine Ersatzkasse. W hat an die Ersatzkasse monatlich 420 € als Kranken- und Pflegeversicherungsbeitrag zu zahlen. V ist zur Leistung eines Zuschusses von 198 € gesetzlich verpflichtet.

Neben den gesetzlichen Renten- und Arbeitslosenversicherungsbeiträgen leistet V keine weiteren Ausgaben für die Zukunftssicherung des W.

Welche der folgenden Aussagen über die steuerliche Behandlung des Zuschusses sind richtig?

A. Der Zuschuss bleibt in Höhe von 198 € steuerfrei.

B. Der Zuschuss ist in Höhe von 32 € im Bruttoarbeitslohn zu erfassen.

C. Der Zuschuss bleibt in voller Höhe steuerfrei.

D. Der Zuschuss ist in voller Höhe im Bruttoarbeitslohn zu erfassen.


**Aufgabe 251**

Irma Jordan (J) ist halbtags als Buchhalterin beim Möbeleinzelhändler Meier (M) beschäftigt. In einem zweiten Dienstverhältnis ist sie als Lohnbuchhalterin für den Fleischermeister Feise (F) tätig. Anlässlich ihrer Silberhochzeit erhält J von M eine von 10 Polstergarnituren, die von M für 2.400 € + 456 € Umsatzsteuer je Garnitur eingekauft wurden und die von M sonst jeweils für 2.900 € + 551 € Umsatzsteuer an Kunden abgegeben werden (laut Auszeichnung im Laden). Bei dem Konkurrenzunternehmen Krause steht im Schaufenster eine gleiche Garnitur zum Preis von 2.800 € + 532 € Umsatzsteuer zum Verkauf.

Von F erhält J verschiedene Braten für die Silberhochzeitsfeier geschenkt, für die F beim Verkauf insgesamt 535 € von Kunden erlöst hätte.

Preisnachlässe werden von M und F üblicherweise nicht gewährt.

In welcher Höhe ergibt sich für J aufgrund der Geschenke steuerpflichtiger Arbeitslohn?

A. In Höhe von (3.451 € + 535 € = 3.986 €; 96 % von 3.986 € = 3.826,56 €; 3.826,56 € ./. 1.080 € =) 2.746,56 €.

B. In Höhe von (3.451 € ./. 1.080 € =) 2.371 €.

C. In Höhe von (96 % von 3.451 € = 3.312,96 €; 3.312,96 € ./. 1.080 € =) 2.232,96 €.

D. In Höhe von (96 % von 3.332 € = 3.198,72 €; 3.198,72 € ./. 1.080 € =) 2.118,72 €.

## D. Lohnsteuer

**Aufgabe 252**

In der Kfz-Reparaturwerkstatt des Fritz Faber (F) ist am 30. April einem Kunden dessen PKW als ordnungsgemäß repariert übergeben worden, obwohl versehentlich nicht genügend Bremsflüssigkeit nachgefüllt wurde.

F bittet daraufhin seinen angestellten Kfz-Meister Gebhard (G), den PKW am 1. Mai morgens vom Kunden abzuholen und in Ordnung zu bringen. Die von G am 1. Mai tatsächlich geleistete Arbeitsstunde vergütet ihm F mit 46 € brutto. Der Grundlohn des G beträgt pro Stunde 20 €.

Welche der folgenden Aussagen zur Arbeitsstunde am 1. Mai sind richtig?

A. 20 € der Vergütung sind steuerpflichtig.

B. 16 € der Vergütung sind steuerpflichtig.

C. F hätte für die Stunde einen Zuschlag bis zur Höhe von 30 € steuerfrei gewähren können.

D. 26 € der Vergütung sind steuerfrei.


**Aufgabe 253**

Der verheiratete Arbeitnehmer Urban (U) war bis zu seinem Tod am 01.01.02 als leitender Angestellter bei der Fa. Hunte (Fa. H) beschäftigt. Nach dem Arbeitsvertrag stand U neben seinem laufenden Gehalt von monatlich 6.000 € brutto einmal jährlich eine von der Höhe des Umsatzes der Fa. H abhängige Sondervergütung zu. Den vertraglichen Vereinbarungen entsprechend wurde diese Sondervergütung jeweils in der ersten Woche des Monats Februar für das vorangegangene Kalenderjahr festgestellt und ausgezahlt.

Als alleinige Erbin des U erhielt Frau U am 04.02.02 von der Fa. H das Gehalt für den Monat Dezember 01 von brutto 6.000 € und die Sondervergütung für das Kalenderjahr 01 von brutto 15.000 € ausgezahlt.

Welcher Person und welchem Kalenderjahr sind die am 04.02.02 geleisteten Zahlungen zuzuordnen?

A. 6.000 € dem U für das Kalenderjahr 01.

B. 15.000 € der Frau U für das Kalenderjahr 02.

C. 21.000 € der Frau U für das Kalenderjahr 02.

D. 21.000 € dem U für das Kalenderjahr 02.

## D. Lohnsteuer

## Werbungskosten

EStG §§ 3, 3c, 9, 9a, 12

**Aufgabe 254**

Professor Paulmann (P) ist an der Universität Göttingen als Arbeitnehmer beschäftigt. P erwirbt im August 03 eine Videokamera für 1.000 €, die er nach seinen Angaben überwiegend (ca. 75 %) zur Vorbereitung seiner Vorlesungen und im Übrigen privat verwendet.

Die Nutzungsdauer der Videokamera ist mit 5 Jahren anzusetzen.

Sind bei P aufgrund der Anschaffung der Videokamera Werbungskosten für das Kalenderjahr 03 zu berücksichtigen und ggf. in welcher Höhe?

A. Bei P sind gem. § 9 Abs. 1 Nr. 7 EStG Werbungskosten in Höhe von 200 € zu berücksichtigen.

B. Bei P sind gem. § 9 Abs. 1 Nr. 6 EStG Werbungskosten in Höhe von 750 € zu berücksichtigen, da die berufliche Nutzung ca. 75 % beträgt.

C. P kann die Anschaffungskosten gem. § 12 Nr. 1 EStG nicht als Werbungskosten absetzen, da eine Trennung in berufliche und private Nutzung nicht objektiv nachprüfbar möglich ist.

D. Bei P sind gem. § 9 Abs. 1 Nr. 7 EStG Werbungskosten in Höhe von 75 € zu berücksichtigen, da die berufliche Nutzung ca. 75 % beträgt.

**Aufgabe 255**

Der Beamtenanwärter Ritschel (R) steht beim Finanzamt Gifhorn in einem Dienstverhältnis zum Zweck der Ausbildung zum Beamten in der Laufbahn des mittleren Dienstes in der Steuerverwaltung. Aufgrund dieses Dienstverhältnisses erhält R monatlich steuerpflichtige Bezüge.

R erwirbt im Kalenderjahr 02 mehrere steuerrechtliche Fachbücher für insgesamt 325 € zur Erarbeitung und Vertiefung der berufsnotwendigen Kenntnisse. Für andere beruflich veranlasste Kosten sind R im Kalenderjahr 02 insgesamt Aufwendungen in Höhe von 600 € entstanden.

Wie sind die Aufwendungen des R steuerlich zu behandeln?

A. Die gesamten Aufwendungen des R gehören zu den Kosten der privaten Lebensführung i. S. des § 12 Nr. 5 EStG.

B. Die Aufwendungen des R sind in voller Höhe gem. § 10 Abs. 1 Nr. 7 EStG als Sonderausgaben abzugsfähig.

C. Die Aufwendungen stellen in Höhe von 600 € Werbungskosten i. S. des § 9 EStG und in Höhe von 325 € Sonderausgaben i. S. des § 10 Abs. 1 Nr. 7 EStG dar.

D. Die Aufwendungen des R stellen in voller Höhe Werbungskosten dar.

**Aufgabe 256**

Der Arbeitnehmer Kruse (K) fährt arbeitstäglich mit seinem eigenen PKW von seiner Wohnung zu seiner 10 km entfernten Arbeitsstätte. Da er eine Mittagspause von 2 Stunden hat und deshalb zur Einnahme des Mittagessens nach Hause fährt, legt K die Strecke zwischen der Wohnung und der Arbeitsstätte viermal täglich zurück.

K hat im Kalenderjahr 01 (01 = Kj. 2010) an 220 Tagen gearbeitet.

Von seinem Arbeitgeber hat K für 11 Monate jeweils die Kosten einer Monatsfahrkarte der Bundesbahn in Höhe von 50 € neben dem laufenden Arbeitslohn erhalten. Der Arbeitgeber hat diese Zahlungen als Aufwendungsersatz dem normalen Lohnsteuerabzug unterworfen, d. h. nicht steuerfrei belassen und nicht nach § 40 Abs. 2 Satz 2 EStG pauschal besteuert.

In welcher Höhe sind bei K Werbungskosten für das Kalenderjahr 01 zu berücksichtigen?

A. 220 Tage × 10 km × Entfernungspauschale gem. § 9 Abs. 1 Nr. 4 EStG.

B. 220 Tage × 10 km × 2 × Entfernungspauschale gem. § 9 Abs. 1 Nr. 4 EStG.

C. 220 Tage × 10 km × Entfernungspauschale gem. § 9 Abs. 1 Nr. 4 EStG, gekürzt um den Arbeitgeberersatz von 550 €.

D. 220 Tage × 10 km × 2 × Entfernungspauschale gem. § 9 Abs. 1 Nr. 4 EStG, gekürzt um den Arbeitgeberersatz von 550 €.

**Aufgabe 257**

Der von den Ehegatten Ralf Nagel (R) und Sylvia Nagel (S) gemeinsam angeschaffte PKW wird arbeitstäglich wie folgt genutzt:

S bringt morgens zunächst ihren Ehemann zu seiner von der gemeinsamen Wohnung 20 km entfernten Arbeitsstätte. Von dort fährt S allein 16 km weiter zu ihrer Arbeitsstätte, die von der gemeinsamen Wohnung 10 km entfernt ist.

Abends fährt sie die gleiche Strecke in umgekehrter Reihenfolge zurück, nämlich von ihrer Arbeitsstätte zur Arbeitsstätte ihres Ehemannes und von dort zurück zur gemeinsamen Wohnung.

Der Grad der Behinderung des R beträgt laut amtlicher Bescheinigung 80.

## D. Lohnsteuer

Einen Nachweis der tatsächlichen Kosten für die Benutzung des PKW erbringen die Eheleute Nagel nicht.

Wie sind die Werbungskosten für R und S pro Arbeitstag, an dem der PKW benutzt wird, zu ermitteln?

A. R für 20 km und S für 10 km die Entfernungspauschale des § 9 Abs. 1 Nr. 4 EStG.

B. R für 52 km je 0,30 € und S für 10 km die Entfernungspauschale des § 9 Abs. 1 Nr. 4 EStG.

C. R für 40 km je 0,30 € und S für 10 km die Entfernungspauschale des § 9 Abs. 1 Nr. 4 EStG.

D. R für 40 km je 0,30 € und S für 20 km die Entfernungspauschale des § 9 Abs. 1 Nr. 4 EStG.

**Aufgabe 258**

Welcher der folgenden Arbeitnehmer erhält für die Fahrten mit seinem eigenen PKW für jeden Arbeitstag der Benutzung des PKW für 16 km die Entfernungspauschale nach § 9 Abs. 1 Nr. 4 EStG?

A. A fährt morgens um 8.00 Uhr von seiner Wohnung 10 km zu seiner Arbeitsstätte im 1. Dienstverhältnis und um 12.00 Uhr mittags zurück. Um 15.00 Uhr fährt A 6 km von der Wohnung zu seiner Arbeitsstätte im 2. Dienstverhältnis und um 18.30 Uhr zurück.

B. B fährt morgens um 7.30 Uhr von seiner Wohnung 10 km zum Hauptbetrieb seines Arbeitgebers, mittags um 13.30 Uhr vom Hauptbetrieb zum 6 km entfernten Filialbetrieb und von dort um 16.30 Uhr 8 km zurück zur Wohnung.

C. C fährt morgens um 7.00 Uhr von seiner Wohnung 10 km zu seiner Arbeitsstätte im 1. Dienstverhältnis, von dort um 17.30 Uhr 8 km zur Arbeitsstätte im 2. Dienstverhältnis und um 20.30 Uhr 6 km zurück zur Wohnung.

D. D fährt morgens um 8.30 Uhr von seiner Wohnung 20 km zum Hauptbetrieb seines Arbeitgebers, mittags um 12.30 Uhr vom Hauptbetrieb zum 8 km entfernten Filialbetrieb und von dort um 17.00 Uhr 12 km zurück zur Wohnung.

**Aufgabe 259**

Der Arbeitnehmer Worch (W) hat im April 02 folgende Arbeitsmittel zur ausschließlichen Nutzung für berufliche Zwecke erworben:

| 1 Schreibtisch | für | 400 € + 76 € Umsatzsteuer (Nutzungsdauer 10 Jahre), |
| 1 Computer | für | 1.200 € von Privatperson erworben (Nutzungsdauer 3 Jahre), |
| 1 Rechner | für | 100 € + 19 € Umsatzsteuer (Nutzungsdauer 10 Jahre) und |

# D. Lohnsteuer

1 Schreibtisch-Set für 40 € + 7,60 € Umsatzsteuer (Nutzungsdauer 2 Jahre).

Mit welchem (höchsten) Betrag sind bei W die Aufwendungen als Werbungskosten zu berücksichtigen?

A. Mit 942,60 €.

B. Mit 1.042,60 €.

C. Mit 502,30 €.

D. Mit 465,00 €.

**Aufgabe 260**

Richard Sommer (S), verheiratet, ist bis 30.11.01 im Hauptwerk der Maschinenfabrik Turner (Fa. T) in Goslar und ab 01.12.01 ständig im Zweigwerk der Fa. T in Salzgitter als Schweißer tätig. Im März 01 wird S von der Fa. T zur Ausführung von Montagearbeiten für eine Dauer von 4 Monaten zu einem Kunden nach Köln geschickt. Die restlichen Arbeitstage im Kalenderjahr 01 ist S seiner Tätigkeit als Schweißer im Hauptwerk in Goslar bzw. im Zweigwerk in Salzgitter nachgegangen. Die Fahrten nach Köln hat S von seiner Familienwohnung (eigener Hausstand) in Bad Harzburg aus angetreten. Trotz seiner Versetzung von Goslar nach Salzgitter hat S seinen Familienwohnort nicht gewechselt. S hat während seines Aufenthaltes in Köln in einem möbliert gemieteten Zimmer gewohnt, ebenso ab 01.12. in Salzgitter.

Welche der folgenden Aussagen sind aufgrund der Tätigkeit des S in Köln und Salzgitter richtig?

A. S befand sich im Kalenderjahr 01 insgesamt 4 Monate auf einer Auswärtstätigkeit.

B. S befand sich im Kalenderjahr 01 insgesamt 5 Monate auf einer Auswärtstätigkeit.

C. S führte im Kalenderjahr 01 einen Monat einen doppelten Haushalt.

D. S führte im Kalenderjahr 01 vier Monate einen doppelten Haushalt.

**Aufgabe 261**

Gottfried Freudenberg (F) steht als Apotheker bei der Ratsapotheke in Bückeburg in einem Dienstverhältnis. Am 15. April wird in der Apotheke dringend ein Medikament benötigt, das nicht vorrätig ist und daher vom Großhandel in Rinteln abgeholt werden muss. Da der Firmenwagen an diesem Tag anderweitig unterwegs ist, wird F von seinem Arbeitgeber gebeten, mit seinem eigenen PKW das Medikament in Rinteln abzuholen.

F fährt um 10.00 Uhr in Bückeburg ab und ist um 11.30 Uhr wieder zurück in der Apotheke (Entfernung Apotheke – Großhandel: 13 km).

## D. Lohnsteuer

F erhält von seinem Arbeitgeber die Fahrtkosten mit 0,20 € je gefahrenen Kilometer – insgesamt also 5,20 € – ersetzt. Die Zahlung hat der Arbeitgeber als Reisekostenvergütung steuerlich zutreffend behandelt.

Welche der folgenden Aussagen zur Fahrt nach Rinteln sind richtig?

A. Für F ergeben sich Werbungskosten in Höhe von 7,80 €.

B. Für F ergeben sich Werbungskosten in Höhe von 2,60 €.

C. F hat mit der Fahrt eine Auswärtstätigkeit ausgeführt.

D. Für F ergeben sich Werbungskosten in Höhe von 8,60 €.

**Aufgabe 262**

Der verheiratete Arbeitnehmer Taurek (T) mit Familienwohnung in Peine ist als Monteur bei einer Molkereimaschinenfabrik in Hildesheim beschäftigt.

T wird im Werk in Hildesheim laufend mit den Produkten der Fabrik (Konstruktions- und Materialänderungen, Neuheiten usw.) vertraut gemacht. Mit diesen Kenntnissen wird er in die Lage versetzt, die Molkereimaschinen nach Auslieferung bei den Kunden aufgrund vorher im Werk erarbeiteter Pläne in bereits bestehende Anlagen einzugliedern. Die Einsätze werden jeweils im Werk intensiv vorbereitet. T ist im Kalenderjahr 04 insgesamt an 140 Arbeitstagen an 6 verschiedenen Einsatzstellen tätig geworden (Dauer an keiner Einsatzstelle länger als 3 Monate). An 82 Arbeitstagen hat sich T in der Fabrik aufgehalten.

Vom 05.03.04 bis zum 05.04.04 war T in Mannheim tätig, um dort in einer Molkerei von seinem Arbeitgeber gelieferte Maschinen betriebsbereit zu montieren. Er ist zu diesem Zweck am 05.03.04 um 10.00 Uhr vom Werk Hildesheim zur 400 km entfernten Molkerei in Mannheim gefahren und dort um 15.00 Uhr angekommen. Nach Beendigung seiner Tätigkeit am 05.04.04 ist T um 15.00 Uhr in Mannheim abgefahren und um 20.00 Uhr in seiner Familienwohnung in Peine angekommen.

An einem Wochenende hat T seine Familie besucht. Zeitplan dieser Zwischenheimfahrt:

14.03. (Heimreise – 400 km) 15.00 Uhr Abfahrt in Mannheim, Ankunft in Peine um 20.00 Uhr;

15.03. (Rückreise – 400 km) 17.00 Uhr Abfahrt in Peine, Ankunft in Mannheim um 23.00 Uhr.

T hat in Mannheim 30 € pro Übernachtung entrichtet.

Sämtliche Fahrten hat T mit seinem eigenen PKW ausgeführt, die Kosten hierfür weist er nicht nach. Für die Verpflegungskosten erbringt T ebenfalls keinen Nachweis.

## D. Lohnsteuer

Die vom Arbeitgeber anlässlich dieses Arbeitseinsatzes gezahlten Auslösungen hat dieser in voller Höhe dem Lohnsteuerabzug unterworfen.

Welche der folgenden Angaben über den Arbeitseinsatz in Mannheim sind richtig?

A. T befindet sich auf einer Auswärtstätigkeit, da er vorübergehend auswärts tätig wird und das Werk in Hildesheim die regelmäßige Arbeitsstätte des T ist.

B. Für T kommen Werbungskosten aufgrund einer doppelten Haushaltsführung in Betracht.

C. Das Werk in Hildesheim ist nicht die regelmäßige Arbeitsstätte des T, da er sich zu selten im Werk in Hildesheim aufhält, um dort Arbeiten zu verrichten.

D. Die regelmäßige Arbeitsstätte des T befindet sich auch während der Tätigkeit in Mannheim im Werk in Hildesheim, da T zwar vorwiegend auswärts tätig wird, im Werk aber in ausreichendem Umfang Arbeiten verrichtet.

### Aufgabe 263
Sachverhalt wie unter Aufgabe 262.

In welcher Höhe sind bei T aufgrund der Auswärtstätigkeit in Mannheim Fahrtkosten als Werbungskosten zu berücksichtigen?

A. In Höhe von 480 €.

B. In Höhe von 320 €.

C. In Höhe von 240 €.

D. In Höhe von 400 €.

### Aufgabe 264
Sachverhalt wie unter Aufgabe 262.

In welcher Höhe sind bei T aufgrund der Auswärtstätigkeit in Mannheim Mehraufwendungen für Verpflegung als Werbungskosten zu berücksichtigen?

A. In Höhe von 708 €.

B. In Höhe von 714 €.

C. In Höhe von 744 €.

D. In Höhe von 790 €.

### Aufgabe 265
Der Arbeitnehmer Zander (Z) unternimmt eine Auswärtstätigkeit mit folgendem Zeitplan:

## D. Lohnsteuer

15.09.05  12.30 Uhr Abfahrt von der regelmäßigen Arbeitsstätte

15.30 Uhr Ankunft am Zielort und Übernachtung am Zielort

16.09.05  16.00 Uhr Abfahrt vom Zielort

19.00 Uhr Ankunft in der Wohnung

Z belegt für diese Auswärtstätigkeit folgende Aufwendungen:

| | | | |
|---|---|---|---|
| Fahrtkosten (öffentliche Verkehrsmittel) | | | 80 € |
| Übernachtungskosten | | | 70 € |
| Verpflegungskosten | 15.09. | 40 € | |
| | 16.09. | 25 € | 65 € |

Der Arbeitgeber hat Z diese Kosten in Höhe von 150 € steuerfrei ersetzt.

Wie hoch ist der Werbungskostenabzug aufgrund der Auswärtstätigkeit für Z?

A. 168 €.

B. 215 €.

C. 65 €.

D. 18 €.

## Ermittlung der Einkünfte aus nichtselbständiger Arbeit

EStG §§ 2, 9a, 19

### Aufgabe 266

Der Arbeitnehmer Holze (H) ist mit Ablauf des 31.01.01 wegen Erreichens des 65. Lebensjahres aus dem Dienstverhältnis bei seinem Arbeitgeber Jung (J) ausgeschieden und bezieht ab 01.02.01 eine gem. § 22 EStG zu besteuernde Rente. H erzielt in 01 außerdem nur noch Einkünfte aus Vermietung und Verpachtung.

Der Bruttoarbeitslohn des H für Januar 01 betrug 900 €.

Im Zusammenhang mit den Einnahmen aus nichtselbständiger Arbeit entstandene Werbungskosten weist H für das Kalenderjahr 01 in Höhe von 910 € nach. Der auf die Einkünfte aus nichtselbständiger Arbeit entfallende Altersentlastungsbetrag ergibt sich nach § 24a EStG mit 303 €.

Mit welchem Betrag sind die Einkünfte des H aus nichtselbständiger Arbeit bei einer Veranlagung zur Einkommensteuer für das Kalenderjahr 01 anzusetzen?

A. Mit ./. 100 €.

B. Mit 0 €.

C. Mit ./. 10 €.

D. Mit ./. 313 €.

**Aufgabe 267**

Der Finanzbeamte a. D. Ferner (F), 58 Jahre, erzielt im Kalenderjahr 02 (2010) folgende Einnahmen:

1. Pensionszahlungen aus seinem früheren Dienstverhältnis als Beamter (Versorgungsbeginn: 2004 – Bezüge Januar 2005: 1.450 €) in Höhe von 18.000 € brutto und

2. laufenden Arbeitslohn aus einem gegenwärtigen Dienstverhältnis als Angestellter im Büro des Steuerberaters Gause (G) in Höhe von 13.000 €.

Im November 01 hatte F von seinem Arbeitgeber G eine arbeitsvertraglich festgelegte Tantieme in Höhe von 3.000 € brutto erhalten, die ordnungsgemäß als steuerpflichtiger Arbeitslohn behandelt wurde.

Im April 02 stellte G fest, dass ihm bei der Ermittlung der Höhe dieser Tantieme ein Rechenfehler von 800 € zugunsten des F unterlaufen ist. F zahlte daraufhin diesen Betrag noch im April 02 an G zurück. Werbungskosten sind F im Kalenderjahr 02 nicht entstanden.

Welche der folgenden Aussagen zur Ermittlung der Einkünfte aus nichtselbständiger Arbeit des F für das Kalenderjahr 02 sind richtig?

A. Es ist ein Versorgungsfreibetrag in Höhe von 3.000 € zu berücksichtigen.

B. Werbungskosten ergeben sich in Höhe von 800 €.

C. Die Einkünfte betragen 25.198 €.

D. Die Einkünfte betragen 26.078 €.

**Aufgabe 268**

Der Beamte M ist zum 01.03.2010 mit Erreichen der Altersgrenze von 65 Jahren in den Ruhestand getreten. Er erhält seitdem Pensionszahlungen von zunächst monatlich 1.800 €, die zum 01.10.2010 auf monatlich 1.850 € und zum 01.04.2011 auf 2.190 € angehoben werden.

Wie hoch sind die bei M zu berücksichtigenden Abzüge gem. § 19 Abs. 2 EStG?

A. Für 2010 insgesamt 2.600 €.

B. Für 2010 insgesamt 3.120 €.

C. Für 2011 insgesamt 3.120 €.

## D. Lohnsteuer

D. Für 2011 insgesamt 2.964 €.

## Ausstellung der Lohnsteuerkarte, Ersatzbescheinigung
EStG § 39 Abs. 2, § 52b

### Aufgabe 269

Der selbständige Gastwirt Jürgens (J), ledig, hat bis zum 15.10.01 in Goslar eine Gaststätte betrieben. Nach erfolgter Auflösung des Unternehmens hat J seinen bisherigen Wohnsitz in Goslar am 10.12.01 aufgegeben und wohnt seit diesem Tag in Herzberg. Die Verlegung seines Wohnsitzes hat J am 11.12.01 ordnungsgemäß gemeldet.

Zum 01.03.02 nimmt J in Herzberg eine Tätigkeit als ungelernter Arbeiter auf. Von seinem Arbeitgeber dazu aufgefordert, beantragt J am 03.03.02 die Ausstellung einer Lohnsteuerkarte für das Kalenderjahr 02.

Welche Behörde ist für die Ausstellung welcher Urkunde für 02 (= 2011) zuständig?

A. Für die Ausstellung der Lohnsteuerkarte ist die Stadt Herzberg zuständig, weil J im Zeitpunkt der Antragstellung in Herzberg seinen Wohnsitz hatte.

B. Das Finanzamt Herzberg ist für die Ausstellung einer Ersatzbescheinigung zuständig.

C. Die Stadt Herzberg ist für die Ausstellung einer Ersatzbescheinigung zuständig, weil J am 01.01.02 seinen Wohnsitz in Herzberg hatte.

D. Die Stadt Goslar ist für die Ausstellung einer Lohnsteuerkarte zuständig, weil J hier am 20.09.01 seine Hauptwohnung hatte.

## Eintragungen auf der Lohnsteuerkarte, Daten im ELStAM-Verfahren
EStG §§ 38b, 39, 39a, 39e, 52b

### Aufgabe 270

Welche der folgenden Aussagen zur Maßgeblichkeit bzw. Zuständigkeit treffen zu?

A. Für die Eintragung von Kinderfreibeträgen auf der Lohnsteuerkarte sind (ab 2011) die Finanzämter zuständig.

B. Die Änderungen des Familienstands durch Heirat und damit verbundene Steuerklassenwechsel müssen ab 2011 beim Finanzamt beantragt werden.

C. Die erstmalige Eintragung eines Freibetrags auf der Lohnsteuerkarte aufgrund eines in 2011 gestellten Antrags wird vom Finanzamt auf der Lohnsteuerkarte 2010 vorgenommen.

D. Soll ein auf der Lohnsteuerkarte 2010 eingetragener Freibetrag auch für den Lohnsteuerabzug ab 2011 gelten, muss ein neuer Antrag gestellt werden.

**Aufgabe 271**

Mario Garcia (G), 42 Jahre, ist seit zwei Jahren als Arbeiter in Köln tätig und wohnt dort allein mit seinem 20-jährigen ehelichen Sohn Manuel in einer Mietwohnung. Manuel ist bei ihm gemeldet und studiert an der Universität in Bonn. Die Ehefrau des G wohnt mit dem 13-jährigen, ebenfalls ehelichen Sohn Tonio in Barcelona; sie ist dort als Arbeiterin in einer Textilfabrik beschäftigt.

Sohn Manuel ist gem. § 32 EStG bei G steuerlich zu berücksichtigen.

Was ist auf der Lohnsteuerkarte des G u. a. (ggf. auf Antrag) im Abschnitt I bzw. im Abschnitt II zu bescheinigen bzw. im ELStAM-Verfahren als Lohnsteuerabzugsmerkmal zu speichern?

A. Steuerklasse: drei, Zahl der Kinderfreibeträge: 2,0.

B. Steuerklasse: zwei, Zahl der Kinderfreibeträge: 0,5.

C. Steuerklasse: eins, keine Kinderfreibeträge.

D. Steuerklasse: zwei, Zahl der Kinderfreibeträge: 1,0.

**Aufgabe 272**

Auf der Lohnsteuerkarte 2010 des Arbeitnehmers Rieger (R) ist für 2011 die Steuerklasse „zwei" bescheinigt.

Welche der folgenden Sachverhalte können zu dieser Bescheinigung geführt haben?

A. R ist ledig und 66 Jahre alt; bei ihm sind keine Kinder zu berücksichtigen.

B. R lebt seit mehreren Jahren von seiner Ehefrau dauernd getrennt. Er ist 54 Jahre alt. Ein 20-jähriges Kind ist für 2011 zu berücksichtigen. R lebt allein mit dem Kind in seinem Einfamilienhaus.

C. R ist seit März 2010 verwitwet, seine unbeschränkt einkommensteuerpflichtige Ehefrau lebte im Zeitpunkt ihres Todes von R nicht dauernd getrennt. R ist 46 Jahre alt. Ein 15-jähriges eheliches Kind wohnt bei R und ist für 2011 zu berücksichtigen.

D. R ist seit April 02 geschieden. Er ist 33 Jahre alt. Bei ihm ist ein 11-jähriges Kind steuerlich zu berücksichtigen, das bei ihm mit Hauptwohnung gemeldet ist.

## D. Lohnsteuer

**Aufgabe 273**

Die unbeschränkt einkommensteuerpflichtigen, nicht dauernd getrennt lebenden Ehegatten Oswald (O) und Paula (P) stehen beide in einem Dienstverhältnis; auf den Lohnsteuerkarten 2010 bescheinigt bzw. im ELStAM-Verfahren als Lohnsteuerabzugsmerkmal erfasst war jeweils die Steuerklasse vier.

Im März 02 sind diese Angaben auf gemeinsamen Antrag der Ehegatten derart geändert worden, dass nunmehr für O die Steuerklasse drei und für P die Steuerklasse fünf angegeben wurde.

Durch einen Unfall ist O ab 05.09.02 völlig erwerbsunfähig geworden. Nach Verlegung des Familienwohnsitzes der Ehegatten von Hildesheim nach Peine am 30.09.02 stellten die Ehegatten am 08.10.02 einen gemeinsamen Antrag, wonach nunmehr für O die Steuerklasse fünf und für P die Steuerklasse drei gelten soll. Als Begründung führten die Ehegatten an, dass O seit seinem Unfall keinen Arbeitslohn mehr bezieht.

Welche der folgenden Aussagen sind zu diesem Antrag auf Wechsel der Steuerklassen richtig?

A. Ein erneuter Wechsel der Steuerklassen im Laufe eines Kalenderjahres ist nicht möglich.

B. Der Steuerklassenwechsel ist mit Wirkung vom 05.09.02 an vorzunehmen.

C. Der Steuerklassenwechsel ist mit Wirkung vom 01.10.02 an vorzunehmen.

D. Der Steuerklassenwechsel ist mit Wirkung vom 01.11.02 an vorzunehmen.

**Aufgabe 274**

Sachverhalt wie unter Aufgabe 273.

Welche Behörde ist für die Bearbeitung des Antrags der Ehegatten zuständig?

A. Das Finanzamt Peine.

B. Das Finanzamt Hildesheim.

C. Die Stadt Peine.

D. Die Stadt Hildesheim.

**Aufgabe 275**

Die Arbeitnehmerin Wolter (W), 43 Jahre alt, lebt seit dem 25.01.02 von ihrem unbeschränkt einkommensteuerpflichtigen Ehemann (Gewerbetreibender) dauernd getrennt. Auf der Lohnsteuerkarte bzw. im ELStAM-Verfahren als Lohnsteuerabzugsmerkmale sind keine Kinderfreibeträge eingetragen, die Steuerklasse ist mit „drei" vermerkt.

## D. Lohnsteuer

Im März 02 will W die ihr seit dem 10.01.02 (Beginn eines Studiums) zustehende steuerliche Berücksichtigung ihres 23-jährigen Sohnes eintragen lassen.

Wie hat W sich zu verhalten?

A. Antragstellung zur Änderung der Steuerklasse von „drei" auf „eins" und zur Änderung der Zahl der Kinderfreibeträge.

B. Antragstellung zur Änderung der Zahl der Kinderfreibeträge; keine Änderung der Steuerklasse.

C. Antragstellung zur Änderung der Steuerklasse von „drei" auf „zwei" und zur Änderung der Zahl der Kinderfreibeträge.

D. Antragstellung zur Änderung der Steuerklasse von „drei" auf „eins" und keine Änderung der Zahl der Kinderfreibeträge.

**Aufgabe 276**

Der Arbeitnehmer Danne (D), ledig, der aus einem gegenwärtigen Dienstverhältnis Arbeitslohn bezieht, hat am 15.06.02 beim zuständigen Finanzamt erstmals einen Antrag auf Berücksichtigung eines Freibetrags beim Lohnsteuerabzug gestellt und darin folgende nicht zu beanstandende Angaben gemacht:

1. Aufgrund eines im April 02 festgestellten Grades der Behinderung kann D einen Pauschbetrag gem. § 33b EStG in Höhe von 720 € beanspruchen.

2. Aufwendungen für Gewerkschaftsbeiträge in Höhe von 144 € und Aufwendungen für Arbeitsmittel und Berufskleidung in Höhe von 600 €.

3. Kirchensteueraufwendungen in Höhe von 1.200 €.

4. Aufwendungen für die Unterstützung seines Vaters in Höhe von 2.400 €, die gem. § 33a Abs. 1 EStG in Höhe von 1.500 € vom Gesamtbetrag der Einkünfte abgezogen werden können.

Wie hoch sind die gem. § 39a Abs. 1 EStG bei D für 02 zu berücksichtigenden Beträge?

A. Für Werbungskosten 0 €.

B. Für Sonderausgaben 1.164 €.

C. Für außergewöhnliche Belastungen i. S. des § 33a EStG 1.500 €.

D. Insgesamt sind 3.384 € zu berücksichtigen.

**Aufgabe 277**

Sachverhalt wie unter Aufgabe 276.

## D. Lohnsteuer

Der so ermittelte berücksichtigungsfähige Betrag kann auch in dieser Höhe vermerkt werden, da die Grenze von 600 € (§ 39a Abs. 2 Satz 4 EStG) überschritten wird.

Um welchen Betrag?

A. Um 2.100 €.

B. Um 3.000 €.

C. Um 2.940 €.

D. Um 2.844 €.

**Aufgabe 278**

Sachverhalt wie unter Aufgabe 276 mit folgendem Zusatz:

Es ist davon auszugehen, dass der berücksichtigungsfähige Betrag 3.384 € beträgt.

Welche Freibeträge sind 02 für D vom Finanzamt zu vermerken?

A. Ein Jahresfreibetrag von 3.384 € und ein Monatsfreibetrag von 282 €.

B. Ein Jahresfreibetrag von 3.384 € und ein Monatsfreibetrag von 484 €, jeweils mit Wirkung vom 01.06.02 an.

C. Ein Jahresfreibetrag von 3.384 € und ein Monatsfreibetrag von 564 €, jeweils mit Wirkung vom 01.07.02 an.

D. Ein Jahresfreibetrag von 720 € und ein Monatsfreibetrag von 80 €, jeweils mit Wirkung ab 01.04.02, sowie ein Jahresfreibetrag von 2.664 € und ein Monatsfreibetrag von 444 €, jeweils mit Wirkung vom 01.07.02 an, da der Pauschbetrag für behinderte Menschen bereits ab April zu berücksichtigen ist.

**Aufgabe 279**

Die Arbeitnehmerehegatten Jochen und Karin Laube (J und K) haben am 28.01.01 beim zuständigen Finanzamt einen gemeinsamen Antrag auf Berücksichtigung eines Freibetrags ordnungsgemäß gestellt. Für J ist die Steuerklasse drei und für K die Steuerklasse fünf vermerkt.

Der Antrag enthielt folgende nicht zu beanstandende Angaben:

1. Aufwendungen i. S. des § 9 EStG des J in Höhe von 1.924 €,

2. Aufwendungen i. S. des § 9 EStG der K in Höhe von 554 €,

3. Aufwendungen i. S. des § 10 Abs. 1 Nr. 3a EStG des J in Höhe von 600 €,

4. Aufwendungen i. S. des § 10 Abs. 1 Nr. 4 EStG des J in Höhe von 316 €,

5. Aufwendungen i. S. des § 10 Abs. 1 Nr. 4 EStG der K in Höhe von 200 €,

## D. Lohnsteuer

6. Aufwendungen i. S. des § 33 EStG des J in Höhe von 1.080 € (die zumutbare Belastung gem. § 33 Abs. 3 EStG beträgt 1.600 €) und

7. Verlust aus Vermietung und Verpachtung aus dem beiden Ehegatten zu gleichen Teilen gehörenden, vermieteten Mehrfamilienhaus in Höhe von 4.200 €.

Zur Aufteilung des Freibetrags haben die Ehegatten keine Angaben gemacht.

Welcher der folgenden Beträge führt zutreffend zu dem Ergebnis, dass die Grenze des § 39a Abs. 2 Satz 4 EStG von 600 € überschritten wird?

A. 1.440 €.

B. 2.520 €.

C. 3.120 €.

D. 6.720 €.

### Aufgabe 280
Sachverhalt wie unter Aufgabe 279.

Welche Freibeträge sind bei den Ehegatten zu berücksichtigen? (Es ist in jedem Fall auf volle € aufzurunden.)

A. Bei J ein Jahresfreibetrag von 2.784 € und ein Monatsfreibetrag von 232 €, bei K ein Jahresfreibetrag von 2.784 € und ein Monatsfreibetrag von 232 €.

B. Bei J ein Jahresfreibetrag von 2.784 € und ein Monatsfreibetrag von 254 €, bei K ein Jahresfreibetrag von 2.784 € und ein Monatsfreibetrag von 254 €.

C. Bei J ein Jahresfreibetrag von 3.246 € und ein Monatsfreibetrag von 296 €, bei K ein Jahresfreibetrag von 2.322 € und ein Monatsfreibetrag von 212 €.

D. Bei J ein Jahresfreibetrag von 3.246 € und ein Monatsfreibetrag von 271 €, bei K ein Jahresfreibetrag von 2.322 € und ein Monatsfreibetrag von 194 €.

## Durchführung des Lohnsteuerabzugs
EStG §§ 39b, 39c, 41–41c, 42b; LStDV § 4

### Aufgabe 281
Der verheiratete Rentner Franz Gentemann (G), 70 Jahre, erhält von seinem früheren Arbeitgeber Hammer (H) seit 2004 Versorgungsbezüge in Höhe von monatlich 500 € brutto. Für G ist für das laufende Kalenderjahr die Steuerklasse drei bescheinigt und ein Jahresfreibetrag von 500 € sowie ein monatlicher Freibetrag von 50 €, beide mit Wirkung ab 01.03., maßgebend.

## D. Lohnsteuer

Wie und in welcher Reihenfolge hat H bei der Ermittlung der Lohnsteuer des G für den Monat April bis zum Abzug der steuerklassenabhängigen Abzüge nach § 39b Abs. 2 EStG vorzugehen?

A. Vom Bruttobetrag von 500 € den monatlichen Freibetrag von 50 € abziehen, den sich ergebenden Betrag mit 12 multiplizieren und den Versorgungsfreibetrag abziehen.

B. Vom Bruttobetrag von 500 € den monatlichen Freibetrag von 50 € und den zeitanteiligen Versorgungsfreibetrag abziehen und den sich ergebenden Betrag mit 12 multiplizieren.

C. Den Bruttobetrag von 500 € mit 12 multiplizieren, den Versorgungsfreibetrag abziehen und den monatlichen Freibetrag mit 12 multipliziert – also 600 € – abziehen.

D. Den Bruttobetrag von 500 € mit 12 multiplizieren, den Versorgungsfreibetrag und den monatlichen Freibetrag von 50 € abziehen.

### Aufgabe 282

Der pensionierte Beamte Ehlers (E), 66 Jahre, erzielt neben seiner monatlichen Pension aus einem gegenwärtigen Dienstverhältnis von dem Arbeitgeber Funke (F) ein monatliches Bruttogehalt von 700 €. Neben diesem Gehalt leistet F einen Beitrag von 30 € monatlich zu den Kosten des E für dessen (höhere) Aufwendungen aufgrund beruflich veranlasster Fahrten zwischen Wohnung und Arbeitsstätte mit dem Linienbus, die zu einem Werbungskostenbetrag von 90 € führen.

Mit der Gehaltszahlung für den Monat November erhält E am 02.12. außerdem eine Weihnachtsgratifikation in Höhe von 100 € brutto.

Für E ist die Steuerklasse sechs maßgebend.

Welche Aussagen zum Lohnsteuerabzug durch F für den Monat November für E können zutreffen?

A. Einbehaltung für 700 € nach § 39b Abs. 2 EStG als laufenden Arbeitslohn, für 100 € nach § 39b Abs. 3 EStG als sonstigen Bezug, für 30 € nach § 40 Abs. 2 EStG – pauschale Lohnsteuer.

B. Einbehaltung für 730 € nach § 39b Abs. 2 EStG als laufenden Arbeitslohn, für 100 € nach § 39b Abs. 3 EStG als sonstigen Bezug.

C. Einbehaltung für 700 € nach § 39b Abs. 2 EStG als laufenden Arbeitslohn, für 130 € nach § 39b Abs. 3 EStG als sonstigen Bezug.

D. Einbehaltung für 830 € nach § 39b Abs. 2 EStG als laufenden Arbeitslohn.

## D. Lohnsteuer

**Aufgabe 283**

Auf der Lohnsteuerkarte 2010 des Arbeitnehmers Nolte (N) ist mit Wirkung ab 01.10.2010 ein Jahresfreibetrag von 6.000 € und ein Monatsfreibetrag von 2.000 € eingetragen.

Welche der folgenden Aussagen zur Berücksichtigung eines Freibetrags beim Lohnsteuerabzug des N treffen zu?

A. Für den Lohnsteuerabzug für den Monat Januar 2011 ist ein Monatsfreibetrag von 2.000 € maßgebend.

B. Für den Lohnsteuerabzug für den Monat Januar 2011 kann ohne neuen Antrag kein Freibetrag berücksichtigt werden.

C. Für den Lohnsteuerabzug für den Monat Januar 2011 ist ein Monatsfreibetrag von 500 € maßgebend

D. Für den Lohnsteuerabzug für den Monat Januar 2011 ist ein Monatsfreibetrag von 667 € zu berücksichtigen.

**Aufgabe 284**

Der Arbeitgeber Konrad (K) hat seinem Arbeitnehmer Lattermann (L) für den Monat Mai 01 folgende Bezüge gezahlt bzw. gewährt:

1. Laufenden Arbeitslohn von brutto 3.000 €.

Außerdem:

2. Zurverfügungstellung eines betrieblichen PKW für private Fahrten, Wert monatlich 300 €.

3. Steuerfreie Reisekostenvergütungen in Höhe von 250 €.

Die einbehaltene Lohnsteuer beträgt 510 €.

Welche Eintragungen hat K bei der Lohnabrechnung für den Monat Mai 01 in dem Lohnkonto des L neben dem Tag der Lohnzahlung und dem Lohnzahlungszeitraum vorzunehmen?

A. Arbeitslohn 3.250 €, Sachbezüge 300 €, einbehaltene Lohnsteuer 510 €.

B. Arbeitslohn 3.550 €, Sachbezüge 300 €, steuerfreie Vergütungen 250 €, einbehaltene Lohnsteuer 510 €.

C. Arbeitslohn 3.300 €, steuerfreie Vergütungen 250 €, einbehaltene Lohnsteuer 510 €.

D. Arbeitslohn 3.000 €, Sachbezüge 300 €, steuerfreie Vergütungen 250 €, einbehaltene Lohnsteuer 510 €.

## D. Lohnsteuer

**Aufgabe 285**

Der Arbeitgeber Machens (M) hat seinen Betrieb am 06.04.01 eröffnet und beschäftigt seit diesem Tag auch mehrere Arbeitnehmer.

Welche Lohnsteuer ist für die Bestimmung des Lohnsteuer-Anmeldungszeitraums maßgebend?

A. Für das Kalenderjahr 01 ist der Lohnsteuer-Anmeldungszeitraum nach der für den Monat April 01 abzuführenden und auf einen Jahresbetrag umgerechneten Lohnsteuer zu bestimmen.

B. Für das Kalenderjahr 01 ist der Lohnsteuer-Anmeldungszeitraum nach der für den Monat Mai 01 abzuführenden und auf einen Jahresbetrag umgerechneten Lohnsteuer zu bestimmen.

C. Für das Kalenderjahr 02 ist der Lohnsteuer-Anmeldungszeitraum nach der für das Kalenderjahr 01 insgesamt abzuführenden Lohnsteuer zu bestimmen.

D. Für das Kalenderjahr 02 ist der Lohnsteuer-Anmeldungszeitraum nach der für das Kalenderjahr 01 abzuführenden und auf einen Jahresbetrag umgerechneten Lohnsteuer zu bestimmen.

**Aufgabe 286**

Der Arbeitnehmer Vollbaum (V), 24 Jahre, hat bis zum 31.08.2011 bei der Fa. Wille (Fa. W) in einem Dienstverhältnis gestanden. Er erzielte aus diesem Dienstverhältnis vom 01.01. bis 31.08.2011 laufenden Arbeitslohn in Höhe von 14.000 € und im März eine Sonderzahlung (nach § 39b Abs. 3 EStG besteuerter sonstiger Bezug) in Höhe von 700 €. In dieser Zeit hat die Fa. W vom laufenden Arbeitslohn des V insgesamt 1.447,20 € und vom sonstigen Bezug 177 € Lohnsteuer einbehalten und abgeführt.

Seine Lohnsteuerkarte 2010 hat V im Januar 2011 dem Arbeitgeber mit folgenden Eintragungen im Abschnitt I vorgelegt: „eins 0,0".

Am 01.08.2011 schließt V mit der Fa. Zobel (Fa. Z) einen Arbeitsvertrag, nach dem V am 01.09.2011 bei der Fa. Z eine Beschäftigung gegen einen Monatslohn von brutto 3.000 € aufnehmen wird.

V hat für die Zeit vom 01.09. bis 31.12.2011 bei der Fa. Z einen Bruttoarbeitslohn von 12.000 € erzielt, von dem insgesamt 2.141,30 € Lohnsteuer einbehalten wurden. Außerdem hat V von Fa. Z steuerfreie Ersatzleistungen für seine doppelte Haushaltsführung erhalten. V will einen Antrag auf Veranlagung zur Einkommensteuer stellen.

Welche der folgenden Aussagen über den Abschluss des Lohnsteuerabzugs des V durch die Firmen W und Z sind richtig?

A. In der Lohnsteuerbescheinigung der Fa. W ist die Dauer des Dienstverhältnisses mit „01.01. bis 31.08.2011", der Bruttoarbeitslohn in einer Summe mit

## D. Lohnsteuer

„14.700 €" und die hiervon einbehaltene Lohnsteuer ebenfalls in einer Summe mit „1.624,20 €" aufzuführen.

B. Nach Beendigung des Dienstverhältnisses am 31.08.2011 hat die Fa. W dem V dessen Lohnsteuerkarte und eine elektronische Lohnsteuerbescheinigung auszuhändigen.

C. Wenn der Fa. Z die Lohnsteuerkarte des V und eine Lohnsteuerbescheinigung der Fa. W vorliegt, hat sie diese nach Ablauf des Kalenderjahres 2011 ebenso wie eine Lohnsteuerbescheinigung für die Zeit der Tätigkeit bei der Fa. Z an V auszuhändigen, da V einen Antrag auf Veranlagung zur Einkommensteuer stellen will.

D. Fa. Z ist auch verpflichtet, die steuerfreien Ersatzleistungen zu bescheinigen.

### Aufgabe 287

Sachverhalt wie unter Aufgabe 286 mit folgenden ergänzenden Angaben:

Die Fa. Z beschäftigt ständig ca. 22 bis 25 Arbeitnehmer.

V hat im Kalenderjahr 2011 kein Kurzarbeiter- oder Schlechtwettergeld bezogen.

Auf Wunsch des V soll die Fa. Z, der die Lohnsteuerkarte des V mit der Lohnsteuerbescheinigung der Fa. W vorliegt, für V einen Lohnsteuer-Jahresausgleich durchführen.

Welche der folgenden Aussagen zur Durchführung des Lohnsteuer-Jahresausgleichs sind richtig?

A. Die Fa. Z ist zur Durchführung des Lohnsteuer-Jahresausgleichs verpflichtet.

B. Die Fa. Z hat bei der Durchführung des Lohnsteuer-Jahresausgleichs die Jahreslohnsteuer ausgehend von einem Bruttoarbeitslohn von 26.700 € zu ermitteln.

C. Die Fa. Z muss den Lohnsteuer-Jahresausgleich spätestens mit der Lohnabrechnung für den Monat Dezember 2011 durchführen.

D. Die aufgrund des Lohnsteuer-Jahresausgleichs erstattete Lohnsteuer muss in der Lohnsteuerbescheinigung für das Kalenderjahr 2011 berücksichtigt werden.

## Veranlagung von Arbeitnehmern

EStG § 46

### Aufgabe 288

Das Arbeitnehmerehepaar Julius und Karin Löwe (J und K) lebt im Kalenderjahr 01 nicht dauernd getrennt. In diesem Jahr erzielt J aus einem Dienstverhältnis einen

## D. Lohnsteuer

Arbeitslohn von 39.000 €. Die Ehefrau K erzielt aus einem Dienstverhältnis einen Arbeitslohn von 18.000 €. Für 01 ist bei J die Steuerklasse drei und bei K die Steuerklasse fünf maßgebend.

Außerdem haben die Ehegatten aus einem Zweifamilienhaus Einkünfte aus Vermietung und Verpachtung von ./. 1.500 € erzielt.

Ist für die Ehegatten eine Veranlagung zur Einkommensteuer für das Kalenderjahr 01 durchzuführen?

A. Eine Veranlagung zur Einkommensteuer ist gem. § 46 Abs. 2 Nr. 2 EStG von Amts wegen durchzuführen.

B. Eine Veranlagung zur Einkommensteuer ist gem. § 46 Abs. 2 Nr. 3a EStG nur auf Antrag durchzuführen.

C. Eine Veranlagung zur Einkommensteuer ist gem. § 46 Abs. 2 Nr. 3a EStG von Amts wegen durchzuführen.

D. Eine Veranlagung zur Einkommensteuer ist gem. § 46 Abs. 2 Nr. 1 EStG von Amts wegen durchzuführen.

### Aufgabe 289

Der Arbeitnehmer Rückert (R) ist seit dem 15.09.01 verwitwet. Im Zeitpunkt ihres Todes lebte seine unbeschränkt einkommensteuerpflichtige Ehefrau von ihm nicht dauernd getrennt.

R erzielte im Kalenderjahr 02 aus einem früheren Dienstverhältnis Versorgungsbezüge von 19.000 € und aus einem weiteren früheren Dienstverhältnis Versorgungsbezüge von 17.000 €.

Außerdem erzielt R in diesem Jahr Einkünfte aus Vermietung und Verpachtung von 450 €, aufgrund derer ein Altersentlastungsbetrag von 180 € zu gewähren ist.

Nach welcher Vorschrift ist R für das Kalenderjahr 02 zur Einkommensteuer zu veranlagen?

A. Gemäß § 46 Abs. 2 Nr. 1 EStG.

B. Gemäß § 46 Abs. 2 Nr. 2 EStG.

C. Gemäß § 46 Abs. 2 Nr. 3a EStG.

D. Gemäß § 46 Abs. 2 Nr. 6 EStG.

### Aufgabe 290

Der Arbeitnehmer Alben (A), 67 Jahre, erzielt im Kalenderjahr 01 Versorgungsbezüge aus einem früheren Dienstverhältnis in Höhe von 39.000 €. Seine von ihm nicht dauernd getrennt lebende Ehefrau, 66 Jahre, erzielt in diesem Jahr Versorgungsbezüge aus einem früheren Dienstverhältnis in Höhe von 17.000 €.

## D. Lohnsteuer

Auf den Lohnsteuerkarten ist die Steuerklasse jeweils mit „vier" eingetragen; Freibeträge sind nicht eingetragen.

Außerdem erzielen die Ehegatten im Kalenderjahr 01 Einkünfte aus Gewerbebetrieb in Höhe von 1.000 € und Einkünfte aus Vermietung und Verpachtung in Höhe von ./. 600 €.

Welche der folgenden Aussagen zur Veranlagung der Ehegatten für das Kalenderjahr 01 zur Einkommensteuer sind richtig?

A. Eine Veranlagung zur Einkommensteuer ist gem. § 46 Abs. 2 Nr. 3a EStG durchzuführen.

B. Eine Veranlagung zur Einkommensteuer ist gem. § 46 Abs. 2 Nr. 3 EStG durchzuführen.

C. Eine Veranlagung zur Einkommensteuer ist gem. § 46 Abs. 2 Nr. 2 EStG durchzuführen.

D. Eine Veranlagung der Ehegatten zur Einkommensteuer wird nur auf Antrag durchgeführt.

# E. Körperschaftsteuer

Allgemeines
Steuerpflicht
Ermittlung des Einkommens

# E. Körperschaftsteuer

## Vorbemerkung

Den folgenden Aufgaben und Lösungen wurden das Körperschaftsteuergesetz in der Fassung der Bekanntmachung vom 15.10.2002, zuletzt geändert durch das Steuervereinfachungsgesetz 2011, und die Körperschaftsteuer-Richtlinien 2004 (KStR 2004) und die Körperschaftsteuer-Hinweise 2008 zugrunde gelegt.

## Allgemeines

### Aufgabe 291
Welche Stellung hat die Körperschaftsteuer im Steuersystem?

A. Die Körperschaftsteuer ist eine Besitzsteuer.

B. Die Körperschaftsteuer ist eine direkte Steuer.

C. Die Körperschaftsteuer ist eine Personensteuer.

D. Die Körperschaftsteuer ist eine Gemeinschaftsteuer.

## Steuerpflicht

KStG §§ 1, 2

### Aufgabe 292
Entscheiden Sie, ob folgende Unternehmen unbeschränkt körperschaftsteuerpflichtig sind:

A. Putz-GmbH mit Sitz und Geschäftsleitung in Hamburg.

B. Volksbank Kiel eG mit Sitz in Kiel.

C. Holz-GmbH mit Sitz und Geschäftsleitung in Amsterdam. Erzielt werden auch Einkünfte aus Vermietung und Verpachtung in Bremen.

D. Knopf-OHG mit Sitz und Geschäftsleitung in Hannover.

## E. Körperschaftsteuer

**Aufgabe 293**

Die Brüder Max und Moritz Stein beschlossen, am 18.01.01 in Köln einen Baustoffhandel in Form einer GmbH zu gründen. Es wurde ein Vorvertrag abgeschlossen, in dem sich beide zum Abschluss eines Gesellschaftsvertrages verpflichteten. Die Geschäftstätigkeit wurde schon am 03.03.01 aufgenommen (Anschaffung und Verkauf von Baumaterial). Erst am 15.12.01 beurkundete ein Notar den Gesellschaftsvertrag. Die Eintragung im Handelsregister erfolgte am 26.02.02.

Wann beginnt die Körperschaftsteuerpflicht?

A. 18.01.01

B. 03.03.01

C. 15.12.01

D. 26.02.02

## Ermittlung des Einkommens
KStG §§ 7 ff.

**Aufgabe 294**

Eine Aktiengesellschaft hat im Wirtschaftsjahr 01 (= Kalenderjahr) einen Gewinn von 240.000 € ausgewiesen. Folgende Buchungen haben den Gewinn beeinflusst:

| | | |
|---|---|---|
| 1. | gezahlte Körperschaftsteuer | 23.000 € |
| 2. | gezahlter Solidaritätszuschlag | 1.265 € |
| 3. | Geschenke an Geschäftsfreunde (über 35 €) | 3.200 € |
| 4. | Spenden für mildtätige und kirchliche Zwecke | 7.800 € |
| 5. | gezahlte Aufsichtsratsvergütungen | 18.000 € |
| 6. | erstattete Körperschaftsteuer | 2.265 € |
| 7. | Spenden an politische Parteien | 7.800 € |

Wie hoch ist das Einkommen für den VZ 01?

A. 240.000 €

B. 251.000 €

C. 282.000 €

D. 291.000 €

# E. Körperschaftsteuer

**Aufgabe 295**

In welchen Fällen liegt eine verdeckte Gewinnausschüttung vor?

A. Dem Gesellschafter-Geschäftsführer wird ein unangemessen hohes Gehalt gezahlt.

B. Einem Gesellschafter wird von der Gesellschaft ein Darlehen zu einem sehr niedrigen Zinssatz gewährt.

C. Eine Gesellschaft veräußert ein Aktienpaket an einen Gesellschafter zu einem Preis, der weit unter dem Kurswert liegt.

D. Ein Gesellschafter liefert Waren an die Gesellschaft zu überhöhten Preisen.

# F. Gewerbesteuer

Allgemeines
Abgrenzung des Gewerbebetriebs
Ermittlung des Gewerbeertrags
Hinzurechnungen
Kürzungen
Maßgebender Gewerbeertrag
Steuermessbetrag
Zerlegung des Gewerbesteuermessbetrags

# F. Gewerbesteuer

## Vorbemerkung

Den folgenden Aufgaben und Lösungen wurden das Gewerbesteuergesetz (GewStG), zuletzt geändert durch das Jahressteuergesetz 2010, die Gewerbesteuer-Durchführungsverordnung (GewStDV), zuletzt geändert durch die Verordnung zur Änderung steuerlicher Verordnungen vom 17.11.2010, die Gewerbesteuer-Richtlinien (GewStR 2009 in der Fassung vom 28.04.2010), die Hinweise im Gewerbesteuer-Handbuch (GewStH 2009), die Einkommensteuer-Richtlinien 2008 sowie die Hinweise im Einkommensteuer-Handbuch (EStH 2010) zugrunde gelegt.

## Allgemeines

### Aufgabe 296

Welche Stellung nimmt die Gewerbesteuer im System der Steuerarten ein?

A. Sie ist eine Gemeindesteuer.

B. Sie ist eine Realsteuer.

C. Sie ist eine Gemeinschaftsteuer.

D. Sie ist eine Personensteuer.

## Abgrenzung des Gewerbebetriebs gegenüber der Land- und Forstwirtschaft und gegenüber der selbständigen Arbeit
GewStG § 2

### Aufgabe 297

Welche Nebenbetriebe bzw. Nebenleistungen sind als gewerbliche Tätigkeit anzusehen?

A. Ein Landwirt unterhält neben seinem landwirtschaftlichen Betrieb eine Molkerei. In dieser Molkerei wird die im eigenen Betrieb anfallende Milch verarbeitet. Daneben wird auch die Milch anderer landwirtschaftlicher Betriebe aufgekauft und verarbeitet. Die Rohstoffmenge der zugekauften Milch hat in den letzten fünf Jahren stets 55 % bis 60 % der gesamten verarbeiteten Milch betragen. Die gesamte Milch ist für den Verkauf bestimmt.

B. Ein Landwirt hat den Transport der Milch zur Molkerei auch für andere Landwirte übernommen. Die Einnahmen aus diesen Fuhrleistungen haben in

# F. Gewerbesteuer

den letzten fünf Jahren stets 30 % bis 32 % des Gesamtumsatzes des Betriebs (und weniger als 51.500 €) betragen.

C. Zum Betriebsvermögen einer Gärtnerei gehört auch ein Moorgelände. Der auf diesem Gelände gewonnene Torf wird zum Teil zur Bodenverbesserung der übrigen Ländereien und zum Teil als Heizmaterial zur Beheizung der Gewächshäuser verwendet. In den letzten fünf Jahren sind stets nur geringe Mengen des gewonnenen Torfs veräußert worden.

D. Ein Landwirt betreibt neben seinem landwirtschaftlichen Betrieb eine auf seinen Ländereien befindliche Kiesgrube. Der gewonnene Kies ist in den letzten fünf Jahren zum weitaus überwiegenden Teil an Tiefbauunternehmer veräußert worden. Der verbleibende Rest wurde zur Befestigung der eigenen landwirtschaftlichen Wege verwendet.

## Aufgabe 298

Ein Landwirt, der regelmäßig eine Fläche von 30 Hektar landwirtschaftlich nutzt, hat nachhaltig folgende Tiere erzeugt bzw. gehalten:

|  |  |  | Vieheinheiten (VE) |
|---|---|---|---:|
| 4 Pferde (3 Jahre und älter) | × 1,10 VE | = | 4,4 |
| 40 Kühe | × 1,00 VE | = | 40,0 |
| 30 Mastkälber | × 0,30 VE | = | 9,0 |
| 1.200 Mastschweine (aus zugekauften Läufern) | × 0,10 VE | = | 120,0 |
| 5.600 Legehennen | × 0,02 VE | = | 112,0 |
|  |  |  | 285,4 |

Unter welche Einkunftsart des § 2 Abs. 1 EStG sind die Einkünfte aus der Tierzucht bzw. Tierhaltung einzuordnen?

A. Die Einkünfte aus der Tierzucht bzw. Tierhaltung gehören in vollem Umfang zu den Einkünften aus Gewerbebetrieb.

B. Die Einkünfte aus der Tierzucht bzw. Tierhaltung gehören in vollem Umfang zu den Einkünften aus Land- und Forstwirtschaft.

C. Nur die Einkünfte aus der Legehennenhaltung gehören zu den Einkünften aus Gewerbebetrieb.

D. Nur die Einkünfte aus der Schweinemast gehören zu den Einkünften aus Gewerbebetrieb.

## Aufgabe 299

Der Fahrlehrer B betreibt neben seiner Fahrschule einen Kraftfahrzeughandel.

Welche Aussage ist richtig?

## F. Gewerbesteuer

A. Die Tätigkeit als Fahrlehrer und der Kraftfahrzeughandel sind derart miteinander verflochten, dass sie als einheitlicher Gewerbebetrieb anzusehen sind.

B. Die Tätigkeit als Fahrlehrer und der Kraftfahrzeughandel sind miteinander verflochten. Wenn die Erträge aus der Tätigkeit als Fahrlehrer die Erträge aus dem Kraftfahrzeughandel überwiegen, sind beide Tätigkeiten einheitlich als freiberufliche Tätigkeit anzusehen.

C. Die Tätigkeit als Fahrlehrer unterliegt nicht der Gewerbesteuer. Nur der Kraftfahrzeughandel stellt einen Gewerbebetrieb dar.

D. Die Tätigkeit als Fahrlehrer und der Kraftfahrzeughandel sind nicht derart miteinander verbunden, dass sie sich gegenseitig bedingen. Ein einheitlicher Gewerbebetrieb liegt deshalb nicht vor. B betreibt zwei Gewerbebetriebe.

### Aufgabe 300
Welche Betriebe sind als Gewerbebetrieb anzusehen?

A. Die Witwe eines verstorbenen Architekten, die früher den Beruf einer Sekretärin erlernt hat, führt den Betrieb ihres vor mehreren Jahren verstorbenen Ehemanns mit einem langjährigen Angestellten, der ebenfalls Architekt ist, in Form einer Gesellschaft bürgerlichen Rechts weiter.

B. Mehrere Steuerberater haben eine Gesellschaft mit beschränkter Haftung gegründet und üben unter dem Namen dieser Gesellschaft ihre steuerberatende Tätigkeit aus.

C. Mehrere Steuerberater haben eine Kommanditgesellschaft gegründet und üben unter dem Namen dieser Gesellschaft ihre steuerberatende Tätigkeit aus.

D. Der frühere Bankkaufmann A und der Architekt B betreiben ein Architekturbüro in Form einer offenen Handelsgesellschaft. Während B sich ausschließlich mit den bautechnischen Fragen befasst, erledigt A die Finanzierung der Bauten selbständig.

## Ermittlung des Gewerbeertrags
GewStG § 7

### Aufgabe 301
Die laufenden Gewinne eines Gewerbebetriebs (Einzelunternehmen) haben betragen: Kj. 02 = 20.000 €, Kj. 03 = 30.000 €, Kj. 04 = 40.000 €.

Am 01.01.02 ist der Betriebsinhaber von der Gewinnermittlung nach § 4 Abs. 3 EStG zur Gewinnermittlung durch Betriebsvermögensvergleich übergegangen. Der vom Finanzamt ermittelte Übergangsgewinn (im laufenden Gewinn nicht enthalten)

# F. Gewerbesteuer

hat 15.000 € betragen. Der Betriebsinhaber hatte seinerzeit beantragt, diesen Übergangsgewinn nach R 4.6 Abs. 1 EStR auf insgesamt 3 Jahre zu verteilen.

Den laufenden Gewinn des Kalenderjahres 04 hat ein Verlust aus der Veräußerung einer Beteiligung an einer Personengesellschaft in Höhe von 10.000 € gemindert. Die Beteiligung gehörte zum notwendigen Betriebsvermögen des Gewerbebetriebs.

Zum 31.12.04 hat der Betriebsinhaber den Betrieb aufgegeben. Der Gewinn, der sich aufgrund der Aufgabe ergeben hat, beträgt 50.000 € und ist im laufenden Gewinn noch nicht enthalten.

Hinzurechnungen nach § 8 GewStG und Kürzungen nach § 9 GewStG sind im Erhebungszeitraum 04 nicht vorzunehmen.

Wie hoch ist der Gewerbeertrag für den Erhebungszeitraum 04?

A. 45.000 €.
B. 55.000 €.
C. 95.000 €.
D. 105.000 €.

## Aufgabe 302

Was kann Ausgangswert für die Ermittlung des Gewerbeertrags sein?

A. Ein Gewinn aus Gewerbebetrieb, der sich aus dem Einkommensteuerbescheid ergibt.
B. Ein Gewinn aus Gewerbebetrieb, der sich aus dem Bescheid über eine gesonderte Gewinnfeststellung für ein Einzelunternehmen ergibt.
C. Ein Gewinn aus Gewerbebetrieb, der sich aus dem Bescheid über eine gesonderte und einheitliche Gewinnfeststellung für eine Personengesellschaft ergibt.
D. Ein Gewinn aus Gewerbebetrieb, der sich aufgrund einer für die Gewerbesteuer selbständig durchgeführten Gewinnermittlung ergibt.

## Hinzurechnungen
GewStG § 8

## Aufgabe 303

Ein Gewerbebetrieb hatte während des gesamten Erhebungszeitraumes 01 bei der Bank eine Kontokorrentschuld, die mit 8 % zu verzinsen war. Die Höhe der Schuld hat ständig geschwankt. Als Dauerschuld sind 55.000 € anzusehen. Insgesamt sind 5.600 € an Zinsen gezahlt worden.

F. Gewerbesteuer

Ein stiller Gesellschafter erhält einen Gewinnanteil von 120.000 €.

Andere Beträge kommen für eine Hinzurechnung nach § 8 GewStG nicht in Betracht.

Welcher Betrag ist nach § 8 Nr. 1 GewStG dem Gewinn hinzuzurechnen?

A. 31.400 €.

B. 6.400 €.

C. 31.100 €.

D. 6.100 €.

**Aufgabe 304**

Bäckermeister B hat seinen Betrieb vor Jahren gegen bis zum Lebensende des nicht gewerbesteuerpflichtigen Veräußerers V zu leistende Rentenzahlungen von 5.000 € monatlich erworben. Die Bilanzwerte der Rentenverpflichtung betrugen 400.000 € am 31.12.01 und 360.000 € am 31.12.02. Das benachbarte Café hat B von V gepachtet. Die für 02 gezahlte Pacht von 48.000 € entfällt laut Pachtvertrag zu 36.000 € auf die Räumlichkeiten und zu 12.000 € auf das Inventar. Für die vertraglich festgelegte Instandhaltung des gepachteten Inventars hat B 10.000 € in 02 aufgewendet.

Für betriebliche Schulden hat B 58.000 € in 02 an Zinsen aufgewendet.

Die Bäckerei und das Café stellen einen einheitlichen Gewerbebetrieb dar.

Welcher Betrag ist dem Gewinn aus Bäckerei und Café für den Erhebungszeitraum 02 hinzuzurechnen?

A. 0 €.

B. 400 €.

C. 1.450 €.

D. 900 €.

## Kürzungen

GewStG § 9

**Aufgabe 305**

Der Kaufmann S betreibt in Braunlage einen Getreidehandel.

Er ist Eigentümer folgenden Grundbesitzes:

## F. Gewerbesteuer

1. Grundstück Braunlage, Sachsenring 1. Das Grundstück wurde am 01.10.01 erworben und am 01.02.02 wieder veräußert. Es diente dem Gewerbebetrieb als Lagerplatz. Der Einheitswert auf den 01.01.02 betrug (umgerechnet) 10.000 €.
2. Grundstück Braunlage, Petersberg 2. Das Grundstück wurde am 01.03.02 erworben. Es dient dem Gewerbebetrieb in vollem Umfang. Der Einheitswert auf den 01.01.02 betrug (umgerechnet) 20.000 €.
3. Grundstück Braunlage, Wiesenweg 3. Das Grundstück gehört schon seit mehreren Jahren zum Betriebsvermögen des Getreidehandels und wird ausschließlich für betriebliche Zwecke genutzt. Der Einheitswert auf den 01.01.02 betrug (umgerechnet) 40.000 €. Aufgrund verschiedener baulicher Maßnahmen wurde der Einheitswert auf den 01.01.03 fortgeschrieben. Er beträgt nun (umgerechnet) 100.000 €.

Auch das Grundstück Braunlage, Finkenweg 4, das im Eigentum der Ehefrau des S steht, dient dem Getreidehandel in vollem Umfang. Der Einheitswert auf den 01.01.02 betrug (umgerechnet) 5.000 €.

Das Wirtschaftsjahr des Getreidehandels stimmt mit dem Kalenderjahr überein.

Wie hoch ist der Kürzungsbetrag nach § 9 Nr. 1 Satz 1 GewStG für den Erhebungszeitraum 02?

A. 840 €.
B. 1.008 €.
C. 1.260 €.
D. 2.184 €.

### Aufgabe 306

Der Kaufmann M betreibt in Bad Sachsa einen Handel mit Landmaschinen. Er ist Eigentümer folgenden Grundbesitzes:

1. Grundstück Bad Sachsa, Marktstraße 1. Das Grundstück dient zu 40 % dem eigenen Gewerbebetrieb, zu 60 % ist es zu Wohnzwecken vermietet. M hat dieses Grundstück in seinen Steuerbilanzen zu 40 % als Betriebsvermögen behandelt.

   Der Einheitswert auf den 01.01.01 beträgt (umgerechnet) 15.000 €.

2. Grundstück Bad Sachsa, Ringstraße 2. Das Grundstück ist in vollem Umfang zur gewerblichen Nutzung an einen Lebensmittelhändler vermietet. M hat dieses Grundstück in seinen Steuerbilanzen zulässigerweise zu 100 % als gewillkürtes Betriebsvermögen behandelt.

   Der Einheitswert auf den 01.01.01 beträgt (umgerechnet) 23.000 €.

## F. Gewerbesteuer

3. Grundstück Bad Sachsa, Drosselweg 3. Das Grundstück dient zu 60 % dem eigenen Gewerbebetrieb, zu 40 % dient es eigenen Wohnzwecken des Stpfl. M hat dieses Grundstück in seinen Steuerbilanzen zu 60 % als Betriebsvermögen behandelt.

    Der Einheitswert auf den 01.01.01 beträgt (umgerechnet) 50.000 €.

4. Grundstück Bad Sachsa, Steinkamp 4. Das Grundstück dient dem eigenen gewerblichen Betrieb lediglich zu 10 %. Weil der Wert des eigenbetrieblich genutzten Grundstücksteils auch weniger als 20.500 € beträgt, hat M dieses Grundstück nicht in seinen Steuerbilanzen ausgewiesen.

    Der Einheitswert auf den 01.01.01 beträgt (umgerechnet) 10.000 €.

Wie hoch ist der Kürzungsbetrag nach § 9 Nr. 1 Satz 1 GewStG für den Erhebungszeitraum 01?

A. 504 €.

B. 907 €.

C. 991 €.

D. 1.008 €.


**Aufgabe 307**

Großhändler G hält in seinem Betriebsvermögen eine Beteiligung an einer KG, die für 01 einen Gewinnanteil von 25.000 € für G abwarf. Als betrieblichen Ertrag hat G in 01 außerdem auch die Einnahmen von 1.000 € aus der gelegentlichen Vermietung des betrieblichen LKW an einen Kunden (Einzelhändler) für dessen gewerbliche Zwecke gebucht.

Um welchen Betrag ist der Gewinn für 01 zur Ermittlung des Gewerbeertrags zu kürzen?

A. 0 €.

B. 1.000 €.

C. 25.000 €.

D. 26.000 €.

F. Gewerbesteuer

## Maßgebender Gewerbeertrag
GewStG § 10

### Aufgabe 308

Der Baustoffhändler T hat seinen Betrieb am 01.09.01 eröffnet. T ermittelt seinen Gewinn nach einem Wirtschaftsjahr, das jeweils vom 01.09. bis 31.08. des folgenden Jahres läuft.

Der Gewerbeertrag des ersten Wirtschaftsjahres (01.09.01 bis 31.08.02) beträgt 60.000 €, der des zweiten Wirtschaftsjahres 51.000 €.

Welche Aussagen sind richtig?

A. Es ist keine Gewerbesteuer auf den Gewerbeertrag 01 zu entrichten, da der Gewerbeertrag in dem Erhebungszeitraum als bezogen gilt, in dem das Wirtschaftsjahr endet.

B. Der Gewerbeertrag 01 ist mit 20.000 € anzusetzen.

C. Der Gewerbeertrag 02 ist mit 60.000 € anzusetzen.

D. Der Gewerbeertrag 02 ist mit 57.000 € anzusetzen.

## Steuermessbetrag
GewStG § 11

### Aufgabe 309

In welchen Fällen ergibt sich ein Gewerbesteuermessbetrag von 210 €?

A. Eine GmbH erzielt einen Gewerbeertrag von 6.040 €.

B. Eine OHG erzielt einen Gewerbeertrag von 30.500 €.

C. Ein Elektrohändler erzielt einen Gewerbeertrag von 30.570 €.

D. Ein Hausgewerbetreibender erzielt einen Gewerbeertrag von 37.090 €.

## F. Gewerbesteuer

## Zerlegung des Gewerbesteuermessbetrags
GewStG § 28

**Aufgabe 310**
In welchen Fällen wird der Gewerbesteuermessbetrag zerlegt?

A. Wenn ein Gewerbebetrieb Betriebsstätten in mehreren Gemeinden unterhält.

B. Wenn sich die einzige Betriebsstätte eines Gewerbebetriebs über mehrere Gemeinden erstreckt.

C. Wenn die einzige Betriebsstätte eines Gewerbebetriebs innerhalb eines Erhebungszeitraums von einer Gemeinde in eine andere Gemeinde verlegt worden ist.

D. Wenn ein Unternehmer in mehreren Gemeinden gleichzeitig mehrere selbständige Gewerbebetriebe unterhält.

# G. Bewertung

Allgemeine Bewertungsvorschriften
Besondere Bewertungsvorschriften:
Einheitsbewertung; Allgemeines
Grundvermögen
Betriebsvermögen
Bedarfsbewertung

## G. Bewertung

## Allgemeine Bewertungsvorschriften
BewG §§ 1–16

### Aufgabe 311
Welche der folgenden Aussagen über den Anwendungsbereich der im Teil I des BewG enthaltenen allgemeinen Bewertungsvorschriften sind richtig?

A. Im Besteuerungsverfahren sind die allgemeinen Bewertungsvorschriften stets anzuwenden.

B. Im Besteuerungsverfahren sind die allgemeinen Bewertungsvorschriften stets anzuwenden, wenn das Einzelsteuergesetz keine besonderen Bewertungsvorschriften enthält.

C. Im Besteuerungsverfahren sind die allgemeinen Bewertungsvorschriften nur dann anzuwenden, wenn weder das Einzelsteuergesetz noch Teil II des BewG besondere Bewertungsvorschriften enthalten.

D. Im Besteuerungsverfahren sind die allgemeinen Bewertungsvorschriften stets anzuwenden, wenn Teil II des BewG keine besonderen Bewertungsvorschriften enthält.

### Aufgabe 312
Mit welchem Wert sind an der Börse notierte Aktien bewertungsrechtlich anzusetzen?

A. Teilwert.

B. Kurswert.

C. Gemeiner Wert.

D. Nennwert.

### Aufgabe 313
A hat seiner Schwester am 31.12.2006 ein unverzinsliches Darlehen von 20.000 € gegeben. Das Darlehen ist am 01.01.2023 in einer Summe zurückzuzahlen.

Wie hoch ist der Gegenwartswert der Forderung am 01.01.2010?

A. 20.000 €.

B. 9.982 €.

C. 9.978 €.

D. 9.980 €.

**Aufgabe 314**

B, geb. am 05.04.1953, ledig, bezieht eine private Rente im Jahreswert von 5.000 €. Die Rente ist jeweils am 31.12. eines Jahres fällig und bis zum 31.12.2018 (einschließlich) zu zahlen.

Wie hoch ist der Kapitalwert der Rente am 01.01.2010?

A. 32.545 €.

B. 35.715 €.

C. 36.675 €.

D. 35.706 €.

**Aufgabe 315**

A hat seinem Onkel am 05.08.2005 ein unverzinsliches Darlehen in Höhe von 25.000 € gegeben. Das Darlehen ist in 6 gleichen Jahresraten à 3.000 €, beginnend am 31.12.2008, zurückzuzahlen. Der dann noch verbleibende Restbetrag ist in einer Summe am 31.12.2024 zu tilgen.

Wie hoch ist der Gegenwartswert der Kapitalforderung am 01.01.2010?

A. 19.000 €.

B. 14.230 €.

C. 13.942 €.

D. 14.117 €.

**Aufgabe 316**

A ist am 01.01.1965 geboren. Er bezieht eine private Rente auf Lebenszeit (zahlbar jeweils am 01.01.) in Höhe von jährlich 8.000 €.

Wie hoch ist der Kapitalwert der Rente am 01.01.2010?

A. 110.624 €.

B. 113.800 €.

C. 110.152 €.

D. 124.936 €.

## G. Bewertung

### Aufgabe 317

Ein am 25.12.1953 geborener Stpfl. hat eine unverzinsliche Kapitalforderung in Höhe von 35.000 €. Die Forderung ist beim Tode der am 15.05.1955 geborenen Amalie Müller fällig.

Wie hoch ist der Gegenwartswert der Forderung am 01.01.2010?

A. 35.000 €.

B. 8.715 €.

C. 12.005 €.

D. 7.035 €.

### Aufgabe 318

A ist am 05.03.1955 geboren. Er bezieht eine jeweils am 01.01. des Jahres zahlbare Veräußerungsrente von jährlich 6.000 €. Die Rente wird bis zum Tode des A gezahlt, längstens jedoch bis zum 01.01.2028 einschließlich.

Wie hoch ist der maßgebliche Kapitalwert der Rente am 01.01.2010?

A. 73.476 €.

B. 71.562 €.

C. 72.048 €.

D. 69.330 €.

### Aufgabe 319

A hat seinem Bruder am 31.01.2002 ein unverzinsliches Darlehen von 30.000 € gegeben. Das Darlehen ist in 10 gleichen Jahresraten, beginnend am 01.01.2011, zurückzuzahlen.

Wie hoch ist der Gegenwartswert der Kapitalforderung am 01.01.2013?

A. 17.517 €.

B. 19.004 €.

C. 19.527 €.

D. 21.429 €.

### Aufgabe 320

Ein Ehepaar bezieht aus der Veräußerung eines Grundstücks eine Leibrente von jährlich 7.000 €. Die Rente vermindert sich nach dem Tode des Erstversterbenden auf 4.000 €. Der Ehemann ist am 01.01.2010 56 Jahre alt, die Ehefrau 44 Jahre alt.

Wie hoch ist der Kapitalwert der Rente der Ehegatten am 01.01.2010?
A. 128.953 €.
B. 106.320 €.
C. 85.953 €.
D. 60.000 €.

## Besondere Bewertungsvorschriften
### a) Einheitsbewertung; Allgemeines
BewG §§ 19–32

**Aufgabe 321**
Welche der folgenden Aussagen bestimmt umfassend den Begriff des Grundbesitzes?
A. Grundbesitz sind die wirtschaftlichen Einheiten des land- und forstwirtschaftlichen Vermögens, des Grundvermögens und des Betriebsvermögens.
B. Grundbesitz sind die wirtschaftlichen Einheiten des land- und forstwirtschaftlichen Vermögens, des Grundvermögens und die Betriebsgrundstücke.
C. Grundbesitz sind die wirtschaftlichen Einheiten des land- und forstwirtschaftlichen Vermögens und des Grundvermögens.
D. Grundbesitz sind die wirtschaftlichen Einheiten des land- und forstwirtschaftlichen Vermögens, des Grundvermögens und die Geschäftsgrundstücke.

**Aufgabe 322**
Welche Einheitswerte werden festgestellt?
A. Einheitswerte für gewerbliche Betriebe.
B. Einheitswerte für Betriebsgrundstücke.
C. Einheitswerte für Betriebe der Land- und Forstwirtschaft.
D. Einheitswerte für Geschäftsgrundstücke.

**Aufgabe 323**
Welche der folgenden Aussagen über „Einheitswerte" sind richtig?
A. Einheitswerte feststellen bedeutet, zu einem bestimmten Zeitpunkt eine Wertfeststellung nach dem Bewertungsgesetz zu treffen.

## G. Bewertung

B. Das BewG bestimmt abschließend, für welche wirtschaftlichen Einheiten Einheitswerte festzustellen sind.

C. Es steht im Ermessen der Finanzverwaltung, festgestellte Einheitswerte der Besteuerung zugrunde zu legen (unverbindliche Werte).

D. Einheitswerte werden auch für die wirtschaftlichen Einheiten des Betriebsvermögens festgestellt.

**Aufgabe 324**

A erwirbt am 01.02.2010 einen Bauplatz (Einheitswert auf den 01.01.1974 = 6.000 €) und errichtet darauf im selben Jahr ein Einfamilienhaus (Einheitswert 30.000 €). Das Haus wurde am 01.12.2010 fertig gestellt.

Was hat das Finanzamt bewertungsrechtlich auf den 01.01.2011 zu veranlassen?

A. Nachfeststellung.

B. Artfortschreibung.

C. Wertfortschreibung.

D. Zurechnungsfortschreibung.

**Aufgabe 325**

Der Landwirt A veräußert seinen Betrieb der Land- und Forstwirtschaft (Einheitswert 40.000 €) am 01.06.2010 an den Landwirt B, für dessen Betrieb ein Einheitswert von 50.000 € festgestellt worden ist. B bewirtschaftet nach dem Betriebserwerb alle Ländereien von seiner bisherigen Hofstelle.

Was hat das Finanzamt bewertungsrechtlich auf den 01.01.2011 zu veranlassen?

A. Aufhebung eines Einheitswerts.

B. Wertfortschreibung.

C. Zurechnungsfortschreibung.

D. Artfortschreibung.

**Aufgabe 326**

Der Landwirt A veräußert am 01.04.2010 einen von seiner Hofstelle aus bewirtschafteten Landstreifen (anteiliger Einheitswert = 5.200 €) an den bisher grundbesitzlosen Rentner B. Der Einheitswert des Betriebs der Land- und Forstwirtschaft ist zuletzt auf den 01.01.1984 auf 30.000 € festgestellt worden.

Was hat das Finanzamt bewertungsrechtlich auf den 01.01.2011 zu veranlassen?

A. Wertfortschreibung für A.

B. Nachfeststellung für B.

C. Zurechnungsfortschreibung, weil der Landstreifen ab 01.01.2011 B zuzurechnen ist.

D. Hauptfeststellung für B.

**Aufgabe 327**
Entscheiden Sie, ob in den dargestellten Fällen (wirtschaftliche Einheiten des Grundbesitzes) eine Wertfortschreibung durchzuführen ist.

| | | |
|---|---|---|
| A. | Einheitswert auf den 01.01.1995 | 49.000 € |
| | Wert auf den 01.01.2011 | 54.000 € |
| B. | Einheitswert auf den 01.01.1995 | 55.000 € |
| | Wert auf den 01.01.2011 | 60.000 € |
| C. | Einheitswert auf den 01.01.1995 | 4.200 € |
| | Wert auf den 01.01.2011 | 3.800 € |
| D. | Einheitswert auf den 01.01.1995 | 1.200.000 € |
| | Wert auf den 01.01.2011 | 1.315.000 € |

**Aufgabe 328**
Der Klempnermeister Rohrig veräußert am 01.05.2010 ein bisher zum gewerblichen Betrieb gehörendes Grundstück an eine Privatperson (P).

Was ist bewertungsrechtlich auf den 01.01.2011 zu veranlassen?

A. Aufhebung des Einheitswertes für das Betriebsgrundstück des Rohrig.

B. Zurechnungsfortschreibung auf P.

C. Artfortschreibung.

D. Wertfortschreibung.

## b) Grundvermögen
BewG §§ 68–94

**Aufgabe 329**
Welcher Bewertungsmaßstab ist bei der Bewertung des Grundvermögens anzuwenden?

A. Teilwert.

B. Ertragswert.

G. Bewertung

C. Gemeiner Wert.

D. Einheitswert.

**Aufgabe 330**

Ein Haus enthält 4 Wohnungen. Im Übrigen wird es gewerblich genutzt. In welchen Fällen handelt es sich um ein gemischt genutztes Grundstück?

A. Die gewerbliche Nutzung beträgt 20 %.

B. Die gewerbliche Nutzung beträgt 80 %.

C. Die gewerbliche Nutzung beträgt 50 %.

D. Die gewerbliche Nutzung beträgt 85 %.

## c) Betriebsvermögen
BewG §§ 95–109

**Aufgabe 331**

Hans Stahl (S) betreibt in Uelzen, Hauptstr. 1, eine Eisenwarengroßhandlung. S hat beim Finanzamt folgende Steuerbilanz auf den 31.12.2010 eingereicht:

| Aktiva | 31.12.2010 | | Passiva |
|---|---|---|---|
| 1. Grundstück Hauptstr. 1 | | 7. Hypothek | 30.000 € |
|     Grund und Boden | 82.000 € | 8. Delkredere | 4.600 € |
|     Gebäude | 217.000 € | 9. Steuerberatung | 3.000 € |
| 2. Maschinen | 76.200 € | 10. Sonstige Verbindlichkeiten | 87.000 € |
| 3. Wertpapiere | 4.200 € | 11. Kapital | 336.100 € |
| 4. Waren | 50.000 € | | |
| 5. Forderungen | 30.000 € | | |
| 6. Kasse | 1.300 € | | |
| | 460.700 € | | 460.700 € |

**Bilanzposition 1**

Das Grundstück Hauptstraße 1 gehört S und wird von ihm zu 80 % eigenbetrieblich genutzt. Zu 20 % nutzt es S zu eigenen Wohnzwecken. Bilanziert wurde das Grundstück zu 80 %.

Welche Aussagen über das Grundstück sind richtig?

A. Das Grundstück ist nur zum Teil ein Betriebsgrundstück.

B. Das Grundstück ist ein Geschäftsgrundstück.

C. Das Grundstück ist ein gemischt genutztes Grundstück.

D. Das Grundstück ist bei der Ermittlung des Gewerbesteuermessbetrags mit dem Einheitswert zu erfassen.

## d) Bedarfsbewertung (Bewertung von Grundbesitz für die Grunderwerbsteuer)
BewG §§ 138 ff.

### Aufgabe 332
Welche Aussagen zur Bedarfsbewertung des Grundbesitzes sind richtig?

A. Für Grundbesitz wird neben dem Einheitswert auch stets ein Grundbesitzwert nach § 138 BewG festgestellt.

B. Bei der Feststellung der Grundbesitzwerte für die Grunderwerbsteuer werden die Wertverhältnisse zum Besteuerungszeitpunkt zugrunde gelegt.

C. Ab dem 01.01.1997 wird bei der Grunderwerbsteuer unter den Voraussetzungen des § 8 Abs. 2 GrEStG ein Bedarfswert für Grundbesitz als Bemessungsgrundlage angesetzt.

D. Bei der Bedarfsbewertung sind die Wertverhältnisse zum 01.01.1964 maßgebend.

### Aufgabe 333
Zu bewerten ist ein zum Verkauf anstehendes 1.100 m² großes unbebautes Grundstück. Der Preis pro m² (Bodenrichtwert) beträgt zum Bewertungszeitpunkt 110 €.

Wie hoch ist der für die Festsetzung der Grunderwerbsteuer zu ermittelnde Grundbesitzwert?

A. 121.000 €.

B. 96.800 €.

C. 96.500 €.

D. 97.000 €.

### Aufgabe 334
Welche Aussagen zu der Bedarfsbewertung von bebauten Grundstücken i. S. des § 146 BewG sind zutreffend?

A. Für die Bewertung der bebauten Grundstücke ist nach folgendem Schema vorzugehen:

## G. Bewertung

⇒ 12,5-Fache der Jahresmiete (Nettokaltmiete)

⇒ abzüglich 0,5 % für jedes vollendete Jahr seit Bezugsfertigkeit, höchstens 25 %

⇒ abgerundet auf volle 500 €

B. Jahresmiete ist das Gesamtentgelt, das die Mieter für die Nutzung des bebauten Grundstücks aufgrund des Vertrages für den Zeitraum von zwölf Monaten zu zahlen haben.

C. An die Stelle der Jahresmiete tritt unter den Voraussetzungen des § 146 Abs. 3 Nr. 1 und 2 BewG die übliche Miete.

D. Der für das bebaute Grundstück anzusetzende Wert darf nicht kleiner sein als der Wert des unbebauten Grundstücks.

**Aufgabe 335**

Zum Bewertungszeitpunkt (10.01.2011) ist ein Mietwohngrundstück mit 6 Wohnungen zu bewerten. Das Gebäude wurde 1990 auf einem Grundstück von 620 m² fertig gestellt. Die vertraglich vereinbarten Nettokaltmieten (Gesamtentgelt) betragen 40.220 €.

Laut Bodenrichtwertkarte beträgt der Preis 250 € pro m².

Welcher der angegebenen Grundbesitzwerte ist richtig?

A. 502.750 €.

B. 452.475 €.

C. 124.000 €.

D. 452.000 €.

**Aufgabe 336**

Für Zwecke der Grunderwerbsteuer muss im Dezember 2011 ein Einfamilienhaus, das eine Wohnfläche von 150 m² hat und vom Eigentümer selbst bewohnt wird, bewertet werden. Das Haus wurde auf einem 800 m² großen Grundstück im Januar 2011 für 250.000 € fertig gestellt.

Die übliche Miete ist mit 7,50 € pro m² anzusetzen.

Laut Bodenrichtwertkarte beträgt der Preis 75 € pro m².

Wie hoch ist der Grundbesitzwert?

A. 168.500 €.

B. 202.500 €.

C. 168.750 €.

D. 60.000 €.

**Aufgabe 337**

Zum 01.02.2011 ist ein Ende 1952 für 80.000 € erbautes Zweifamilienhaus (Wohnfläche = 180 m$^2$) zu bewerten. Das Haus ist unbewohnt. Die Grundstücksgröße beträgt 1.000 m$^2$. Die übliche Miete ist mit 7 € pro m$^2$ anzusetzen. Laut Bodenrichtwertkarte beträgt der Preis 100 € pro m$^2$. Der zuletzt festgestellte Einheitswert liegt bei 25.000 €.

Wie hoch ist der Grundbesitzwert?

A. 25.000 €.

B. 189.000 €.

C. 170.000 €.

D. 170.100 €.

# H. Umsatzsteuer

Allgemeines
Unternehmer, Unternehmen
Leistungsaustausch
Lieferung, sonstige Leistung
Gebiete, Ort der Leistung
Kommissionär, Agent
Unentgeltliche Wertabgaben
Innergemeinschaftlicher Erwerb
Steuerbefreiungen
Bemessungsgrundlage, Entstehung der Steuer, Berichtigung
Steuersatz
Sonderregelungen – besondere Besteuerungsformen
Vorsteuerabzug, Berichtigung des Vorsteuerabzugs
Besteuerungsverfahren

# H. Umsatzsteuer

## Vorbemerkung

Die Lösungen zu den Aufgaben dieses Fachgebietes beruhen auf dem Umsatzsteuergesetz (UStG), zuletzt geändert durch das Beitreibungsrichtlinie-Umsetzungsgesetz vom 07.12.2011, und auf der Umsatzsteuer-Durchführungsverordnung (UStDV), zuletzt geändert durch die Zweite Verordnung zur Änderung steuerlicher Verordnungen vom 02.12.2011, sowie auf dem Umsatzsteuer-Anwendungserlass (UStAE).

## Allgemeines

### Aufgabe 338

Welche Schlussfolgerungen erlaubt die Aussage: „Die Umsatzsteuer ist eine indirekte Steuer"?

A. Die Umsatzsteuer trifft den Steuerträger mittelbar, d. h. im Wege der Steuerüberwälzung.

B. Ein Teil des Umsatzsteueraufkommens fließt dem Bund zu.

C. Bei der Umsatzsteuer sind Steuerschuldner und Steuerträger identisch.

D. Bei der Bemessung der Umsatzsteuer werden die wirtschaftlichen und persönlichen Verhältnisse des Steuerträgers berücksichtigt.

### Aufgabe 339

Welche der folgenden Aussagen über Gemeinsamkeiten und Unterschiede zwischen Umsatz- und Einkommensteuer sind zutreffend?

A. Bei beiden Steuerarten handelt es sich um Gemeinschaftsteuern.

B. Die Einkommensteuer ist eine direkte Steuer, die Umsatzsteuer eine indirekte Steuer.

C. Einkommensteuer und Umsatzsteuer sind Besitzsteuern.

D. Die Einkommensteuer ist eine Subjektsteuer, die Umsatzsteuer eine Objektsteuer.

### Aufgabe 340

Nach welchem System wird die Umsatzsteuer erhoben?

A. Allphasen-Bruttoumsatzsteuer mit Vorsteuerabzug.

# H. Umsatzsteuer

B. Mehrphasen-Nettoumsatzsteuer mit Vorsteuerabzug.

C. Allphasen-Nettoumsatzsteuer mit Vorumsatzabzug.

D. Allphasen-Nettoumsatzsteuer mit Vorsteuerabzug.

**Aufgabe 341**

Welche der folgenden Aussagen über § 1 UStG treffen zu?

A. Eine Umsatzsteuerschuld kann sich nur aufgrund der in § 1 UStG aufgeführten Tatbestände ergeben.

B. Umsätze, bei denen alle Tatbestandsmerkmale einer der Nummern des § 1 Abs. 1 UStG vorliegen, werden als steuerpflichtige Umsätze bezeichnet.

C. Werden die steuerpflichtigen und die steuerbefreiten Umsätze eines Unternehmers addiert, ergeben sich seine steuerbaren Umsätze.

D. Die auf die Umsätze i. S. des § 1 Abs. 1 UStG entfallende Umsatzsteuer wird von den Finanzämtern erhoben.

## Unternehmer, Unternehmen

UStG § 2

**Aufgabe 342**

Bei welchen der Umsatzsteuer unterliegenden Umsätzen – ohne Einfuhren – muss das ausführende Wirtschaftsgebilde ein Unternehmer sein?

A. Bei sämtlichen anderen in § 1 Abs. 1 UStG aufgeführten Umsätzen.

B. Bei Vorgängen des innergemeinschaftlichen Erwerbs.

C. Nur bei Leistungsumsätzen.

D. Keine der vorstehenden Antworten ist richtig.

**Aufgabe 343**

Gesellschafter der Reinhold Schneider & Co. KG, einer Bauunternehmung, sind der Baumeister Reinhold Schneider (Komplementär) und dessen dreijähriger Sohn Thomas Schneider (Kommanditist). Für den Buchhaltungsbereich innerhalb des Unternehmens ist der Prokurist Werner Gutmann zuständig.

Wer ist steuerfähig im Sinne des Umsatzsteuerrechts?

A. Reinhold Schneider.

B. Reinhold Schneider & Co. KG.

## H. Umsatzsteuer

C. Thomas Schneider.

D. Werner Gutmann.

**Aufgabe 344**

Wer erfüllt die Voraussetzungen des umsatzsteuerlichen Unternehmerbegriffs?

A. Jede Person, die eine gewerbliche oder berufliche Tätigkeit nachhaltig ausübt.

B. Eine Person, die selbständig und nachhaltig zur Erzielung von Einnahmen tätig ist.

C. Eine Person, die eine gewerbliche Tätigkeit selbständig ausübt.

D. Eine Person, die nachhaltig und selbständig in Gewinnerzielungsabsicht tätig wird.

**Aufgabe 345**

Bei welchen der folgenden Vorgänge ist eine „nachhaltige Tätigkeit" i. S. des § 2 Abs. 1 Satz 3 UStG gegeben?

A. Ein in einer Kfz-Werkstatt beschäftigter Mechaniker erwirbt in unregelmäßigen Abständen von Kunden seines Arbeitgebers beschädigte Gebrauchtwagen. Nachdem er diese wieder instand gesetzt hat, verkauft der Mechaniker diese PKWs an Bekannte.

B. Ein Grundstücksmakler eröffnet zum 01.10. des Jahres ein Maklerbüro. Da er bis Ende des Jahres lediglich den Abschluss eines Grundstückskaufvertrages vermitteln kann, schließt er das Büro wieder.

C. Ein Gewerbetreibender veräußert ein zu seinem Privatvermögen gehörendes unbebautes Grundstück. Der Kaufpreis ist in 6 gleichen Vierteljahresraten an ihn zu entrichten.

D. Eine Witwe vermietet ein Zimmer ihrer Wohnung an einen Dauermieter.

**Aufgabe 346**

Angestellter R ist Münzsammler. Zur Vervollständigung seiner Sammlung schafft er laufend neue Münzen an. Den Erwerb finanziert er teilweise durch Verkäufe von Doppelstücken der in seiner Sammlung bereits vorhandenen Münzen.

Welche der folgenden Aussagen über die Tätigkeit des R als Münzsammler treffen zu?

A. Mit den ständigen Verkäufen übt R eine nachhaltige Tätigkeit aus.

B. Mit dem Münzsammeln (An- und Verkäufe) erfüllt R die Voraussetzungen der Unternehmereigenschaft.

## H. Umsatzsteuer

C. Die Münzverkäufe stellen eine gewerbliche oder berufliche Tätigkeit des R dar.

D. Die Münzverkäufe sind der Privatsphäre des R zuzuordnen, er wird dadurch nicht zum Unternehmer.

**Aufgabe 347**

Das Finanzamt veräußert eine gebrauchte Schreibmaschine, die bislang in der Geschäftsstelle benutzt und kürzlich ausgesondert wurde.

Wie ist die Veräußerung umsatzsteuerlich zu beurteilen?

A. Es handelt sich um eine steuerbare Lieferung i. S. von § 1 Abs. 1 Nr. 1, § 3 Abs. 1 UStG.

B. Die Veräußerung ist nicht steuerbar, weil juristischen Personen des öffentlichen Rechts die Steuerfähigkeit im umsatzsteuerlichen Sinne fehlt.

C. Die Veräußerung ist nicht steuerbar, weil sie zu dem Tätigkeitsbereich der öffentlichen Hand gehört, der nach gesetzlicher Bestimmung nicht als gewerbliche oder berufliche Tätigkeit anzusehen ist.

D. Die Veräußerung ist nicht steuerbar, weil kein nachhaltiges Tätigwerden vorliegt.

**Aufgabe 348**

Dr. A ist selbständig tätiger Arzt. Welche der folgenden Leistungen bewirkt er im Rahmen seines Unternehmens?

A. A behandelt einen Privatpatienten und berechnet dafür 300 €.

B. A veräußert seinen Röntgenapparat, weil er sich ein moderneres Gerät kaufen will.

C. A behandelt unentgeltlich seine Schwiegermutter.

D. A hatte seine Praxisräume für 10 Jahre fest angemietet. Auf Wunsch des Hauseigentümers verzichtet er gegen Zahlung einer Abstandssumme von 10.000 € auf seine Rechte aus dem Mietvertrag und zieht bereits nach 3 Jahren aus.

## Leistungsaustausch

UStG § 1 Abs. 1 Nr. 1

**Aufgabe 349**

Was gehört zu den Voraussetzungen für einen Leistungsaustausch?

## H. Umsatzsteuer

A. Eine Leistung eines Unternehmers.

B. Ein zweiter Beteiligter.

C. Eine auf einer Vereinbarung beruhende Gegenleistung.

D. Eine innere Verknüpfung von Leistung und Gegenleistung.

**Aufgabe 350**

An einer Straßenkreuzung prallen die Kraftfahrzeuge des Handelsvertreters A und des Gemüsehändlers B zusammen. An dem PKW-Kombi des B entsteht erheblicher Sachschaden. Allein schuldig an dem Verkehrsunfall ist A, weil er mit überhöhter Geschwindigkeit fuhr und die Vorfahrt des B nicht beachtete.

B beauftragt den Kraftfahrzeugmechaniker C, den Schaden an dem PKW-Kombi zu beheben. Die ihm von C übersandte Reparaturrechnung über netto 1.500 € leitet B an A weiter. A überweist den Rechnungsbetrag unmittelbar an C.

Welche der folgenden Aussagen sind richtig?

A. C hat an B eine Leistung im Leistungsaustausch bewirkt.

B. B hat an A eine Leistung im Leistungsaustausch bewirkt.

C. C hat an A eine Leistung im Leistungsaustausch bewirkt.

D. Das Überweisen des Rechnungsbetrags durch A ist eine echte Schadensersatzleistung.

**Aufgabe 351**

Ein Fußballverein, der nicht in das Vereinsregister des zuständigen Amtsgerichts eingetragen ist, erhebt von seinen erwachsenen Mitgliedern 15 € und von seinen jugendlichen Mitgliedern 6 € Monatsbeitrag. Den Mitgliedern stehen die Sportanlagen des Vereins ohne zusätzliche Kosten zur Verfügung; außerdem brauchen sie als Zuschauer bei Spielen der Vereinsmannschaften kein Eintrittsgeld zu bezahlen.

Findet bei dieser Sachlage ein Leistungsaustausch zwischen dem Verein und seinen Mitgliedern statt?

A. Ein Leistungsaustausch liegt vor, weil die Mitglieder die Beiträge bezahlen, um die Sportanlagen des Vereins benutzen zu dürfen und bei Heimspielen der Vereinsmannschaften ohne Eintrittsgeld zuschauen zu können.

B. Ein Leistungsaustausch findet nicht statt, weil einem nicht eingetragenen Verein die Steuerfähigkeit im Sinne des Umsatzsteuerrechts fehlt.

C. Ein Leistungsaustausch findet nicht statt, weil die Beiträge der Mitglieder keine Gegenleistung für bestimmte Leistungen des Vereins den einzelnen Mitgliedern gegenüber darstellen.

# H. Umsatzsteuer

D. Ein Leistungsaustausch ist zwischen einem Verein und seinen Mitgliedern begrifflich nicht möglich.

## Lieferung, sonstige Leistung

UStG § 3 Abs. 1, 4, 9, 12

### Aufgabe 352

In welchem der folgenden Fälle bewirkt der Hauseigentümer A eine Leistung im umsatzsteuerlichen Sinne?

- A. A veräußert einen schmalen Grundstücksstreifen an die Stadtgemeinde, damit eine Straßenverbreiterung vorgenommen werden kann.
- B. A gestattet einem Reifenhersteller, auf dem Dach des Hauses eine Leuchtreklame anzubringen, und erhält dafür jährlich 800 €.
- C. A bezahlt 1.400 € für eine Reparatur des Hausdachs an einen Dachdeckermeister.
- D. Aufgrund einer Absprache mit dem Besitzer eines benachbarten Warenhauses erhält A von diesem Kaufmann jährlich 5.000 € dafür, dass er sein Grundstück nicht an andere Warenhausbesitzer vermietet oder veräußert.

### Aufgabe 353

Was kann Gegenstand einer Lieferung im Sinne des Umsatzsteuerrechts sein?

- A. Nur körperliche Gegenstände.
- B. Bewegliche und unbewegliche Sachen.
- C. Alle Gegenstände im Sinne des bürgerlichen Rechts.
- D. Wärme, Wasserkraft.

### Aufgabe 354

Der Kraftfahrzeughändler A vermietet dem B am 01.03.01 für einen Monat einen PKW; B nimmt das Fahrzeug am gleichen Tag mit. Am 15.03.01 vereinbaren A und B, dass B den Wagen von A für 25.000 € käuflich erwirbt. Die Erfüllung dieses Vertrages soll nach Ablauf der Mietzeit erfolgen. Am 01.04.01 zahlt B 10.000 € auf den Kaufpreis an. Gleichzeitig überträgt A ihm das Eigentum an dem PKW, allerdings unter der aufschiebenden Bedingung vollständiger Bezahlung des Kaufpreises. Am 30.04.01 zahlt B den Restbetrag von 15.000 €. Seit dem 01.03.01 ist B stets unmittelbarer Besitzer des Fahrzeugs gewesen.

## H. Umsatzsteuer

An welchem Tag hat A eine Lieferung im Sinne des UStG bewirkt?

A. Am 01.03.01.
B. Am 15.03.01.
C. Am 01.04.01.
D. Am 30.04.01.

### Aufgabe 355

Bei welchem der folgenden Vorgänge handelt es sich um eine Lieferung i. S. des § 3 Abs. 1 UStG?

A. Schlossermeister A verpfändet der Bank B zur Absicherung eines Kredits einige Schmuckgegenstände.
B. Juwelier A veräußert eine goldene Armbanduhr, die er selbst kurz zuvor gestohlen hat, in seinem Laden an den gutgläubigen Kunden B.
C. Fleischermeister A übereignet der Bank B zur Absicherung eines Kredits eine Gefriertruhe. Er bleibt unmittelbarer Besitzer der Gefriertruhe.
D. Konditormeister A veräußert dem sechsjährigen B eine Portion Eis. Der Junge hatte das Geld dafür heimlich aus der Geldbörse seiner Mutter genommen.

### Aufgabe 356

Grundstückseigentümer B beauftragt den Bauunternehmer A, auf seinem Grundstück einen Rohbau zu errichten. A transportiert die benötigten Baustoffe (Zement, Sand, Kies, Ziegelsteine) von seinem Lager auf das Grundstück und lässt den Bau von einer seiner Arbeitskolonnen erstellen.

Welche der folgenden Aussagen treffen zu?

A. Das Zusammenfügen der Baustoffe zu einem Rohbau stellt eine sonstige Leistung des A an den B dar.
B. A liefert an B die Baustoffe.
C. A wird für B aufgrund eines Dienstvertrages (im Sinne des BGB) tätig.
D. Gegenstand der Lieferung ist der Rohbau.

### Aufgabe 357

Landwirt B hat eine auf seinem Hof stehende Eiche fällen lassen, er übergibt sie Tischlermeister A mit dem Auftrag, daraus für die Diele des Bauernhauses verschiedene massiv eichene Möbel nach Maß anzufertigen. Soweit A für die Herstellung der Möbel Nägel, Leim, Scharniere und Lack benötigt, entnimmt er diese Gegenstände seinen Lagerbeständen. Im Übrigen verwendet er lediglich das ihm von B überlassene Holz. Das Abfallholz gibt er vereinbarungsgemäß mit den Möbeln dem B zurück.

Welche der folgenden Aussagen über den Sachverhalt sind richtig?

A. A liefert an B Nägel, Leim, Scharniere und Lack.
B. B liefert an A Eichenholz.
C. A bewirkt an B sonstige Leistungen.
D. A liefert an B Möbel.

**Aufgabe 358**

Fleischermeister A beschäftigt mehrere Gesellen. Für die Arbeitsleistung erhalten die Gesellen von A neben einem ansehnlichen Barlohn Unterkunft und Verpflegung.

Welche Aussagen über diesen Sachverhalt sind richtig?

A. Die Gesellen bewirken keine Leistungen i. S. des § 3 Abs. 9 UStG an A, weil sie nicht die Unternehmereigenschaft besitzen.
B. A bewirkt Lieferungen und sonstige Leistungen an die Gesellen.
C. Die Leistungen des A an die Gesellen sind nicht umsatzsteuerbar, weil ein und derselbe Vorgang nicht der Lohnsteuer und der Umsatzsteuer unterliegen kann.
D. Es handelt sich um einen tauschähnlichen Umsatz mit Baraufgabe.

**Aufgabe 359**

Rundfunkhändler A in Göttingen bestellt Fernsehgeräte eines bestimmten Typs bei Großhändler B in Hannover. Da B diese Geräte gerade nicht auf Lager hat, bestellt er sie seinerseits bei dem Fabrikanten C in Kassel. C befördert die Geräte auftragsgemäß mit eigenem LKW von Kassel zu A nach Göttingen.

Was ist richtig?

A. B bewirkt eine Lieferung an A.
B. C bewirkt eine Lieferung an A.
C. C bewirkt eine Lieferung an B.
D. Der Ort der Lieferung befindet sich zum einen in Kassel und zum anderen in Göttingen.

# H. Umsatzsteuer

## Gebiete, Ort der Leistung

UStG § 1 Abs. 2 und 2a, § 3 Abs. 5a, 6 und 7, §§ 3a, 3b, 3c

### Aufgabe 360

Wozu gehört das Gebiet des Freihafens Hamburg nach deutschem Umsatzsteuerrecht?

A. Zum Inland.

B. Zum Ausland.

C. Zum Gemeinschaftsgebiet.

D. Zum Drittlandsgebiet.

### Aufgabe 361

Gastwirt A in Hannover veräußert ein wertvolles Klavier, das in seinem Festsaal nicht mehr benötigt wird, an den Hotelier B in Göttingen. Nach den getroffenen Vereinbarungen ist es Sache des B, für die Beförderung des Klaviers nach Göttingen zu sorgen. Im Auftrag des B transportiert Frachtführer F mit seinem LKW das Klavier von Hannover nach Göttingen.

Wo hat A geliefert?

A. Ort der Lieferung ist Hannover, weil das Klavier dort dem Frachtführer übergeben wurde.

B. Ort der Lieferung ist Göttingen, weil sich das Klavier dort befand, als die Verfügungsmacht auf B überging.

C. Ort der Lieferung ist nach § 3 Abs. 7 Satz 1 UStG Hannover, weil sich das Klavier dort befand, als die Verfügungsmacht auf B überging.

D. Ort der Lieferung ist Hannover, weil dort die Versendung begann.

### Aufgabe 362

Fertighausfabrikant A in Krefeld wird von dem ebenfalls in Krefeld wohnenden B beauftragt, ein schlüsselfertiges Fertighaus mit Kellergeschoss in Venlo (Niederlande) zu errichten. A beauftragt seinerseits den selbständigen Maurermeister C in Venlo, das Kellergeschoss zu bauen. A transportiert die vorgefertigten Teile des Fertighauses mit eigenem LKW von Krefeld nach Venlo; dort wird das Fertighaus von einer Montagekolonne seines Betriebs aufgestellt. Anschließend übergibt A dem B in Krefeld die Schlüssel des Fertighauses.

Wie ist der Sachverhalt umsatzsteuerlich zu beurteilen?

A. A bewirkt lediglich eine nicht steuerbare Lieferung in Venlo.

## H. Umsatzsteuer

B. A bewirkt eine nicht steuerbare Lieferung (Fertigteile) in Venlo gem. § 3c UStG, eine nicht steuerbare sonstige Leistung (Montage der Fertigteile) in Venlo und eine nicht steuerbare Lieferung (Kellergeschoss) in Venlo.

C. A bewirkt lediglich eine steuerbare Lieferung in Krefeld.

D. C bewirkt eine nicht steuerbare Lieferung an A in Venlo.

### Aufgabe 363

Genusswarenhändler G, Göttingen, überschreitet mit seinen grenzüberschreitenden Leistungen keine der innergemeinschaftlich geltenden Lieferschwellen, er hat auch nicht auf deren Anwendung verzichtet.

Bei welchen der folgenden entgeltlichen Vorgänge tätigt G in Deutschland steuerbare Umsätze?

A. G schickt 10 Stangen Zigaretten per Post an einen Tabakhändler T in Frankreich.

B. G versendet per Bahnfracht 2 Kartons Wein an einen Privatkunden P in Dänemark.

C. G lässt mehrere Kartons Schokolade von einem Spediteur zu einem Lebensmittelhändler L in die Niederlande transportieren; L besteuert seine Umsätze in den Niederlanden nach den allgemeinen Vorschriften.

D. Ein Privatkunde K aus Belgien lässt durch einen von ihm beauftragten Spediteur 10 Kartons Sekt von G in Göttingen abholen und nach Belgien transportieren.

### Aufgabe 364

Der Aachener Taxenunternehmer A fährt den Fabrikanten B in einer seiner Taxen von Aachen nach Lüttich (Belgien). Der Streckenanteil im Inland beträgt 11 km, der Streckenanteil im Ausland 35 km.

Wie ist die Leistung des A an den B umsatzsteuerlich zu beurteilen?

A. Die Leistung ist steuerbar, weil A sein Unternehmen von Aachen aus betreibt.

B. Die Leistung ist z. T. nicht steuerbar (ausländischer Streckenanteil).

C. Die Leistung ist nicht steuerbar, weil die Beförderungsstrecke im Inland nur kurz ist.

D. Die Leistung ist als innergemeinschaftliche Beförderung steuerbar, weil die Beförderung in Aachen beginnt.

## H. Umsatzsteuer

### Aufgabe 365

Arbeitnehmer B, wohnhaft in der Schweiz, unternimmt mit seinem Wohnwagen eine Urlaubsreise durch Deutschland. Im Stadtgebiet von Celle wird B schuldlos in einen Verkehrsunfall verwickelt. Rechtsanwalt A aus Hannover, der sich an diesem Tag aus beruflichen Gründen in Celle aufhält, ist Zufallszeuge des Unfalls. Er berät den B an Ort und Stelle über die Rechtslage und wird von ihm mit der Durchsetzung seiner Schadensersatzansprüche beauftragt.

Den Schriftverkehr mit der Haftpflichtversicherung des Unfallverursachers führt A von seiner Anwaltspraxis in Hannover aus. B ist inzwischen wieder an seinen Wohnort Basel zurückgekehrt.

Wie ist die Leistung des A an den B umsatzsteuerlich zu beurteilen?

A. Die Leistung ist steuerbar. Sie wurde in Celle ausgeführt.

B. Die Leistung ist steuerbar. Sie wurde in Hannover ausgeführt, weil A von dort aus sein Unternehmen betreibt.

C. Die Leistung ist steuerbar. Sie wurde in Hannover ausgeführt, weil A dort zum wesentlichen Teil tätig wurde.

D. Die Leistung ist nicht steuerbar. Sie wurde in Basel ausgeführt.

### Aufgabe 366

Oberstudienrat B aus Hannover trifft während des Winterurlaubs in Seefeld (Österreich) überraschend seinen Studienfreund Dipl.-Ing. A, der ein Ingenieurbüro für Baustatik in Paris betreibt. B plant die Errichtung eines Einfamilienhauses in Braunlage. Ihm liegt daran, die Baugenehmigung so schnell wie möglich zu erhalten. Auf seine Bitte fertigt A die dafür erforderlichen statischen Berechnungen noch während des Urlaubs in Seefeld an. B bezahlt die Freundesleistung sofort in bar.

Was hat A umsatzsteuerlich bewirkt?

A. Eine steuerbare Leistung in Hannover.

B. Eine steuerbare Leistung in Braunlage.

C. Eine nicht steuerbare Leistung in Paris.

D. Eine nicht steuerbare Leistung in Seefeld.

H. Umsatzsteuer

## Kommissionär, Agent
UStG § 3 Abs. 3

### Aufgabe 367
Waschmaschinenhersteller W versucht, seine Fabrikate bei dem Fachhändler F abzusetzen. F möchte zunächst keine Waschmaschinen von W erwerben, weil er nicht sicher ist, sie absetzen zu können. Er ist jedoch bereit, eine Waschmaschine des W in seinen Verkaufsräumen aufzustellen und – wenn möglich – im eigenen Namen an einen Kunden zu veräußern. W stellt daraufhin im Juli eine Waschmaschine bei F ab. W und F vereinbaren, dass der Endverkaufspreis des Geräts netto 1.200 € betragen soll. F soll für den Verkauf von W netto 200 € Provision bekommen.

Im Oktober gelingt es F, die Waschmaschine an den Kunden K zu veräußern. Er führt den Verkaufspreis abzüglich seiner Provision an W ab.

Wer bewirkt an wen Leistungen im Sinne des Umsatzsteuergesetzes?

A.  W bewirkt im Juli eine Lieferung für netto 1.000 € an F.

B.  F bewirkt eine sonstige Leistung für netto 200 € an W.

C.  F bewirkt im Oktober eine Lieferung für netto 1.200 € an K.

D.  W bewirkt im Oktober eine Lieferung für netto 1.200 € an K.

### Aufgabe 368
Elektrogroßhändler A vertreibt Staubsauger unter anderem durch Einschaltung selbständiger Handelsvertreter, die mögliche Kunden in ihren Wohnungen aufsuchen, die Kaufverträge mit den Kunden im Namen des A abschließen, die Staubsauger sofort ausliefern und den Kaufpreis einziehen.

Dem für A tätigen Handelsvertreter B gelingt es, dem Kunden C einen Staubsauger für netto 300 € zu verkaufen. Von dem erhaltenen Kaufpreis behält er seine Provision von netto 60 € ein und überweist den Differenzbetrag an A.

Wer bewirkt an wen Leistungen im Sinne des Umsatzsteuergesetzes?

A.  A bewirkt eine Lieferung für netto 240 € an B.

B.  B bewirkt eine sonstige Leistung für netto 60 € an A.

C.  B bewirkt eine Lieferung für netto 300 € an C.

D.  A bewirkt eine Lieferung für netto 300 € an C.

## H. Umsatzsteuer

## Unentgeltliche Wertabgaben
UStG § 3 Abs. 1b und 9a

### Aufgabe 369
Welche der folgenden Aussagen über die unentgeltlichen Wertabgaben sind zutreffend?

A. Die unentgeltlichen Wertabgaben werden besteuert, damit der Unternehmer, der seinen Privatbedarf aus seinem Unternehmen deckt, umsatzsteuerlich nicht günstiger gestellt ist als die übrigen Endverbraucher.

B. Der Vorsteuerabzug ist nicht zulässig, wenn der Unternehmer die Leistungen der Vorunternehmer zur Ausführung von unentgeltlichen Wertabgaben für seinen Privatbereich verwendet.

C. Steuerbare unentgeltliche Wertabgaben können steuerbefreit sein.

D. Unentgeltliche Wertabgaben sind nur Leistungen, die für die außerunternehmerische Sphäre erbracht werden.

### Aufgabe 370
Tischlermeister A fertigt für seine Tochter B unentgeltlich einen Aussteuerschrank an. Das Holz dafür gibt ihm Oberförster C, der künftige Schwiegersohn. Soweit A Nägel, Leim, Scharniere und Lack zur Herstellung des Schranks benötigt, entnimmt er diese Sachen seinen Lagerbeständen.

Wie ist der Sachverhalt umsatzsteuerlich zu beurteilen?

A. Die Leistung des A an B ist mangels Leistungsaustauschs nicht steuerbar nach § 1 Abs. 1 Nr. 1 UStG.

B. A tätigt eine steuerbare unentgeltliche Wertabgabe i. S. des § 3 Abs. 1b Nr. 1 UStG. Gegenstand der Entnahme ist der fertige Schrank.

C. A tätigt eine steuerbare unentgeltliche Wertabgabe i. S. des § 3 Abs. 1b Nr. 1 UStG. Gegenstand der Entnahme sind Nägel, Leim, Scharniere, Lack.

D. A tätigt einen steuerbaren Umsatz.

### Aufgabe 371
Bundesbahnoberinspektor A ist Eigentümer eines Mehrfamilienhauses. Eine der Wohnungen bewohnt er seit Beginn des Kj. selbst mit seiner Familie; die übrigen Wohnungen sind an Privatleute vermietet.

Wie ist das Verhalten des A umsatzsteuerlich zu beurteilen?

A. A tätigt keine steuerbaren Umsätze, weil er kein Unternehmer ist.

## H. Umsatzsteuer

B. A bewirkt steuerbare sonstige Leistungen, die steuerbefreit sind.

C. A tätigt eine steuerbare und steuerpflichtige unentgeltliche Wertabgabe i. S. des § 3 Abs. 1b UStG.

D. A tätigt eine steuerbare unentgeltliche Wertabgabe i. S. des § 3 Abs. 9a UStG, die steuerbefreit ist.

### Aufgabe 372

A und B betreiben gemeinschaftlich in der Rechtsform einer OHG einen Lebensmittelgroßhandel. Neben ihrer Tätigkeit für die OHG üben sie keine weitere Erwerbstätigkeit aus.

A entnimmt mit Zustimmung des B Lebensmittel für seinen Haushalt aus den Beständen der OHG. In den Büchern der OHG werden diese Entnahmen aufgezeichnet.

Liegen steuerbare Umsätze vor?

A. A tätigt eine steuerbare unentgeltliche Wertabgabe i. S. des § 3 Abs. 1b Nr. 1 UStG.

B. Die OHG tätigt eine steuerbare unentgeltliche Wertabgabe i. S. des § 3 Abs. 1b Nr. 1 UStG.

C. Die OHG bewirkt steuerbare Lieferungen an A (§ 1 Abs. 1 Nr. 1, § 3 Abs. 1 UStG).

D. Weder A noch die OHG bewirken steuerbare Umsätze i. S. des § 1 Abs. 1 UStG.

### Aufgabe 373

Kraftfahrzeughändler A veräußert einen fabrikneuen PKW für netto 4.000 € an seinen Sohn B. B ist Student; er verfügt nur über geringe Einkünfte aus einer Aushilfstätigkeit während der Semesterferien.

Bei dem PKW handelt es sich um ein marktgängiges Modell. A hatte ihn einige Tage zuvor von dem Hersteller für netto 30.000 € erworben. Kunden pflegt er für dieses Modell netto 36.000 € zu berechnen.

Wie ist die Veräußerung des PKW an den B umsatzsteuerlich zu beurteilen?

A. Es handelt sich um eine steuerpflichtige unentgeltliche Wertabgabe i. S. des § 3 Abs. 1b Nr. 1 UStG. Die Bemessungsgrundlage beträgt 30.000 €.

B. Es handelt sich um eine nach § 1 Abs. 1 Nr. 1 UStG steuerpflichtige Lieferung. Die Bemessungsgrundlage beträgt 4.000 €.

C. Es handelt sich um eine nach § 1 Abs. 1 Nr. 1 UStG steuerpflichtige Lieferung. Die Bemessungsgrundlage beträgt 4.000 €. Außerdem liegt eine unentgeltliche

## H. Umsatzsteuer

Wertabgabe nach § 3 Abs. 1b Nr. 1 UStG vor. Für diese beträgt die Bemessungsgrundlage 26.000 €.

D. Es handelt sich um eine nach § 1 Abs. 1 Nr. 1 UStG steuerpflichtige Lieferung. Die Bemessungsgrundlage beträgt 30.000 €.

**Aufgabe 374**

Bauunternehmer A lässt auf einem Teilstück seines unbebauten Baustofflagerplatzes, den er unter Geltendmachung eines Vorsteuerabzugs aus dem Erwerb angeschafft hat, von Arbeitskräften seiner Firma unter Verwendung betrieblicher Baustoffe ein Einfamilienhaus errichten. A will dieses Haus mit seiner Familie bewohnen.

Wie ist der Sachverhalt bei A umsatzsteuerlich zu beurteilen?

A. A entnimmt aus seinem Unternehmen ein unbebautes Grundstück und tätigt damit eine steuerfreie unentgeltliche Wertabgabe.

B. A entnimmt aus seinem Unternehmen ein bebautes Grundstück und tätigt damit eine steuerpflichtige unentgeltliche Wertabgabe.

C. A entnimmt aus seinem Unternehmen ein Einfamilienhaus (ohne Grund und Boden) und tätigt damit eine steuerpflichtige unentgeltliche Wertabgabe.

D. A entnimmt aus seinem Unternehmen ein bebautes Grundstück und tätigt damit eine steuerbare, aber steuerbefreite unentgeltliche Wertabgabe.

**Aufgabe 375**

Haushaltswarengroßhändler H (nur zum Vorsteuerabzug berechtigende Umsätze) hat mit dem zum Unternehmensvermögen gehörenden PKW (Anschaffung im Januar 01 zum Listenpreis von 50.000 € zuzüglich 9.500 € Umsatzsteuer, Nutzungsdauer 6 Jahre) laut ordnungsmäßigem Fahrtenbuch im Kalenderjahr 01 auf privaten Fahrten 9.000 km zurückgelegt. Außerdem verwendet er ihn u. a. für Fahrten zwischen Wohnung und Betrieb (keine Mittagsheimfahrten). Im Kalenderjahr 01 betrugen die vorsteuerbelasteten Aufwendungen (einschließlich AfA von 8.334 €) für den PKW 14.934 € (ohne Umsatzsteuer), die nicht vorsteuerbelasteten betrugen 1.200 €. Von den in diesem Kalenderjahr insgesamt gefahrenen 30.000 km entfielen laut Fahrtenbuch 3.000 km auf Fahrten zwischen Wohnung und Betrieb (an 150 Tagen, Entfernung 10 km).

Aus den Sachverhaltsangaben ergeben sich welche umsatzsteuerlichen Folgen?

A. H tätigt eine steuerbare und steuerpflichtige unentgeltliche Wertabgabe i. S. des § 3 Abs. 9a Nr. 1 UStG.

B. Die Bemessungsgrundlage für die unentgeltliche Wertabgabe beträgt 4.980 €.

C. Die Bemessungsgrundlage für die unentgeltliche Wertabgabe beträgt 4.480 €.

D. H tätigt mit der PKW-Nutzung für die Fahrten zwischen Wohnung und Betrieb keinen steuerbaren Umsatz.

## Innergemeinschaftlicher Erwerb
UStG § 1 Abs. 1 Nr. 5, §§ 1a, 1b

**Aufgabe 376**

Der belgische Steuerbeamte K hält sich während seines Urlaubs als Tourist in Braunlage (Harz) auf. Als er unvorhergesehen in Geldverlegenheit gerät, veräußert er seine Schmalfilmkamera an einen einheimischen Fotohändler F.

Wie ist der Vorgang umsatzsteuerlich zu beurteilen?

A. Die Lieferung des K ist nicht steuerbar, weil K nicht selbständig tätig und deshalb kein Unternehmer ist.

B. Die Lieferung des K ist nicht steuerbar, weil K belgischer Staatsangehöriger ist.

C. Der Vorgang ist für F nicht steuerbar, weil er den Liefergegenstand nicht von einem Unternehmer erhält.

D. Der Vorgang ist für F als innergemeinschaftlicher Erwerb steuerbar.

**Aufgabe 377**

Bei welchem der folgenden Sachverhalte liegt ein steuerbarer innergemeinschaftlicher Erwerb vor?

Soweit es sich um Unternehmer handelt, führen diese ansonsten den allgemeinen Vorschriften des UStG unterliegende steuerpflichtige Umsätze aus.

A. Der deutsche Arbeitnehmer N aus Nürnberg erwirbt vom französischen Kfz-Händler K in Lyon einen fabrikneuen PKW und nimmt ihn mit nach Deutschland.

B. Der niederländische Baustoffhändler H erwirbt vom deutschen Baumaschinenhändler M in Braunschweig einen Gabelstapler zum Einsatz in seinem Filialbetrieb in Bad Bentheim.

C. Der niederländische Baustoffhändler H (siehe zu B) verwendet einen bisher für seinen Hauptbetrieb in Venlo (Niederlande) genutzten LKW nunmehr für seinen Filialbetrieb in Bad Bentheim.

D. Der deutsche Elektromeister E aus Essen erwirbt vom französischen Beamten F einen 2 Jahre alten PKW zur Nutzung in seinem Elektroinstallationsbetrieb in Essen. E holt den PKW selbst bei F in Frankreich ab.

# H. Umsatzsteuer

## Aufgabe 378

Arzt Z, der nur nach § 4 Nr. 14 UStG steuerfreie Umsätze ausführt, erwirbt im Kalenderjahr 04 von einem dänischen Büromaschinenhändler einen Computer für 12.000 € netto zur Nutzung in der Praxisverwaltung.

Bei welcher der folgenden Sachverhaltsergänzungen ergibt sich aus dem Kauf des Computers ein innergemeinschaftlicher Erwerb?

A. Z hat und hatte keine anderen grenzüberschreitenden Geschäftsbeziehungen.

B. Z erwirbt jährlich medizinische Geräte u. Ä. für ca. 15.000 € netto aus dem übrigen Gemeinschaftsgebiet.

C. Z hat auf die Anwendung des § 1a Abs. 3 UStG verzichtet.

D. Z hatte im Kalenderjahr 03 einen fabrikneuen PKW von einem französischen Kfz-Händler für 30.000 € netto zur Nutzung für Praxiszwecke erworben. Weitere grenzüberschreitende Vorgänge (neben PKW- und Computerkauf) haben sich in 03 und 04 nicht ergeben.

## Steuerbefreiungen

UStG §§ 4–9

### Aufgabe 379

Auf Bestellung des Vermieters V in München, der Eigentümer mehrerer Mietwohngrundstücke in Deutschland und in der Schweiz ist, versendet Händler H, Nürnberg, einen Rasenmäher versteuert und verzollt für 600 € netto an den Hausverwalter des V in Zürich, der den Rasenmäher zur Pflege des dortigen Grundstücks des V verwenden wird.

Wie ist die Lieferung des H an V umsatzsteuerlich zu beurteilen?

A. Es liegt eine Ausfuhrlieferung vor.

B. Die Steuerbefreiung nach § 4 Nr. 1 Buchst. a UStG ist bei Vorliegen der erforderlichen Nachweise anzuwenden.

C. Es liegt keine Ausfuhrlieferung vor, da V kein ausländischer Abnehmer ist.

D. Die Lieferung ist nicht steuerbar.

### Aufgabe 380

Gerätegroßhändler G, Göttingen, verkauft einen Aufsitzrasenmäher an das Kaufhaus K in Köln. K verkauft den Mäher an den französischen Baumarkt R in Reims.

Bei welchen der folgenden Sachverhaltsgestaltungen tätigt G eine steuerfreie innergemeinschaftliche Lieferung?

A. G transportiert den Mäher mit seinem LKW zu R nach Reims.

B. K lässt als Abnehmer des G den Mäher von einem Spediteur zu R nach Reims bringen.

C. R holt den Mäher bei G in Göttingen ab und transportiert ihn mit einem LKW nach Reims.

D. K transportiert aufgrund seiner dem R gegebenen Zusage den Mäher mit einem LKW von Göttingen nach Reims.

## Aufgabe 381

Der seine Umsätze nach den allgemeinen Vorschriften besteuernde Textilfabrikant A in Maastricht (Niederlande) erwirbt von B, dem Inhaber einer Spinnerei in Neuss, einen größeren Posten verschiedener Garne. B transportiert das Garn auf Weisung des A mit eigenem LKW von Neuss zu C in Krefeld, der dort eine Weberei betreibt. Aufgrund einer Vereinbarung mit A verarbeitet C das Garn (ohne Zusatz weiterer Materialien) in seinem Betrieb zu Stoffen. Die Stoffe übersendet er A per Spedition. A muss niederländische Umsatzsteuer für den Erwerb entrichten, er verwendet gegenüber B und C seine niederländische Umsatzsteuer-Identifikationsnummer.

Welche der folgenden Aussagen treffen zu?

(Die erforderlichen Nachweise sind zu unterstellen.)

A. B bewirkt eine steuerfreie Lieferung an A.

B. C bewirkt eine steuerfreie Lieferung an A.

C. C bewirkt eine nicht steuerbare sonstige Leistung an A.

D. C bewirkt eine steuerfreie sonstige Leistung an A.

## Aufgabe 382

Möbelhändler A in Köln schenkt seiner in Amsterdam lebenden Tochter eine Polstergarnitur. Er entnimmt die Garnitur seinen Lagerräumen in Köln und befördert sie mit dem Firmenlieferwagen nach Amsterdam.

Wie ist der Vorgang bei A umsatzsteuerlich zu beurteilen?

(Die erforderlichen Nachweise sind zu unterstellen).

A. A tätigt eine steuerbare unentgeltliche Wertabgabe i. S. des § 3 Abs. 1b Nr. 1 UStG, die steuerbefreit ist.

B. A tätigt eine steuerbare unentgeltliche Wertabgabe i. S. des § 3 Abs. 9a UStG, die steuerbefreit ist.

## H. Umsatzsteuer

C. A tätigt eine steuerpflichtige unentgeltliche Wertabgabe i. S. des § 3 Abs. 1b Nr. 1 UStG.

D. A tätigt eine steuerpflichtige unentgeltliche Wertabgabe i. S. des § 3 Abs. 9a UStG.

### Aufgabe 383

Oberregierungsrat R ist Eigentümer eines Grundstücks, auf dem er 1998 ein Mehrfamilienhaus mit Ladenräumen im Erdgeschoss errichtet hat. Die Räume des Hauses sind überwiegend vermietet. R hat, soweit möglich, auf Steuerbefreiungen verzichtet.

Eine der Wohnungen hat R seinem Sohn S unentgeltlich überlassen. S betreibt in den Räumen eine Anwaltspraxis.

Wie ist das Überlassen der Wohnung an S bei R umsatzsteuerlich zu beurteilen?

A. Der Vorgang ist nicht steuerbar.

B. Der Vorgang ist steuerbar, aber nicht steuerpflichtig.

C. R konnte für diesen Vorgang nicht wirksam auf eine etwaige Steuerbefreiung verzichten.

D. Der Vorgang ist steuerpflichtig.

### Aufgabe 384

Sachverhalt wie Aufgabe 383.

Für welche Umsätze führt der Verzicht des R zur Steuerpflicht?

A. Für als Büroräume vermietete Wohnungen, die Freiberufler mit steuerpflichtigen Umsätzen für ihre Praxen nutzen.

B. Für an eine Grundstücksverwaltungs-GmbH vermietete Wohnungen, die diese Mietern zur Wohnungsnutzung überlässt.

C. Für die vermieteten Ladenräume (Mieter tätigt nur zum Vorsteuerabzug berechtigende Umsätze) im Erdgeschoss.

D. Für an das Finanzamt vermietete Räume, das darin einen Teil der Betriebsprüfungsstelle untergebracht hat.

### Aufgabe 385

Der selbständig tätige Kinderarzt Dr. K veräußert seinen dem Unternehmen zugeordneten und zu 60 % beruflich und zu 40 % privat genutzten PKW für 7.000 €.

Welche der folgenden Aussagen treffen zu?

A. Die private Nutzung des PKW ist nicht steuerbar.

B. Die Lieferung des PKW ist steuerbefreit nach § 4 Nr. 14 UStG.

C. Die Lieferung des PKW ist steuerbefreit nach § 4 Nr. 28 UStG.

D. Die Lieferung des PKW ist steuerpflichtig.

## Bemessungsgrundlage, Entstehung der Steuer, Berichtigung

UStG §§ 10, 13, 17, 20

### Aufgabe 386

Welche der folgenden Aussagen über die Bemessungsgrundlage treffen zu?

A. Bemessungsgrundlage für die Umsätze i. S. des § 1 Abs. 1 UStG ist stets das Entgelt.

B. Bei tauschähnlichen Umsätzen ist Bemessungsgrundlage das Entgelt.

C. Entgelt ist alles, was der Empfänger einer Leistung aufwendet, um die Leistung zu erhalten.

D. Die Bemessungsgrundlage muss auch für die steuerfreien Umsätze ermittelt werden.

### Aufgabe 387

Großhändler G gestattet dem Kunden K, für ein dringendes Gespräch den betrieblichen Fernsprechanschluss zu benutzen. K führt ein längeres Ferngespräch und bezahlt dem G dafür brutto 7,14 €. Dieser Betrag entspricht genau dem Betrag, den G für das Gespräch an die Telekom zahlen muss.

Wie ist der Vorfall bei G umsatzsteuerlich zu beurteilen?

A. Die gezahlten 7,14 € stellen für G einen durchlaufenden Posten dar.

B. G bewirkt an K eine steuerpflichtige sonstige Leistung i. S. von § 1 Abs. 1 Nr. 1 UStG, § 3 Abs. 9 UStG.

C. Bemessungsgrundlage für die Leistung des G sind 6,00 €.

D. Bemessungsgrundlage für die Leistung des G sind 7,14 €.

### Aufgabe 388

Büromaschinenhändler M verkauft dem Kunden K ein Fotokopiergerät, das mit netto 400 € ausgezeichnet ist. Der den Kunden bedienende Verkäufer ist bei Abwicklung des Kaufs nicht ganz bei der Sache. Er berechnet dem K 400 € zuzüglich 28 € Umsatzsteuer (7 %) und stellt auch eine entsprechende Rechnung

## H. Umsatzsteuer

aus. K entrichtet 428 € und entfernt sich mit dem Gerät. Als später bemerkt wird, dass dem K 19 % Umsatzsteuer hätten berechnet werden müssen, ist K nicht mehr aufzufinden.

Wie hoch ist die Bemessungsgrundlage für die Lieferung des M an K?

A. 336,13 €.

B. 359,66 €.

C. 400,00 €.

D. 428,00 €.

**Aufgabe 389**

Elektrohändler E liefert am 15.08.01 eine Waschmaschine unter Eigentumsvorbehalt an den Kunden N. N zahlt bei Lieferung 200 € an. Er hat, beginnend am 15.09.01, außerdem 10 Monatsraten zu je 100 € (80 € zuzüglich 20 € Finanzierungszuschlag) zu entrichten. Weder der Barzahlungspreis für die Waschmaschine von 1.000 € noch die Höhe des Zinses sind mit N vereinbart.

Bei den genannten Beträgen handelt es sich um Bruttobeträge. E ist Monatszahler. Er hat keine Anträge auf eine vom gesetzlichen Regelfall abweichende Besteuerung gestellt. Da E vermögend ist, kann er Kreditverkäufe der geschilderten Art tätigen, ohne die Hilfe von Banken in Anspruch zu nehmen.

Welchen Betrag hat E in welcher Voranmeldung als Bemessungsgrundlage für den obigen Umsatz anzugeben?

A. In der Voranmeldung für August 01  1.008,40 €.

B. In der Voranmeldung für August 01  840,34 €.

C. In der Voranmeldung für August 01  168,07 € und in den Voranmeldungen für September 01 bis Juni 02 jeweils  84,03 €.

D. In der Voranmeldung für Juni 02  840,34 €.

**Aufgabe 390**

E betreibt den Einzelhandel mit Eisenwaren. Er ist außerdem Eigentümer eines Mietwohngrundstücks und eines zu eigenen Wohnzwecken genutzten Einfamilienhauses. Die Wohnungen des Mietwohngrundstücks sind vermietet, einige davon als Praxisräume an Steuerberater. E hat – soweit möglich – auf Steuerbefreiungen verzichtet (§ 9 UStG). Das Mietwohngrundstück gehört nicht zum Betriebsvermögen der Eisenwarenhandlung.

Auf dem Mietwohngrundstück befindet sich eine größere Rasenfläche. Um sie besser pflegen zu können, entnimmt E aus den Lagerräumen der Handlung einen Motorrasenmäher, den er vor kurzem für netto 220 € eingekauft hatte und Kunden für netto 300 € verkaufen würde. Der Rasenmäher soll auf dem Mietwohngrundstück bleiben und nur dort eingesetzt werden. E bucht deshalb sofort bei Abtransport des Rasenmähers aus den Lagerräumen eine Privatentnahme.

Als E eine Woche später erstmals mäht, bemerkt er jedoch, dass das Gerät für die große Grünfläche zu leistungsschwach ist. Er nimmt es deshalb mit in sein Einfamilienhaus. Dort bleibt es und wird zur Pflege des Vorgartenrasens benutzt. Der einmalige Gebrauch auf dem Mietwohngrundstück hat zu keiner Wertminderung geführt.

Welche der folgenden Aussagen über die Nutzungsänderungen des Rasenmähers sind richtig?

A. Ein steuerpflichtiger Umsatz liegt erst dann vor, wenn E den Rasenmäher von seinem Mietwohngrundstück zu seinem Einfamilienhaus transportiert.

B. E tätigt einen nicht steuerbaren Innenumsatz.

C. Bemessungsgrundlage für den von E getätigten steuerpflichtigen Umsatz sind 220 €.

D. Bemessungsgrundlage für den von E getätigten steuerpflichtigen Umsatz sind 300 €.

## Aufgabe 391

Buchhändler H veräußert einige Tage vor dem Weihnachtsfest im Kalenderjahr 01 ein Buch für netto 60 € an den Kunden K. K will das Buch dem T, einem guten Bekannten, schenken. Bei der Übergabe an T stellt sich jedoch heraus, dass T dieses Buch bereits besitzt.

Kurz nach dem Jahreswechsel bringt K das Buch im Januar 02 wieder zu H, tauscht es gegen ein anderes um, dessen Preis netto 70 € beträgt, und entrichtet den Differenzbetrag zwischen dem Preis für das zweite Buch und dem Preis für das erste Buch.

Welche der folgenden Aussagen treffen zu?

A. H bewirkt nur eine steuerpflichtige Lieferung. Die Bemessungsgrundlage dafür beträgt 60 €.

B. H bewirkt zwei steuerpflichtige Lieferungen. Für die erste Lieferung beträgt die Bemessungsgrundlage 60 €, für die zweite beträgt sie 70 €.

C. H bewirkt nur eine steuerpflichtige Lieferung. Die Bemessungsgrundlage dafür beträgt 70 €.

D. H hat in der Voranmeldung für Dezember 01 einen Umsatz von 60 € anzumelden und mit der Voranmeldung für Januar 02 eine Korrektur der Umsatzsteuer vorzunehmen.

## H. Umsatzsteuer

**Aufgabe 392**

Bauunternehmer R wird von S beauftragt, zum Festpreis von 50.000 € (netto) im Garten des von S bewohnten Einfamilienhauses ein überdachtes Schwimmbecken zu erstellen. R beginnt mit den Bauarbeiten im April; im Juli übergibt er die fertig gestellte Anlage. S erhält von R folgende Rechnungen:

- 1. Abschlagsrechnung im April über 8.000 € zuzüglich 1.520 € gesondert ausgewiesener Steuer;
- 2. Abschlagsrechnung im Mai über brutto 11.000 € (kein gesonderter Steuerausweis);
- 3. Abschlagsrechnung im Juni über brutto 20.000 € (kein gesonderter Steuerausweis);
- die Schlussrechnung im August.

Die Rechnungsbeträge aus der 1. und aus der 3. Abschlagsrechnung gehen bei R jeweils noch in den Monaten ein, in denen S die Rechnungen erhalten hat. Die 2. Abschlagsrechnung wird erst im Juni beglichen. R hatte im vorangegangenen Kalenderjahr einen Gesamtumsatz (§ 19 Abs. 3 UStG) von mehr als 2 Mio. €.

Welche Beträge hat R, dessen Voranmeldungszeitraum der Kalendermonat ist, in welcher Voranmeldung als Bemessungsgrundlage für diesen Umsatz anzugeben?

A. In der Voranmeldung für April 8.000 €.

B. In der Voranmeldung für Mai 0 €.

C. In der Voranmeldung für Juni 26.050,42 €.

D. In der Voranmeldung für Juli 15.949,58 €.

**Aufgabe 393**

Rundfunkhändler R, der seine Voranmeldungen monatlich abgibt, hat dem Pensionär P im Februar 03 ein Fernsehgerät für 2.200 € netto verkauft. Die Lieferung erfolgte im Februar unter Eigentumsvorbehalt bis zur vollständigen Bezahlung des Kaufpreises. P zahlte vereinbarungsgemäß ab März 03 monatliche Raten in Höhe von $^1/_{10}$ von (2.200 € + 418 € =) 2.618 € = 261,80 €.

Ab Juni stellte P die Zahlungen ein. R holt das Gerät unter Geltendmachung des Eigentumsvorbehalts im August 03 bei P ab und erstattet von den gezahlten Raten von 3 × 261,80 € = 785,40 € nur 150 €.

Welche der folgenden Aussagen treffen zu?

A. Mit Ablauf des August 03 entsteht für R eine Umsatzsteuer von $^{19}/_{119}$ von 635,40 € = 101,45 €.

B. Mit Ablauf des Februar 03 entsteht für R eine Umsatzsteuer von 418 €.

# H. Umsatzsteuer

C. In der Voranmeldung für August 03 hat R die Umsatzsteuer für die Lieferung des Fernsehgeräts auf 0 € zu berichtigen.

D. Es liegt u. a. eine Rückgängigmachung einer Lieferung vor.

## Steuersatz

UStG § 12

### Aufgabe 394

Unternehmer U hat sich darauf spezialisiert, für Kunden Geschenkpakete verschiedenster Art zusammenzustellen und sie im Auftrag der Kunden an Dritte zu versenden.

Im Auftrag des Kunden R versendet U an S, einen Freund herzhafter Kost, ein Geschenkpaket. U berechnet dem R:

| | |
|---|---|
| Dauerwurst | 60 € |
| Rollschinken | 40 € |
| 5 Flaschen Wein | 50 € |
| Verpackung | 10 € |
| Versendungskosten | 5 € |
| | 165 € |

In diesem Betrag ist die Umsatzsteuer noch nicht enthalten.

Wie viel Umsatzsteuer wird U dem R gesondert in Rechnung stellen?

A. 11,55 €.

B. 18,15 €.

C. 17,55 €.

D. 31,35 €.

### Aufgabe 395

Hotelier H und seine Familie (Ehefrau und Kinder) lassen sich täglich in ihr neben dem Hotel liegendes Einfamilienhaus Mittagessen (Suppe, Hauptgericht, Nachspeise) aus der Hotelküche in Einweggeschirr bringen. Sie suchen sich jeweils nur die bescheideneren Gerichte der Karte aus.

Ehefrau und Kinder entrichten kein Entgelt für die Inanspruchnahme der Hotelverpflegung.

Welchem Steuersatz unterliegen diese Umsätze des H?

### H. Umsatzsteuer

- A. Die Umsätze unterliegen dem Steuersatz von 19 %, weil § 12 Abs. 2 Nr. 1 UStG bei unentgeltlichen Wertabgaben nicht anwendbar ist.
- B. Die Umsätze unterliegen dem Steuersatz von 19 %, weil fertige Menüs nicht zu den Gegenständen der Anlage 2 zum UStG gehören.
- C. Die Umsätze unterliegen dem Steuersatz von 19 %, weil es sich um eine sonstige Leistung durch Abgabe von Speisen zum Verzehr an Ort und Stelle handelt.
- D. Die Umsätze unterliegen dem Steuersatz von 7 %.

### Aufgabe 396

Der selbständig tätige Zahntechniker Z verkauft eine Schreibmaschine, die bislang in seinem Labor genutzt wurde.

Wie ist dieser Vorgang umsatzsteuerlich zu beurteilen?

- A. Es handelt sich um einen steuerbaren Umsatz, der nach § 4 Nr. 28 UStG steuerbefreit ist.
- B. Es handelt sich um einen steuerpflichtigen Umsatz, der nach § 12 Abs. 2 Nr. 6 UStG dem Steuersatz von 7 % unterliegt.
- C. Es handelt sich um einen steuerbaren Umsatz, der nach § 4 Nr. 14 UStG steuerbefreit ist.
- D. Es handelt sich um einen steuerpflichtigen Umsatz, der dem Steuersatz von 19 % unterliegt.

## Sonderregelungen – besondere Besteuerungsformen

UStG §§ 19, 25, 25a

### Aufgabe 397

Handelsvertreter H vereinnahmte für die Vermittlung des Absatzes von Haushaltsgeräten im Kalenderjahr 01 Provisionen in Höhe von 17.000 € brutto. Außerdem gab er beim Erwerb eines neuen Schreibtisches für sein Büro den alten Schreibtisch für 300 € brutto in Zahlung.

Da die Nachfrage nach den von ihm vertriebenen Artikeln sprunghaft stieg, vereinnahmte H im Kalenderjahr 02 Bruttoprovisionen in Höhe von insgesamt 50.300 €. Bei Ankauf eines Neuwagens im April 02 für – laut Rechnung – 15.000 € zuzüglich 2.850 € Umsatzsteuer gab er den bislang ausschließlich betrieblich genutzten Altwagen für 3.570 € brutto in Zahlung. Auf Wunsch des Kfz-Händlers stellte er ihm darüber eine Rechnung aus, in der er 570 € Umsatzsteuer gesondert

## H. Umsatzsteuer

auswies. Im Kalenderjahr 02 hatten Vorunternehmer ihm für Leistungen für sein Unternehmen 1.300 € Vorsteuer gesondert in Rechnung gestellt.

Anträge zur Besteuerung hat H nicht gestellt. Soweit aus dem Sachverhalt nichts anderes hervorgeht, hat H keine Rechnungen mit gesondertem Steuerausweis ausgestellt.

Wie hoch ist die Umsatzsteuer-Zahllast des H für das Kalenderjahr 02?

A. 0,00 €.

B. 8.257,00 €.

C. 570,00 €.

D. 7.301,09 €.

**Aufgabe 398**

Reiseveranstalter R, ansässig in Rheine, kauft vom Busunternehmer B, ansässig in Burgdorf, eine komplette einwöchige Pauschalreise nach Italien (Beförderung mit dem Bus des B, Unterkunft und Verpflegung im Hotel, kulturelle Veranstaltungen am Zielort) für 500 € pro Teilnehmer und bietet sie im eigenen Namen seinen Kunden für 580 € brutto pro Teilnehmer an.

Welche der folgenden Aussagen sind zutreffend?

A. Der Umsatz von B an R unterliegt der Besteuerung nach § 25 UStG.

B. Der Umsatz von B an R unterliegt als Kettengeschäft der Besteuerung nach den allgemeinen Vorschriften des UStG.

C. Der Verkauf der Reisen durch R unterliegt als sonstige Leistung der Besteuerung nach § 25 UStG.

D. R hat nur die Differenz (Marge) zwischen dem Aufwand der Reiseteilnehmer und seinem Aufwand für die Reisevorleistungen zu besteuern.

**Aufgabe 399**

Kfz-Händler H hat von einem unter § 19 UStG fallenden Unternehmer einen PC für seine Buchhaltung für 2.000 € und einen gebrauchten PKW für 4.000 € erworben. Da der PC doch nicht für seine Belange geeignet ist, verkauft H den PC an einen Einzelhändler für dessen Buchhaltung für 2.200 € brutto. Den PKW verkauft er für 4.400 € brutto an einen Gewerbetreibenden für dessen Betrieb.

Welche der folgenden Aussagen zur umsatzsteuerlichen Behandlung dieser Vorfälle können zutreffen?

A. H schuldet für den Verkauf des PC 351,26 € und für den Verkauf des PKW 702,56 € Umsatzsteuer; er kann diese Beträge in den Rechnungen gesondert ausweisen.

## H. Umsatzsteuer

B. H schuldet für den Verkauf des PC 38 € Umsatzsteuer und kann diesen Betrag in der Rechnung gesondert ausweisen.

C. H schuldet für den Verkauf des PKW 63,86 € Umsatzsteuer und kann diesen Betrag nicht in der Rechnung gesondert ausweisen.

D. H schuldet für den Verkauf des PKW 63,86 € Umsatzsteuer und kann diesen Betrag in der Rechnung gesondert ausweisen.

## Vorsteuerabzug, Berichtigung des Vorsteuerabzugs
UStG §§ 15, 15 a; UStDV §§ 33, 35, 44, 45

### Aufgabe 400
Gemüsehändler R liefert dem Lebensmitteleinzelhändler S Obst und Gemüse für brutto 214 € (mündlich vereinbarter Preis). Infolge eines Versehens in der Buchhaltung des R wird dem S eine Rechnung mit folgenden Beträgen übersandt:

| | | |
|---|---|---|
| Obst und Gemüse | netto | 100 € |
| + 7 % Umsatzsteuer | | 114 € |
| | | 214 € |

S überweist den Rechnungsbetrag, weil er mit dem mündlich vereinbarten Preis übereinstimmt. S führt keine Umsätze aus, die den Vorsteuerabzug ausschließen.

Wie wirkt sich dieser Vorgang bei R und S umsatzsteuerlich aus?

A. R schuldet insgesamt 114 € Umsatzsteuer; S darf 114 € Vorsteuer abziehen.

B. R schuldet insgesamt 14 € Umsatzsteuer; S darf 14 € Vorsteuer abziehen.

C. R schuldet insgesamt 114 € Umsatzsteuer; S darf keine Vorsteuer abziehen.

D. S hat einen Anspruch gegen R auf Ausstellung einer berichtigten Rechnung.

### Aufgabe 401
Handelsvertreter V erwirbt von Kraftfahrzeughändler U einen gebrauchten Zweitwagen für 10.000 € zuzüglich 1.900 € Umsatzsteuer. Da V bereits einen ausschließlich betrieblich genutzten PKW besitzt, wird er den Zweitwagen – das lehren die Erfahrungswerte der letzten Jahre – nur zu 30 % betrieblich nutzen. V, der seinen Gewinn nach § 5 EStG ermittelt, behandelt den Zweitwagen als in vollem Umfang zum Betriebsvermögen gehörend. Er führt keine Umsätze aus, die den Vorsteuerabzug ausschließen.

Welche der folgenden Aussagen treffen zu?

A. V muss 1.900 € Vorsteuer abziehen.

## H. Umsatzsteuer

B. V darf nur 570 € (30 % von 1.900 €) Vorsteuer abziehen.

C. V darf keine Vorsteuer abziehen.

D. V kann den Vorsteuerabzug auf 570 € beschränken.

**Aufgabe 402**

Unternehmer U in Hamburg besuchte aus geschäftlichen Gründen die Hannover-Messe. Er hielt sich zwei Tage in Hannover auf und übernachtete dort in einem Hotel. Für die Bahnfahrt hat U laut Beleg 146 € brutto bezahlt, in der Fahrkarte ist der Steuersatz von 19 % angegeben.

Der Hotelier berechnete U für eine Übernachtung brutto 90 €. Die Rechnung enthält neben diesen Angaben noch Name und Anschrift des Hoteliers sowie den Steuersatz von 7 %. Der Steuerbetrag ist in ihr nicht gesondert ausgewiesen. Weitere Rechnungen über Reisekosten hat U nicht aufbewahrt. Er bucht 24 € Verpflegungsmehraufwand (einkommensteuerlich zulässige Pauschbeträge) als Betriebsausgabe.

U führt keine Umsätze aus, die den Vorsteuerabzug ausschließen.

Welchen Betrag darf U insgesamt als Vorsteuer abziehen?

A. 0,00 €.

B. 29,19 €.

C. 5,88 €.

D. 41,51 €.

**Aufgabe 403**

G ist Inhaber einer Möbeltischlerei und Eigentümer eines gemischt genutzten Grundstücks, das zweigeschossig bebaut ist. Erd- und Obergeschoss des Gebäudes haben die gleiche Nutzfläche. Im Laufe des Kalenderjahres tätigte G folgende Umsätze:

Möbeltischlerei (im Erdgeschoss)

| | | |
|---|---|---|
| steuerpflichtige Lieferungen | netto | 348.000 € |
| steuerfreie grenzüberschreitende Lieferungen | netto | 81.000 € |

Grundstück

| | | |
|---|---|---|
| gewerbliche Eigennutzung des Erdgeschosses (Mietwert) | netto | 12.000 € |
| steuerfreie Vermietung des Obergeschosses | netto | 9.000 € |

Da der Außenputz des Gebäudes rissig und unansehnlich geworden war, ließ G ihn durch Bauunternehmer R abschlagen und durch einen Edelputz ersetzen. R stellt ihm dafür 10.000 € zuzüglich 1.900 € Umsatzsteuer in Rechnung.

## H. Umsatzsteuer

In welcher Höhe kann G den ihm von R in Rechnung gestellten Steuerbetrag als Vorsteuer abziehen?

A. G darf 950,00 € als Vorsteuer abziehen.

B. G darf 1.085,71 € als Vorsteuer abziehen.

C. G darf 1.860,95 € als Vorsteuer abziehen.

D. G darf 1.862,00 € als Vorsteuer abziehen.

**Aufgabe 404**

Unternehmer U hat zum 10.03.2005 ein unbebautes Grundstück für 80.000 € zuzüglich 12.800 € Umsatzsteuer erworben. U hat die Gesamtfläche an ein Kaufhaus als Kundenparkplatz bis zum 31.01.2011 vermietet. Aufgrund dieser steuerpflichtigen Vermietung hat U 2005 die Vorsteuer in vollem Umfang zum Abzug gebracht.

Nach in 2010 erfolgter Parzellierung des Grundstücks in vier gleich große Bauplätze hat U diese Bauplätze zum 01.02.2011 (Tag des Übergangs der Nutzen und Lasten) verkauft:

einen Bauplatz an einen Rechtsanwalt für 30.000 € netto, der darauf ein Praxisgebäude errichten will;

einen Bauplatz an einen Beamten für 25.000 € netto zum Bau eines Einfamilienhauses und

die restlichen beiden Bauplätze für insgesamt 46.000 € netto an einen Dachdeckermeister, der die Fläche als betrieblichen Lagerplatz nutzen will.

Für die Veräußerungen hat U – soweit möglich – auf die Anwendung der Steuerbefreiung des § 4 Nr. 9 Buchst. a UStG verzichtet.

Welche Beträge hat U gem. § 15a UStG wann an das Finanzamt zurückzuzahlen?

A. Mit der Vorauszahlung für Februar 2011 2.613,32 €.

B. Aufgrund der Jahreserklärung 2011 1.306,66 €.

C. 2011 293,33 €, in den Folgejahren bis 2014 pro Jahr 320 € und 2015 53,33 €.

D. Mit der Vorauszahlung für Februar 2011 1.306,66 €.

**Aufgabe 405**

Arbeitnehmer N, wohnhaft in Nordhorn, beschäftigt in der Kfz-Branche, verkauft einen vor 6 Monaten vom Hersteller für 40.000 € zuzüglich 7.600 € USt fabrikneu erworbenen PKW an einen niederländischen Arbeitnehmer für 38.000 €; der Niederländer holt den PKW selbst in Nordhorn ab.

Welche der folgenden Aussagen zum Vorsteuerabzug sind richtig?

A. N kann 7.600 € Vorsteuer abziehen.
B. N kann 7.220 € Vorsteuer abziehen.
C. N kann keine Vorsteuer abziehen, da er kein Unternehmer ist.
D. N kann den Vorsteuerabzug erst im Lieferzeitpunkt geltend machen.

## Besteuerungsverfahren

UStG § 18; UStDV §§ 46–48

### Aufgabe 406

Welche der folgenden Aussagen über die Abgabetermine der Umsatzsteuer-Voranmeldungen sind zutreffend?

(R, S, T und U sind seit mehreren Jahren Unternehmer.)

A. Unternehmer R, Zahllast 01: 6.000 €, hat seine erste Umsatzsteuer-Voranmeldung für 02 bis zum 10.05.02 abzugeben, wenn er bis zum 10.04.02 eine Sondervorauszahlung angemeldet und entrichtet hat.

B. Unternehmer S, Zahllast 01: 26.000 €, der seit Jahren die Dauerfristverlängerung in Anspruch genommen hat, hat seine erste Umsatzsteuer-Voranmeldung für 02 bis zum 10.03.02 abzugeben, wenn er bis zum 10.02.02 eine Sondervorauszahlung angemeldet und entrichtet hat.

C. Unternehmer T, Zahllast 01: ./. 4.000 €, der seine Umsatzsteuer-Voranmeldung bisher ohne Fristverlängerung monatlich abgegeben hat, muss 02 seine erste Umsatzsteuer-Voranmeldung bis zum 10.04.02 abgeben.

D. Unternehmer U, Zahllast 01: 5.000 €, kann für 02 beantragen, dass er seine Umsatzsteuer-Voranmeldungen monatlich und damit die erste ohne Fristverlängerung bis zum 10.02.02 abgibt.

### Aufgabe 407

Welcher der folgenden Unternehmer hat für die Inanspruchnahme der Dauerfristverlängerung von einem Monat eine Sondervorauszahlung von 600 € zum 10.02.05 zu entrichten?

A. A, seit dem 14.03.04 Unternehmer (vorher Arbeitnehmer), hat für 04 Umsatzsteuer-Vorauszahlungen in Höhe von 5.500 € aufgrund der abgegebenen Voranmeldungen geleistet; die Zahllast in der Umsatzsteuer-Jahreserklärung 04 beträgt 5.850 €.

B. B, seit dem 18.09.04 Unternehmer (vorher Arbeitnehmer), hat für 04 Umsatzsteuer-Vorauszahlungen in Höhe von 2.400 € aufgrund der abgegebenen Vor-

## H. Umsatzsteuer

anmeldungen geleistet; die Zahllast in der Umsatzsteuer-Jahreserklärung 04 beträgt 2.750 €.

C. C, seit Jahren Unternehmer, hat für 04 Umsatzsteuer-Vorauszahlungen in Höhe von 7.600 € aufgrund der abgegebenen Voranmeldungen geleistet; die Zahllast in der Umsatzsteuer-Jahreserklärung 04 beträgt 7.300 €.

D. D, seit dem 05.01.05 Unternehmer (vorher Arbeitnehmer), rechnet für 05 mit in den Voranmeldungen anzumeldenden Zahllasten von insgesamt 7.200 €.

# Lösungen

# Lösungen: Abgabenordnung mit Steuererhebung

## Zu Aufgabe 1
Richtig:  D

§ 7 AO bestimmt, wer Amtsträger ist.

Der Regierungsinspektor ist Beamter und damit Amtsträger gem. § 7 Nr. 1 AO (Aussage D).

Der Steuerberater steht nicht in einem öffentlich-rechtlichen Amtsverhältnis. Er kann schon deshalb nicht Amtsträger sein.

Weder der Bote noch der amtlich zugezogene Sachverständige fallen unter einen Tatbestand des § 7 AO. Sie sind nicht Amtsträger (Aussagen A und C).

Der Bote wird den Amtsträgern lediglich gleichgestellt, wenn er aufgrund des Verpflichtungsgesetzes für den öffentlichen Dienst besonders verpflichtet wurde (§ 1 Abs. 1 Nr. 1 Verpflichtungsgesetz, § 30 Abs. 3 Nr. 1 AO).

Der amtlich zugezogene Sachverständige wird den Amtsträgern gem. § 30 Abs. 3 Nr. 2 AO gleichgestellt.

## Zu Aufgabe 2
Richtig:   A, B, C, D

Wer Angehöriger im Sinne der Steuergesetze ist, bestimmt sich nach § 15 AO. Angehörige sind auch Verschwägerte in gerader Linie (§ 15 Abs. 1 Nr. 3 AO). Eine Person ist mit dem Großvater seiner Ehefrau in gerader Linie verschwägert (§ 1590 Abs. 1 BGB). Diese Angehörigeneigenschaft bleibt bestehen, wenn die Ehe geschieden wurde (§ 15 Abs. 2 Nr. 1 AO).

Die Nichte ist die Tochter des Bruders (der Schwester). Sie ist Angehörige gem. § 15 Abs. 1 Nr. 5 AO.

Die Ehefrau des Bruders (Schwägerin) ist Angehörige gem. § 15 Abs. 1 Nr. 6 AO.

Der Onkel ist ein Bruder eines Elternteils. Er ist Angehöriger gem. § 15 Abs. 1 Nr. 7 AO.

## Zu Aufgabe 3
Richtig:   C, D

Das Lagefinanzamt (§ 18 Abs. 1 Nr. 1 AO) ist für die gesonderte und einheitliche Feststellung der Einkünfte aus Land- und Forstwirtschaft (§ 180 Abs. 1 Nr. 2

## Lösungen: Abgabenordnung

Buchst. a, § 179 Abs. 2 AO) und die gesonderte Feststellung des Einheitswerts des Betriebsgrundstücks (§ 180 Abs. 1 Nr. 1 AO, § 19 Abs. 1 BewG) örtlich zuständig.

Die Einkünfte aus dem Zweifamilienhaus sind nicht gesondert festzustellen. Sie werden vom Wohnsitzfinanzamt ermittelt (§ 19 Abs. 1 AO).

Die Einkünfte aus dem Mietwohngrundstück werden gesondert und einheitlich festgestellt (§ 180 Abs. 1 Nr. 2 Buchst. a AO). Zuständig ist das Verwaltungsfinanzamt (§ 18 Abs. 1 Nr. 4 AO).

### Zu Aufgabe 4

Richtig:   D

Das Betriebsfinanzamt ist für die gesonderte Feststellung des Gewinns aus Gewerbebetrieb örtlich zuständig (§ 180 Abs. 1 Nr. 2 Buchst. b, § 18 Abs. 1 Nr. 2 AO).

Für die gesonderte und einheitliche Feststellung des Gewinns aus selbständiger Arbeit ist das Finanzamt der Berufstätigkeit (§ 180 Abs. 1 Nr. 2 Buchst. a, § 179 Abs. 2, § 18 Abs. 1 Nr. 3 AO) und für die gesonderte Feststellung des Einheitswerts eines Betriebs der Land- und Forstwirtschaft das Lagefinanzamt (§ 180 Abs. 1 Nr. 1 AO, § 19 Abs. 1 BewG, § 18 Abs. 1 Nr. 1 AO) örtlich zuständig.

Auch für die Einheitswertfeststellung eines Betriebsgrundstücks ist das Lagefinanzamt örtlich zuständig (§ 18 Abs. 1 Nr. 1 AO).

### Zu Aufgabe 5

Richtig:   A, B, D

Das Wohnsitzfinanzamt ist grundsätzlich zuständig für:

1. die Ermittlung der nicht selbständig anfechtbaren Besteuerungsgrundlagen für Zwecke der Einkommensteuer (§ 19 Abs. 1 AO),
2. die Festsetzung der Einkommensteuer (§ 19 Abs. 1 AO).

Die vom Stpfl. erzielten Einkünfte aus Vermietung und Verpachtung sind nicht gesondert festzustellen. Die Einkünfte sind daher vom Wohnsitzfinanzamt zu ermitteln. Die Zuständigkeit für die gesonderte Feststellung von Einkünften ergibt sich aus § 18 AO.

### Zu Aufgabe 6

Richtig:   C

Sowohl A als auch seine Ehefrau sind Unternehmer (§ 2 Abs. 1 Satz 1 UStG). Jeder Ehegatte ist zur Umsatzsteuer heranzuziehen.

Die Geschäftsleitung beider Betriebe des A befindet sich in Hildesheim. Für die Umsatzbesteuerung des A ist daher das Finanzamt Hildesheim örtlich zuständig

(§ 21 Abs. 1 Satz 1 AO). Für die Umsatzbesteuerung der Ehefrau ist das Finanzamt Wolfenbüttel örtlich zuständig, weil sie dort ihre Praxis betreibt (§ 21 Abs. 1 Satz 1 AO).

## Zu Aufgabe 7
Richtig:   A, B, D

Der Gewinn aus der Rechtsanwaltspraxis ist vom Finanzamt der Berufstätigkeit Wolfenbüttel gesondert festzustellen (§ 180 Abs. 1 Nr. 2 Buchst. b, § 18 Abs. 1 Nr. 3 AO).

Für die gesonderte Feststellung des Gewinns aus Land- und Forstwirtschaft ist das Lagefinanzamt Herzberg örtlich zuständig (§ 180 Abs. 1 Nr. 2 Buchst. b, § 18 Abs. 1 Nr. 1 AO).

Der Gewinn aus der Gastwirtschaft ist vom Betriebsfinanzamt Hildesheim gesondert festzustellen (§ 180 Abs. 1 Nr. 2 Buchst. b, § 18 Abs. 1 Nr. 2 AO).

## Zu Aufgabe 8
Richtig:   A, C

Der Einheitswert für den Betrieb der Land- und Forstwirtschaft ist vom Lagefinanzamt Herzberg festzustellen (§ 180 Abs. 1 Nr. 1 AO, § 19 Abs. 1 BewG, § 18 Abs. 1 Nr. 1 AO).

Für die Einkommensteuerveranlagung ist das Wohnsitzfinanzamt Goslar örtlich zuständig (§ 19 Abs. 1 AO).

## Zu Aufgabe 9
Richtig:   A

Steuerinspektor A hat das Steuergeheimnis verletzt, weil er die Verhältnisse des Kalk, die ihm im Verwaltungsverfahren bekannt geworden sind, unbefugt offenbart hat (§ 30 Abs. 2 Nr. 1 Buchst. a AO). Eine Offenbarung i. S. des § 30 AO liegt auch vor, wenn einem Dritten (hier: der Verwaltungsangestellten Putz) die Kenntnisnahme von den Verhältnissen eines Stpfl. ermöglicht wird (hier: durch das Liegenlassen der Akten). Ein Offenbarungswille ist nicht erforderlich.

Frau Putz ist nicht Amtsträger, weil sie nicht dazu bestellt wurde, bei einer Behörde Aufgaben der öffentlichen Verwaltung wahrzunehmen (§ 7 Nr. 3 AO). Sie ist jedoch den Amtsträgern gleichgestellt (§ 30 Abs. 3 Nr. 1 AO). Gleichwohl liegt ein Verstoß gegen § 30 AO nicht vor. Frau Putz sind die Verhältnisse des Kalk nicht in einem Verwaltungsverfahren in Steuersachen bekannt geworden (§ 30 Abs. 2 AO).

Herr Putz hat das Steuergeheimnis nicht verletzt, weil auch ihm die Verhältnisse des Kalk nicht in einem Verwaltungsverfahren in Steuersachen bekannt geworden sind.

## Lösungen: Abgabenordnung

### Zu Aufgabe 10
Richtig: D

Das Steuergeheimnis verletzt nur, wer Verhältnisse „eines anderen" unbefugt offenbart (§ 30 Abs. 2 Nr. 1 AO). Dieses Tatbestandsmerkmal ist nur erfüllt, wenn aus den Äußerungen des Amtsträgers eine bestimmte Person erkennbar ist. Da im Wohnort des Steuerinspektors mehrere bekannte Schauspieler leben, ist den Erzählungen des Amtsträgers nicht zu entnehmen, welcher Schauspieler bereits dreimal geschieden wurde. Bei Aussage A liegt kein Verstoß gegen § 30 AO vor.

Eine Verletzung des Steuergeheimnisses setzt unter anderem voraus, dass Verhältnisse eines anderen unbefugt „offenbart" werden. Bekannte oder offenkundige Verhältnisse können nicht mehr offenbart werden. Da dem Nachbarn die Verhältnisse des Kalk bereits bekannt waren, hat B dem X nichts offenbart (Aussage B). Das gilt auch dann, wenn B meint, dem Nachbarn Neuigkeiten übermittelt zu haben.

Bei Aussage C hat B die Verhältnisse nicht durch ein Verwaltungsverfahren in Steuersachen erfahren. Sie sind ihm außerhalb seiner dienstlichen Tätigkeit bekannt geworden. Eine Verletzung des Steuergeheimnisses liegt nicht vor.

Ein Offenbaren ist auch unter Bediensteten des Finanzamts möglich. Ein Rechtfertigungsgrund nach § 30 Abs. 4 AO liegt nicht vor. B hat bei Aussage D Verhältnisse eines anderen, die ihm in einem Verwaltungsverfahren bekannt geworden sind, unbefugt offenbart.

### Zu Aufgabe 11
Richtig: B

Amtsträger und andere Personen dürfen in den Fällen des § 82 Abs. 1 AO nicht in einem Verwaltungsverfahren für eine Finanzbehörde tätig werden.

Der Tätigkeitsbegriff ist weit auszulegen. Soweit eine willentliche Beeinflussung des finanzbehördlichen Handelns möglich ist, liegt ein Tätigwerden i. S. des § 82 AO vor.

Bei Aussage A ist der Amtsträger schon deshalb nicht ausgeschlossen, weil die Cousine keine Angehörige ist (§ 82 Abs. 1 Nr. 2, § 15 AO).

Die Anforderung von Steuererklärungen auf Weisung des Vorgesetzten ist kein Tätigwerden i. S. des § 82 AO. Eine Manipulationsmöglichkeit besteht für den Amtsträger nicht. Er ist nicht ausgeschlossen, obwohl der Neffe Angehöriger gem. § 15 Abs. 1 Nr. 5 AO ist (Aussage D).

Bei Aussage C handelt es sich um ein Tätigwerden. Bei Freunden tritt jedoch kein Ausschluss nach § 82 AO ein.

Der Stiefvater ist Angehöriger i. S. des § 15 Abs. 1 Nr. 3 AO, die Erstellung einer Probeberechnung ein Tätigwerden i. S. des § 82 AO. Der Amtsträger ist ausgeschlossen (Aussage B).

## Lösungen: Abgabenordnung

**Zu Aufgabe 12**
Richtig:   C

Nach § 83 Abs. 1 Satz 1 AO ist die Besorgnis der Befangenheit anzunehmen, wenn

1. ein Grund vorliegt, der geeignet ist, Misstrauen gegen eine unparteiische Amtsausübung zu rechtfertigen,

    **oder**

2. ein solcher Grund von einem Beteiligten behauptet wird.

Bei Aussage A ist der (zweite) Alternativtatbestand erfüllt. Rechtsfolge ist aber nicht, dass sich der Amtsträger der Mitwirkung zu enthalten hat, sondern dass er den Vorsteher zu unterrichten hat. Dieser entscheidet nach seinem Ermessen (§ 5 AO), ob sich der Amtsträger der Mitwirkung zu enthalten hat. Aussage A ist demzufolge unzutreffend.

Bei Aussage B wird nicht die Unparteilichkeit des Amtsträgers, sondern dessen fachliche Qualifikation vom Stpfl. in Frage gestellt. Ein Tatbestand des § 83 Abs. 1 Satz 1 AO ist nicht erfüllt. Der Vorsteher ist nicht zu unterrichten.

§ 83 AO räumt dem Stpfl. kein selbständiges Recht zur Ablehnung eines Amtsträgers wegen Besorgnis der Befangenheit ein. Ob ein Befangenheitsgrund vorliegt, entscheidet stets der Vorsteher oder der von ihm Beauftragte. Aussage C ist richtig.

Im Fall der Aussage D greift § 83 AO nicht ein, weil der Amtsträger bereits nach § 82 Abs. 1 Nr. 2 i. V. m. § 15 Abs. 1 Nr. 1 AO ausgeschlossen ist.

**Zu Aufgabe 13**
Richtig:   A, D

Handlungsfähigkeit ist die Fähigkeit, selbständig rechtswirksame Verfahrenshandlungen vorzunehmen (§ 79 Abs. 1 AO). Die Abgabe einer Steuererklärung ist eine Verfahrenshandlung. Aussage A trifft zu.

Die Handlungsfähigkeit knüpft nicht an die Rechtsfähigkeit (§ 1 BGB), sondern an die Geschäftsfähigkeit nach BGB an (§ 79 Abs. 1 Nr. 1 AO). Geschäftsfähig ist i. d. R. der Volljährige (§§ 106, 2 BGB). Aussage B ist somit unzutreffend.

Volljährige können unter § 104 Nr. 2 BGB fallen. Sie sind dann geschäftsunfähig. Aussage C trifft daher nicht zu.

Minderjährige im Alter von 7 bis 17 Jahren können unter den Voraussetzungen der §§ 112, 113 BGB partielle unbeschränkte Geschäftsfähigkeit erlangen. Insoweit sind sie dann handlungsfähig i. S. des § 79 Abs. 1 Nr. 2 AO (Aussage D).

**Zu Aufgabe 14**
Richtig:   A, B

## Lösungen: Abgabenordnung

Die Aussagen A (§ 88 Abs. 2 AO) und B (§ 85 AO) sind zutreffend.

Das Finanzamt darf dritte Personen nur unter bestimmten Voraussetzungen zur Auskunftserteilung heranziehen, § 93 Abs. 1 Satz 3 AO (Aussage C). Bei der Anordnung der Auskunftserteilung an Amtsstelle hat das Finanzamt die Grundsätze des § 5 AO (Ermessensausübung) zu beachten. In jedem Fall kann also eine Auskunftserteilung an Amtsstelle nicht angeordnet werden (Aussage D).

**Zu Aufgabe 15**

Richtig:   B, C

Der Gewerbetreibende G ist Beteiligter, § 78 Nr. 2 AO. Er ist zur Auskunft verpflichtet, § 93 Abs. 1 Satz 1 AO (A).

Der Bruder ist Angehöriger, § 15 Abs. 1 Nr. 4 AO. Er hat ein Auskunftsverweigerungsrecht, § 101 Abs. 1 Satz 1 AO (B).

Der Onkel ist Angehöriger, § 15 Abs. 1 Nr. 7 AO. Nach § 101 Abs. 1 Satz 1 AO besteht ein Auskunftsverweigerungsrecht (C).

Das Auskunftsverweigerungsrecht des Verlegers bezieht sich nur auf den redaktionellen Teil, § 102 Abs. 1 Nr. 4 AO (D).

**Zu Aufgabe 16**

Richtig:   C, D

Eine Frist ist ein bestimmter, abgegrenzter Zeitraum, in dessen Grenzen ein bestimmtes Handeln oder Verhalten gefordert wird. Von den Fristen sind die Termine zu unterscheiden. Ein Termin ist ein bestimmter Zeitpunkt, an dem etwas geschehen soll. Aus diesen Definitionen ergibt sich, dass das Finanzamt im Fall der Aussage A einen Termin gesetzt hat.

Es ist zwischen behördlichen und gesetzlichen Fristen zu unterscheiden.

Von der Behörde gesetzte Fristen (behördliche Fristen) können gem. § 109 Abs. 1 AO stets verlängert werden (Aussage C). Fristen, die durch das Gesetz bestimmt werden (gesetzliche Fristen), können nur verlängert werden, wenn das Gesetz eine Verlängerung ausdrücklich zulässt. Diese Fristen können also nicht immer verlängert werden (Aussage B).

Die Rechtsbehelfsfrist ist eine gesetzliche Frist (§ 355 Abs. 1 AO). Eine Verlängerung dieser Frist ist im Gesetz nicht zugelassen. Nicht verlängerungsfähige gesetzliche Fristen sind Ausschlussfristen (Aussage D).

**Zu Aufgabe 17**

Richtig:   D

Der Einspruch gegen den Steuerbescheid ist binnen eines Monats nach Bekanntgabe des Verwaltungsakts einzulegen (§ 347 Abs. 1 Nr. 1, § 355 Abs. 1 AO).

Für die Fristberechnung gelten die Vorschriften des bürgerlichen Rechts (§ 108 Abs. 1 AO). Bei Übermittlung des Verwaltungsakts durch die Post gilt die Bekanntgabe mit dem dritten Tag nach Aufgabe zur Post als bewirkt (§ 122 Abs. 2 AO).

Die Dreitagesfrist zwischen der Aufgabe eines Verwaltungsakts zur Post und seiner vermuteten Bekanntgabe (§ 122 Abs. 2 Nr. 1 AO) verlängert sich gem. § 108 Abs. 3 AO bis zum nächstfolgenden Werktag, wenn das Fristende auf einen Sonntag, gesetzlichen Feiertag oder Sonnabend fällt (Änderung der Rechtsprechung, siehe BFH-Urteil vom 14.10.2003, BStBl 2003 II S. 898). Somit gilt der Verwaltungsakt am 01.03.03 als bekannt gegeben.

Die Frist für die Einlegung des Rechtsbehelfs begann gem. § 187 Abs. 1 BGB mit Ablauf des 01.03.03 und endete gem. § 188 Abs. 2 BGB mit Ablauf des 01.04.03. Der Bescheid ist mit Ablauf des 01.04.03 unanfechtbar geworden.

## Zu Aufgabe 18
Richtig:   A, C

Für die Annahme eines Verschuldens genügt nach der Rechtsprechung des BFH einfache Fahrlässigkeit (BFH vom 02.05.1973, BStBl 1973 II S. 663) – A –.

Gemäß § 110 Abs. 2 Satz 4 AO kommt eine Wiedereinsetzung auch ohne Antragstellung in Betracht – B –.

Die Monatsfrist gem. § 110 Abs. 2 Satz 1 AO ist eine gesetzliche Ausschlussfrist. Wiedereinsetzung kommt daher unter den übrigen Voraussetzungen des § 110 AO in Betracht – C –.

Das Verschulden von Hilfspersonen (z. B. Bote) ist dem Stpfl. nur dann zuzurechnen, wenn er schuldhafterweise eine unzuverlässige Hilfsperson beauftragt hat oder er es unterlassen hat, die Hilfsperson auf die Bedeutung des Auftrags hinzuweisen – D –.

## Zu Aufgabe 19
Richtig:   C

Arbeitsüberlastung ist kein Wiedereinsetzungsgrund. Jedem Stpfl. ist zuzumuten, innerhalb der Einspruchsfrist den Rechtsbehelf einzulegen, weil zur Fristwahrung eine Begründung nicht erforderlich ist, § 357 Abs. 3 Satz 3 AO (A).

Schuldhaft handelt, wer vorsätzlich oder fahrlässig die Frist verstreichen lässt. Bei falscher Beurteilung der Rechtslage lässt der Stpfl. die Frist willentlich verstreichen (B).

## Lösungen: Abgabenordnung

Ein Arbeitnehmer braucht bei vorübergehender Abwesenheit keine besonderen Vorkehrungen hinsichtlich möglicher Zustellungen von Bescheiden zu treffen, wenn die Abwesenheit nicht länger als 6 Wochen währt (vgl. BVerfG vom 11.02.1976 – 2 BvR 849/75, HFR 1976 S. 331). Anders stellt sich die Rechtslage bei Geschäftsleuten dar (C).

Eine kurze Überschreitung der Rechtsbehelfsfrist stellt keinen Entschuldigungsgrund dar (BFH vom 17.11.1970, BStBl 1971 II S. 143) (D).

### Zu Aufgabe 20

Richtig:   A, B

§ 118 AO definiert den Begriff des Verwaltungsakts. Bei den Aussagen A und B sind die Tatbestandsmerkmale des § 118 AO jeweils erfüllt.

Die Niederschlagung von Steuerrückständen ist eine innerbehördliche Maßnahme, durch die der Stpfl. in seinen Rechten und Pflichten nicht berührt wird. Diese Maßnahme ist nicht auf unmittelbare Rechtswirkung nach außen gerichtet. Es handelt sich nicht um einen Verwaltungsakt (Aussage C).

Bei der Anmietung von Diensträumen wurde der Vorsteher auf dem Gebiet des Privatrechts tätig. Es handelt sich nicht um eine hoheitliche Maßnahme (Aussage D).

### Zu Aufgabe 21

Richtig:   A, B, C, D

Eine wirksame Bekanntgabe erfordert (§ 122 Abs. 1 AO):

1. Zugang beim richtigen Adressaten,
2. Bekanntgabewillen der Behörde,
3. Schriftform, sofern gesetzlich vorgeschrieben.

Nur wenn alle Merkmale des Bekanntgabebegriffs erfüllt sind, liegt eine wirksame Bekanntgabe vor. Andernfalls muss der Verwaltungsakt erstmalig mit Wirkung für die Zukunft bekannt gegeben werden.

Bei Aussage A ist zu prüfen, ob der Verwaltungsakt dem Adressaten zugegangen ist. Ein Zugang ist anzunehmen, wenn der Verwaltungsakt derart in den Machtbereich des Adressaten gelangt ist, dass diesem die Kenntnisnahme möglich war und nach den Gepflogenheiten des Verkehrs auch erwartet werden konnte. Für den Zugang ist es also unerheblich, ob der Adressat von dem Verwaltungsakt tatsächlich Kenntnis nimmt. Im Fall A liegt eine wirksame Bekanntgabe vor. Auch bei den Aussagen B und D sind alle Voraussetzungen des Bekanntgabebegriffs erfüllt. Auf die Wirksamkeit der Bekanntgabe hat es grundsätzlich keinen Einfluss, wenn der Verwaltungsakt fehlerhaft ist. Nur in den Fällen des § 125 AO ist die Bekanntgabe unwirksam (§ 124 Abs. 3 AO).

Für den Erlass von Steuern gibt es keine besonderen Formvorschriften (§ 227 AO). Ein Erlass kann somit auch mündlich erfolgen (Aussage C).

**Zu Aufgabe 22**

Richtig:   A, B, C, D

Mit der Bekanntgabe wird der Inhalt des Verwaltungsakts für den Stpfl. wirksam (§ 124 Abs. 1 AO). Der Stpfl. hat grundsätzlich selbst dann die festgesetzte Steuerschuld zu entrichten, wenn er gegen den Verwaltungsakt Rechtsbehelf einlegt (§ 361 Abs. 1 Satz 1 AO).

Ein Verwaltungsakt ist anfechtbar, wenn er Rechtswirkungen gegen den Stpfl. entfaltet. Diese treten mit Bekanntgabe ein (Aussage B).

Für die Behörde tritt mit der Bekanntgabe grundsätzlich die Bindung an den Verwaltungsakt ein, weil sie den Verwaltungsakt dann nicht mehr jederzeit ändern und zurücknehmen kann (Aussage C).

Ferner beginnt gem. § 355 Abs. 1 AO die Rechtsbehelfsfrist mit Bekanntgabe des Verwaltungsakts (Aussage D).

**Zu Aufgabe 23**

Richtig:   A, B, D

Verwaltungsakte entstehen mit der Willensäußerung durch den zur Entscheidung berufenen Amtsträger. Da eine besondere Form für Stundungen (§ 222 AO) nicht vorgeschrieben ist, ist mit der fernmündlichen Zustimmung durch M ein Verwaltungsakt entstanden (Aussage A).

Der Verwaltungsakt ist in dem Zeitpunkt wirksam geworden, in dem er A bekannt gegeben wurde, also am 25.06.02 (§ 124 Abs. 1 AO).

Es handelt sich um einen rechtmäßigen begünstigenden Verwaltungsakt, der nur unter den Voraussetzungen des § 131 Abs. 2 AO widerrufen werden darf.

Ein entsprechender Tatbestand ist nicht erfüllt. Der Verwaltungsakt darf weder ganz noch teilweise widerrufen werden (Aussage D).

**Zu Aufgabe 24**

Richtig:   A, D

Die Ehegatten sind Gesamtschuldner, da sie zusammen zur Einkommensteuer veranlagt werden (§ 44 AO). Es war daher zulässig, dass das Finanzamt gegen sie zusammengefasste Steuerbescheide erließ (§ 155 Abs. 3 AO).

## Lösungen: Abgabenordnung

Die Bescheide sind jedoch einzeln bekannt zu geben, weil keine gemeinsame Familienanschrift besteht, § 122 Abs. 7 Satz 2 AO. Dabei ist der Empfänger in dem jeweiligen Anschriftenfeld mit Vor- und Zunamen genau zu bezeichnen (Tz. 2.1.4 des Anwendungserlasses zu § 122 AO).

Die Bekanntgabe eines zusammengefassten Bescheides ist in diesen Fällen beiden Ehegatten gegenüber unwirksam, weil keiner von ihnen mit der erforderlichen Bestimmtheit als Adressat bezeichnet ist (vgl. BFH vom 11.12.1985, BStBl 1986 II S. 474). Siehe auch: Grüne Reihe Band 2, 15. Auflage, S. 278. A. A. Tipke/Kruse, § 155 AO, Tz. 37 f.

### Zu Aufgabe 25

Richtig: A, B, C

A ist Schuldner der Einkommensteuer und Umsatzsteuer, weil er insoweit den Tatbestand erfüllt, an den das Einzelsteuergesetz die Leistungspflicht knüpft, § 38 AO (Aussage C).

Bei beschränkt Geschäftsfähigen sind Steuerbescheide grundsätzlich ihren gesetzlichen Vertretern (hier: Eltern) bekannt zu geben, § 122 Abs. 1, § 79 Abs. 1 Nr. 1, § 34 AO.

Ermächtigt der gesetzliche Vertreter den Minderjährigen mit Zustimmung des Vormundschaftsgerichts zum selbständigen Betrieb eines Erwerbsgeschäfts, so ist der Minderjährige für die Rechtsgeschäfte unbeschränkt geschäftsfähig, die der Geschäftsbetrieb mit sich bringt (§ 112 BGB).

Der Umsatzsteuerbescheid betrifft nur den Geschäftsbetrieb des A. Er ist A bekannt zu geben, § 79 Abs. 1 Nr. 2 AO (Aussage A).

Der Einkommensteuerbescheid betrifft nicht nur den Geschäftsbetrieb des A. Er ist daher den Eltern bekannt zu geben (Aussage B).

### Zu Aufgabe 26

Richtig: C

§ 129 AO ist auf alle Verwaltungsakte im Sinne der AO – also auch auf Steuerbescheide – anwendbar. Bei dem Zahlendreher in der Steuererklärung handelt es sich um einen Schreibfehler. Bezüglich der fehlerhaften Steuerfestsetzung nach dem Grundtarif liegt eine ähnliche offenbare Unrichtigkeit vor. Die Möglichkeit eines Rechtsirrtums ist laut Aufgabenstellung ausgeschlossen.

Nach § 129 AO sind jedoch nur Fehler des Finanzamts berichtigungsfähig. Fehler des Finanzamts liegen vor, wenn die Unrichtigkeiten i. S. des § 129 AO ohne weiteres aus den maßgebenden Steuerakten erkennbar sind. Folglich kann nur der Tabellenfehler nach § 129 AO berichtigt werden (Aussage C).

Auf die Berichtigung des vom Finanzamt verursachten Fehlers hat der Stpfl. nach § 129 Satz 2 AO einen Rechtsanspruch.

Anmerkung: Bezüglich des Zahlendrehers ist der Bescheid nach § 173 Abs. 1 Nr. 2 AO zu ändern. Ein grobes Verschulden des Stpfl. kann insoweit nicht angenommen werden (vgl. BFH vom 28.06.1983, BStBl 1984 II S. 2).

## Zu Aufgabe 27
Richtig:   A, C

Ein Verspätungszuschlag darf nur festgesetzt werden, wenn eine Steuererklärung schuldhaft verspätet abgegeben wird (§ 152 AO). Die Beantwortung der Rückfrage zu einer Steuererklärung ist keine Steuererklärung. Der Verwaltungsakt ist folglich rechtswidrig (Aussage B). Er ist nicht nichtig, weil der Verstoß gegen eine gesetzliche Vorschrift grundsätzlich nicht zur Nichtigkeit des entsprechenden Verwaltungsakts führt.

Zu den nicht begünstigenden Verwaltungsakten gehören insbesondere die Verwaltungsakte, die dem Stpfl. eine Geldleistung auferlegen (Aussage A).

Nicht begünstigende rechtswidrige Verwaltungsakte dürfen nach § 130 Abs. 1 AO zurückgenommen werden (Aussage C). Ausgenommen sind Steuerbescheide (§ 172 Abs. 1 Nr. 2 Buchst. d AO).

Eine Berichtigung nach § 129 AO ist nicht zulässig, weil im gegebenen Fall die Möglichkeit eines Rechtsirrtums nicht ausgeschlossen werden kann (Aussage D).

## Zu Aufgabe 28
Richtig:   A, B, C

Ein Verwaltungsakt ist rechtswidrig, wenn er gegen gesetzliche Vorschriften verstößt oder eine Rechtsgrundlage überhaupt fehlt.

Steuern dürfen u. a. nur gestundet werden, wenn die Einziehung bei Fälligkeit eine erhebliche Härte für den Schuldner bedeuten würde (§ 222 AO). Da A im Zeitpunkt der Stundung über ein erhebliches Sparguthaben verfügte, wäre er bei termingerechter Entrichtung der Steuern nicht in erhebliche Zahlungsschwierigkeiten geraten. Der Tatbestand des § 222 AO war nach den objektiven Verhältnissen nicht erfüllt. Die Stundung hätte nicht ausgesprochen werden dürfen. Der Verwaltungsakt ist rechtswidrig.

Rechtswidrige begünstigende Verwaltungsakte dürfen, sofern es sich nicht um Steuerbescheide handelt (§ 172 Abs. 1 Nr. 2 Buchst. d AO), nur unter den Voraussetzungen des § 130 Abs. 2 AO zurückgenommen werden.

Im gegebenen Fall darf eine Rücknahme mit Wirkung für die Vergangenheit erfolgen (§ 130 Abs. 2 Nr. 2 i. V. m. Abs. 1 AO).

Lösungen: Abgabenordnung

**Zu Aufgabe 29**

Richtig: B, C

Ein Verwaltungsakt ist rechtmäßig, wenn er im Zeitpunkt der Bekanntgabe den gesetzlichen Vorschriften entspricht. Er ist begünstigend, wenn er einen rechtlich erheblichen Vorteil begründet oder bestätigt. Die Aussage B ist also zutreffend. Rechtmäßig begünstigende Verwaltungsakte können nur unter den Voraussetzungen des § 131 Abs. 2 AO widerrufen werden.

§ 131 Abs. 2 Nr. 3 AO ist erfüllt. Das Finanzamt wäre aufgrund der nachträglich eingetretenen Tatsachen (Erbschaft) berechtigt, den Verwaltungsakt nicht mehr zu erlassen (es liegt keine erhebliche Härte mehr vor). Zudem würde bei einem Festhalten an der getroffenen Entscheidung das öffentliche Interesse gefährdet, weil der Stpfl. gegenüber anderen ungerechtfertigt bevorzugt würde.

Ein Widerruf nach § 131 AO ist nur mit Wirkung für die Zukunft zulässig (Aussage C).

**Zu Aufgabe 30**

Richtig: B, C, D

Ein Verspätungszuschlag darf nur bei verspäteter Abgabe einer Steuererklärung festgesetzt werden (§ 152 Abs. 1 Satz 1 AO). Aussage A ist falsch. Steueranmeldungen sind Steuererklärungen (§ 150 Abs. 1 Satz 3 AO). Aussage B trifft zu.

Der Verspätungszuschlag darf 10 % der festgesetzten Steuer nicht überschreiten (§ 152 Abs. 2 Satz 1 AO). Mindert sich die Steuerfestsetzung, so muss der Verspätungszuschlag herabgesetzt werden, wenn er 10 % der geänderten Steuer überschreitet. Dies gilt auch, wenn die ursprüngliche Steuerfestsetzung bereits unanfechtbar war.

Die Festsetzung eines Verspätungszuschlags ist ein mit dem Einspruch selbständig anfechtbarer Verwaltungsakt, § 347 Abs. 1 Nr. 1 AO.

**Zu Aufgabe 31**

Richtig: C, D

Steuerbescheide sind schriftlich zu erteilen, soweit nichts anderes bestimmt ist (§ 157 Abs. 1 Satz 1 AO). Nach § 168 Satz 1 AO liegt mit Eingang einer Steueranmeldung beim Finanzamt eine Steuerfestsetzung (unter Vorbehalt der Nachprüfung) vor, ohne dass es der Erteilung eines schriftlichen Steuerbescheides bedarf. Aussage A ist also nicht richtig.

Steuerbescheiden ist nur dann eine Rechtsbehelfsbelehrung beizufügen, wenn sie schriftlich erteilt werden (§ 157 Abs. 1 Satz 3 AO). Nur wenn einem schriftlich erteilten Verwaltungsakt keine Rechtsbehelfsbelehrung beigefügt wurde, beginnt die Rechtsbehelfsfrist nicht (§ 356 Abs. 1 AO). Aussage B ist ebenfalls nicht zutreffend.

## Lösungen: Abgabenordnung

Freistellungsbescheide sind gem. § 155 Abs. 1 Satz 3 AO Steuerbescheide (Aussage C).

Aussage D ist zutreffend (§ 157 Abs. 1 Satz 2 AO).

### Zu Aufgabe 32
Richtig:    A, B, C

Steuern können unter dem Vorbehalt der Nachprüfung festgesetzt werden (§ 164 Abs. 1 Satz 1 AO). Freistellungsbescheide sind Steuerbescheide (§ 155 Abs. 1 Satz 3 AO). Sie können daher unter dem Vorbehalt der Nachprüfung erteilt werden (Aussage A).

Feststellungsbescheide (§ 181 Abs. 1 Satz 1 AO) und Steuermessbescheide (§ 184 Abs. 1 Satz 3 AO) sind den Steuerbescheiden gleichgestellt. Auch sie können deshalb unter dem Vorbehalt der Nachprüfung ergehen (Aussagen B und C).

Stundungsverfügungen sind weder Steuerbescheide noch den Steuerbescheiden gleichgestellt. Die Nebenbestimmung des § 164 AO ist bei ihnen nicht zulässig (Aussage D).

### Zu Aufgabe 33
Richtig:    A

Nach § 164 Abs. 2 Satz 1 AO können Steuerfestsetzungen unter dem Vorbehalt der Nachprüfung jederzeit geändert werden. Diese Bestimmung findet ihre Einschränkung durch § 169 Abs. 1 Satz 1 AO. Aussage A ist richtig.

Die abschließende Prüfung einer Steuerfestsetzung unter dem Vorbehalt der Nachprüfung ist vom Gesetzgeber nicht angeordnet. Sie muss daher nicht vorgenommen werden (Aussage B).

Im Gegensatz zu den vorläufigen Steuerfestsetzungen (§ 165 AO) umfasst der Vorbehalt der Nachprüfung stets den gesamten Steuerfall. Eine Beschränkung auf Einzelpunkte der Besteuerungsgrundlagen ist unzulässig (Aussage C).

Eine Steuerfestsetzung unter dem Vorbehalt der Nachprüfung liegt grundsätzlich nur dann vor, wenn der Vorbehalt im Steuerbescheid angegeben ist. In bestimmten Fällen (§ 164 Abs. 1 Satz 2, § 168 Satz 1 AO) liegt jedoch kraft Gesetzes eine Steuerfestsetzung unter dem Vorbehalt der Nachprüfung vor. Aussage D ist daher unzutreffend.

### Zu Aufgabe 34
Richtig:    C, D

Das Finanzamt kann eine Steuer nach § 165 Abs. 1 AO nur insoweit vorläufig festsetzen, als ungewiss ist, ob die Voraussetzungen für ihre Entstehung eingetreten

## Lösungen: Abgabenordnung

sind. Sonderfälle enthält § 165 Abs. 1 Satz 2 AO. Eine solche Ungewissheit in tatsächlicher Hinsicht besteht im gegebenen Fall nur bezüglich der Höhe der AfA nach § 7 EStG.

Nur insoweit darf die Steuerfestsetzung vorläufig erfolgen.

### Zu Aufgabe 35

Richtig:     C, D

Steueranmeldungen sind Steuererklärungen, in denen der Stpfl. die Steuer aufgrund gesetzlicher Vorschrift selbst zu berechnen hat (§ 150 Abs. 1 Satz 3 AO). Die Aussage A ist daher unzutreffend.

Führen Steueranmeldungen zu einer Herabsetzung der bisher zu entrichtenden Steuer oder zu einer Steuervergütung (z. B. Vorsteuerüberschuss in der Umsatzsteuervoranmeldung), so liegt gem. § 168 Satz 2 AO eine Steuerfestsetzung unter Vorbehalt erst ab Zustimmung der Finanzbehörde vor (Aussage B).

Zu Aussage C wird auf § 41a Abs. 1 EStG, § 18 Abs. 1 und 3 UStG verwiesen.

Gemäß § 347 Abs. 1 Nr. 1 AO ist gegen Steueranmeldungen der Einspruch gegeben (Aussage D).

### Zu Aufgabe 36

Richtig:     B, D

In der Umsatzsteuerjahreserklärung hat der Stpfl. die Steuer aufgrund gesetzlicher Vorschriften selbst zu berechnen. Es handelt sich um eine Steueranmeldung (§ 150 Abs. 1 Satz 3 AO, § 18 Abs. 3 UStG).

Mit Eingang (06.06.02) der Steueranmeldung liegt eine Steuerfestsetzung unter Vorbehalt der Nachprüfung vor (§ 168 Satz 1 AO). Das Finanzamt weicht von der angemeldeten Steuer nicht ab. Ein schriftlicher Bescheid muss daher nicht erteilt werden (§ 167 Abs. 1 Satz 1 AO). Aussage A ist unzutreffend.

Nach abschließender Prüfung des Steuerfalls durch den Innendienst ist das Finanzamt verpflichtet, den Vorbehalt der Nachprüfung aufzuheben (§ 164 Abs. 1 Satz 1 AO).

Da der Vorbehalt am 21.06.02 nicht aufgehoben wurde, steht die Festsetzung weiterhin unter Vorbehalt der Nachprüfung.

Steuerfestsetzungen unter Vorbehalt können bis zum Ablauf der Festsetzungsfrist jederzeit geändert werden (§ 164 Abs. 2 Satz 1 AO). Unter Berücksichtigung des Grundsatzes der Gleichmäßigkeit der Besteuerung (§ 85 AO) hat das Finanzamt im gegebenen Fall jedoch keinen Ermessensspielraum. Die Umsatzsteuerfestsetzung ist nach Eingang der Kontrollmitteilung zu ändern (§ 164 Abs. 2 Satz 1 AO). Das

## Lösungen: Abgabenordnung

Finanzamt hat einen schriftlichen Bescheid zu erteilen, da es von der angemeldeten Steuer abweicht (§ 167 Abs. 1 Satz 1 AO).

Der Änderungsbescheid darf nicht unter Vorbehalt der Nachprüfung erteilt werden, weil der Steuerfall abschließend geprüft ist (§ 164 Abs. 1 Satz 1 AO). Aussage D ist richtig.

Die Änderungsvorschriften der §§ 172 ff. AO sind auf Steuerfestsetzungen unter Vorbehalt der Nachprüfung nicht anwendbar (§ 172 Abs. 1 Satz 1 AO). Aussage C ist unzutreffend.

### Zu Aufgabe 37
Richtig:   A, C

Die Umsatzsteuerjahreserklärung ist eine Steueranmeldung (§ 150 Abs. 1 Satz 3 AO, § 18 Abs. 3 UStG).

Bei Steueranmeldungen kann der Rechtsbehelfsverzicht bereits bei Abgabe der Erklärung ausgesprochen werden (§ 354 Abs. 1 Satz 2 AO).

Mit Eingang der Steueranmeldung beim Finanzamt liegt eine unanfechtbare Steuerfestsetzung über 5.000 € vor (§ 354 Abs. 1 Satz 3 AO).

Die Steueranmeldung steht einer Steuerfestsetzung unter Vorbehalt der Nachprüfung gleich (§ 168 Satz 1 AO). Die Steuerfestsetzung über 5.000 € kann daher auch nach Unanfechtbarkeit jederzeit geändert werden (§ 164 Abs. 2 AO).

Die berichtigte Steueranmeldung führt zu einer Herabsetzung der Steuer. Eine Steuerfestsetzung über 4.200 € liegt daher erst dann vor, wenn das Finanzamt der Herabsetzung zustimmt (§ 168 Satz 2 AO).

### Zu Aufgabe 38
Richtig:   B, C, D

Die Steueransprüche unterliegen der Festsetzungsverjährung (§ 169 Abs. 1 Satz 1 AO).

Der Beginn der Festsetzungsfrist bestimmt sich hier nach § 170 Abs. 2 Nr. 1 AO.

Die Festsetzungsfrist beginnt mit Ablauf des Jahres, in dem die Steuererklärung eingereicht wird, spätestens mit Ablauf des dritten Jahres, das auf die Entstehung des Anspruchs folgt. Die Einkommensteuer 00 entsteht mit Ablauf des Jahres 00, die Einkommensteuer und Gewerbesteuer 01 entstehen mit Ablauf des Jahres 01 (sofern keine Vorauszahlungen festgesetzt wurden), § 36 Abs. 1 EStG, § 18 GewStG.

Die Festsetzungsfrist beträgt 4 Jahre (§ 169 Abs. 2 Nr. 2 AO). Sie läuft ab:

bei der Einkommensteuer 00 mit Ablauf des 31.12.06,

bei der Gewerbesteuer und Einkommensteuer 01 mit Ablauf des 31.12.08.

## Zu Aufgabe 39

Richtig: C, D

Hinweis auf § 169 Abs. 1 Nr. 1, § 171 Abs. 3a Satz 1 AO.

## Zu Aufgabe 40

Richtig: B, D

Die Festsetzungsfrist endet mit Ablauf des 31.12.06 (§ 170 Abs. 2 Nr. 1, § 169 Abs. 2 Nr. 2 AO). Bis zu diesem Zeitpunkt darf der Bescheid in seinen fehlerhaften Punkten berichtigt werden (§ 169 Abs. 1 Satz 1 AO). Für die Berichtigung offenbarer Unrichtigkeiten endet die Festsetzungsfrist jedoch nicht, bevor seit Bekanntgabe des fehlerhaften Bescheides ein Jahr vergangen ist; hier also nicht vor Ablauf des 01.10.07 (§ 171 Abs. 2 AO). Die Ablaufhemmung erstreckt sich nach dem Gesetzeswortlaut („insoweit") nur auf die offenbare Unrichtigkeit. Andere Punkte der Steuerfestsetzung (hier: Einkünfte aus Vermietung und Verpachtung) dürfen nach Ablauf des 31.12.06 nicht mehr geändert werden.

## Zu Aufgabe 41

Richtig: B, C

Die für Steuerbescheide geltenden Vorschriften sind auf Feststellungsbescheide gem. § 181 Abs. 1 AO sinngemäß anzuwenden (Aussage A). Eine schlichte Änderung zugunsten des Stpfl. setzt eine entsprechende Antragstellung innerhalb der Rechtsbehelfsfrist voraus, § 172 Abs. 1 Nr. 2 Buchst. a AO (Aussage C). Dabei reicht es nicht aus, dass der Stpfl. lediglich die betragsmäßige steuerliche Auswirkung beziffert (BFH vom 20.12.2006, BStBl 2007 II S. 503). Eine Antragserweiterung nach Ablauf der Rechtsbehelfsfrist ist nicht möglich (Aussage D). Die Anträge müssen nicht schriftlich gestellt werden (Aussage B), sind aber aktenkundig zu machen.

## Zu Aufgabe 42

Richtig: B

Eine Tatsache ist neu, wenn sie dem Finanzamt bei Unterzeichnung der Veranlagungsverfügung nicht bekannt war.

Maßgebend für die Kenntnis des Finanzamts ist die Kenntnis der für die Veranlagungsverfügung zuständigen Dienststelle (hier Amtsprüfungsstelle).

Auf die Kenntnis anderer Dienststellen im Finanzamt (hier: Außenprüfungsstelle) kommt es nicht an.

Die Tatsachen gelten auch nicht als bekannt.

## Lösungen: Abgabenordnung

Die eingereichte Steuererklärung gab zu Zweifeln keinen Anlass. Für das Finanzamt bestand folglich kein Grund zu weiteren Rückfragen (§ 88 AO). Es hat seine Ermittlungspflicht nicht verletzt.

### Zu Aufgabe 43
Richtig:  A, B, C, D

Hinsichtlich der Einkünfte aus Vermietung und Verpachtung und der Sonderausgaben liegen neue Tatsachen vor, weil das Finanzamt von diesen Besteuerungsgrundlagen im Zeitpunkt der Unterzeichnung der Veranlagungsverfügung keine Kenntnis hatte und auch nicht haben musste. Der Einkommensteuerbescheid ist nach § 173 Abs. 1 Nr. 1 und 2 AO zu ändern. Die geänderte Steuerschuld beträgt 3.900 €.

### Zu Aufgabe 44
Richtig:  A, B, C, D

Die Steuerbescheide sind in allen Fällen nach § 173 Abs. 1 AO zu ändern. Dabei ist § 177 AO zu beachten.

A. Die Änderung ist nach § 173 Abs. 1 Nr. 1 AO durchzuführen. Die Berichtigungsobergrenze beträgt 23.000 €, die Berichtigungsuntergrenze 20.000 € (§ 177 Abs. 1 AO). Innerhalb dieses Rahmens sind die dem Finanzamt bei der Steuerfestsetzung unterlaufenen Rechtsfehler berichtigungsfähig. Die berichtigte Steuer beträgt 22.500 €.

B. Die zutreffende Steuer beläuft sich auf 23.200 € (20.000 € + 3.000 € + 1.000 € ./. 800 €). Die Berichtigungsobergrenze beträgt 23.000 € (§ 177 Abs. 1 AO). Die Steuer ist im Änderungsbescheid auf 23.000 € festzusetzen.

C. Der Steuerbescheid ist nach § 173 Abs. 1 Nr. 2 AO zu ändern. Die Berichtigungsobergrenze beträgt 20.000 €, die Berichtigungsuntergrenze 17.000 € (§ 177 Abs. 2 AO). Die zutreffende Steuer beläuft sich auf 16.500 €. Die Steuer ist im Änderungsbescheid auf 17.000 € festzusetzen.

D. Der Steuerbescheid ist gem. § 173 Abs. 1 Nr. 1 und 2 AO zu ändern. Die Berichtigungsobergrenze beträgt 24.000 € (20.000 € + 4.000 €), die Berichtigungsuntergrenze 17.000 € (20.000 € ./. 3.000 €). Die zutreffende Steuer beläuft sich auf 16.500 €. Die Steuer ist auf 17.000 € zu berichtigen.

### Zu Aufgabe 45
Richtig:  A, B, C

Feststellungsbescheide sind Verwaltungsakte, in denen Besteuerungsgrundlagen gegenüber dem Stpfl. gesondert festgestellt werden. Im Gegensatz zu Steuerbescheiden enden sie mit der Feststellung der Besteuerungsgrundlage. Sie sind nach § 347 Abs. 1 Nr. 1 AO selbständig anfechtbar (vgl. auch § 351 Abs. 2 AO).

Die in den Feststellungsbescheiden getroffenen Feststellungen sind der Besteuerung zwingend zugrunde zu legen (§ 182 Abs. 1 AO).

## Zu Aufgabe 46

Richtig:   A, B

Die Einkünfte aus selbständiger Arbeit und aus Kapitalvermögen sind gesondert (und einheitlich) festzustellen, weil an den Einkünften mehrere Personen beteiligt sind und die Einkünfte diesen Personen steuerlich zuzurechnen sind (§ 180 Abs. 1 Nr. 2 Buchst. a, § 179 Abs. 2 Satz 2 AO). Die Einkünfte aus Vermietung und Verpachtung (Zweifamilienhaus in Celle) sind nicht gesondert festzustellen. § 180 Abs. 1 Nr. 2 Buchst. b AO bezieht sich nur auf die Einkünfte der ersten drei Einkunftsarten des EStG.

Die Eigentumswohnung in Lüneburg gehört nicht A. Die hieraus erzielten Einkünfte sind dem Vermieter zuzurechnen.

## Zu Aufgabe 47

Richtig:   C

Für Besteuerungszwecke des Stpfl. sind gesondert festzustellen:

1. der Einheitswert für das Betriebsgrundstück (§ 180 Abs. 1 Nr. 1 AO, § 19 Abs. 1 BewG),
2. der Gewinn aus dem Fuhrunternehmen (§ 180 Abs. 1 Nr. 2 Buchst. b AO).

Der Gewinn aus Gewerbebetrieb ist gesondert festzustellen, weil für die Feststellung des Gewinns das Betriebsfinanzamt Bielefeld und für die Einkommensbesteuerung das Wohnsitzfinanzamt Osnabrück zuständig ist (§ 180 Abs. 1 Nr. 2 Buchst. b, § 18 Abs. 1 Nr. 2, § 19 Abs. 1 AO).

## Zu Aufgabe 48

Richtig:   C

Gesondert festzustellen sind:

1. Einheitswert für das in Hannover gelegene Grundstück (§ 180 Abs. 1 Nr. 1 AO, § 19 Abs. 1 BewG).
2. Einheitswert für den Betrieb der Land- und Forstwirtschaft (§ 180 Abs. 1 Nr. 1 AO, § 19 Abs. 1 BewG).
3. Einkünfte aus Vermietung und Verpachtung (§ 180 Abs. 1 Nr. 2 Buchst. a AO).
4. Einkünfte aus Land- und Forstwirtschaft (§ 180 Abs. 1 Nr. 2 Buchst. b, § 18 Abs. 1 Nr. 1 AO).

Lösungen: Abgabenordnung

Die gesonderten Feststellungen unter Nr. 1 und 3 werden einheitlich getroffen (§ 179 Abs. 2 Satz 2 AO).

**Zu Aufgabe 49**
Richtig: A, B, C

Vgl. § 357 Abs. 1 AO.

Die Einlegung durch Telefax ist zulässig (BFH vom 26.03.1991, BStBl 1991 II S. 463).

**Zu Aufgabe 50**
Richtig: B

Schriftlichen Steuerbescheiden ist eine Rechtsbehelfsbelehrung beizufügen (§ 157 Abs. 1 Satz 3 AO); anderenfalls beginnt die Rechtsbehelfsfrist trotz Bekanntgabe des Verwaltungsakts nicht (§ 356 Abs. 1 AO).

Die Unanfechtbarkeit des Bescheides tritt jedoch auch bei fehlender Rechtsbehelfsbelehrung grundsätzlich nach Ablauf eines Jahres seit Bekanntgabe ein (§ 356 Abs. 2 AO).

**Zu Aufgabe 51**
Richtig: D

Der angefochtene Verwaltungsakt ist nicht nur hinsichtlich der Punkte der Anfechtung, sondern in vollem Umfang erneut auf seine Richtigkeit zu überprüfen (§ 367 Abs. 2 Satz 1 AO). Er kann auch zum Nachteil des Stpfl. geändert werden (§ 367 Abs. 2 Satz 2 AO).

Vor einer etwaigen Verböserung muss die Behörde den Stpfl. jedoch darauf hinweisen, aus welchem Grunde eine für ihn nachteilige Entscheidung in Betracht kommen könnte. Der Stpfl. kann der mit der Einspruchsentscheidung drohenden Verschlechterung dadurch entgehen, dass er den Einspruch zurücknimmt (§ 362 Abs. 1 AO).

**Zu Aufgabe 52**
Richtig: A, B, C

Der Gewinnfeststellungsbescheid ist ein selbständig anfechtbarer Verwaltungsakt (§ 347 Abs. 1 Nr. 1 AO). Der Einkommensteuerbescheid kann insoweit nicht angefochten werden (§ 351 Abs. 2 AO). Der Einspruch gegen den Einkommensteuerbescheid ist als unbegründet zurückzuweisen.

Der Gewinnfeststellungsbescheid ist nach § 129 AO zu berichtigen.

Der Einkommensteuerbescheid ist nach § 175 Nr. 1 AO zu ändern.

Die Berichtigungen der Verwaltungsakte werden außerhalb des – erfolglosen – Rechtsbehelfsverfahrens durchgeführt.

**Zu Aufgabe 53**

Richtig: A, D

Gegen den Berichtigungsbescheid ist der Einspruch gegeben (§ 347 Abs. 1 Nr. 1 AO). Grundsätzlich kann der Berichtigungsbescheid nach § 351 Abs. 1 AO nur insoweit angegriffen werden, als die Änderung reicht, also bis zu einer Steuer von 10.000 €. Da hier jedoch die Voraussetzungen des § 173 Abs. 1 Nr. 2 AO erfüllt sind, kann das Finanzamt dem Einspruch entsprechen, indem es einen Abhilfebescheid über 8.800 € erlässt (§ 351 Abs. 1 letzter Halbsatz, § 367 Abs. 2 Satz 3, §§ 132, 173 Abs. 1 Nr. 2 AO).

**Zu Aufgabe 54**

Richtig: A, B, C, D

Das Finanzamt Gifhorn hat den Gewinn aus der Radio- und Elektrogroßhandlung gesondert festzustellen (§ 180 Abs. 1 Nr. 2 Buchst. b AO).

Gegen den Feststellungsbescheid ist der Einspruch gegeben (§ 347 Abs. 1 Nr. 1 AO).

Der Rechtsbehelf muss im gegebenen Fall gegen den Feststellungsbescheid und nicht gegen den Einkommensteuerbescheid gerichtet werden (§ 351 Abs. 2 AO). Über den Einspruch entscheidet das Finanzamt, das den angefochtenen Verwaltungsakt erlassen hat, also das Finanzamt Gifhorn (§ 367 Abs. 1 Satz 1 AO). Es kann dem zulässigen und begründeten Rechtsbehelf durch Einspruchsentscheidung entsprechen (§ 367 Abs. 1 Satz 1 AO).

Das Finanzamt Gifhorn kann dem Rechtsbehelf aber auch durch Erlass eines Änderungsbescheides abhelfen (§ 367 Abs. 2 Satz 3, §§ 132, 172 Abs. 1 Nr. 2 Buchst. a AO). Mit dem Erlass eines Änderungsbescheides ist der Einspruch erledigt.

In der Praxis wird in entsprechend gelagerten Fällen nur von der zuletzt genannten Möglichkeit Gebrauch gemacht (einfachere und schnellere Erledigung).

**Zu Aufgabe 55**

Richtig: C, D

Im außergerichtlichen Rechtsbehelfsverfahren werden Kosten nicht erhoben.

Nach abschließender Bearbeitung des Einspruchs gegen den Gewinnfeststellungsbescheid muss das Finanzamt Gifhorn den Gewerbesteuermessbescheid 01 nach § 35b GewStG ändern.

Ferner hat das Finanzamt Gifhorn dem Wohnsitzfinanzamt Braunschweig eine Mitteilung über die Änderung des Gewinnfeststellungsbescheides zuzuleiten. Das Finanzamt Braunschweig hat daraufhin den Einkommensteuerbescheid 01 nach § 175 Abs. 1 Nr. 1 AO zu ändern.

## Zu Aufgabe 56
Richtig:   D

Gegen den Einkommensteuerbescheid 03 muss A Einspruch einlegen, wenn er durch eine verbindliche Feststellung in diesem Bescheid in seinen Rechten beeinträchtigt ist (Beschwer, § 350 AO). Das ist jedoch nicht der Fall.

Die von A vorgetragenen Gründe richten sich gegen die Höhe der angesetzten Einkünfte aus Gewerbebetrieb. Diese im Einkommensteuerbescheid ausgewiesenen Einkünfte entfalten für den Stpfl. keine Bindungswirkung, weil sie zu den nicht selbständig anfechtbaren Besteuerungsgrundlagen gehören (§ 157 Abs. 2 AO). Verbindlich wird für A im Einkommensteuerbescheid nur die festgesetzte Einkommensteuerschuld. Diese ist jedoch in zutreffender Höhe – also dem Gesetz entsprechend – festgesetzt worden.

A ist durch den Einkommensteuerbescheid 03 nicht beschwert, der Einkommensteuerbescheid nicht zu ändern.

Zum 31.12.03 hatte das Finanzamt von Amts wegen den verbleibenden Verlustabzug gesondert festzustellen (§ 10d Abs. 4 EStG, R 10d Abs. 7 EStR 2008). Diese Feststellung ist auf der Grundlage der Angaben in der Einkommensteuererklärung 03 (insoweit gleich Feststellungserklärung) fehlerhaft erfolgt.

Gegen diese (mit dem Einkommensteuerbescheid 03 formularmäßig verbundene) gesonderte Feststellung ist der Einspruch zu richten (Aussage D).

## Zu Aufgabe 57
Richtig:   C

Gegen die Festsetzung des Zwangsgeldes ist als Rechtsbehelf der Einspruch gegeben (§ 347 Abs. 1 Nr. 1 AO). Darüber entscheidet das Finanzamt (§ 367 Abs. 1 Satz 1 AO).

## Zu Aufgabe 58
Richtig:   B, D

Das Finanzamt kann dem Rechtsbehelfsantrag durch Einspruchsentscheidung entsprechen (§ 347 Abs. 1 Nr. 1, § 367 Abs. 1 Satz 1 AO).

Das Finanzamt kann dem Einspruch aber auch durch Erlass eines Änderungsbescheides abhelfen (§ 367 Abs. 2 Satz 3, §§ 132, 181 Abs. 1, § 172 Abs. 1 Nr. 2 Buchst. a AO).

## Lösungen: Abgabenordnung

Vergleiche Lösung zu Aufgabe 54.

§ 131 AO ist bei Steuerbescheiden und daher auch bei Feststellungsbescheiden nicht anwendbar (§ 172 Abs. 1 Nr. 2 Buchst. d AO).

### Zu Aufgabe 59
Richtig:   A, D

A befindet sich nicht in erheblichen Zahlungsschwierigkeiten. Eine Stundung der Einkommensteuer kommt daher nicht in Betracht (§ 222 AO).

Auf seinen Antrag ist jedoch die Vollziehung des Feststellungsbescheides über den strittigen Betrag auszusetzen, weil der angefochtene Verwaltungsakt fehlerhaft ist (§ 361 Abs. 2 Satz 2 AO).

Auch die Vollziehung des Einkommensteuerbescheides muss über den strittigen Betrag ausgesetzt werden (§ 361 Abs. 3 Satz 1 AO).

### Zu Aufgabe 60
Richtig:   B, D

Die Begründung zu Aussage A ist falsch. Die unrichtige Bezeichnung eines Rechtsbehelfs ist unschädlich (§ 357 Abs. 1 letzter Satz AO).

Nach § 347 Abs. 1 Nr. 1 AO ist ein Rechtsbehelf nur gegen Verwaltungsakte gegeben. Der Betriebsprüfungsbericht ist kein Verwaltungsakt, weil er keinen Einzelfall regelt (§ 118 AO). Diese Regelung erfolgt erst durch die aufgrund des Berichtes gefertigten Steuerbescheide (BFH vom 16.12.1966, BStBl 1967 III S. 212). Aussage B trifft zu.

Ein zulässiger Rechtsbehelf kann erst nach Bekanntgabe eines Verwaltungsakts eingelegt werden, § 355 Abs. 1 AO. Eine Umdeutung kann daher nicht erfolgen (Aussage C).

Ein statthafter Rechtsbehelf in Form des Einspruchs (§ 347 Abs. 1 Nr. 1 AO) ist somit erst ab 14.04.01 möglich (Aussage D).

### Zu Aufgabe 61
Richtig:   B, C

Grundlage für die Verwirklichung der Ansprüche sind der Einkommensteuerbescheid, der Haftungsbescheid und der Bescheid über die Festsetzung des Zwangsgeldes; die Voranmeldung steht einem Steuerbescheid gleich (§ 218 Abs. 1 AO).

Die Fälligkeit der Ansprüche richtet sich nach den Vorschriften der einzelnen Steuergesetze. Fehlt es an einer gesetzlichen Regelung, so wird der Anspruch mit Ablauf der Zahlungsfrist fällig, die in dem gem. § 254 AO regelmäßig erforderlichen Leistungsgebot einzuräumen ist (§ 220 Abs. 1 und 2 AO).

Die Einkommensteuer-Abschlusszahlung ist innerhalb eines Monats nach Bekanntgabe des Bescheides zu entrichten (§ 36 Abs. 4 EStG). Steuerbescheide werden schriftlich erteilt und durch die Post übermittelt (§ 122 Abs. 2 AO). Als Tag der Bekanntgabe im Inland gilt der dritte Tag nach Aufgabe des Bescheides zur Post, also der 13.05.01 (§ 122 Abs. 2 Nr. 1 AO). Die Zahlungsfrist beginnt mit Ablauf dieses Tages und endet im nächsten Monat mit Ablauf des Tages, der durch seine Zahl dem Tag entspricht, auf den die Bekanntgabe gefallen ist (§ 108 AO i. V. m. § 188 Abs. 2 BGB).

Voranmeldungszeitraum für die Umsatzsteuer ist der Kalendermonat. Die Vorauszahlung ist spätestens am 10. Tag nach Ablauf des Voranmeldungszeitraumes zu entrichten. Der gesetzlich bestimmte Fälligkeitstag des Anspruchs ist der 10.05.01 (§ 18 Abs. 1 UStG).

Die Fälligkeit der Lohnsteuer laut Haftungsbescheid ist nicht gesetzlich geregelt. Für den vom Arbeitgeber geforderten Steuerbetrag ist im Leistungsgebot eine Zahlungsfrist von einem Monat zu gewähren (R 42d.1 Abs. 7 LStR 2011). Die Zahlungsfrist beginnt mit Ablauf des Tages der Bekanntgabe (13.05.01) und endet unter Anwendung von § 108 Abs. 3 AO am 14.06.01, da der 13.06.01 in 2011 ein Feiertag (Pfingstmontag) ist.

Eine gesetzliche Regelung der Fälligkeit von Zwangsgeld ist nicht vorgesehen. Dieser Anspruch wird durch Leistungsgebot gefordert, in welchem eine Zahlungsfrist von einer Woche gewährt wird (§ 254 AO). Die Zahlungsfrist beginnt mit Ablauf des Tages der Bekanntgabe und endet am 20.05.01.

## Zu Aufgabe 62

Richtig:   B, C, D

Entrichtet ein Unternehmer die Umsatzsteuer wiederholt nicht rechtzeitig, ist das Finanzamt gem. § 221 AO berechtigt, zur Sicherung des Steueraufkommens die Zahlung zu einem vor dem gesetzlich bestimmten Fälligkeitstag liegenden Termin zu verlangen (D), wenn sie dem Stpfl. für den Fall erneuter nicht rechtzeitiger Entrichtung angekündigt worden ist.

Als abweichender Fälligkeitstag darf vom Finanzamt jeder Zeitpunkt bestimmt werden, der nach der Entstehung des Anspruchs und vor dem gesetzlichen Fälligkeitstag liegt (B, C).

Die Steuerschuld entsteht für Lieferungen, sonstige Leistungen und Leistungen i. S. des § 3 Abs. 1b und 9a UStG mit Ablauf des Voranmeldungszeitraumes (§ 13 UStG). Der letzte Werktag des Voranmeldungszeitraumes scheidet als abweichender Fälligkeitstag aus (A).

## Zu Aufgabe 63

Richtig:   A, D

Die Fälligkeit der Einkommensteuer-Vorauszahlungen ist im Einkommensteuergesetz geregelt, es gelten die im § 37 Abs. 1 EStG bestimmten gesetzlichen Fälligkeitstage. Bemessungsgrundlage ist die Einkommensteuer, die für den Veranlagungszeitraum voraussichtlich geschuldet wird. Im laufenden Veranlagungszeitraum ist die Anpassung an die voraussichtlich zu erwartende Steuer möglich (§ 37 Abs. 3 EStG). Führt die Anpassung zu einem höheren Betrag, so werden zur Ermittlung der Vorauszahlungen von der zu erwartenden Einkommensteuer zunächst die an den bereits abgelaufenen Zahlungsterminen fälligen Vorauszahlungen abgezogen, der verbleibende Rest wird auf die künftigen Zahlungstermine des Veranlagungszeitraumes aufgeteilt (A).

Für die folgenden Veranlagungszeiträume hat der Stpfl. an den gesetzlich bestimmten Fälligkeitstagen jeweils ein Viertel der Steuerschuld so lange zu entrichten, bis die Festsetzung aufgehoben oder geändert wird (D).

## Zu Aufgabe 64
Richtig:   A, C

Nach Ablauf des Veranlagungszeitraumes hat U eine Umsatzsteuererklärung abzugeben. Übersteigt die darin selbst ermittelte Steuer die bereits vorangemeldeten und abgeführten Beträge, so ist der Mehrbetrag innerhalb eines Monats, gerechnet vom Tag des Eingangs der Steuererklärung beim Finanzamt, zu entrichten (§ 18 Abs. 4 Satz 1 UStG). Der Mehrbetrag von 3.215 € ist somit am 22.10.09 fällig (C).

Fälligkeitstage, die vom Tag der Bekanntgabe eines Bescheides oder vom Tag des Eingangs einer Steuererklärung abhängig sind, ermittelt die ADV-Anlage unter Berücksichtigung der Vorschriften für die Fristberechnung und der in den einzelnen Steuergesetzen bestimmten Zahlungsfristen (B).

Der durch Abrechnung des Steuerbescheides ermittelte Mehrbetrag ist innerhalb eines Monats nach Bekanntgabe des Bescheides (D) zu entrichten (§ 18 Abs. 4 Satz 2 UStG). Unter Berücksichtigung dieser Frist ist der 02.12.09 als Fälligkeitstag zu bestimmen.

| | |
|---|---|
| Tag der Sollstellung: | 29.10.09 |
| Tag der Bekanntgabe: | 02.11.09 (weil 01.11.09 Sonntag) |
| Beginn der Zahlungsfrist: | 03.11.09 |
| Ende der Zahlungsfrist: | 02.12.09 |

Zahlt U die an diesem Tag fällige Abschlusszahlung von 578 € nicht, sind für den ersten Monat der Säumnis Säumniszuschläge von 1 % des abgerundeten rückständigen Steuerbetrags zu entrichten; abzurunden ist auf den nächsten durch 50 Euro teilbaren Betrag (§ 240 Abs. 1 AO).

## Zu Aufgabe 65
Richtig:   D

Die Stundung von Ansprüchen aus dem Steuerschuldverhältnis kann als Ermessensentscheidung des Finanzamts auf Antrag erfolgen, wenn im Übrigen die rechtlichen Voraussetzungen (§ 222 AO) erfüllt sind. Diese Bestimmung enthält keine Aussage über den Zeitpunkt der Antragstellung. Der Antrag ist also auch noch nach Eintritt der Fälligkeit möglich (A).

Die Stundung wird gegenüber dem Stpfl. in dem Zeitpunkt, in dem sie bekannt gegeben worden ist, und mit dem niedergelegten Inhalt wirksam. Von welchem Zeitpunkt bis zu welchem Zeitpunkt die Fälligkeit hinausgeschoben wird, ist zweifelsfrei zu bestimmen. Eine Stundung ab Fälligkeit ist auch bei verspäteter Antragstellung möglich, wenn besondere Gründe diese Entscheidung rechtfertigen. Der Antragsteller kann nicht erwarten, dass stets vom Fälligkeitstag an gestundet wird (B).

Der Antrag auf Stundung eines Anspruchs ist als Ersatzhandlung für die verlangte Zahlung anzusehen. Die Verwaltung kann erwarten, dass der Stpfl. seiner Verpflichtung vor Fälligkeit, spätestens innerhalb der Schonfrist (§ 240 Abs. 3 AO), nachkommt. Andernfalls entscheidet die Verwaltung nicht ermessensmissbräuchlich, wenn die Stundung erst ab Eingangstag des Antrages gewährt wird.

Der Fälligkeitstag fällt auf einen Donnerstag. Die Schonfrist von 3 Tagen beginnt mit Ablauf des Fälligkeitstages und endet unter Berücksichtigung der Feiertagsregelung erst mit Ablauf des nächstfolgenden Werktages, also dem Montag (§ 108 Abs. 3 AO). Der Stundungsantrag ist innerhalb der Schonfrist eingereicht worden, die Stundung ab Fälligkeitstag zu gewähren (D).

**Zu Aufgabe 66**
Richtig:  D

Die Stundung der Einkommensteuer darf mit einem Vorbehalt des Widerrufs erlassen werden (§ 120 Abs. 2 AO).

Für den Fall einer verspäteten Zahlung wird der Stpfl. in dem Stundungsbescheid auf die Folgen hingewiesen: „Wenn Sie eine Stundungsrate nicht bis zum Ablauf der jeweils gewährten Stundungsfrist zahlen, ist für jeden angefangenen Monat der verspäteten Zahlung ein Säumniszuschlag von 1 % der jeweils rückständigen Stundungsrate verwirkt. Darüber hinaus kann das Finanzamt die gewährte Stundung widerrufen, sodass die restlichen gestundeten Beträge sofort fällig werden. Die rückständigen Stundungsraten sind dann ohne weitere Mahnung vollstreckbar."

Am 15.05.09 sind noch insgesamt 5.000 € zu entrichten. Da die Stundung widerrufen wurde, sind alle noch nicht entrichteten Teilzahlungen sofort fällig. Außerdem sind für den Gesamtbetrag Säumniszuschläge für den ersten Monat entstanden und zu erheben. Der Bearbeiter fordert folgenden Gesamtbetrag an:

| | |
|---:|---|
| 5.000 € | Einkommensteuer |
| 50 € | Säumniszuschlag |
| 5.050 € | Gesamtbetrag |

Lösungen: Abgabenordnung

**Zu Aufgabe 67**

Richtig: C

Die Stundung von Ansprüchen aus dem Steuerschuldverhältnis ist dann gerechtfertigt, wenn aus sachlichen oder persönlichen Gründen die Einziehung bei Fälligkeit eine erhebliche Härte für den Stpfl. darstellen würde. Sachliche Gründe sind von den persönlichen Verhältnissen unabhängig. A musste nach Abgabe der Steuererklärung mit der Festsetzung der Nachzahlung rechnen und konnte sich auf die Zahlung vorbereiten, im Übrigen ist die Nachzahlung nicht so hoch, dass allein die Höhe der Steuer eine Stundung rechtfertigen würde. Persönliche Gründe liegen insoweit nicht vor, als der Schuldner seine vorhandenen Mittel nicht zur Tilgung verwendet. A kann mit seiner Einlassung, das Sparguthaben sei für Notfälle gedacht, nicht gehört werden; die Verwendung des Sparguthabens zur Tilgung der Steuerschuld ist ihm zuzumuten (A, B).

Der verbleibende Rest der Steuerschuld darf antragsgemäß gestundet werden (C). Eine Kreditaufnahme für einen so geringen Betrag darf von A nicht verlangt werden, zumal nur eine kurzfristige Stundung beantragt worden ist. Die Tilgung der restlichen Steuerschuld aus dem Familieneinkommen ist unter Berücksichtigung aller Umstände ebenfalls unzumutbar (D).

**Zu Aufgabe 68**

Richtig: B, D

Durch einen Vollstreckungsauftrag wird der Vollziehungsbeamte angewiesen, die Pfändung beweglicher Sachen vorzunehmen. Der Vollstreckungsschuldner kann die Pfändung abwenden, wenn er den geschuldeten Betrag an den Vollziehungsbeamten zahlt (§ 292 AO). Der Vollziehungsbeamte ist Amtsträger und zur Annahme von Zahlungen ermächtigt (§ 224 Abs. 1 AO), was er durch Vorlage seines Dienstausweises nachweisen kann (A, D).

Zahlungen an den Vollziehungsbeamten werden u. a. durch Übergabe von Zahlungsmitteln bewirkt. Der Scheck ist ein Zahlungsmittel (Abschn. 15 Abs. 1 Nr. 2 VollzA) und darf von ihm angenommen werden. Insoweit handelt es sich um einen unbaren Zahlungsvorgang (D). Leistet ein Schuldner Zahlung durch Übergabe von Zahlungsmitteln an einen Vollziehungsbeamten, gilt die Zahlung durch Bargeld bereits am Tag der Übergabe als bewirkt, bei Hingabe von Schecks jedoch erst drei Tage nach dem Tag des Eingangs (§ 224 Abs. 2 Nr. 1 AO). Als Einzahlungstag gilt beim Bargeld der 03.04.09 und beim Scheck der 06.04.09 (A, B). Die Übergabe von Bargeld (Pfändungsgebühr) ist eine Barzahlung (D).

Steuerschuld und entstandene Säumniszuschläge betragen zusammen 340 €. Der erste Monat der Säumnis endet an einem Sonntag. Die Zahlung am nächstfolgenden Werktag gilt als im vorangegangenen Säumnismonat bewirkt. Der Anspruch erlischt somit noch innerhalb des ersten Monats der Säumnis, eine Weiterrechnung der Säumniszuschläge durch den Vollziehungsbeamten entfällt (C).

Lösungen: Abgabenordnung

## Zu Aufgabe 69
Richtig:   B, D

Zahlungen an die Finanzbehörden können gem. § 224 Abs. 2 AO bewirkt werden

1. durch Übergabe oder Übersendung von Zahlungsmitteln
2. durch Überweisung oder Einzahlung auf eines der Konten
3. durch Verwendung eines Zahlscheines oder einer Postanweisung
4. durch Teilnahme am Einziehungsverfahren bei Vorliegen einer Einzugsermächtigung.

Bei Verwendung eines Zahlscheines (A) übergibt der Einzahlende dem Bankinstitut Bargeld zur Gutschrift auf dem Konto des Zahlungsempfängers. Ist die Finanzbehörde Zahlungsempfänger, gilt der Tag der Gutschrift auf dem Konto als Einzahlungstag (§ 224 Abs. 2 Nr. 2 AO).

Durch einen Überweisungsauftrag wird das kontoführende Institut zur Übertragung von Kontoguthaben ermächtigt. Banküberweisungsaufträge können somit nur dem beauftragten Institut zur Ausführung zugeleitet werden. Bei Überweisungen gilt die Zahlung am Tag der Gutschrift des Betrags auf dem Konto der Finanzbehörde als bewirkt (B).

Durch Postanweisung erfolgt die Barauszahlung eines am Postschalter eingezahlten Betrags an einen bestimmten Empfänger. In der dargestellten Weise (C) kann eine Zahlung nicht bewirkt werden.

Hat ein Stpfl. eine Einzugsermächtigung erteilt, ist die Finanzbehörde berechtigt, Beträge von seinem Konto abzurufen, die sodann auf das Konto der Finanzbehörde übertragen werden. Als Einzahlungstag gilt ohne Rücksicht auf die tatsächliche Buchung der Fälligkeitstag des jeweiligen Anspruchs. Dadurch ist sichergestellt, dass Verzögerungen beim Einzugsverfahren nicht zulasten des Stpfl. gehen (D).

## Zu Aufgabe 70
Richtig:   B

Das Bestimmungsrecht über die Verwendung eines freiwillig geleisteten Betrags steht dem Einzahlenden zu (§ 225 Abs. 1 AO). Leistet ein Stpfl. eine Zahlung, ohne von seinem Bestimmungsrecht Gebrauch zu machen, und reicht der gezahlte Betrag nicht zur Deckung aller Schulden aus, erlöschen die Schulden in der gesetzlich vorgeschriebenen Reihenfolge (§ 225 Abs. 2 AO) bis zur Höhe des gezahlten Betrags. Für eine abweichende Buchung durch die Finanzbehörde ist kein Raum. Nur soweit innerhalb der vorgeschriebenen Reihenfolge Ansprüche gleicher Art gleichzeitig fällig sind und bei den Säumniszuschlägen entscheidet die Finanzbehörde nach eigenem Ermessen.

Lösungen: Abgabenordnung

In der gesetzlich vorgeschriebenen Tilgungsreihenfolge wird durch die geleistete Zahlung zunächst das Zwangsgeld getilgt. Von den Steuern wird die früher fällige Umsatzsteuer vor der Einkommensteuer getilgt. Lediglich der dann noch verbleibende Rest findet für die Tilgung der Einkommensteuer Verwendung (B).

**Zu Aufgabe 71**

Richtig:   B, D

Leistet ein Steuerschuldner eine freiwillige Zahlung, ist er in seiner Entscheidung über die Verwendung des Betrags frei, die Finanzbehörde darf von dieser Bestimmung nicht abweichen (A). Fehlt es an einer solchen Bestimmung, gilt die vorgeschriebene Reihenfolge (§ 225 Abs. 2 AO). Für die im Gesetz vorgesehene Reihenfolge war der Gesichtspunkt maßgebend, dass zunächst die den Stpfl. am stärksten belastenden Schulden getilgt werden sollten. Erst in zweiter Linie ist die Fälligkeit der Schuld entscheidend. Wenn das Gesetz von Schuld spricht, ist die Zahlungsschuld gemeint. Der Zahlungsanspruch entsteht bereits durch die Festsetzung (§ 218 Abs. 1 AO), auf die Fälligkeit kommt es nicht an (B).

Die Lohnsteuer gehört zu den Steuerabzugsbeträgen und ist innerhalb der vorgeschriebenen Reihenfolge ohne Rücksicht auf die Fälligkeit vor der Umsatzsteuer zu tilgen (C). Durch die von U geleistete Zahlung werden getilgt:

| | |
|---|---:|
| Einkommensteuer | 600 € |
| Zwangsgeld | 200 € |
| Lohnsteuer | 200 € |
| Umsatzsteuer | 70 € |
| insgesamt (D) | 1.070 € |

**Zu Aufgabe 72**

Richtig:   B

Leistet ein Stpfl. eine freiwillige Zahlung und trifft er keine Bestimmung über ihre Verwendung, so bestimmt die Finanzbehörde die Reihenfolge der Tilgung, wenn der Einzahlende nur übrige Steuern, nicht Steuerabzugsbeträge, schuldet, die gleichzeitig fällig geworden sind. Bei dieser Ermessensentscheidung sind die Interessen des Finanzamts und des Stpfl. gegeneinander abzuwägen. Dabei müssen auch die sich aus einer verspäteten Zahlung ergebenden Säumnisfolgen berücksichtigt werden. Hierbei sollte darauf geachtet werden, dass Steuerbeträge, bei denen Säumniszuschläge entstehen, zuerst getilgt werden (vgl. § 6 Kirchensteuerrahmengesetz).

Lösungen: Abgabenordnung

## Zu Aufgabe 73
Richtig:   B, C

Die Aufrechnung ist sowohl durch den Gläubiger der Ansprüche aus dem Steuerschuldverhältnis (§ 226 Abs. 1 AO) als auch durch den Schuldner dieser Ansprüche zulässig (§ 226 Abs. 3 AO).

Es gelten sinngemäß die Vorschriften des BGB. Die Aufrechnung kann danach erklärt werden, wenn die Haupt- und Gegenforderungen gleichartig und gegenseitig sind. Die Gleichartigkeit liegt vor, wenn beide Forderungen auf Geld gerichtet sind. Die Voraussetzung der Gegenseitigkeit ist erfüllt, wenn der Schuldner der einen Forderung zugleich Gläubiger der anderen Forderung ist und umgekehrt. Für die Aufrechnung gilt als Gläubiger oder Schuldner eines Anspruchs aus dem Steuerschuldverhältnis auch die Körperschaft, die die Steuer verwaltet (A, C, D).

Die Forderung, mit der aufgerechnet wird, muss fällig sein, während die Forderung, gegen die aufgerechnet wird, lediglich erfüllbar sein muss. Beide Voraussetzungen sind erfüllt.

Die Forderung des B wird mit Prüfung der Rechnung und Fertigung der zur Auszahlung notwendigen Kassenanordnung betragsmäßig festgesetzt und damit unbestritten (§ 226 Abs. 3 AO), sodass die Aufrechnung durch B wirksam erklärt werden kann.

## Zu Aufgabe 74
Richtig:   C, D

Die sich aus Festsetzungen ergebenden Zahlungsansprüche und die übrigen im Erhebungsverfahren entstehenden Zahlungsansprüche unterliegen einer besonderen Zahlungsverjährung (§ 228 AO). Die Verjährungsfrist beträgt einheitlich für alle Ansprüche 5 Jahre (C).

Die Verjährungsfrist beginnt mit Ablauf des Kalenderjahres, in dem der Anspruch erstmals fällig geworden ist (§ 229 Abs. 1 AO). Der Einkommensteueranspruch ist erstmals am 21.01.10 fällig mit der Folge, dass die Verjährungsfrist frühestens mit Ablauf des 31.12.10 beginnen kann (A).

Da die Verjährungsfrist erst mit Ablauf des Kalenderjahres 10 beginnt, können Mahnung und Stundung, die bereits im Kalenderjahr 10 vorgenommen worden sind, keine Unterbrechung herbeiführen (B).

Mit Ablauf der Frist von 5 Jahren (31.12.15) tritt die Wirkung der Verjährung ein (§ 232 AO), die Ansprüche aus dem Steuerschuldverhältnis erlöschen (D).

## Lösungen: Abgabenordnung

### Zu Aufgabe 75

Richtig: A, C

Ansprüche aus dem Steuerschuldverhältnis werden nur verzinst, soweit dies gesetzlich vorgeschrieben ist (§ 233 AO). Eine unterschiedliche Behandlung gestundeter Steuern ist durch § 234 Abs. 1 AO nicht vorgesehen. Durch den Wortlaut „Dauer der gewährten Stundung" wird klargestellt, dass die Zinsen unabhängig von dem Zeitpunkt der Zahlung für den gesamten Stundungszeitraum erhoben werden (B). Dadurch ist es den Dienststellen möglich, die Stundungszinsen bereits in der Stundungsverfügung festzusetzen. Stundung und Zinslauf beginnen mit dem Tag, der dem Fälligkeitstag folgt. Bei der Bestimmung des Beginns des Stundungszeitraumes ist darauf zu achten, dass der Fälligkeitstag nach § 108 Abs. 3 AO hinausgeschoben sein kann (A).

Die Zinsen betragen 0,5 % für volle Monate (C), angefangene Monate bleiben außer Ansatz (§ 238 Abs. 1 AO). Stundungszinsen sind nach § 239 Abs. 2 AO auf volle Euro zum Vorteil des Stpfl. gerundet festzusetzen (D).

### Zu Aufgabe 76

Richtig: A, C, D

Zu verzinsen ist der Differenzbetrag zwischen der festgesetzten Steuer und den anzurechnenden Steuerabzugsbeträgen (A). Für die Zinsberechnung gilt § 238 AO mit der Folge, dass der zu verzinsende Betrag jeder Steuerart auf den nächsten durch 50 € teilbaren Betrag abgerundet wird.

Der Zinslauf beginnt grundsätzlich 15 Monate nach Ablauf des Kalenderjahres, in dem die Steuer entstanden ist (§ 233a Abs. 2 AO), für den Anspruch aus der Veranlagung 07 somit am 01.04.09 (B).

§ 233a Abs. 2 AO bestimmt als Endzeitpunkt des Zinszeitraumes den Bekanntgabetag des jeweiligen Anspruchs (C). Somit ergibt sich folgende Zinsberechnung: 900 € × 0,5 % × 6 (volle Monate) = 27 € (D).

### Zu Aufgabe 77

Richtig: B

Vorauszahlungen auf die Einkommensteuer sind am 10. März, 10. Juni, 10. September und 10. Dezember zu entrichten (§ 37 Abs. 1 EStG). Soweit der Stpfl. seiner Zahlungsverpflichtung vor Eintritt der Fälligkeit oder innerhalb der Schonfrist (Ausnahme: Übergabe oder Übersendung von Zahlungsmitteln) nachkommt, vermindern diese Zahlungen die Bemessungsgrundlage für die zu erhebenden Säumniszuschläge.

## Lösungen: Abgabenordnung

| | | |
|---|---|---:|
| I/09 | Nach Abzug der rechtzeitig bzw. innerhalb der Schonfrist geleisteten Zahlungen verbleibt ein Steuerrückstand von 201 €, der innerhalb des ersten Monats der Säumnis getilgt wird. Zu erhebende Säumniszuschläge | 2 € |
| II/09 | Diese Vorauszahlung wird nach Ablauf der Schonfrist und innerhalb des ersten Monats der Säumnis entrichtet. Zu erhebende Säumniszuschläge | 11 € |
| III/09 | Die Tilgung wird innerhalb der Schonfrist vorgenommen (der 13.09.09 ist ein Sonntag), mit der Folge, dass die entstandenen Säumniszuschläge nicht erhoben werden | 0 € |
| IV/09 | Die Tilgung erfolgt erst im dritten Monat der Säumnis. Zu erhebende Säumniszuschläge | 33 € |
| | Insgesamt | 46 € |

**Zu Aufgabe 78**

Richtig:  A

Rückständiger Steuerbetrag: 2.535 €

Für die Berechnung der zu erhebenden Säumniszuschläge sind zwei Ansprüche mit unterschiedlichen Fälligkeiten zu untersuchen. Der gesetzliche Fälligkeitstag der Vorauszahlung bleibt auch nach Erteilung des Steuerbescheides 08 maßgebend, weil nur für den Mehrbetrag eine besondere Zahlungsfrist eingeräumt wird (§ 36 Abs. 4 EStG). Da die geforderte Vorauszahlung nicht rechtzeitig entrichtet worden ist, entstehen Säumniszuschläge für jeden angefangenen Monat der Säumnis. Die Tilgung erfolgt im 10. Monat der Säumnis. Die zu erhebenden Säumniszuschläge betragen 200 €

Die Abschlusszahlung in Höhe von 535 € ist am 21.09.09 fällig. Wegen verspäteter Zahlung sind Säumniszuschläge zu erheben. Für die Berechnung ist der Steuerrückstand auf den nächsten durch 50 € teilbaren Betrag abzurunden. 5 €

Insgesamt zu zahlender Betrag  2.740 €

Lösungen: Abgabenordnung

## Zu Aufgabe 79

Richtig: D

Der Säumniszuschlag ist ein im Steuerrecht verankertes Druckmittel zur Durchsetzung von Zahlungsansprüchen, die auch der Höhe nach feststehen. Deshalb kann ein Säumniszuschlag erst entstehen, wenn die Steuer angemeldet oder festgesetzt worden ist (§ 240 Abs. 1 Satz 3 AO).

Wird eine Fälligkeitssteuer nach dem gesetzlichen Zahlungstermin erstmals angemeldet, beginnen der erste Monat der Säumnis und die Schonfrist erst mit Ablauf des Tages des Eingangs der Voranmeldung oder Anmeldung (A, B).

| | |
|---|---|
| Beginn der Säumnis: | 23.09.01 |
| Ende der Schonfrist: | 26.09.01 (§ 108 Abs. 3 AO) |
| Einzahlungstag: | 14.10.01 (§ 224 Abs. 2 Nr. 1 AO) |

Die Zahlung des U erfolgt noch innerhalb des ersten Monats der Säumnis, sodass nur 5,50 € Säumniszuschlag zu entrichten sind (C). Sollen Säumniszuschläge durch Vollstreckungsmaßnahmen beigetrieben werden, ist stets ein besonderes Leistungsgebot erforderlich (D), wenn die Steuer, zu der die Säumniszuschläge erhoben werden, bereits getilgt worden ist (§ 254 Abs. 2 AO).

## Zu Aufgabe 80

Richtig: C

§ 240 Abs. 1 Satz 4 AO bestimmt, dass entstandene Säumniszuschläge bei einer nachträglichen Änderung der Bemessungsgrundlage unverändert erhalten bleiben. Durch diese Klarstellung des Gesetzgebers wird ausdrücklich ausgeschlossen, dass Säumniszuschläge als Nebenleistungen zur Steuer das rechtliche Schicksal der Hauptschuld teilen (D). Der gesetzliche Fälligkeitstag der Umsatzsteuer-Vorauszahlung wird durch die Herabsetzung nicht beeinflusst (B). Die Herabsetzung erfolgt innerhalb des ersten Monats der Säumnis, sodass die verminderte Steuerschuld für den zweiten Monat der Säumnis als Bemessungsgrundlage gilt. Die Zahlung der Schuld erfolgt innerhalb des zweiten Monats der Säumnis. Da der Säumniszuschlag nicht mit der Steuer getilgt worden ist, bedarf es eines besonderen Leistungsgebotes. U ist zur Zahlung von 14 € Säumniszuschlag aufzufordern (A, C).

# Lösungen: Buchführung

## Zu Aufgabe 81
Richtig: B, C, D

Bestandskonten (mit Ausnahme des Kapitalkontos) sind Konten, welche die Anfangsbestände aus dem Eröffnungsbilanzkonto aufnehmen und beim Jahresabschluss die Schlussbestände an das Schlussbilanzkonto abgeben. Dabei werden weder Unterkonten des Kapitals noch das Kapitalkonto selbst berührt. Buchungen auf solchen Konten sind deshalb ohne Auswirkung auf Gewinn und Kapital.

Nach der Gliederung der Bilanz unterscheidet man aktive und passive Bestandskonten. Folgerichtig stehen die Anfangsbestände bei den aktiven Bestandskonten im Soll, bei den passiven Bestandskonten allerdings im Haben.

## Zu Aufgabe 82
Richtig: A, B, C, D

Geht man davon aus, dass das Bankkonto vor dem Geschäftsvorfall eine Schuld von 5.000 € zulasten des Betriebsinhabers auswies, werden durch die vorzunehmende Buchung Bank an Kasse ein passives und ein aktives Bestandskonto angesprochen. Zugänge (Erhöhungen der Schuldposten) werden auf passiven Bestandskonten im Haben, Abgänge (Verminderungen der Schuldposten) im Soll gebucht. Deshalb vollzieht sich auf dem Bankkonto und auf dem Kassenkonto jeweils ein Abgang. Es liegt ein Aktiv-Passiv-Tausch vor. Die Bilanzsumme vermindert sich also um 1.000 €.

## Zu Aufgabe 83
Richtig: A, C

Tritt der Betriebsinhaber eine Forderung gegen einen Kunden durch besondere Vereinbarung an einen Dritten ab, so wird dieser Vorgang als Forderungsabtretung bezeichnet.

Wird dadurch gleichzeitig nach dem Willen der Beteiligten eine Lieferantenschuld des Betriebsinhabers in gleicher Höhe getilgt, so sind am Tag der Vereinbarung durch die vorgegebene Buchung die Kundenforderungen und Lieferantenschulden entsprechend zu mindern (A).

Eine derartige Buchung kommt auch in Betracht, wenn der Betriebsinhaber und ein Geschäftsfreund gleich hohe betriebliche Forderungen und Schulden gegeneinander durch besondere Vereinbarung aufrechnen (C).

Erhält oder bezahlt der Betriebsinhaber Beträge durch Banküberweisung, so ist das Bankkonto anzusprechen (B, D).

## Lösungen: Buchführung

### Zu Aufgabe 84
Richtig:  A, C

Die Miete für Dezember 09 und der Beitragsrückerstattungsanspruch für das Kalenderjahr 09 waren nach dem Grundsatz der periodengerechten Gewinnermittlung in der Bilanz per 31.12.09 als sonstige Forderungen auszuweisen.

Bei Überweisung der aktivierten Beträge auf das Bankkonto des Betriebsinhabers erlöschen Mietforderung und Forderung gegen die Gemeinde, und es ist wie vorgegeben zu buchen (A, C).

Wird der Beitrag zu einer betrieblichen Versicherung für 10 in 09 bezahlt, ist der Betrag zu buchen: aktive Rechnungsabgrenzungsposten an Bank (vgl. § 5 Abs. 5 EStG). Es kann auch zunächst ein Aufwandskonto angesprochen werden und die Rechnungsabgrenzung bei Erstellung des Jahresabschlusses gebucht werden.

Verrechnet die Gemeinde den Grundsteuererstattungsanspruch für das Betriebsgrundstück mit fälliger Grundsteuer für das private Einfamilienhaus, ist zu buchen: Privatentnahmen an sonstige Forderungen (D).

### Zu Aufgabe 85
Richtig:  A, B, C, D

Die Abführung der Abzugsbeträge (Lohnsteuer und Sozialversicherung) vom Bruttolohn erfolgt i. d. R. erst innerhalb bestimmter, durch Gesetz festgelegter Fristen nach dem Lohnzahlungstag. Da die Buchführung jedoch stets den tatsächlichen Stand von Vermögen und Schulden ausweisen soll, ist bereits am Lohnzahlungstag durch Buchungen kenntlich zu machen, dass in Höhe der noch abzuführenden Abzugsbeträge eine Verpflichtung des Betriebsinhabers besteht. Dies hat nicht nur am Jahresende, sondern auch im Laufe des Wirtschaftsjahres zu geschehen. Werden dann die einbehaltenen Beträge abgeführt, so erlischt die Verbindlichkeit, und es ist wie vorgegeben zu buchen (A, D).

Telefongebühren des Zeitraumes Dezember 09, die zu Beginn des neuen Jahres bezahlt werden, sind bereits im Dezember 09 entstanden und in diesem Jahr als Aufwand auszuweisen. Es gelten im Grunde die gleichen Grundsätze wie zu den Abzugsbeträgen ausgeführt (C).

Die rückständigen Grundstücksabgaben sind dem Zeitraum 09 zuzuordnende Aufwendungen, für die eine sonstige Verbindlichkeit auszuweisen war (B).

### Zu Aufgabe 86
Richtig:  A, C

Die vom Betriebsinhaber vorgenommene Buchung bewirkt eine Minderung der Umsatzsteuerschuld. Durch die Gegenbuchung auf dem Konto Privateinlagen wird angezeigt, dass die Minderung dieser betrieblichen Schuld durch private Mittel herbeigeführt wurde. Dies kann dadurch geschehen sein, dass die Finanzbehörde ein Guthaben an Personensteuern mit fälliger Umsatzsteuer verrechnete. Dann ist am Tag des Bekanntwerdens dieser Verrechnung wie vorgegeben zu buchen (A). Die betriebliche Umsatzsteuerschuld kann jedoch auch mit privaten Geldmitteln vom privaten Bankkonto bezahlt worden sein (C).

Überweist hingegen die Finanzbehörde überzahlte Umsatzsteuer, die sich aufgrund betrieblicher Geschäftsvorfälle ergeben hat, auf ein privates Konto, ist zu buchen: Privatentnahmen an Umsatzsteuerschuld (B).

Die gleiche Buchung ist auch vorzunehmen, wenn Umsatzsteuer auf Entnahmen entstanden ist (vgl. § 12 Nr. 3 EStG; D).

## Zu Aufgabe 87
Richtig:   C, D

Geht eine in früheren Jahren direkt abgeschriebene Forderung aus einem Warenverkauf auf dem betrieblichen Bankkonto ein, ohne dass der Betriebsinhaber schon zu einem früheren Zeitpunkt vom Wiederaufleben der Forderung Kenntnis hatte, so müsste zunächst durch die Buchung – Debitoren an sonstige betriebliche Erträge (Erträge aus abgeschriebenen Forderungen) und Umsatzsteuerschuld – der Forderungsbestand richtiggestellt werden. Erst danach wäre durch die Buchung – Bank an Debitoren – der Eingang der Forderung zu registrieren. Da sich jedoch im vorliegenden Fall Wiederaufleben und Erlöschen der Forderung zum gleichen Zeitpunkt ergeben, können beide Buchungen zusammengezogen und es kann auf die sich im Endergebnis doch gegenseitig aufhebenden Buchungen auf dem Debitorenkonto verzichtet werden (C).

Wird ein geringwertiges Wirtschaftsgut, dessen Anschaffungskosten in einem früheren Zeitraum in voller Höhe als Betriebsausgaben abgezogen wurden (es besteht auch kein Erinnerungswert mehr), veräußert, entsteht stets in Höhe des Nettoverkaufserlöses ein sonstiger betrieblicher Ertrag. Da umsatzsteuerlich ein Hilfsgeschäft vorliegt, ist auch das Umsatzsteuerschuldkonto anzusprechen (D).

Aufgrund eines Geschäftsvorfalles, wie in Antwort A dargestellt, ist zu buchen: Bank an Umsatzsteuerschuld.

Aufgrund eines Geschäftsvorfalles, wie in Antwort B dargestellt, ist zu buchen: Bank an Anlagekonto, sonstige betriebliche Erträge und Umsatzsteuerschuld.

## Zu Aufgabe 88
Richtig:   A, B, D

Auf den Sachkonten werden die Geschäftsvorfälle nach sachlichen Gesichtspunkten geordnet im Hauptbuch gebucht. Sie sind bei der doppelten Buchführung das Kernstück der eigentlichen Buchführung. Im Grunde genommen bezeichnet man alle in der Buchführung vorkommenden Konten, die keine Personenkonten sind, als

Sachkonten, z. B. die Bestandskonten, alle Kapitalvorkonten und die gemischten Konten.

**Zu Aufgabe 89**

Richtig:   C

Die Personenkonten beinhalten die Darstellung des Geschäftsverkehrs mit den einzelnen Lieferanten und Kunden (Geschäftsfreunden). Sie sind Bestandteile des Geschäftsfreundebuches, das für jeden Lieferanten und jeden Kunden ein besonderes Konto enthält.

Daneben wird im Hauptbuch (vgl. zu Aufgabe 83) ein Sachkonto für alle Lieferanten und ein Sachkonto für alle Kunden geführt.

Personenkonten sind also zusätzliche Konten außerhalb der eigentlichen Buchführung, auf denen der Inhalt der Sachkonten Kundenforderungen und Lieferantenschulden nochmals dargestellt wird, jedoch getrennt für die einzelnen Kunden und getrennt für die einzelnen Lieferanten.

**Zu Aufgabe 90**

Richtig:   B, C, D

Erfolgskonten sind Unterkonten des GuV-Kontos zur Aufnahme sämtlicher **betrieblicher** Kapitaländerungen. Da das GuV-Konto beim Jahresabschluss die Summe dieser Kapitaländerungen als Gewinn oder Verlust an das Kapitalkonto abgibt, sind Buchungen auf Erfolgskonten erfolgswirksam und kapitalwirksam.

**Zu Aufgabe 91**

Richtig:   A, D

Buchungssatz am 30.12.09:

Löhne 3.000 € und soziale Aufwendungen (Arbeitgeberanteil) 580 € an Kasse 1.780 € und sonstige Verbindlichkeiten (noch abzuführende Abgaben) 1.800 €.

Buchungssatz am 08.01.10:

Sonstige Verbindlichkeiten 1.800 € an Bank 1.800 €.

Hinweis auf die Ausführungen zu Aufgabe 85.

Der Betriebsinhaber wendet im Zeitpunkt der Lohnzahlung am 30.12.09 neben dem bar ausgezahlten Nettolohn auch die einbehaltenen Steuerabzugsbeträge, den einbehaltenen Arbeitnehmeranteil und den Arbeitgeberanteil zur Sozialversicherung auf, da in Höhe dieser Beträge bei Auszahlung des Nettolohns eine Verpflichtung entsteht. Der Aufwand bedeutet Gewinnminderung und gleichzeitig betriebliche Kapitalminderung in Höhe von 3.580 € (A).

Die am 08.01.10 vorzunehmende Buchung berührt zwei Bestandskonten in gleicher Höhe. Es handelt sich damit um eine erfolgsneutrale Betriebsvermögensumschichtung (D).

**Zu Aufgabe 92**

Richtig:   A, B, C, D

Buchungssatz am 01.04.09:

    Privatentnahmen 595 € an Provisionserträge 500 € und Umsatzsteuerschuld 95 €.

Durch die Buchung auf dem Erfolgskonto Provisionserträge wird eine betriebliche Kapitalerhöhung (Gewinnerhöhung) von 500 € bewirkt (A).

Die gleichzeitig erfolgte Privatentnahme des insgesamt gutgeschriebenen Betrags stellt eine private Kapitalverminderung von 595 € dar (B).

Zusammen gesehen erfolgt also eine Kapitalminderung von 95 € (C).

Für einen Handelsvertreter gehört die Vermittlung von Geschäften zu den Grundgeschäften seines Gewerbes. Im Zeitpunkt der Ausführung der Leistung entsteht damit eine Umsatzsteuerschuld, die Höhe der abzugsfähigen Vorsteuer wird jedoch davon nicht berührt (D).

**Zu Aufgabe 93**

Richtig:   B, C, D

Durch die Bestellung der Waren am 28.12.09 wird noch keine Buchung notwendig. Der Wareneingang jedoch ist zu buchen, auch wenn noch keine Rechnung vorliegt, da sich der Warenbestand und die Lieferantenschuld durch diesen Vorgang verändern. Zu beachten ist jedoch, dass die Voraussetzungen für den Vorsteuerabzug nach § 15 Abs. 1 UStG am 30.12.09 noch nicht gegeben sind. Die Lieferung ist zwar an den Unternehmer (Betriebsinhaber) ausgeführt, der Beleg über die Vorsteuer, die Rechnung, ist aber noch nicht in seinen Händen.

Da die Lieferantenschuld gleichwohl 1.190 € beträgt, die Vorsteuer hier aber nicht zu den Anschaffungskosten der Waren gehört (§ 9b Abs. 1 EStG), ist das Konto sonstige Forderungen (noch nicht abzugsfähige Vorsteuer) im Soll anzusprechen.

Am 30.12.09 ist deshalb zu buchen:

    Wareneinkauf 1.000 € und sonstige Forderungen 190 € an Kreditoren 1.190 €.

Beim Eingang der Rechnung am 05.01.10 liegen dann alle Voraussetzungen für den Vorsteuerabzug vor. Die Vorsteuer auf den Wareneinkauf ist damit im Voranmeldungszeitraum Januar 10 abzugsfähig.

# Lösungen: Buchführung

Buchung:

 Vorsteuer an sonstige Forderungen 190 €.

Am 10.02.10, bei Bezahlung der Waren, verbleibt lediglich die Buchung:

 Kreditoren 1.190 € an Bank 1.190 €.

## Zu Aufgabe 94

Richtig: A, C

Die vorgegebene Buchung bewirkt einen Zugang auf dem Wareneinkaufskonto. Die Gegenbuchung auf dem Kreditorenkonto gibt an, dass dieser Zugang noch nicht bezahlt wurde. Die gebuchten Beträge gehören also bis auf die Vorsteuer zum Einstandspreis (den Anschaffungskosten) der eingekauften Waren. Es kann sich demnach um den Wareneinkauf selbst handeln, der auf Ziel erfolgte (C), oder um beim Wareneinkauf angefallene Warennebenkosten (Frachten, Zölle), die noch nicht bezahlt worden sind (A).

Bei der Überweisung der Frachtkosten an den Spediteur (B) müsste das Bankkonto angesprochen werden.

Preisnachlässe der Lieferanten auf noch nicht bezahlte Waren (D) sind Berichtigungen der gebuchten Wareneinkäufe und deshalb zu buchen:

 Kreditoren an Wareneinkauf und Vorsteuer.

## Zu Aufgabe 95

Richtig: A, D

Die der Buchung zugrunde liegenden Geschäftsvorfälle unterscheiden sich von denen der Aufgabe 94 lediglich dadurch, dass die Zugänge auf dem Wareneinkaufskonto privat bezahlt wurden (D).

Auch wenn ein Lieferant eine private Mietschuld an den Betriebsinhaber durch die Hergabe von Waren begleicht, handelt es sich um einen Wareneinkauf, der mit privaten Mitteln bezahlt wurde (A).

Zu beachten ist, dass bei der Einlage von Waren, die ursprünglich für den privaten Verbrauch erworben wurden, die Voraussetzungen für den Vorsteuerabzug nicht erfüllt sind, da die Waren beim Einkauf nicht für das Unternehmen bestimmt waren. In solchen Fällen ist zu buchen:

 Wareneinkauf an Privateinlagen (B).

Bezahlt ein Kunde, wenn auch mit seinen privaten Mitteln, einen Wareneinkauf, der schon zwei Monate zurückliegt, ist zu buchen: Finanzkonto an Debitoren; würde der gezahlte Betrag vom Betriebsinhaber privat vereinnahmt: Privatentnahmen an Debitoren (C).

Lösungen: Buchführung

## Zu Aufgabe 96
Richtig:  A, C, D

Das Wareneinkaufskonto ist ein gemischtes Konto, das Warenverkaufskonto ein Erfolgskonto. Deshalb wirken sich Buchungen auf beiden Konten erfolgswirksam aus.

Der Gewinnerhöhung durch die Buchung im Haben des Warenverkaufskontos steht eine Gewinnminderung durch die Buchung im Soll auf dem Wareneinkaufskonto in gleicher Höhe gegenüber.

Die Buchung ist also erfolgsneutral. Die Höhe des Eigenkapitals bleibt unverändert (A).

Die Buchung bewirkt jedoch eine Erhöhung des wirtschaftlichen Wareneinsatzes (C) und eine Erhöhung des wirtschaftlichen Umsatzes (D).

## Zu Aufgabe 97
Richtig:  A, B, C, D

Buchungen auf der Sollseite des Wareneinkaufskontos wirken sich gewinnmindernd aus (vgl. zu Aufgabe 96). Buchungen auf Bestandskonten (Vorsteuer) und Privatkonten sind erfolgsneutral. Es ergibt sich somit eine betriebliche Kapitalminderung von 500 € (D, A).

Buchungen auf der Habenseite von Privatkonten bewirken eine private Kapitalerhöhung, die hier 595 € beträgt (B).

Insgesamt erhöht sich das Kapital um 95 € (C).

## Zu Aufgabe 98
Richtig:  A, C

Die dem Buchungssatz zugrunde liegenden Geschäftsvorfälle sind Berichtigungen gebuchter Wareneinkäufe, da sie die beim Einkauf vorgenommene Buchung aufheben. Es kann sich dabei um Preisnachlässe von Lieferanten auf noch nicht bezahlte Wareneinkäufe oder um die Rücksendung noch nicht bezahlter Waren an die Lieferanten handeln (A, C).

Nicht in Betracht kommt jedoch ein Wareneinkauf auf Ziel, der genau seitenverkehrt zu buchen wäre (D).

Gleicht der Betriebsinhaber eine Lieferantenschuld durch Hingabe von Waren aus, ist zu buchen: Kreditoren an Warenverkauf und Umsatzsteuerschuld.

Selbst wenn er die Waren zum Einstandspreis hingeben würde, wäre das Umsatzsteuerschuldkonto und nicht das Vorsteuerkonto anzusprechen (B).

## Lösungen: Buchführung

### Zu Aufgabe 99
Richtig: B, C, D

In den Fällen B, C, D gilt es, den wirtschaftlichen Wareneinsatz um Positionen zu bereinigen, die seinerzeit als Wareneinkäufe dem Wareneinkaufskonto belastet wurden, damit in den Wareneinsatz eingingen, tatsächlich jedoch nicht zur Veräußerung gelangt sind.

Da bei der Rohgewinnprobe z. B. im Rahmen des inneren Betriebsvergleichs die verkauften Waren zum Verkaufspreis (wirtschaftlicher Umsatz) mit den verkauften Waren zum Einstandspreis (wirtschaftlicher Wareneinsatz) verglichen werden, müssen, um aussagefähige Werte zu erlangen, eingekaufte Waren, die nicht veräußert wurden, aber auch nicht mehr im Warenbestand enthalten sind, auf ein besonderes Aufwandskonto umgebucht werden.

Für private Zwecke entnommene Waren sind auf das Konto Privatentnahmen – Entnahme von Gegenständen zu buchen.

### Zu Aufgabe 100
Richtig: B

Es handelt sich eindeutig um einen betrieblichen Geschäftsvorfall und nicht um die Entnahme von Gegenständen für außerbetriebliche Zwecke. Das Konto Privatentnahmen wird nicht berührt.

Es liegt ein innerbetrieblicher Warenverbrauch vor, der aus kalkulatorischen Gründen durch die Buchung „Aufwandskonto an Wareneinkauf" umzubuchen ist (Hinweis auf die Ausführungen zu Aufgabe 99). Damit werden der wirtschaftliche Wareneinsatz vermindert und der Rohgewinn erhöht.

Reingewinn und Kapital ändern sich in ihrer Höhe nicht, weil der Sollbuchung auf einem Aufwandskonto eine Habenbuchung auf einem gemischten Konto gegenübersteht.

### Zu Aufgabe 101
Richtig: A, C, D

Die vorzunehmende Buchung würde lauten: Debitoren 47.600 € an Warenverkauf 40.000 € und Umsatzsteuerschuld 7.600 €.

Die Position Debitoren erhöht sich damit um 47.600 €, die Position Umsatzsteuerschuld um 7.600 €. Das Konto Warenverkauf wird nicht über das Schlussbilanzkonto abgeschlossen, beeinflusst das Bilanzbild also nicht. Allerdings ergibt sich eine Abnahme des Warenbestands zum Einstandspreis von 30.000 €.

Die Bilanzsumme erhöht sich um 17.600 €. Die Zunahme vollzieht sich auf der Aktivseite durch die Erhöhung der Position Debitoren um 47.600 €, bei gleichzeitiger Abnahme der Position Waren um 30.000 €. Auf der Passivseite ergibt sich die

Zunahme durch die Erhöhung der Position Umsatzsteuerschuld um 7.600 € und durch die zum Ausgleich der Bilanz notwendige Kapitalerhöhung um 10.000 €, die dem Warenrohgewinn entspricht.

## Zu Aufgabe 102
Richtig:   A

Die vorzunehmende Buchung würde lauten:

Wareneinkauf 20.000 € und Vorsteuer 3.800 € an Privateinlagen 23.800 €.

Die Position Waren erhöht sich damit um 20.000 €. Die abzugsfähige Vorsteuer erhöht sich um 3.800 €. Die Position Umsatzsteuerschuld vermindert sich also. Die Position Kreditoren wird nicht berührt.

Der Ausgleich der Bilanz wird durch eine Zunahme der Position Kapital von 23.800 € bewirkt, die der Privateinlage entspricht.

## Zu Aufgabe 103
Richtig:   D

Die Buchung kommt nur in Frage, wenn Waren auf Ziel veräußert werden, der Betriebsinhaber jedoch nach vereinnahmten Entgelten versteuert, vgl. § 20 UStG (D). In diesem Fall entsteht die Umsatzsteuer erst mit Ablauf des Voranmeldungszeitraums, in dem die Entgelte vereinnahmt worden sind (§ 13 Abs. 1 Nr. 1 Buchst. b UStG). Gleichwohl nehmen die Kundenforderungen in Höhe des Warenwerts zuzüglich der Umsatzsteuer, die dem Kunden in Rechnung gestellt wurde, zu. Das Warenverkaufskonto darf aber nur in Höhe des Warenwerts angesprochen werden, da sich sonst in Höhe der noch nicht entstandenen Umsatzsteuer eine Gewinnerhöhung ergeben würde. Der Betriebsinhaber hat deshalb noch kenntlich zu machen, dass in Höhe der Umsatzsteuer in der Zukunft noch eine Verpflichtung auf ihn zukommt. Er benutzt dazu das Konto sonstige Verbindlichkeiten (noch nicht entstandene Umsatzsteuer).

Aufgrund eines Geschäftsvorfalls wie in Antwort A dargestellt ist zu buchen:

Debitoren an Warenverkauf.

Aufgrund von Sachverhalten wie in den Antworten B und C dargestellt ist zu buchen:

Debitoren an Warenverkauf und Umsatzsteuerschuld.

## Zu Aufgabe 104
Richtig:   C, D

Die dem Buchungssatz zugrunde liegenden Geschäftsvorfälle sind Berichtigungen gebuchter Warenverkäufe, da sie die beim Verkauf vorgenommene Buchung

## Lösungen: Buchführung

aufheben. Es kann sich dabei um Preisnachlässe durch den Betriebsinhaber auf von Kunden noch nicht bezahlte Waren oder um die Rücksendung noch nicht bezahlter Waren durch Kunden handeln (C, D).

Nicht in Betracht kommt jedoch ein Warenverkauf auf Ziel, der genau seitenverkehrt zu buchen wäre (A).

Gleicht ein Kunde eine Forderung durch Hergabe von Waren aus, die zur Weiterveräußerung bestimmt sind, ist zu buchen:

>Wareneinkauf und Vorsteuer an Debitoren (B).

**Zu Aufgabe 105**

Richtig:  B, D

Im Zeitpunkt des Warenverkaufs vermindert sich der Warenbestand um 500 €. Diesem Wareneinsatz (Aufwand) steht buchmäßig kein Warenverkauf gegenüber. Auch die Buchung der Bezahlung des Kunden: Finanzkonto 1.190 € an Debitoren 1.190 €, führt nicht zur Richtigstellung.

Dadurch ist zwar der wirtschaftliche Wareneinsatz zutreffend, der wirtschaftliche Umsatz jedoch um 1.000 € zu niedrig. Rohgewinn und Reingewinn werden damit um 1.000 € zu niedrig ausgewiesen.

**Zu Aufgabe 106**

Richtig:  B, C, D

Der Buchung hätte ein Warenverkauf bei gleichzeitiger Entnahme der Bezahlung des Kunden in die Privatsphäre des Betriebsinhabers zugrunde liegen müssen.

Durch die Buchung auf der Habenseite des Warenverkaufskontos verändert sich zwar der wirtschaftliche Wareneinsatz nicht, weil das Wareneinkaufskonto nicht berührt wurde. Allerdings werden der wirtschaftliche Umsatz und damit Rohgewinn und Reingewinn um jeweils 1.000 € zu hoch ausgewiesen. Durch die Buchung auf dem Konto Umsatzsteuerschuld im Haben ist die Zahllast um 190 € zu hoch.

**Zu Aufgabe 107**

Richtig:  B

Antwort A definiert den Warenbestand. Antwort C den wirtschaftlichen Umsatz. Antwort D umschreibt den Begriff wirtschaftlicher Wareneinsatz nur für den Fall, dass keine Lieferantenschulden vorhanden sind. Es handelt sich hier also nicht stets um den wirtschaftlichen Wareneinsatz.

**Zu Aufgabe 108**

Richtig:  D

Werden verschiedene Werte vorgegeben und wird dann nach der Höhe des wirtschaftlichen Wareneinsatzes gefragt, so besteht eine leicht überschaubare Lösungsmöglichkeit darin, sich ein Wareneinkaufskonto einzurichten und die vorgegebenen Werte der jeweiligen Kontenseite zuzuordnen bzw. sie als nicht zum Wareneinkaufsbereich gehörig außer Betracht zu lassen. Bei der Saldierung des Kontos ergibt sich dann der gesuchte Wert.

Wareneinkauf

| | | | |
|---|---|---|---|
| Anfangsbestand | 20.000 € | Rücksendungen | |
| Eingang | 100.000 € | an Lieferanten | 4.000 € |
| Bezugskosten | 3.000 € | Verdorbene Waren | |
| | | (Einstandspreis) | 2.000 € |
| | | Privatentnahmen | |
| | | (Einstandspreis) | 1.000 € |
| | | Wirtschaftlicher | |
| | | Wareneinsatz | 106.000 € |
| | | Endbestand | 10.000 € |
| | 123.000 € | | 123.000 € |

**Zu Aufgabe 109**

Richtig:   B, C

Antwort A definiert den Begriff Reingewinn.

**Zu Aufgabe 110**

Richtig:   D

Werden verschiedene Werte vorgegeben und wird dann nach der Höhe des Rohgewinns gefragt, so besteht eine leicht überschaubare Lösungsmöglichkeit darin, sich ein Wareneinkaufskonto und ein Warenverkaufskonto einzurichten und die vorgegebenen Werte dem jeweiligen Konto zuzuordnen oder sie als nicht zum Warenkontenbereich gehörig auszuscheiden.

Schließt man dann die Konten nach der Nettomethode ab, so ergibt sich der gesuchte Wert als Saldo auf dem Warenverkaufskonto.

Der gesuchte Wert wird jedoch nur dann zutreffend ermittelt, wenn auf dem Wareneinkaufskonto die Bestände mit den Einstandspreisen und nicht mit den eventuell abweichenden Bilanzwerten (hier z. B. beim Endbestand 9.000 €) eingetragen werden.

Lösungen: Buchführung

| Wareneinkauf | | | |
|---|---|---|---|
| Anfangsbestand (Einstandspreis) | 20.000 € | Innerbetrieblicher Verbrauch | 2.000 € |
| Eingang | 100.000 € | Wirtschaftlicher Wareneinsatz | 106.000 € |
| | | Endbestand (Einstandspreis) | 12.000 € |
| | 120.000 € | | 120.000 € |

| Warenverkauf | | | |
|---|---|---|---|
| Wirtschaftlicher Wareneinsatz | 106.000 € | Wirtschaftlicher Umsatz | 159.000 € |
| Rohgewinn | 53.000 € | | |
| | 159.000 € | | 159.000 € |

**Zu Aufgabe 111**

Richtig:   D

Die Antworten A und B umschreiben den Begriff wirtschaftlicher Umsatz nur in Ausnahmefällen, z. B. wenn keine Hilfsgeschäfte vorgekommen sind (A). Die Definition in Antwort B setzt weiter voraus, dass zum Jahresbeginn und Jahresende keine Kundenforderungen vorhanden waren. Antwort C definiert den Begriff wirtschaftlicher Wareneinsatz.

**Zu Aufgabe 112**

Richtig:   D

Hier werden verschiedene Werte vorgegeben, und es wird nach der Höhe des wirtschaftlichen Umsatzes gefragt, ohne dass der Wareneinsatz mitgeteilt wird. Der Rohgewinn ist jedoch bekannt.

Eine leicht überschaubare Lösungsmöglichkeit besteht darin, sich ein Wareneinkaufskonto einzurichten und die vorgegebenen Werte dem Konto zuzuordnen oder als nicht zum Warenkontenbereich gehörig außer Betracht zu lassen.

Lösungen: Buchführung

| Wareneinkauf | | | |
|---|---|---|---|
| Anfangsbestand | 20.000 € | Preisnachlässe von Lieferanten | 2.000 € |
| Eingang | 93.000 € | Gestohlene Waren (Einstandspreis) | 1.000 € |
| | | Wirtschaftlicher Wareneinsatz | 100.000 € |
| | | Endbestand | 10.000 € |
| | 113.000 € | | 113.000 € |

Der Saldo auf dem Wareneinkaufskonto beträgt 100.000 €. Dieser Wert ist der wirtschaftliche Wareneinsatz. Der wirtschaftliche Umsatz kann nun wie folgt ermittelt werden:

| | |
|---|---|
| Wirtschaftlicher Wareneinsatz | 100.000 € |
| + Rohgewinn | 60.000 € |
| Wirtschaftlicher Umsatz | 160.000 € |

## Zu Aufgabe 113
Richtig: C

Wird der Warenbestand am 31.12.09 zu niedrig ausgewiesen, geht buchmäßig der Unterschiedsbetrag zur richtigen Höhe des Warenbestandes in den Wareneinsatz ein. Dieser wird deshalb zu hoch ausgewiesen. Folglich werden Rohgewinn und Reingewinn zu niedrig ausgewiesen.

Der wirtschaftliche Umsatz wird durch diesen Vorgang nicht berührt (C).

## Zu Aufgabe 114
Richtig: A, B, C, D

Aufgrund der Zweischneidigkeit der Bilanz wirken sich Bewertungsfehler oder andere Fehler, die die Höhe des Warenbestandes am Schluss eines Wirtschaftsjahres berühren, stets auch auf das Ergebnis des folgenden Wirtschaftsjahres aus.

Aufgrund des Bilanzzusammenhangs entspricht nämlich der Warenbestand vom 31.12.09 dem vom 01.01.10. Deshalb wird auch der Wareneinsatz des Kalenderjahres 10 beeinflusst. Er ist um 10.000 € zu niedrig, Rohgewinn und Reingewinn dieses Jahres damit um den gleichen Betrag zu hoch.

Der wirtschaftliche Umsatz wird durch diesen Vorgang nicht berührt.

## Zu Aufgabe 115
Richtig: A, C, D

## Lösungen: Buchführung

Im Laufe des Wirtschaftsjahres getätigte Betriebseinnahmen und Betriebsausgaben müssen spätestens am Jahresende daraufhin untersucht werden, ob sie auch tatsächlich wirtschaftlich in dieses Jahr gehören. Ist das nicht der Fall, müssen sie mit Hilfe besonderer Bilanzposten buchmäßig in das Wirtschaftsjahr übertragen werden, dem sie wirtschaftlich zuzurechnen sind, vgl. § 5 Abs. 5 EStG. Im vorgegebenen Fall sind im Kalenderjahr 09 Ausgaben angefallen, die wirtschaftlich zum Teil in das Kalenderjahr 09 und zum anderen Teil in das Kalenderjahr 10 gehören. Es ist hier ein aktiver Rechnungsabgrenzungsposten in Höhe von 3.000 € zu bilden, dessen Aufgabe es ist, den Mietaufwand des Kalenderjahres 09 entsprechend zu mindern, den Gewinn entsprechend zu erhöhen.

Buchung: aktive Rechnungsabgrenzungsposten an Mietaufwand.

Das Konto Mietaufwand ist ein Erfolgskonto, das über das GuV-Konto abzuschließen ist.

Das Konto aktive Rechnungsabgrenzungsposten ist ein Konto, das über das Schlussbilanzkonto abgeschlossen wird.

### Zu Aufgabe 116

Richtig:   A, C

Hinweis auf die Ausführungen zu Aufgabe 115. Allerdings ist hier zu beachten, dass nach § 5 Abs. 5 EStG nur transitorische Rechnungsabgrenzungsposten gebildet werden dürfen, also in den Fällen, in denen die Geldbewegung im Kalenderjahr 09 bereits erfolgt ist.

Liegt die Geldbewegung erst im Kalenderjahr 10, werden die Konten sonstige Forderungen und sonstige Verbindlichkeiten zur richtigen Periodenabgrenzung verwendet.

### Zu Aufgabe 117

Richtig:   D

Wie sich aus den Ausführungen zu Aufgabe 115 und zu Aufgabe 116 ergibt, sind stets die Gewinne aller beteiligten Kalenderjahre unzutreffend, wenn Ausgaben nicht periodengerecht abgegrenzt werden.

### Zu Aufgabe 118

Richtig:   C, D

Hinweis auf die Ausführungen zu Aufgabe 115 und zu Aufgabe 116.

Folgende Buchungen sind vorzunehmen:

Am 30.12.09:    Privatentnahmen 400 € und aktive Rechnungsabgrenzungsposten 600 € an Bank 1.000 €.

Lösungen: Buchführung

(Es ist auch zulässig, zunächst das Konto Mietaufwand anzusprechen und entsprechende Umbuchungen beim Jahresabschluss vorzunehmen.)

Diese Buchungen sind erfolgsneutral, vermindern das Kapital jedoch um 400 €.

In 10: Mietaufwand an aktive Rechnungsabgrenzungsposten.

Diese Buchung vermindert Gewinn und Kapital um jeweils 600 €.

**Zu Aufgabe 119**

Richtig: B, D

Die am 04.05.10 vorzunehmende Buchung lautet:

Rückstellungen 5.000 € und Prozesskosten (Aufwandskonto) 600 € an Privateinlagen 5.600 €.

Diese Buchung bewirkt eine betriebliche Kapitalminderung, zugleich Gewinnminderung von 600 € (Buchung auf dem Aufwandskonto) und eine private Kapitalerhöhung von 5.600 € (Zahlung der Prozesskosten mit privaten Mitteln). Insgesamt erhöht sich das Kapital um 5.000 €. Diese Erhöhung vollzieht sich auf der Passivseite der Bilanz durch den Wegfall der Rückstellung von 5.000 €.

**Zu Aufgabe 120**

Richtig: A, B, C, D

Rückstellungen dienen der richtigen zeitgerechten Gewinnermittlung. Deshalb ist der Kaufmann bei Aufstellung der Schlussbilanz verpflichtet, die voraussichtlichen Aufwendungen für Gewährleistungen für das abgelaufene Wirtschaftsjahr durch eine Rückstellung zu berücksichtigen. Dies geschieht durch die Buchung: Aufwendungen für Gewährleistungen an Rückstellungen. Das Konto Aufwendungen für Gewährleistungen ist ein Erfolgskonto, das über das GuV-Konto abzuschließen ist. Das Konto Rückstellungen wird über das Schlussbilanzkonto abgeschlossen.

Es liegt im Wesen von Rückstellungen, dass sich bei der in einem späteren Kalenderjahr erfolgenden Zahlung ergibt, dass der vorher erwartete Betrag der Höhe nach nicht genau zutrifft. Stellt sich heraus, dass die Rückstellung zu hoch war, ist der Unterschiedsbetrag gewinnerhöhend aufzulösen (Rückstellungen an sonstige betriebliche Erträge).

Im vorgegebenen Fall wird der dann noch zu zahlende Betrag aus privaten Geldmitteln bezahlt, sodass das Konto Privateinlagen im Haben anzusprechen ist.

**Zu Aufgabe 121**

Richtig: A, B, C

Die Privatkonten sind Unterkonten des Kapitalkontos für die privaten Kapitaländerungen. Sie werden beim Jahresabschluss über das Kapitalkonto abgeschlossen.

Folglich sind Buchungen auf Privatkonten zwar erfolgsneutral, verändern aber die Höhe des Kapitals.

## Zu Aufgabe 122

Richtig:   D

Durch die vom Betriebsinhaber vorgenommene Buchung wurde der Kassenbestand gemindert. Es liegen somit Zahlungen seitens des Betriebsinhabers vor, die teils privater und teils betrieblicher Natur sind. Tilgungsbeträge wurden nicht geleistet, da sonst das Darlehenskonto im Soll angesprochen worden wäre (B).

Es wurden Zinsen für betriebliche und private Schulden zur gleichen Zeit bar bezahlt.

## Zu Aufgabe 123

Richtig:   A, B, D

Bei einer Barentnahme nehmen Kasse und Kapital in gleicher Höhe ab. Man spricht in diesen Fällen nicht von einem Aktiv-Passiv-Tausch, da durch diesen Begriff Betriebsvermögensumschichtungen bezeichnet werden.

Barentnahmen führen zu keiner Gewinnauswirkung (vgl. Gewinnbegriff § 4 Abs. 1 Satz 1 EStG). Sie bewirken jedoch eine Minderung der Bilanzsumme.

## Zu Aufgabe 124

Richtig:   A, B, C

Die vorzunehmende Buchung lautet: Privatentnahmen 500 € und Mietaufwand 452 € an Warenverkauf 800 € und Umsatzsteuerschuld 152 €.

Durch den Geschäftsvorfall wird eine private Kapitaländerung von 500 € und eine betriebliche Kapitaländerung von 452 €, insgesamt eine Kapitalminderung von 952 € ausgelöst. Sie vollzieht sich auf der Aktivseite der Bilanz durch den Abgang des Warenpostens von 800 € und auf der Passivseite der Bilanz durch Zunahme des Postens Umsatzsteuerschuld um 152 €. Die Bilanzsumme nimmt um 800 € ab.

## Zu Aufgabe 125

Richtig:   A, B, C

Der Buchung liegt die Entnahme von Waren für nichtunternehmerische Zwecke im Inland zugrunde. Bemessungsgrundlage ist der Einkaufspreis.

Diese Entnahme selbst hat keinerlei Auswirkung auf den Reingewinn. Unterlässt der Betriebsinhaber diese Entnahme nämlich, so ist der Gewinn genauso hoch wie nach diesem Geschäftsvorfall und der vorgenommenen Buchung.

Die reine Buchung der erfolgten Entnahme jedoch beeinflusst Wareneinsatz, Rohgewinn und Reingewinn. Unterlässt nämlich der Betriebsinhaber die Buchung der erfolgten Entnahme, so geht auch die entnommene Ware in den Wareneinsatz ein, vermindert den Rohgewinn und den Reingewinn.

Das Kapital vermindert sich, weil der privaten Kapitalminderung von 1.190 € nur eine betriebliche Kapitalerhöhung von 1.000 € gegenübersteht.

## Zu Aufgabe 126
Richtig: A, B

Durch die vom Betriebsinhaber vorgenommene Buchung wird der Endbestand des Gebäudekontos erhöht. Durch die Gegenbuchung auf dem Konto Privateinlagen wird angezeigt, dass der Zugang auf dem Gebäudekonto aus dem Privatvermögen erfolgte. Es muss sich demnach um die Einlage eines bislang zum Privatvermögen gehörenden Gebäudes oder aber um die Anschaffungskosten des Gebäudes handeln, die mit privaten Mitteln bezahlt wurden.

Unterhaltskosten sind nicht aktivierungspflichtig und daher nicht auf dem Gebäudekonto zu buchen (C).

Bei aktivierungspflichtigen Herstellungskosten fällt für den Betriebsinhaber grundsätzlich abzugsfähige Vorsteuer an. Somit müsste das Konto Vorsteuer angesprochen werden (D).

## Zu Aufgabe 127
Richtig: A, D

Die private Nutzung des Kraftfahrzeugs (betriebliche Nutzung mehr als 50 %) ist nach der 1 %-Methode zu ermitteln (§ 6 Abs. 1 Nr. 4 Satz 2 EStG). Der Brutto-Listenpreis von 41.650 € ist auf volle 100 € abzurunden.

Bei der Berechnung ist ein pauschaler Abschlag von 20 % zur Abgeltung der nicht mit Vorsteuer belasteten Kosten zulässig (BMF vom 21.01.2002, BStBl I S. 148; BMF vom 27.08.2004, BStBl I S. 864; BMF vom 07.07.2006, BStBl I S. 446).

| Berechnung: | 1 % von 41.600 € | = | 416 € |
|---|---|---|---|
| | 416 € × 12 | = | 4.992 € |
| | ./. 20 % | = | 998 € |
| | Nettowert | = | 3.994 € |
| | USt 19 % | = | 759 € |

Lösungen: Buchführung

Die erforderliche Buchung lautet:

Privatentnahmen (Verwendung von Gegenständen) 4.753 € an verschiedene Aufwandskonten 3.994 € und Umsatzsteuer 759 €.

Die Aufwendungen werden also um 3.994 € zu hoch, der Gewinn um 3.994 € zu niedrig (A), die Umsatzsteuerzahllast zu niedrig (C), das Kapital am Ende des Jahres jedoch richtig ausgewiesen (B).

Da sowohl die Privatentnahme als auch die Gewinnerhöhung nicht gebucht wurden, wird die Bilanzsumme nicht berührt (D).

## Zu Aufgabe 128

Richtig:   A, D

Die Forderung gegen A ist als Forderungsverlust auszubuchen: Forderungsverluste 10.000 € und Umsatzsteuer 1.900 € (§ 17 Abs. 2 Nr. 1 UStG) an Kundenforderungen 11.900 €.

Die Forderung gegen B ist als gesonderter Bilanzposten mit dem noch zu erwartenden Nettobetrag von (60 % von 20.000 € =) 12.000 € zuzüglich der vollen Umsatzsteuer von 3.800 € (§ 17 UStG noch nicht erfüllt) – also mit 15.800 € (D) – anzusetzen. Die Kundenforderungen sind insoweit um 23.800 € zu vermindern, der Differenzbetrag von 8.000 € ist als Aufwand zu buchen.

Die Kundenforderungen betragen 655.200 € (690.900 € ./. 11.900 € ./. 23.800 € = 655.200 €).

## Zu Aufgabe 129

Richtig:   B

Der im Vorjahr erfasste Aufwand von 8.000 € ist nur in Höhe von 6.000 € eingetreten, es muss ein Ertrag von 2.000 € gebucht werden.

Die Umsatzsteuer ist bisher noch nicht berichtigt worden, nun liegen die Voraussetzungen des § 17 UStG vor. Die bisher entstandene Umsatzsteuer von 3.800 € entsteht tatsächlich letztlich nur in Höhe von 19 % von 14.000 € = 2.660 €, d. h., die Umsatzsteuerschuld ist um 1.140 € zu mindern. Die zweifelhafte Forderung ist eingegangen, die entsprechende Habenbuchung ist vorzunehmen.

## Zu Aufgabe 130

Richtig:   C

Nur Buchungen auf Konten, die beim Jahresabschluss über das GuV-Konto abzuschließen sind, können sich auf den Gewinn auswirken. Dies gilt für Erfolgskonten und gemischte Konten (z. B. Wareneinkauf). Wird sowohl auf der Sollseite als auch auf der Habenseite auf Konten dieser Art gebucht, so hebt sich die Wirkung auf, die Höhe des Gewinns verändert sich damit nicht.

## Zu Aufgabe 131

Richtig:   A

Nur Buchungen auf Konten, die beim Jahresabschluss über das GuV-Konto oder direkt über das Kapitalkonto abzuschließen sind, können sich auf das Kapital auswirken. Dies gilt für die zu Aufgabe 130 genannten Konten und die Privatkonten. Wird sowohl auf der Sollseite als auch auf der Habenseite auf Konten dieser Art gebucht, so hebt sich die Wirkung auf, die Höhe des Kapitals verändert sich damit nicht.

## Zu Aufgabe 132

Richtig:   A, B

Hinweis auf die Ausführungen zu Aufgabe 130 und zu Aufgabe 131.

## Zu Aufgabe 133

Richtig:   A, C, D

Folgende Konten geben Bestände an das Schlussbilanzkonto ab: Bestandskonten, gemischte Konten und das Kapitalkonto.

## Zu Aufgabe 134

Richtig:   A, C

Beim Abschluss der Warenkonten nach der Bruttomethode werden der wirtschaftliche Wareneinsatz vom Wareneinkaufskonto und der wirtschaftliche Umsatz vom Warenverkaufskonto auf das GuV-Konto umgebucht. Der Rohgewinn wird bei dieser Methode weder auf den Warenkonten noch in dem GuV-Konto ausgewiesen. Er kann erst durch besondere Berechnung (wirtschaftlicher Umsatz ./. wirtschaftlicher Wareneinsatz) ermittelt werden. Da bei der Nettomethode lediglich der Rohgewinn auf das GuV-Konto umgebucht wird, ist bei der Bruttomethode bei sonst gleichem Zahlenwerk die Kontensumme des GuV-Kontos höher.

## Zu Aufgabe 135

Richtig:   D

Beim Abschluss der Warenkonten nach der Nettomethode wird lediglich der Rohgewinn, der sich als Saldo auf dem Warenverkaufskonto ergibt, auf das GuV-Konto umgebucht. Die Kontensumme des Warenverkaufskontos wird von der Summe der Warenverkäufe gebildet, sie ist deshalb beim Abschluss der Warenkonten nach beiden Methoden gleich hoch.

Lösungen: Buchführung

## Zu Aufgabe 136
Richtig:   A, B, C, D

Die vorgenommene Buchung kommt beim Abschluss der Warenkonten nach der Netto-Methode und der Brutto-Methode vor. Im ersten Fall handelt es sich um die Umbuchung des als Saldo auf dem Warenverkaufskonto ermittelten Rohgewinns auf das GuV-Konto. Im zweiten Fall handelt es sich um die Umbuchung des wirtschaftlichen Umsatzes (verkaufte Waren zum Verkaufspreis) auf das GuV-Konto.

## Zu Aufgabe 137
Richtig:   C, D

Durch diese Buchung wird im Rahmen des Jahresabschlusses der Saldo eines Aufwandskontos, die Aufwandssumme, auf das GuV-Konto übertragen.

Der Saldo steht zum Ausgleich des Kontos zwar stets auf der kleineren Kontenseite (hier: Habenseite). Bezeichnet wird er jedoch stets nach der größeren Kontenseite (hier: Sollseite).

Da beide angesprochenen Konten Unterkonten des Kapitalkontos sind, ein Privatkonto aber nicht beteiligt ist, ergibt sich keine Gewinnauswirkung durch diese Buchung.

## Zu Aufgabe 138
Richtig:   A, C, D

Hier erfolgt der Abschluss des GuV-Kontos. Die Summe der betrieblichen Kapitaländerungen wird auf das Kapitalkonto umgebucht. Da das Kapitalkonto durch diese Buchung im Soll angesprochen wird, handelt es sich um einen Verlust.

## Zu Aufgabe 139
Richtig:   A, B, D

Unter Eigenkapital versteht man betriebswirtschaftlich grundsätzlich die Mittel, die im Betrieb vorhanden sind und vom Betriebsinhaber bzw. dem Betrieb selbst aufgebracht wurden. Sie erscheinen als rechnerische Größe auf der Passivseite der Bilanz. Wenn keine Schulden (Fremdkapital) vorhanden sind, entspricht die Summe der Besitzposten dem Kapital (A). Wenn Schulden vorhanden sind, ist Kapital die Summe der Besitzposten abzüglich der Summe der Schuldposten (D). Wenn der Betrieb überschuldet ist, die Schulden also die Besitzposten übersteigen, so ist Kapital die Summe der Schuldposten abzüglich der Summe der Besitzposten (B). Das Kapital erscheint in diesem Fall als Ausgleichsposten auf der Aktivseite der Bilanz.

Lösungen: Buchführung

**Zu Aufgabe 140**

Richtig: A, B, C, D

Der Gewinn ist in den vier vorgegebenen Fällen wie folgt zu ermitteln:

|  | A | B | C | D |
|---|---|---|---|---|
| Betriebsvermögen am 31.12.09 | ./. 50.000 € | 150.000 € | ./. 10.000 € | 40.000 € |
| ./. Betriebsvermögen am 31.12.08 | ./. 110.000 € | 80.000 € | 30.000 € | ./. 20.000 € |
| Betriebsvermögensänderung | 60.000 € | 70.000 € | ./. 40.000 € | 60.000 € |
| + Privatentnahmen | 20.000 € | 30.000 € | 100.000 € | 30.000 € |
| ./. Privateinlagen | 30.000 € | 50.000 € | 10.000 € | 40.000 € |
| Gewinn | 50.000 € | 50.000 € | 50.000 € | 50.000 € |

# Lösungen: Einkommensteuer

## Zu Aufgabe 141
Richtig: A, C, D

Die veranlagte Einkommensteuer, Lohnsteuer und Kapitalertragsteuer stellen nach dem VI. Abschnitt des EStG (§§ 36 ff. EStG) Erhebungsformen der Einkommensteuer dar (für natürliche Personen). Hingegen ist die Körperschaftsteuer eine Art der Einkommensteuer (für juristische Personen und die ihnen gleichgestellten nicht rechtsfähigen Personenvereinigungen).

## Zu Aufgabe 142
Richtig: A, B, C, D

Bei der Aufteilung der Steuern in Besitz-, Verkehr- und Verbrauchsteuern gehört die veranlagte Einkommensteuer zu den Besitzsteuern. Da die veranlagte Einkommensteuer an das zu versteuernde Einkommen der natürlichen Personen anknüpft, bei dessen Ermittlung die persönlichen Verhältnisse Berücksichtigung finden, gehört die veranlagte Einkommensteuer zu den Personensteuern (Unterscheidung zwischen Personen- und Sachsteuern/Subjekt- und Objektsteuern – z. B. § 12 Nr. 3 EStG). Bei der in der Finanzwirtschaft üblichen Unterscheidung zwischen direkten und indirekten Steuern ist die veranlagte Einkommensteuer eine direkte Steuer, weil der gesetzliche Steuerschuldner mit dem wirtschaftlichen Steuerträger identisch ist. Da ferner das Aufkommen an der veranlagten Einkommensteuer dem Bund, den Ländern und den Gemeinden gemeinsam zusteht, gehört die Einkommensteuer zu den Gemeinschaftsteuern (Art. 106 Abs. 3 GG). Die Gemeinden erhalten einen Anteil an dem Aufkommen der veranlagten Einkommensteuer, der von den Ländern an ihre Gemeinden auf der Grundlage der Einkommensteuerleistungen ihrer Einwohner weiterzuleiten ist (Art. 106 Abs. 5 GG).

## Zu Aufgabe 143
Richtig: A, B, C

Für die unbeschränkte Steuerpflicht einer Person bei der Einkommensteuer ist nach § 1 Abs. 1 EStG zunächst das Vorhandensein eines Wohnsitzes (§ 8 AO) im Inland erforderlich (A). Ist ein solcher nicht vorhanden, ist die unbeschränkte Steuerpflicht trotzdem gegeben, wenn die Person ihren gewöhnlichen Aufenthalt (§ 9 AO) im Inland hat (C). Personen, die weder einen Wohnsitz noch ihren gewöhnlichen Aufenthalt im Inland haben, sind nach § 1 Abs. 4 EStG nur dann beschränkt steuerpflichtig, wenn sie inländische Einkünfte i. S. des § 49 EStG erzielen (B, D).

Lösungen: Einkommensteuer

**Zu Aufgabe 144**

Richtig: B

Die persönliche Steuerpflicht einer natürlichen Person endet mit deren Tod (A, C). Da G bis zum 31.03.03 keine inländischen Einkünfte erzielt hat, ist er bis zu diesem Zeitpunkt nicht steuerpflichtig. Ab 01.04.03 ist G aufgrund der Wohnsitznahme in Köln unbeschränkt steuerpflichtig (B). Hätte G schon in der Zeit vom 01.01.03 bis 31.03.03 inländische Einkünfte i. S. des § 49 EStG erzielt, wäre er für diesen Zeitraum bereits beschränkt steuerpflichtig gewesen (D).

**Zu Aufgabe 145**

Richtig: A, B, D

Einkünfte aus Land- und Forstwirtschaft, Gewerbebetrieb und selbständiger Arbeit werden nach § 2 Abs. 2 Nr. 1 EStG als Gewinn bezeichnet. Bei den anderen Einkunftsarten sind Einkünfte der Überschuss der Einnahmen über die Werbungskosten (§ 2 Abs. 2 Nr. 2 EStG).

**Zu Aufgabe 146**

Richtig: B, C

Nach § 2 Abs. 7 Satz 2 EStG ist grundsätzlich das Kalenderjahr der Ermittlungszeitraum bei der Einkommensteuer. Nach § 4a EStG ist davon abweichend bei Land- und Forstwirten und bei Gewerbetreibenden der Gewinn nach dem Wirtschaftsjahr zu ermitteln (B), das (z. B. § 4a Abs. 1 Nr. 1 EStG) nicht mit dem Kalenderjahr übereinstimmen muss (C). Das Wirtschaftsjahr kann nach § 8b EStDV auch einen Zeitraum von weniger als 12 Monaten umfassen, wenn z. B. ein Betrieb im Laufe eines Kalenderjahres eröffnet wird (A).

Der Bemessungszeitraum für die Einkommensteuer ist nach § 2 Abs. 7 Satz 1 EStG stets das Kalenderjahr, unabhängig davon, ob als Ermittlungszeitraum u. a. ein vom Kalenderjahr abweichendes Wirtschaftsjahr für den Stpfl. in Betracht kommt oder nicht (D).

**Zu Aufgabe 147**

Richtig: B

Bei Land- und Forstwirten ist der Gewinn nach dem Wirtschaftsjahr zu ermitteln. Das Wirtschaftsjahr umfasst i. d. R. den Zeitraum vom 01.07. bis 30.06. (§ 4a Abs. 1 Nr. 1 EStG; Abweichung: § 8c EStDV). Der Gewinn eines Wirtschaftsjahres ist auf das Kalenderjahr, in dem das Wirtschaftsjahr beginnt, und auf das Kalenderjahr, in dem das Wirtschaftsjahr endet, entsprechend dem zeitlichen Anteil aufzuteilen. Veräußerungsgewinne sind bei der Aufteilung auszuscheiden und dem Gewinn des Kalenderjahres hinzuzurechnen, in dem sie entstanden sind (§ 4a Abs. 2 Nr. 1 EStG).

Lösungen: Einkommensteuer

Ermittlung der in den Kalenderjahren 02 bis 04 anzusetzenden Gewinne (ohne Freibetrag nach § 13 Abs. 3 EStG):

Kalenderjahr 02

| | | |
|---|---:|---:|
| Gewinn Wj. 01/02 | 30.000 € | |
| davon entfallen $^6/_{12}$ auf das Kj. 02 | | 15.000 € |
| Gewinn Wj. 02/03 | 22.000 € | |
| davon entfallen $^6/_{12}$ auf das Kj. 02 | | 11.000 € |
| Gewinn 02 | | 26.000 € |

Kalenderjahr 03

| | | |
|---|---:|---:|
| Gewinn Wj. 02/03 | 22.000 € | |
| davon entfallen $^6/_{12}$ auf das Kj. 03 | | 11.000 € |
| Gewinn Wj. 03/04 | 140.000 € | |
| ./. Veräußerungsgewinn | 132.000 € | |
| Aufteilungsgewinn | 8.000 € | |
| davon entfallen $^6/_{12}$ auf das Kj. 03 | | 4.000 € |
| + Veräußerungsgewinn (entstanden am 02.08.03) | | 132.000 € |
| Gewinn 03 | | 147.000 € |

Kalenderjahr 04

| | | |
|---|---:|---:|
| Gewinn Wj. 03/04 | 140.000 € | |
| ./. Veräußerungsgewinn | 132.000 € | |
| Aufteilungsgewinn | 8.000 € | |
| davon entfallen $^6/_{12}$ auf das Kj. 04 | | 4.000 € |
| Gewinn Wj. 04/05 | 16.000 € | |
| davon entfallen $^6/_{12}$ auf das Kj. 04 | | 8.000 € |
| Gewinn 04 | | 12.000 € |

**Zu Aufgabe 148**
Richtig:  C

Der Gewinn aus der Beteiligung als Kommanditist gehört nach § 15 Abs. 1 Nr. 2 EStG zu den Einkünften aus Gewerbebetrieb. Da die KG ein vom Kj. abweichendes Wj. hat, gilt der Gewinn des Wj. 04/05 in dem Kj. als bezogen, in dem das Wj. endet (§ 4a Abs. 2 Nr. 2 EStG). Da der Stpfl. den Teilbetrag erfolgsneutral gebucht hat, ist für das Kj. 05 der Gewinnanteil in voller Höhe (24.000 €), zuzüglich des Gewinns aus seinem Baubetrieb (§ 15 Abs. 1 Nr. 1 EStG), bei den Einkünften aus Gewerbebetrieb anzusetzen (24.000 € + 60.000 € = 84.000 €).

Lösungen: Einkommensteuer

## Zu Aufgabe 149

Richtig: B, C

Bei Gewerbetreibenden, die nicht im Handelsregister eingetragen sind, ist das Wirtschaftsjahr nach § 4a Abs. 1 Nr. 3 EStG das Kalenderjahr (B).

Ein vom Kalenderjahr abweichendes Wirtschaftsjahr ist für im Handelsregister eingetragene Gewerbetreibende nach § 4a Abs. 1 Nr. 2 EStG möglich (C).

Für die Umstellung des Wirtschaftsjahres ist das Einvernehmen des Finanzamts nur erforderlich, wenn das neu gewählte Ende des Wirtschaftsjahres nicht der 31.12. eines Kalenderjahres ist (A, D). Durch die Umstellung kann sich auch ein Wirtschaftsjahr mit einem Zeitraum von weniger als 12 Monaten ergeben (§ 8b EStDV).

## Zu Aufgabe 150

Richtig: A, C

Der Freibetrag für Land- und Forstwirte ist nach § 13 Abs. 3 EStG in Höhe dieser Einkünfte (D), höchstens aber in Höhe von 670 € bzw. von 1.340 € bei zusammenzuveranlagenden Ehegatten, von der Summe der Einkünfte (A) zur Ermittlung des Gesamtbetrags der Einkünfte (B) abzuziehen (§ 2 Abs. 3 Satz 1 EStG, R 2 EStR), auch wenn die Einkünfte nur in einem Teil des VZ erzielt wurden (R 13.1 EStR). Der Freibetrag in Höhe von höchstens 1.340 € ist auch dann zu gewähren, wenn nur einer der Ehegatten Einkünfte aus Land- und Forstwirtschaft erzielt hat (H 13.1 „Zusammenveranlagung" EStH).

Die Grenzen der Summe der Einkünfte von 30.700 € bzw. von 61.400 € bei zusammenzuveranlagenden Ehegatten sind Freigrenzen, bei deren Überschreiten der Freibetrag ganz entfällt (D).

## Zu Aufgabe 151

Richtig: B, C

Der Altersentlastungsbetrag ist nach § 2 Abs. 3 EStG von der Summe der Einkünfte zur Ermittlung des Gesamtbetrags der Einkünfte abzuziehen (A), die außergewöhnlichen Belastungen nach § 2 Abs. 4 EStG vom Gesamtbetrag der Einkünfte zur Ermittlung des Einkommens (B).

Sowohl der freibleibende Betrag nach § 46 Abs. 3 EStG als auch der Härteausgleich nach § 70 EStDV sind nach Maßgabe dieser Vorschriften vom Einkommen zur Ermittlung des zu versteuernden Einkommens abzuziehen (C).

Die Steuerermäßigungen – wie die Ermäßigung gem. § 34g EStG – sind nach § 2 Abs. 6 EStG von der tariflichen Einkommensteuer zur Ermittlung der festzusetzenden Einkommensteuer abzuziehen (D).

Lösungen: Einkommensteuer

**Zu Aufgabe 152**
Richtig:  B

Der Altersentlastungsbetrag ist nach § 24a EStG wie folgt zu ermitteln:

40 % (64. Lebensjahr vor 2005 vollendet) des Bruttoarbeitslohns (4.500 €) und der positiven Summe der Einkünfte, die nicht solche aus nichtselbständiger Arbeit sind. Dabei bleiben Versorgungsbezüge i. S. des § 19 Abs. 2 EStG (5.380 €) und Einkünfte aus Leibrenten i. S. des § 22 Nr. 1 Satz 3 Buchst. a Doppelbuchst. aa EStG außer Betracht. Da sich hier keine positive Summe der anderen Einkünfte ergibt (+ 2.000 € ./. 5.000 € = ./. 3.000 €), beträgt der Altersentlastungsbetrag (40 % von 4.500 € =) 1.800 €. Der Höchstbetrag von 1.900 € wird nicht erreicht.

**Zu Aufgabe 153**
Richtig:  A, B, C, D

Ermittlung des zu versteuernden Einkommens:

Gewinn/Einkünfte aus selbständiger Arbeit i. S. des § 18 Abs. 1 Nr. 1 EStG
= Summe der Einkünfte

(Betriebseinnahmen 180.000 € ./. Betriebsausgaben 60.000 €)   120.000 €  (A)

./.  Altersentlastungsbetrag nach § 24a EStG
     (36,8 % – Kohorte 2007 – von 120.000 €, höchstens =)   1.748 €

=   Gesamtbetrag der Einkünfte                              118.252 €  (B)

./.  Sonderausgaben-Pauschbetrag
     nach § 10c EStG in Höhe von                            36 €

./.  Vorsorgeaufwendungen i. S. des
     § 10 Abs. 1 Nr. 3 und Nr. 3a
     i. V. m. § 10 Abs. 4a EStG
     i. V. m. *§ 10 Abs. 3 Nr. 1 und 2 EStG 2004* in Höhe von   4.000 €

=   Einkommen                                               114.216 €  (C)

./.  Freibeträge nach § 32 Abs. 6 EStG gem. § 31 EStG,
     da ESt-Differenz von (42 % von 3.504 =) 1.472 € höher
     als das Kindergeld von ($^1/_2$ von 2.208 =) 1.104 €   3.504 €

=   zu versteuerndes Einkommen                              110.712 €  (D)

**Zu Aufgabe 154**
Richtig:  D

263

## Lösungen: Einkommensteuer

Ermittlung der Summe der Einkünfte:

Einkünfte aus nichtselbständiger Arbeit der Ehefrau

| | | |
|---|---|---:|
| | Bruttoarbeitslohn | 24.000 € |
| | Arbeitnehmer-Pauschbetrag (§ 9a Nr. 1 Buchst. a EStG) | ./. 1.000 € |
| Einkünfte | | 23.000 € |

Ehemann

| | | |
|---|---|---:|
| | Arbeitslosengeld steuerfrei nach § 3 Nr. 2 EStG | 0 € |
| | Ausgaben hierfür nicht abzugsfähig nach § 3c Abs. 1 EStG | 0 € |
| | Einkünfte aus Gewerbebetrieb   1.200 € ./. 240 € = | 960 € |
| Summe der Einkünfte (ohne Einkünfte aus Kapitalvermögen gem. § 2 Abs. 5b EStG) | | 23.960 € |

### Zu Aufgabe 155

Richtig:   D

Ermittlung des Einkommens:

| | | |
|---|---|---:|
| Summe der Einkünfte (§ 2 Abs. 1 EStG) | | 30.300 € |
| ./. | Altersentlastungsbetrag – Kohorte 2006 – § 24a EStG, 38,4 % von (600 € + 3.000 € + 10.200 € ./. 10.500 € =) 3.300 € = 1.268 €, höchstens 1.824 € (einschl. 600 € – R 24a EStR) | 1.268 € |
| ./. | Freibetrag für Land- und Forstwirte (§ 13 Abs. 3 EStG) | 600 € |
| = | Gesamtbetrag der Einkünfte | 28.432 € |
| ./. | für Vorsorgeaufwendungen | 2.000 € |
| ./. | Sonderausgaben-Pauschbetrag (§ 10c EStG) | 36 € |
| = | Einkommen | 26.396 € |

### Zu Aufgabe 156

Richtig:   A, D

Beim Betriebsvermögensvergleich ergibt sich zunächst der Saldo aller Betriebsvermögensänderungen, wenn das Betriebsvermögen am Ende des Wirtschaftsjahres mit dem vom Ende des vorangegangenen Wirtschaftsjahres verglichen wird (C). Da in dieser Differenz auch die privat veranlassten Betriebsvermögensänderungen enthalten sind, muss zur Ermittlung des Gewinns nach § 4 Abs. 1 EStG noch eine Korrektur um diese privaten Änderungen erfolgen. Da die Entnahmen das Betriebsvermögen gemindert haben, sind diese der Differenz hinzuzurechnen, entsprechend sind die Einlagen abzuziehen (A). Diese Art der Gewinnermittlung ist auch bei § 5 EStG anzuwenden. Bei der Gewinnermittlung nach § 4 Abs. 3 EStG ist der Überschuss der Betriebseinnahmen über die Betriebsausgaben zu ermitteln (D).

**Zu Aufgabe 157**
Richtig: B

Der private Nutzungsanteil kann nach § 6 Abs. 1 Nr. 4 Satz 3 EStG mit dem Anteil der Gesamtkosten ermittelt werden, wenn – wie im vorliegenden Fall – diese durch Belege und ein ordnungsgemäßes Fahrtenbuch nachgewiesen sind.

Berechnung: 6.000 km/20.000 km (= 30 %) von 12.600 € = 3.780 €.

Der private Kfz-Nutzungsanteil gehört zu den nicht abziehbaren Kosten der Lebensführung nach § 12 Nr. 1 EStG (Entnahme). Der Gewinn ist deshalb zunächst um 3.780 € zu erhöhen. Die Umsatzsteuer auf die private Nutzung darf sich nach § 12 Nr. 3 EStG nicht auf den Gewinn auswirken.

Die Aufwendungen für Fahrten mit dem eigenen PKW zwischen Wohnung und Betrieb sind zwar Betriebsausgaben, sie dürfen aber nach § 4 Abs. 5 Nr. 6 EStG nur mit den in § 9 Abs. 1 Nr. 4 EStG genannten Entfernungskilometersätzen als Betriebsausgabe abgezogen werden. Der Unterschiedsbetrag zwischen dem tatsächlichen Aufwand pro Entfernungskilometer – bei Pelz 1,26 € (s. u.) – und dem sich nach § 9 Abs. 1 Nr. 4 EStG ergebenden Betrag ist als nicht abziehbare Betriebsausgabe dem Gewinn hinzuzurechnen, wenn die private Nutzung des Fahrzeugs nach § 6 Abs. 1 Nr. 4 Satz 3 EStG ermittelt wird.

Danach ergibt sich folgende Berechnung:

| | |
|---|---:|
| Kfz-Kosten insgesamt | 12.600 € |
| ./. 30 % Privatanteil | 3.780 € |
| betrieblich veranlasste Kfz-Kosten | 8.820 € |
| (Fahrleistung: 20.000 km ./. 30 % private Nutzung) | |

Auf 1 km Fahrleistung entfallen (8.820 € : 14.000 km =) 0,63 €, das entspricht 1,26 € pro Entfernungskilometer. Für 1.000 Entfernungskilometer ist daher nach § 4 Abs. 5 Nr. 6 EStG die Differenz zwischen 1,26 € und dem Kilometersatz nach § 9 Abs. 1 Nr. 4 EStG dem Gewinn als nicht abziehbare Betriebsausgaben hinzuzurechnen. Das ergibt eine Hinzurechnung von (1,26 € ./. 0,30 € =) 0,96 €/km × 1.000 km = 960 €. Umsatzsteuer fällt hier nicht an, der Vorsteuerabzug bleibt insoweit erhalten.

**Zu Aufgabe 158**
Richtig: D

Nach § 6 Abs. 1 Nr. 4 Satz 2 EStG ist die private Kfz-Nutzung mit 1 % des Listenpreises des genutzten Fahrzeugs im Zeitpunkt der Erstzulassung einschließlich

Umsatzsteuer als Entnahme für jeden Kalendermonat anzusetzen. Für die Entnahme ergibt sich damit bei dem Stpfl. Pelz ein Ansatz von (1 % von 47.600 € = 476 € monatlich, 476 € × 12 =) 5.712 €. Dieser Betrag ist gewinnerhöhend zu berücksichtigen.

## Zu Aufgabe 159

Richtig: D

Der Ansatz der nicht abziehbaren Betriebsausgaben mit dem sich aus den tatsächlichen Aufwendungen ergebenden Betrag von 960 € (A; Ermittlung siehe zu Aufgabe 157 am Ende) kommt nur in Betracht, wenn für die private Nutzung des Fahrzeugs § 6 Abs. 1 Nr. 4 Satz 3 EStG angewandt wird. Im Übrigen ist die Höhe der nicht abziehbaren Betriebsausgaben nach § 4 Abs. 5 Nr. 6 EStG als Differenz zwischen dem Produkt aus 0,03 % des Listenpreises (hier von 47.600 € = 14,28 €), der Anzahl der Entfernungskilometer (hier: 5 km) sowie der Anzahl der Monate (hier: 12) – Produkt bei Pelz: (14,28 € × 5 × 12 =) 856,80 € – und dem sich nach § 9 Abs. 1 Nr. 4 EStG ergebenden Betrag – bei Pelz: 1.000 km × 0,30 €/km = 300 € – zu ermitteln. Für den Stpfl. Pelz betragen die nicht abziehbaren Betriebsausgaben (856,80 € ./. 300 € =) 556,80 €. Dem Gewinn ist dieser Betrag in dieser Höhe hinzuzurechnen.

## Zu Aufgabe 160

Richtig: A

§ 11 EStG gilt für alle Einkünfte aus den sieben Einkunftsarten, mit Ausnahme der durch Bestandsvergleich ermittelten Gewinne (§ 11 Abs. 1 Satz 5 und Abs. 2 Satz 6 EStG). Betriebsversicherung und Miete sind regelmäßig wiederkehrende Ausgaben. Grundsätzlich sind Ausgaben in dem Kj. abzusetzen, in dem sie geleistet worden sind. Eine Ausnahme hiervon bilden regelmäßig wiederkehrende Ausgaben, die kurze Zeit (10 Tage – H 11 „Allgemeines" EStH) vor Beginn oder kurze Zeit nach Beendigung des Kj. zu dem sie wirtschaftlich gehören, abgeflossen sind; auf die Fälligkeit in diesem Kj. kommt es nicht an (BFH von 23.09.1999, BStBl 2000 II S. 121). Diese Ausgaben gelten als in dem Kj. geleistet, zu dem sie wirtschaftlich gehören (§ 11 Abs. 2 Satz 2 i. V. m. Abs. 1 Satz 2 EStG).

Die Betriebsversicherung gilt deshalb im Kj. 02 als geleistet. Die Miete ist nicht kurze Zeit nach Beendigung des Kj. abgeflossen, zu dem sie wirtschaftlich gehört (erst am 25.01.02). Der Betrag ist deshalb im Kj. 02 (Jahr der Zahlung) als Betriebsausgabe abzusetzen.

Demnach bleibt der erklärte Gewinn 01 in Höhe von 12.000 € unverändert. Der Gewinn 02 ist auf (14.000 € ./. 1.800 € =) 12.200 € zu berichtigen.

## Zu Aufgabe 161

Richtig: A

Auch bei einem Gewinnermittler nach § 4 Abs. 3 EStG wirkt sich die Umsatzsteuer im Ergebnis (abgesehen von der nur zeitlichen Verschiebung der im neuen Jahr geleisteten Zahllast für den letzten Voranmeldungszeitraum des vorangegangenen Jahres) erfolgsneutral aus. Der Stpfl. hat jedoch die Umsatzsteuer auf die Entnahme (§ 3 Abs. 1b Nr. 1 UStG) im Rahmen der an das Finanzamt abgeführten Zahllast als Betriebsausgabe (190 €) abgesetzt, wobei dieser Betrag in den Einnahmen nicht enthalten ist. Somit hat sich die Umsatzsteuer auf die Entnahme unzulässigerweise gewinnmindernd ausgewirkt (§ 12 Nr. 3 EStG). Der Gewinn beträgt demnach (18.070 € + 190 € =) 18.260 €.

### Zu Aufgabe 162
Richtig: B

Nach der Rechtsprechung sind Entnahmen auch bei der Gewinnermittlung nach § 4 Abs. 3 EStG mit dem Teilwert (Wiederbeschaffungskosten im Zeitpunkt der Entnahme) als Einnahmen anzusetzen (2.200 €). Die Umsatzsteuer auf die Entnahme ist nach § 12 Nr. 3 EStG bei der Gewinnermittlung nicht zu berücksichtigen.

Der Gewinn beträgt demnach (20.000 € + 2.200 € =) 22.200 €.

### Zu Aufgabe 163
Richtig: C, D

Die Anschaffungskosten des zum Betriebsvermögen gehörenden Grund und Bodens betragen 32.100 € (einschließlich Anschaffungsnebenkosten). Die Anschaffungskosten sind jedoch erst im Zeitpunkt der Veräußerung (oder Entnahme) als Betriebsausgaben zu berücksichtigen (§ 4 Abs. 3 Satz 4 EStG). Der für das Kj. 01 erklärte Gewinn ändert sich somit nicht (C).

Im Kj. 02 sind die Einnahmen um den Veräußerungserlös von 40.000 € zu erhöhen, gleichfalls erhöhen sich aber auch die Betriebsausgaben um die Anschaffungskosten für den Grund und Boden (32.100 €).

Der Gewinn des Kj. 02 beträgt demnach 22.000 € + (40.000 € ./. 32.100 € =) 7.900 € = 29.900 € (D).

### Zu Aufgabe 164
Richtig: B

Die Betriebsausgabe wurde bereits im Zeitpunkt der Bezahlung der Ware beim Einkauf berücksichtigt. Eine nochmalige Berücksichtigung als Betriebsausgabe (200 €) aufgrund des Diebstahls ist falsch, weil sich durch das Fehlen einer entsprechenden Einnahme dieser Vorgang insgesamt in Höhe der tatsächlichen Aufwendungen (150 €) gewinnmindernd ausgewirkt hat. Die Betriebsausgaben sind um 200 € zu vermindern.

Lösungen: Einkommensteuer

Scheiden abnutzbare Wirtschaftsgüter durch Diebstahl aus dem Betriebsvermögen aus, so ist – wie bei der Veräußerung – der Restbuchwert (5.400 €) als Betriebsausgabe abzusetzen. Der Teilwert ist nur bei der Entnahme (als Einnahme) von Bedeutung. Die bisher erfassten Betriebsausgaben von 5.000 € sind daher um 400 € zu erhöhen.

Die Betriebsausgaben für 01 betragen somit
40.000 € + (./. 200 € + 400 € =) 200 € = 40.200 €.

**Zu Aufgabe 165**

Richtig: C

Der alte PKW ist mit dem Restbuchwert als Betriebsausgabe und mit dem Anrechnungswert als Einnahme anzusetzen. Da beide Fahrzeuge zu 30 % privat genutzt worden sind, stellt dieser Anteil der AfA eine Privatentnahme dar.

Berechnung:

| | | | | |
|---|---|---|---|---|
| Erklärter Gewinn 01 | | | | 18.000 € |
| Abzüglich alter PKW | Wert 01.01. 01 | | 2.400 € | |
| | ./. AfA ($^2/_{12}$ von 1.200 € =) | | 200 € | 200 € |
| | Restbuchwert | | 2.200 € | |
| Abgang | | | 2.200 € | 2.200 € |
| Anschaffungskosten gebrauchter PKW | | | 24.000 € | |
| ./. AfA (§ 7 Abs. 1 Sätze 1 u. 2 EStG, 24.000 € verteilt auf 4 Jahre davon $^{10}/_{12}$ nach § 7 Abs. 1 Satz 4 EStG) | | | 5.000 € | 5.000 € |
| Restbuchwert 31.12. 01 | | | 19.000 € | |
| + Einnahme alter PKW | | | | 3.000 € |
| + 30 % privatanteilige AfA alter PKW (AfA für $^2/_{12}$ von 1.200 € =) 200 € = | | | | 60 € |
| + 30 % privatanteilige AfA angeschaffter PKW (AfA $^{10}/_{12}$ von 6.000 € = ) 5.000 = | | | 1.500 € | |
| Gewinn 01 | | | | 15.160 € |

**Zu Aufgabe 166**

Richtig: A, C, D

Die an den Lieferanten gezahlte USt (Vorsteuer) ist im Zeitpunkt der Zahlung (§ 11 Abs. 2 EStG) als Betriebsausgabe abziehbar (A). Da die Anschaffungskosten für das Wirtschaftsgut – ohne Vorsteuer – nicht mehr als 410 € bzw. 150 € betragen (140 €), kann der Stpfl. im Jahr der Anschaffung (01) den Nettobetrag als Betriebsausgabe absetzen (nach § 6 Abs. 2 bzw. Abs. 2a Satz 4 EStG).

Der Gewinn für das Kj. 01 beträgt demnach (10.000 € ./. 140 € =) 9.860 € (C). Da der Stpfl. für Wirtschaftsgüter mit Anschaffungskosten bis 410 € nach § 6 Abs. 2 EStG ein Wahlrecht hat, ist auch die unter D vorgegebene Antwort richtig.

## Zu Aufgabe 167
Richtig:   A, C

Ob der Vorsteuerbetrag auf die Umsatzsteuerschuld anzurechnen ist oder nicht (§ 15 Abs. 1 und 2 UStG), spielt für die Prüfung der Grenzen des § 6 Abs. 2 und 2a EStG keine Rolle (R 9b Abs. 2 EStR). Die Anschaffungskosten der Maschine betragen nach Skonto-Abzug mehr als 410 €, sodass § 6 Abs. 2 EStG nicht angewendet werden kann. Da die Anschaffungskosten mehr als 150 €, aber nicht mehr als 1.000 € betragen, kann der Stpfl. § 6 Abs. 2a EStG für sämtliche derartige Wirtschaftsgüter einheitlich anwenden. Die Frachtkosten (netto) gehören ebenfalls zu den Anschaffungskosten des Wirtschaftsguts.

Berechnung der Anschaffungskosten i. S. des § 6 Abs. 2a EStG:

| | |
|---|---:|
| Anschaffungskosten ohne USt | 900 € |
| ./. 5 % von 900 € | 45 € |
| | 855 € |
| + Frachtkosten (ohne USt) | 20 € |
| | 875 € |

Als Betriebsausgaben i. S. des § 4 Abs. 4 EStG darf der Stpfl. demnach im Kj. 01 abziehen:

| | | |
|---|---|---:|
| 1. | $1/_5$ der Anschaffungskosten für die Maschine (als Teil des Sammelpostens nach § 6 Abs. 2a EStG) | 175,00 € |
| 2. | An den Lieferanten gezahlte USt (19 % von 855 € =) | 162,45 € |
| 3. | Gezahlte USt für die Beförderungsleistung (Fracht) | 3,80 € |
| | | 341,25 € |

Der Gewinn für das Kj. 01 beträgt demnach (15.000 € ./. 341,25 € =) 14.658,75 € (C).

Das Wahlrecht dahin gehend, dass der Stpfl. auf die Anwendung des § 6 Abs. 2a EStG verzichtet und stattdessen die Anschaffungskosten auf die betriebsgewöhnliche Nutzungsdauer verteilt (für 1.: $4/_{12}$ von 87,50 € = 29,17 € statt 175 €), ergibt sich aus § 6 Abs. 2a Satz 5 EStG; der Gewinn beträgt dann (29,17 € + 162,45 € + 3,80 € = 195,42 €; 15.000 € ./. 195,42 € = ) 14.804,58 € (A).

Lösungen: Einkommensteuer

**Zu Aufgabe 168**

Richtig:   C

Die Hingabe des PKW an den Sohn ist eine Entnahme. Sachentnahmen sind bei der Gewinnermittlung nach § 4 Abs. 3 EStG als fiktive Betriebseinnahmen anzusetzen. Der Wertansatz erfolgt nach § 6 Abs. 1 Nr. 4 EStG (entsprechende Anwendung) mit dem Teilwert, der hier den Wiederbeschaffungskosten entspricht.

Die Betriebseinnahmen erhöhen sich somit um 12.000 €.

Der Buchwert ist auf den Tag des Ausscheidens zu ermitteln und in diesem Gewinnermittlungszeitraum als Betriebsausgabe zu behandeln. Die AfA bis zum Ausscheiden stellt ebenfalls eine Betriebsausgabe dar.

Ermittlung der Betriebsausgaben:

Anschaffungskosten 02.01.01 = 20.000 € ./. AfA 01 und 02 von 10.000 € = Buchwert 01.01.03 von 10.000 €.

| | |
|---|---:|
| Buchwert 01.01. 03 | 10.000 € |
| ./. AfA bis 31.03.03 | 1.250 € |
| Restbuchwert 31.03.03 | 8.750 € |

Die Betriebsausgaben erhöhen sich danach um (1.250 € + 8.750 € =) 10.000 €.

Der Gewinn für das Kj. 03 beträgt demnach (20.000 € + 12.000 € ./. 10.000 € =) 22.000 € (C).

**Zu Aufgabe 169**

Richtig:   B

Betriebsausgaben können nach § 4 Abs. 4 EStG nur betrieblich veranlasste Aufwendungen sein. Die Schenkung der Lampe an die Tante ist privat veranlasst und daher als Entnahme einzuordnen.

Nach § 4 Abs. 5 Nr. 1 EStG sind nur Geschenke an Personen, die nicht Arbeitnehmer des Stpfl. sind, vom Betriebsausgabenabzug ausgeschlossen. Die Schenkung an den Lohnbuchhalter ist damit den abziehbaren Betriebsausgaben zuzuordnen.

Die Schenkung an den Kunden würde nach § 4 Abs. 5 Nr. 1 Satz 1 EStG als nicht abziehbare Betriebsausgabe anzusehen sein, da die Ausgabe aber gesondert aufgezeichnet ist (§ 4 Abs. 7 EStG) und die Anschaffungskosten der dem Kunden im Wirtschaftsjahr zugewendeten Gegenstände mit 33 € unter 35 € liegen, ist eine abziehbare Betriebsausgabe gegeben (§ 4 Abs. 5 Nr. 1 Satz 2 EStG).

**Zu Aufgabe 170**

Richtig:   B

## Lösungen: Einkommensteuer

Hinweis auf den Gewinnbegriff (§ 5 Abs. 1 i. V. m. § 4 Abs. 1 EStG). Die nicht abziehbaren Betriebsausgaben stellen keine Entnahme dar. Sie sind außerhalb der Bilanz dem Gewinn hinzuzurechnen.

Berechnung:

| | |
|---|---:|
| Betriebsvermögen 31.12. 02 | 55.000 € |
| Betriebsvermögen 31.12. 01 | 40.000 € |
| | 15.000 € |
| + Entnahmen (15.000 € + 3.000 € =) | 18.000 € |
| | 33.000 € |
| ./. Einlagen | 2.000 € |
| | 31.000 € |
| + nicht abziehbare Betriebsausgaben | 1.000 € |
| Gewinn 02 | 32.000 € |

### Zu Aufgabe 171
Richtig: C

Die Kapitalertragsteuer, eine besondere Erhebungsform der Einkommensteuer, ist nach § 12 Nr. 3 EStG bei der Ermittlung der Einkünfte nicht abziehbar.

Löhne und Gehälter sind durch den Betrieb veranlasst (§ 4 Abs. 4 EStG).

Aufwendungen für Mittagsheimfahrten gehören zu den nichtabzugsfähigen Kosten der Lebensführung (§ 12 Nr. 1 EStG, R 4.12 Abs. 1 EStR).

Die Anschaffungskosten für die Maschine sind erst vom Zeitpunkt der Anschaffung an (10.01.02) im Wege der AfA (Anschaffungskosten betragen mehr als 1.000 €, § 6 Abs. 2 und 2a EStG kommen nicht in Betracht) als Betriebsausgaben abzugsfähig.

Die Betriebsausgaben 01 betragen demnach (30.000 € ./. 200 € ./. 300 € ./. 400 € =) 29.100 €.

### Zu Aufgabe 172
Richtig: C

Die Betreuung der Tochter ist erwerbsbedingt aufgrund der Tätigkeit als Rechtsanwältin, die Tochter gehört zum Haushalt der R und hat das 14. Lebensjahr noch nicht vollendet; die Voraussetzungen für den Abzug der Aufwendungen für die Dienstleistung der Betreuung wie Betriebsausgaben gem. § 9c Abs. 1 EStG sind erfüllt. *(Ab 2012 entfällt die Voraussetzung „erwerbsbedingt", die Aufwendungen können nach § 10 Abs. 1 Nr. 5 EStG als Sonderausgaben abgezogen werden.)*

Als Betreuungsaufwendungen kommen aber nur (11 × 300 € =) 3.300 € in Betracht, da die Aufwendungen für die Verpflegung der Tochter auszuscheiden sind und die

Aufwendungen für die Klavierstunden nach § 9c Abs. 3 EStG außer Betracht bleiben müssen.

Die Aufwendungen von 3.300 € können zu $^2/_3$ = 2.200 € wie Betriebsausgaben *(ab 2012 als Sonderausgaben)* abgezogen werden; der Höchstbetrag von 4.000 € (ungekürzt) wird durch den Betrag von 2.200 € auch nicht überschritten.

## Zu Aufgabe 173

Richtig:   B, C, D

Der Übergang von der Gewinnermittlung nach § 4 Abs. 3 EStG zur Gewinnermittlung durch Bestandsvergleich nach § 5 Abs. 1 EStG erfordert, dass Betriebsvorgänge, die bisher nicht erfasst worden sind, im Jahr des ersten Bestandsvergleichs berücksichtigt werden. Entsprechendes gilt für Betriebsvorgänge, die sich doppelt oder nicht auswirken würden (R 4.6 Abs. 1 EStR, H 4.6 „Gewinnberichtigungen … – Wechsel zum Betriebsvermögensvergleich" EStH).

Auf Antrag des Stpfl. können die Zurechnungsbeträge gleichmäßig auf das Jahr des Übergangs und das Folgejahr oder das Jahr des Übergangs und die beiden folgenden Jahre verteilt werden.

Bei der Gewinnermittlung nach § 4 Abs. 3 EStG haben sich die bezahlten Waren in Höhe von (20.000 € ./. 5.000 € =) 15.000 € bereits als Betriebsausgaben ausgewirkt. Da diese Waren jedoch im Anfangsbestand enthalten sind, gehen sie bei der Veräußerung in den Wareneinsatz ein und vermindern damit den Roh- und den Reingewinn nochmals um 15.000 €. Um eine doppelte Gewinnminderung zu vermeiden, ist eine Zurechnung von 15.000 € vorzunehmen (siehe auch Anlage 1 zu den EStR). Danach würde der Gewinn für das Kj. 02 45.000 € betragen (C).

Auf Antrag des Stpfl. ist der Übergangsgewinn gleichmäßig auf 2 oder 3 Jahre zu verteilen (R 4.6 Abs. 1 Satz 4 EStR). Danach würde der Gewinn für das Kj. 02 entweder 30.000 € + ($^1/_3$ von 15.000 € =) 5.000 € = 35.000 € (D) oder 30.000 € + ($^1/_2$ von 15.000 € =) 7.500 € = 37.500 € (B) betragen.

## Zu Aufgabe 174

Richtig:   C

Die geleistete Anzahlung hat sich bisher bei der Gewinnermittlung nach § 4 Abs. 3 EStG nicht ausgewirkt. Erst vom Anschaffungszeitpunkt an erhält der Stpfl. für das Wirtschaftsgut die AfA. Bei den beiden Gewinnermittlungsarten ergeben sich keine unterschiedlichen Gewinnauswirkungen. Eine Gewinnberichtigung entfällt deshalb.

Die Kundenforderungen haben sich bisher bei der Gewinnermittlung nach § 4 Abs. 3 EStG noch nicht ausgewirkt (noch kein Zufluss der Einnahme). Der Eingang der Forderung bewirkt nach den Grundsätzen des Bestandsvergleichs lediglich eine erfolgsneutrale Betriebsvermögensumschichtung. Deshalb ist der Gewinn des Kj. 02 um 4.000 € zu erhöhen.

Der Gewinn 02 beträgt 34.000 €.

## Zu Aufgabe 175
Richtig: B

Bank- bzw. Geldbestände haben bei beiden Gewinnermittlungsarten keine Auswirkung auf den Gewinn. Eine Gewinnberichtigung entfällt insoweit.

Bei der Gewinnermittlung nach § 4 Abs. 3 EStG gehören vereinnahmte Umsatzsteuerbeträge im Zeitpunkt ihrer Vereinnahmung zu den Betriebseinnahmen, verausgabte Umsatzsteuerbeträge (gezahlte Vorsteuer und an das Finanzamt abgeführte Umsatzsteuer) im Zeitpunkt ihrer Verausgabung zu den Betriebsausgaben (H 9b „Gewinnermittlung ..." EStH). Ein Abzug ist bisher mangels Abflusses nicht erfolgt. Die Bezahlung wirkt sich bei der Gewinnermittlung nach § 5 Abs. 1 EStG erfolgsneutral aus. Deshalb ist der Gewinn für das Kj. 02 um 500 € auf 29.500 € zu berichtigen.

## Zu Aufgabe 176
Richtig: C

Sowohl bei der Gewinnermittlung nach § 4 Abs. 3 EStG als auch bei der Gewinnermittlung nach § 5 Abs. 1 EStG erhält der Stpfl. für abnutzbare Wirtschaftsgüter des Anlagevermögens die AfA. Eine unterschiedliche Behandlung ist somit nicht gegeben. Der Gewinn ist insoweit nicht zu berichtigen.

Die Betriebsversicherung ist eine regelmäßig wiederkehrende Ausgabe, die kurze Zeit vor Beginn des Kj. gezahlt worden ist, zu dem sie wirtschaftlich gehört. Diese Ausgabe galt deshalb im Kj. 01 noch nicht als abgeflossen (noch keine Betriebsausgabe – § 11 Abs. 2 Satz 2 EStG). Da die Auflösung dieses Bilanzpostens im Kj. 02 eine Gewinnminderung bewirkt, erfolgt keine Gewinnberichtigung.

## Zu Aufgabe 177
Richtig: A

Die Aufnahme der Bankschulden zum Erwerb von Wirtschaftsgütern, für die der Stpfl. bei beiden Gewinnermittlungsarten die AfA erhält, führt nicht zu einer Gewinnauswirkung. Eine Gewinnberichtigung entfällt deshalb.

Hinsichtlich der Garantiezusagen ist im Kj. 01 noch keine Verausgabung erfolgt. Somit hat sich dieser Vorgang bisher bei der Gewinnermittlung nach § 4 Abs. 3 EStG noch nicht als Betriebsausgabe ausgewirkt. Bei der Inanspruchnahme der Garantie wird lediglich das Rückstellungskonto erfolgsneutral aufgelöst. Der Gewinn ist deshalb um 2.000 € zu mindern und beträgt danach 28.000 €.

## Zu Aufgabe 178
Richtig: B, C *(Ab 2013 – Richtig: C, D)*

Eine Einzelveranlagung kommt – neben für ganzjährig ledige, geschiedene oder verwitwete Personen – auch für einen Ehegatten dann in Betracht, wenn der andere Ehegatte im Jahr der Auflösung der Ehe wieder geheiratet hat und für dessen neue Ehe die Voraussetzungen des § 26 Abs. 1 Satz 1 EStG vorliegen (A). Nach § 26 Abs. 1 Satz 2 EStG findet für die aufgelöste Ehe dann die Ehegattenbesteuerung grundsätzlich keine Anwendung; § 26 Abs. 1 Satz 3 EStG lässt aber eine Ausnahme zu, wenn die Ehe durch Tod aufgelöst wurde und die Ehegatten der neuen Ehe die besondere Veranlagung wählen (D). *(Ab 2013 – § 52 Abs. 68 EStG – ist § 26 Abs. 1 Satz 3 EStG weggefallen; Ehegatten können dann gem. § 26 Abs. 1 EStG auch die Einzelveranlagung nach § 26a EStG wählen.)* Die Ehegattenbesteuerung erfolgt, wenn die Voraussetzungen des § 26 Abs. 1 Satz 1 EStG zu Beginn oder im Laufe des VZ gleichzeitig vorgelegen haben bzw. eingetreten sind (B, C).

**Zu Aufgabe 179**

Richtig:  A, B, C *(Ab 2013 – Richtig: A, B)*

Die Ehegattenbesteuerung ist für den VZ 01 anzuwenden, weil zu Beginn des VZ 01 die Voraussetzungen des § 26 Abs. 1 Satz 1 EStG vorgelegen haben. Die Stpfl. kann deshalb zwischen getrennter Veranlagung (C) und Zusammenveranlagung (B) wählen (§§ 26a, 26b EStG). Die besondere Veranlagung nach § 26c EStG kommt nur für den VZ der Eheschließung (nicht auch der Auflösung) in Betracht.

Für den VZ 02 findet die Ehegattenbesteuerung keine Anwendung. Es ist eine Einzelveranlagung (A) durchzuführen (§ 25 EStG).

*(Ab 2013 – § 52 Abs. 68 EStG – entfallen die getrennte und die besondere Veranlagung.)*

**Zu Aufgabe 180**

Richtig:  A, D *(Ab 2013 – Richtig: A, D)*

Nach § 26 Abs. 1 Satz 2 und 3 EStG bleibt die Ehe mit einem im VZ Verstorbenen für die Ehegattenbesteuerung unberücksichtigt, wenn der überlebende Ehegatte im selben VZ mit einem neuen Ehegatten ebenfalls § 26 Abs. 1 Satz 1 EStG erfüllt und keine besondere Veranlagung gem. § 26c EStG beantragt wird, sodass dann für den Verstorbenen nur eine Einzelveranlagung in Betracht kommt (A). Ansonsten verbleibt es auch für den VZ des Todes eines Ehegatten bei der Ehegattenbesteuerung (D).

*(Ab 2013 – § 52 Abs. 68 EStG – entfallen die getrennte und die besondere Veranlagung.)*

**Zu Aufgabe 181**

Richtig:  B, C, D *(Ab 2013 – Richtig: B)*

## Lösungen: Einkommensteuer

Ehegatten werden getrennt veranlagt, wenn einer der Ehegatten die getrennte Veranlagung wählt (C, D; § 26 Abs. 2 Satz 1 EStG).

Eine Zusammenveranlagung ist nicht nur dann durchzuführen, wenn beide Ehegatten die Zusammenveranlagung wählen (A; § 26 Abs. 2 Satz 2 EStG), sondern auch dann, wenn die Ehegatten die erforderlichen Erklärungen nicht abgeben (B; § 26 Abs. 3 EStG).

*(Ab 2013 – § 52 Abs. 68 EStG –: Eine Einzelveranlagung von Ehegatten erfordert den Antrag mindestens eines Ehegatten, die getrennte Veranlagung entfällt.)*

### Zu Aufgabe 182

Richtig: B, C, D

Nach § 26a Abs. 1 Satz 1, § 26b und § 26c Abs. 1 Satz 1 EStG sind die Einkünfte ungeachtet der Veranlagungsart stets getrennt zu ermitteln (A, B). Bei der Zusammenveranlagung sind die Einkünfte dann zusammenzurechnen (C); es ergibt sich damit nur eine Summe der Einkünfte (D).

### Zu Aufgabe 183

Richtig: B, C, D *(Ab 2013 – Richtig: B, D)*

Außergewöhnliche Belastungen werden nur bei der Zusammenveranlagung und der getrennten Veranlagung gemeinsam ermittelt, nicht aber bei der besonderen Veranlagung nach § 26c EStG (A). Nach § 24a Satz 3 und 4 EStG ist der Altersentlastungsbetrag auch bei einer Zusammenveranlagung für jeden Ehegatten gesondert zu ermitteln. Im Übrigen siehe Begründung zu Aufgabe 182.

*(Ab 2013 – § 52 Abs. 68 EStG – entfallen die getrennte und die besondere Veranlagung.)*

### Zu Aufgabe 184

Richtig: A, B, C, D

Wie sich aus den Einleitungssätzen zu § 10 Abs. 1 und § 12 EStG ergibt, handelt es sich bei den Sonderausgaben (§§ 10 ff. EStG) um – ausnahmsweise – abzugsfähige Kosten der Lebensführung (B, C, D). Sonderausgaben sind nach § 2 Abs. 4 EStG vom Gesamtbetrag der Einkünfte abzuziehen (A).

### Zu Aufgabe 185

Richtig: C

Die Unterhaltszahlungen an die geschiedenen Ehefrauen von (12 × 1.000 € =) 12.000 € zuzüglich (12 × 160 € =) 1.920 € und (12 × 1.200 € =) 14.400 € sind nach § 10 Abs. 1 Nr. 1 EStG in Höhe von (12.000 € + 1.920 € =) 13.920 € für die erste und von (12 × 800 € =) 9.600 € für die zweite Ehefrau abzugsfähig, da insoweit die

Zustimmungen vorliegen, der Höchstbetrag von 13.805 € je geschiedenen Ehegatten (R 10.2 Abs. 3 EStG) – für die erste Ehefrau erhöht um die Beiträge i. S. des § 10 Abs. 1 Nr. 3 EStG von 1.920 € auf 15.725 € – nicht überschritten wird und die Unterhaltszahlungen für die Tochter nicht in den Sonderausgabenabzug einbezogen werden können.

Für die Fortbildungsmaßnahmen kommt kein Abzug gem. § 10 Abs. 1 Nr. 7 EStG in Betracht, da es sich nicht um Berufsausbildungskosten handelt. Nach § 10 Abs. 1 Satz 1 erster Halbsatz EStG ist ein Abzug als Werbungskosten vorrangig, sodass die Kosten als vorweggenommene Werbungskosten zu berücksichtigen sind. Es können damit (13.920 € + 9.600 € =) 23.520 € als Sonderausgaben abgezogen werden.

**Zu Aufgabe 186**

Richtig: C

Durch die Beschränkung der Abzugsfähigkeit von Vorsorgeaufwendungen (nach § 10 Abs. 2 erster Halbsatz EStG: Vorsorgeaufwendungen = Sonderausgaben i. S. des § 10 Abs. 1 Nr. 2, 3 und 3a EStG) nach § 10 Abs. 3 und 4 EStG ergibt sich zunächst eine Zweiteilung der Sonderausgaben in „Vorsorgeaufwendungen" und „übrige Sonderausgaben". Während für Vorsorgeaufwendungen (Versicherungsbeiträge) keine Pauschalregelung vorgesehen ist, wird für die übrigen Sonderausgaben bei allen Stpfl. nach § 10c EStG mindestens der Sonderausgaben-Pauschbetrag von 36 € (bei Zusammenveranlagung: 72 €) abgezogen.

Für die Vorsorgeaufwendungen des ledigen Gewerbetreibenden A (Krankenversicherungsbeiträge – § 10 Abs. 1 Nr. 3 und 3a EStG) ist die Höhe des Abzugs aufgrund der geleisteten Beiträge von 5.200 € – die rückgewährten Beiträge sind nach H 10.1 „Abzugshöhe ..." EStH von den gezahlten Beiträgen desselben VZ abzuziehen – festzustellen.

Hierfür sind Vorsorgeaufwendungen nach der ab 2005 geltenden Rechtslage in Altersvorsorgeaufwendungen (§ 10 Abs. 1 Nr. 2 – Abzug nach § 10 Abs. 3 EStG) und in sonstige Vorsorgeaufwendungen (§ 10 Abs. 1 Nr. 3 – Basiskrankenversicherungsbeiträge und Beiträge zur gesetzlichen Pflegeversicherung – und Nr. 3a EStG weitere sonstige Vorsorgeaufwendungen – Abzug nach § 10 Abs. 4 EStG) zu unterscheiden.

Altersvorsorgeaufwendungen hat A nicht geltend gemacht.

Die Krankenversicherungsbeiträge des A sind als sonstige Vorsorgeaufwendungen nach § 10 Abs. 4 EStG bis zur Höhe von 2.800 € abzugsfähig, soweit es sich um Beiträge nach § 10 Abs. 1 Nr. 3 EStG handelt, mindestens in dieser Höhe. Der Mindestabzug für A beträgt danach 3.200 €. Bei Ansatz des Mindestabzugsbetrags entfällt eine Berücksichtigung der weiteren sonstigen Vorsorgeaufwendungen.

Für den Abzug der gesamten Vorsorgeaufwendungen (Alters- und sonstige) ist nach § 10 Abs. 4a EStG bis 2019 eine Vergleichsberechnung auf der Basis der Rechtslage 2004 durchzuführen und das günstigere Ergebnis anzusetzen.

## Lösungen: Einkommensteuer

| | | |
|---|---:|---:|
| Vergleichsberechnung für A – Rechtslage 2004 | | **abzugsfähig** |
| Danach ist zunächst ein Vorwegabzug nach § 10 Abs. 4a EStG i. V. m. *§ 10 Abs. 3 Nr. 2 EStG 2004* für die Versicherungsbeiträge von | 5.200 € | |
| bis zur Höhe von 2.700 € (bei Zusammenveranlagung 5.400 €) möglich. | 2.700 € | 2.700 € |
| Die verbleibenden Aufwendungen von | 2.500 € | |
| sind nach *§ 10 Abs. 3 Nr. 1 EStG 2004* bis zu einem Grundhöchstbetrag von | 1.334 € | 1.334 € |
| (bei Zusammenveranlagung 2.668 €) abzugsfähig. | | |
| Der übersteigende Betrag von | 1.166 € | |
| kann nach *§ 10 Abs. 3 Nr. 4 EStG 2004* noch zur Hälfte, höchstens bis zur Höhe des hälftigen Höchstbetrags von 667 € (50 % des Grundhöchstbetrags), abgezogen werden, für A also | | 583 € |
| Für Vorsorgeaufwendungen sind bei A abzugsfähig: da dieser Betrag höher ist als 3.200 €. | | 4.617 €, |
| Die Spenden an die Partei rechnen nach § 10b Abs. 2 EStG nur insoweit zu den Sonderausgaben, als sie nicht nach § 34g EStG begünstigt sind. 1.650 € der Spenden des A führen nach dieser Vorschrift zu einer Ermäßigung der Einkommensteuer um 825 €, sodass noch (1.680 € ./. 1.650 € =) 30 € als Sonderausgaben verbleiben. Für die übrigen Sonderausgaben ist aber nach § 10c EStG mindestens der Sonderausgaben-Pauschbetrag von 36 € abzuziehen. | | 36 € |
| Für Sonderausgaben ist bei A für den VZ 2011 ein Betrag in Höhe von abzuziehen. | | 4.653 € |

### Zu Aufgabe 187
Richtig:  B

Bei den Rentenversicherungsbeiträgen handelt es sich um Altervorsorgeaufwendungen i. S. des § 10 Abs. 1 Nr. 2 Buchst. b EStG. Der Abzug ergibt sich nach § 10 Abs. 3 Sätze 1, 4 und 6 EStG mit 72 % von 3.000 € (unter 20.000 €) = 2.160 €.

Die Kranken- und Pflegeversicherungsbeiträge sind nach § 10 Abs. 1 Nr. 3 und 3a EStG sonstige Vorsorgeaufwendungen, die nach § 10 Abs. 4 EStG bis zur Höhe von

## Lösungen: Einkommensteuer

2.800 €, mindestens aber in Höhe der Beiträge i. S. des § 10 Abs. 1 Nr. 3 EStG von 2.950 €, abzugsfähig sind. Der Abzug der Vorsorgeaufwendungen ergibt sich danach mit (2.160 € + 2.950 € =) 5.110 €.

Nach § 10 Abs. 4a EStG ist vergleichend die Höchstbetragsberechnung nach der Rechtslage 2004 mit und ohne Erhöhungsbetrag durchzuführen

| | | |
|---|---:|---:|
| Nach *§ 10 Abs. 3 EStG 2004* sind die Vorsorgeaufwendungen von (3.000 € + 3.600 € =) | 6.600 € | |
| nach *Nr.2* i. V. m. § 10 Abs. 4a EStG vorweg in Höhe von | <u>2.700 €</u> | 2.700 € |
| verbleiben | 3.900 € | |
| nach *Nr. 1* in Höhe von (Grundhöchstbetrag) | <u>1.334 €</u> | 1.334 € |
| und vom Rest von | 2.566 € | |
| nach *Nr. 4* noch 50 %, höchst. 50 % von 1.334 € – also | 667 € | <u>667 €</u> |
| insgesamt also abzugsfähig | | 4.701 € |

(nach § 10 Abs. 4a Satz 2 EStG – ohne Erhöhungsbetrag).

Nach § 10 Abs. 4a Sätze 1 und 3 EStG ist vergleichend die Berechnung nach *§ 10 Abs. 3 EStG 2004* ohne Berücksichtigung der Rentenversicherungsbeiträge durchzuführen – danach sind nach *Nr. 1* und *Nr. 2* 3.600 € abzugsfähig – und der sich ergebende Betrag um den nach § 10 Abs. 3 EStG für die Rentenversicherungsbeiträge abzugsfähigen Betrag von 2.160 € zu erhöhen (Erhöhungsbetrag), sodass sich ein Abzug von (3.600 € + 2.160 € =) 5.760 € ergibt.

Der Abzug der Vorsorgeaufwendungen ist danach mit 5.760 € vorzunehmen, da die zu vergleichenden Ergebnisse von 5.110 € und 4.701 € niedriger sind.

**Zu Aufgabe 188**
Richtig:  B, C, D

Bausparbeiträge sind nicht als Sonderausgaben zu berücksichtigen, da sie nicht in § 10 Abs. 1 EStG aufgeführt sind.

Die Kirchensteuerzahlungen von 578 € sind unter Abzug der Erstattung von 150 € (H 10.1 „Abzugshöhe …" EStH) nach § 10 Abs. 1 Nr. 4 EStG unter Berücksichtigung von § 10c EStG mit 428 € als übrige Sonderausgaben anzusetzen.

Die Beiträge zur gesetzlichen Rentenversicherung stellen nach § 10 Abs. 1 Nr. 2 Buchst. a EStG Altersvorsorgeaufwendungen dar, deren Abzugsfähigkeit sich nach § 10 Abs. 3 EStG richtet.

Die Kranken- und Pflegeversicherungsbeiträge sind gem. § 10 Abs. 1 Nr. 3 und 3a EStG sonstige Vorsorgeaufwendungen, deren Abzugsfähigkeit sich nach § 10 Abs. 4 EStG richtet.

**Zu Aufgabe 189**
Richtig:  D

## Lösungen: Einkommensteuer

Berechnung des für die Vorsorgeaufwendungen abzuziehenden Betrags:
Vergleich zwischen § 10 Abs. 3 und 4 EStG und § 10 Abs. 4a EStG i. V. m. *§ 10 Abs. 3 EStG 2004*.

Berechnung des Abzugs aufgrund der nachgewiesenen Aufwendungen gem. § 10 Abs. 3 und 4 EStG

|  |  | abzugsfähig |
|---|---|---|
| Altersvorsorgeaufwendungen nach § 10 Abs. 1 Nr. 2 Buchst. a EStG |  |  |
| gesetzliche Rentenversicherungsbeiträge | 3.582 € |  |
| + Arbeitgeberanteil | 3.582 € |  |
|  | 7.164 € |  |
| Abzug gem. § 10 Abs. 3 EStG |  |  |
| – unter 40.000 € – Sätze 1 und 2 |  |  |
| – Sätze 4 und 6 – 72 % von 7.164 € = | 5.159 € |  |
| ./. Arbeitgeberanteil | 3.582 € |  |
|  | 1.577 € | 1.577 € |
| Sonstige Vorsorgeaufwendungen |  |  |
| Kranken- und Pflegeversicherungsbeiträge usw. 3.843 € |  |  |
| Abzug gem. § 10 Abs. 4 EStG bis 2 × 1.900 € = 3.800 € |  | 3.800 € |
| Abzug für Vorsorgeaufwendungen |  | 5.377 € |

Der Mindestabzug für die sonstigen Vorsorgeaufwendungen von (96 % von 2.952 € =) 2.834 € + 351 € = 3.185 € gem. § 10 Abs. 4 Satz 4 EStG kommt nicht zum Tragen.

Berechnung nach § 10 Abs. 4a EStG i. V. m. *§ 10 Abs. 3 EStG 2004*
| | | | |
|---|---|---|---|
| Vorsorgeaufwendungen 3.582 € + 3.843 € = |  | 7.425 € |  |
| ./. Vorwegabzug *(Abs. 3 Nr. 2)* | 5.400 € |  |  |
| gekürzt nach *Abs. 3 Nr. 2 Satz 2* |  |  |  |
| um 16 % des Arbeitslohns von 36.000 € | 5.760 € |  |  |
|  | 0 € | 0 € | 0 € |
|  |  | 7.425 € |  |
| Grundhöchstbetrag *(Abs. 3 Nr. 1)* bei Ehegatten |  | 2.668 € | 2.668 € |
|  |  | 4.757 € |  |
| hälftiger Höchstbetrag *(Abs. 3 Nr. 4)* 50 % vom Restbetrag, |  |  |  |
| höchstens 50 % von 2.668 € = |  | 1.334 € | 1.334 € |
| danach evtl. abzugsfähige Summe |  |  | 4.002 € |

Die für das Kj. 01 insgesamt abzuziehenden Sonderausgaben betragen:
| | |
|---|---|
| Unbeschränkt abzugsfähige „übrige Sonderausgaben" |  |
| Kirchensteuer § 10 Abs. 1 Nr. 4 – 578 € ./. 150 € = | 428 € |
| § 10c EStG, da über Sonderausgaben-Pauschbetrag von 72 € |  |
| Beschränkt abzugsfähige Sonderausgaben |  |
| Vorsorgeaufwendungen – das günstigere der beiden Ergebnisse | 5.377 € |
| Für Sonderausgaben damit abzuziehen | 5.805 € |

Lösungen: Einkommensteuer

**Zu Aufgabe 190**

Richtig: B

Es handelt sich um sonstige Vorsorgeaufwendungen; die Kranken- und Pflegeversicherungsbeiträge fallen in Höhe von 2.650 € unter § 10 Abs. 1 Nr. 3 EStG, die restlichen Kranken- und Pflgeversicherungsbeiträge von 950 € und die Lebensversicherungsbeiträge unter § 10 Abs. 1 Nr. 3a EStG; Letztere sind aber nach *§ 10 Abs. 1 Nr. 2 Buchst. b EStG 2004* nur in Höhe von 88 % von 1.500 = 1.320 € zu berücksichtigen.

Berechnung des abzugsfähigen Betrags:

Vergleich zwischen § 10 Abs. 4 EStG und § 10 Abs. 4a EStG i. V. m. *§ 10 Abs. 3 EStG 2004*

Die Vorsorgeaufwendungen von (3.600 € + 1.320 € =) 4.920 € sind nach § 10 Abs. 4 EStG bis zur Höhe von 1.900 € (Höchstbetrag Ehemann, da Beihilfeanspruch) + 2.800 € (Höchstbetrag Ehefrau, da keinen eigenen Beihilfeanspruch) = 4.700 € abzugsfähig. Der Mindestabzug gem. § 10 Abs. 4 Satz 4 EStG kommt nicht zur Anwendung.

Berechnung nach § 10 Abs. 4a EStG i. V. m. *§ 10 Abs. 3 EStG 2004*

| | | | |
|---|---|---|---|
| Vorsorgeaufwendungen | 4.920 € | | |
| ./. Vorwegabzug *(§ 10 Abs. 3 Nr. 2 EStG 2004)* | 5.400 € | | |
| ./. 16 % von 32.400 € | 5.184 € | 216 € | 216 € |
| | | 4.704 € | |
| Höchstbeträge nach *§ 10 Abs. 3 Nr. 1 und 4 EStG* | | 2.668 € | 2.668 € |
| 50 % von | | 2.036 € | 1.018 € |
| Abzugsfähig | | | 3.902 € |

Das Ergebnis aufgrund der nachgewiesenen Aufwendungen von 4.700 € nach § 10 Abs. 4 EStG ist die günstigere Lösung und damit als abzugsfähiger Betrag anzusetzen.

**Zu Aufgabe 191**

Richtig: A, B, D *(Ab 2012 – Richtig: A)*

Nach § 10c EStG sind die Abzugsbeträge nach § 9c Abs. 2 *(ab 2012: § 10 Abs. 1 Nr. 5)* EStG den übrigen (mit dem Sonderausgaben-Pauschbetrag zu vergleichenden) Sonderausgaben zuzuordnen.

Die Betreuungsaufwendungen erfüllen § 9c EStG in Höhe von (6 × 230 € =) 1.380 €, da die Aufwendungen für Juli wegen Überschreitens der Altersgrenze nach § 9c Abs. 2 Satz 4 EStG und die Aufwendungen für die Reitstunden nach § 9c

Abs. 3 EStG keine Berücksichtigung finden. Die Voraussetzungen des § 9c Abs. 1 und Abs. 2 Satz 1 EStG sind nicht erfüllt, da die Ehefrau nicht berufstätig ist.

Der Abzug der Aufwendungen erfolgt nach § 9c Abs. 2 Satz 4 EStG mit $^2/_3$ von 1.380 € = 920 €, da der Höchstbetrag von 4.000 € (ungekürzt) damit nicht überschritten wird.

*(Ab 2012: Die Betreuungsaufwendungen können gem. § 10 Abs. 1 Nr. 5 EStG in Höhe von ($^2/_3$ von 7 × 230 € =) 1.074 € als Sonderausgaben abgezogen werden, da die haushaltszugehörige Tochter noch nicht das 14. Lebensjahr vollendet hat.)*

**Zu Aufgabe 192**

Richtig:   C, D

Die Aufwendungen für die Haushaltshilfe sind in Höhe von (1.900 € : 4 =) 475 € monatlich als Betreuungskosten für die Kinder anzusetzen, da täglich 1 ½ der 6 Stunden Arbeitszeit dafür wie vereinbart verwendet werden.

Für die Berücksichtigung der Aufwendungen gem. § 9c Abs. 1 EStG bei U wie Betriebsausgaben und bei der Ehefrau gem. § 9c Abs. 1 i. V. m. § 9 Abs. 5 EStG wie Werbungskosten sind die Voraussetzungen für die Monate Januar bis März erfüllt. Zwei Drittel der Aufwendungen von (3 × 475 € =) 1.425 € – also 950 € – sind danach zu berücksichtigen.

Die Ehegatten erfüllen außerdem ab September die Voraussetzungen des § 9c Abs. 2 Sätze 1 bis 3 EStG für die Berücksichtigung der Betreuungskosten in Höhe von (4 × 475 € = 1.900 €; $^2/_3$ von 1.900 € =) 1.267 € als Sonderausgaben.

Die beiden Beträge von 950 € und 1.267 € sind insgesamt nur mit dem maßgebenden Höchstbetrag abzugsfähig (BMF vom 19.01.2007, BStBl I S. 184); der Höchstbetrag ist ungekürzt für 2 Kinder mit (2 × 4.000 € =) 8.000 € maßgebend; er wird mit (950 € + 1.267 € =) 2.217 € nicht überschritten.

Für die Monate April bis August kommt ein Abzug der Betreuungsaufwendungen nicht in Betracht, da die Voraussetzungen des § 9c EStG nicht erfüllt sind.

Der bei den Ehegatten gem. § 9c Abs. 1 EStG zu berücksichtigende Betrag 950 € kann von den Ehegatten beliebig in Anspruch genommen werden; die Auswirkung auf die Summe der Einkünfte ist in jedem Fall gleich, da beim Abzug bei der Ehefrau der Arbeitnehmer-Pauschbetrag nach § 9a Nr. 1 Buchst. a EStG ggf. daneben berücksichtigt werden kann. Außerdem erfolgt ein Sonderausgabenabzug an Betreuungskosten gem. § 9c Abs. 2 EStG in Höhe von 1.267 €.

*(Ab 2012: Die Betreuungskosten von 12 × 475 € = 5.700 € können gem. § 10 Abs. 1 Nr. 5 EStG in Höhe von $^2/_3$ von 5.700 € = 3.800 € als Sonderausgaben abgezogen werden, da die beiden Kinder zum Haushalt gehören*

## Lösungen: Einkommensteuer

*und das 14. Lebensjahr noch nicht vollendet haben; der Höchstbetrag von 8.000 € wird nicht überschritten.)*

**Zu Aufgabe 193**

Richtig: A, C

Die Zuwendungen an die Kirche, die Krebshilfe und den „SOS-Kinderdorf e. V." erfüllen die Voraussetzungen des § 10b Abs. 1 EStG; die Zuwendung an den „SOS-Kinderdorf e. V." übersteigt nicht die 200 €-Grenze, bis zu der nach § 50 Abs. 2 EStDV nur ein vereinfachter Nachweis erforderlich ist, die Belege reichen daher für eine Berücksichtigung aus.

Der Abzug ist nach § 10b Abs. 1 EStG für den VZ 02 bei den Ehegatten W auf 20 % des Gesamtbetrags der Einkünfte von 58.000 € – also auf 11.600 € – oder auf 4 ‰ der Summe der Umsätze und den gezahlten Löhnen und Gehältern von 600.000 € – also auf 2.400 € – beschränkt; der höhere der beiden Beträge ist maßgebend.

Die Ehegatten können danach von den Zuwendungen von (8.000 € + 5.000 € + 150 € =) 13.150 € im VZ 02 nur 11.600 € als Sonderausgaben abziehen. Der Restbetrag von (13.150 € ./. 11.600 € =) 1.550 € kann nach § 10b Abs. 1 Satz 9 EStG im VZ 03 als Sonderausgaben geltend gemacht werden.

Von den Zuwendungen an die Partei führen nach § 34g EStG 3.300 € zu einer Steuerermäßigung von 1.650 € (Höchstbetrag), sodass nur der Restbetrag von (6.000 € ./. 3.300 € =) 2.700 € nach § 10b Abs. 2 EStG als Sonderausgaben abgezogen werden kann, da der dafür maßgebende Höchstbetrag von 3.300 € nicht überschritten wird.

Für die Spenden sind damit im VZ 02 bei den Ehegatten W insgesamt (11.600 € + 2.700 € =) 14.300 € als Sonderausgaben abzugsfähig.

**Zu Aufgabe 194**

Richtig: A, B, D

Im Kj. 01 ist Markus sowohl für L als für Frau K ein nichteheliches Kind und damit mit beiden im 1. Grad verwandt, für beide kommen damit für 01 für Markus die Freibeträge nach § 32 Abs. 3 i. V. m. Abs. 6 Satz 1 EStG in Betracht (A, B).

Da bei Frau K das Splitting-Verfahren nicht anzuwenden ist und Markus bei ihr gemeldet ist, ist Frau K der Entlastungsbetrag für Alleinerziehende nach § 24b EStG zu gewähren (D), nicht dagegen L, da Markus bei ihm nicht gemeldet war.

**Zu Aufgabe 195**

Richtig: A, B, C

Als gemeinsames Kind des L und der Frau K wird von Katrin zu beiden im Kj. 02 ein Kindschaftsverhältnis i. S. des § 32 Abs. 1 Nr. 1 EStG begründet, da Katrin im 1. Grad mit beiden Elternteilen verwandt ist (A). Da die Eltern die Voraussetzungen des § 26 Abs. 1 Satz 1 EStG erfüllen, kommen bei einer Zusammenveranlagung die (verdoppelten) Beträge nach § 32 Abs. 6 Satz 2 EStG, allerdings nur zeitanteilig nach Satz 5, in Betracht (B). Katrin ist im Dezember 02 geboren und damit nach § 32 Abs. 3 EStG für diesen Monat zu berücksichtigen (C).

### Zu Aufgabe 196

Richtig:   A, B, C

Die Tochter ist ein leibliches Kind der Frau B und nicht von einer anderen Person angenommen (A). Durch die Eheschließung wird kein Kindschaftsverhältnis zu A begründet (B). Die Tochter hat im gesamten Kj. 01 das 18. Lebensjahr noch nicht vollendet und ist damit nach § 32 Abs. 3 EStG zu berücksichtigen (C), ungeachtet ihrer Erwerbstätigkeit (D). Die Höhe der eigenen Einkünfte und Bezüge ist nur bei der Berücksichtigung von Kindern nach § 32 Abs. 4 Nr. 1 und 2 EStG bedeutsam. *(Ab 2012: Die Erwerbstätigkeit ist nur bei der Berücksichtigung von Kindern nach § 32 Abs. 4 Nr. 2 EStG bedeutsam.)*

### Zu Aufgabe 197

Richtig:   B, C

Da die Tochter bis einschließlich November 01 das 18. Lebensjahr noch nicht vollendet hatte, wird sie für diesen Zeitraum nach § 32 Abs. 3 EStG berücksichtigt. Für den VZ 02 ergibt sich bis 31.07. aufgrund des Schulbesuchs die steuerliche Berücksichtigung nach § 32 Abs. 4 Nr. 2 Buchst. a EStG. Da die Tochter aber ab 01.08.02 ihre Berufsausbildung mangels Ausbildungsplatzes nicht beginnen kann (auch § 32 Abs. 4 Nr. 2 Buchst. c EStG erfüllt), bei einer Agentur für Arbeit als Bewerberin gemeldet ist und auch keine Einnahmen erzielt, ist für die Berücksichtigung § 32 Abs. 4 Nr. 1 EStG erfüllt (B), ebenso für VZ 03 (C). Für den VZ 04 kommt § 32 Abs. 4 Nr. 1 EStG nur noch für 7 Monate in Betracht, da die Tochter zwar erst im November das 21. Lebensjahr vollendet, aber ab 01.08.04 nicht mehr als Arbeitsuchende bei einer Agentur für Arbeit gemeldet ist (D).

### Zu Aufgabe 198

Richtig:   C, D

Da das Kind das 18. Lebensjahr, aber nicht das 25. Lebensjahr vollendet hat und sich in Berufsausbildung befindet, kommt nicht § 32 Abs. 3 EStG (A) in Betracht, sondern § 32 Abs. 4 Nr. 2 Buchst. a EStG.

Bei der Einzelveranlagung der Frau A kann ein Entlastungsbetrag nach § 24b EStG von der Summe der Einkünfte (und nicht vom Gesamtbetrag der Einkünfte – B) abgezogen werden.

Außerdem sind die Freibeträge nach § 32 Abs. 6 Satz 3 Nr. 1 EStG vom Einkommen abzuziehen, da der Vater verstorben ist (C).

Für die ledige Stpfl. ist hinsichtlich des Einkommensteuertarifs § 32a Abs. 1 EStG anzuwenden (D).

**Zu Aufgabe 199**

Richtig: A, C, D *(Ab 2013 – Richtig: A, B, C, D)*

Nach § 32a Abs. 5 EStG ist bei einer Zusammenveranlagung der Splittingtarif anzuwenden. Eine Einzelveranlagung kommt erst ab dem Kj. 03 in Betracht, da im Kj. 02 noch die Voraussetzungen des § 26 Abs. 1 Satz 1 EStG vorgelegen haben. *(Ab 2013 kann auch im Kj. 02 eine Einzelveranlagung beantragt werden; bei den Einzelveranlagungen kommt dann in 02 der Grundtarif zur Anwendung.)*

Verwitwete erhalten für den VZ nach dem Tod des Ehegatten nach § 32a Abs. 6 Nr. 1 i. V. m. Abs. 5 EStG den Splittingtarif, wenn sie im Zeitpunkt des Todes des Ehegatten von diesem nicht dauernd getrennt gelebt haben. Danach erhält die Witwe für das Kj. 03 den Splittingtarif. Für das Kj. 04 ist die besondere Regelung des § 32a Abs. 6 Nr. 1 EStG nicht mehr anzuwenden, sodass hier der Grundtarif in Betracht kommt.

**Zu Aufgabe 200**

Richtig: A, C, D

Für den VZ 02 lagen die Voraussetzungen des § 26 Abs. 1 EStG (Ehegattenbesteuerung) vor. Bei der getrennten Veranlagung *(ab 2013: Einzelveranlagung)* erhält jeder Ehegatte die Freibeträge gem. § 32 Abs. 6 Satz 1 EStG, der Ehemann A aber keinen Entlastungsbetrag nach § 24b EStG (B). Bei der Zusammenveranlagung sind die Freibeträge nach § 32 Abs. 6 Satz 2 EStG und ein nach § 24b Abs. 3 EStG zeitanteiliger Entlastungsbetrag gem. § 24b EStG zu berücksichtigen (A), da B ab März 02 verwitwet ist.

Obwohl bei der Einzelveranlagung der Witwe das Splittingverfahren anzuwenden ist, ist für den VZ 03 ein Entlastungsbetrag nach § 24b EStG zu berücksichtigen (C), da B verwitwet ist.

Da für das Kj. 04 der Grundtarif zur Anwendung kommt, ist neben den Freibeträgen nach § 32 Abs. 6 Satz 3 Nr. 1 EStG auch ein Entlastungsbetrag nach § 24b EStG abzuziehen (D).

**Zu Aufgabe 201**

Richtig: A, D

Aufgrund der Berufsausbildung ist bis einschließlich Oktober 2011 § 32 Abs. 4 Nr. 2 Buchst. a EStG für die Tochter gegeben (A).

Ab November erfüllt T zwar die sachlichen Voraussetzungen von § 32 Abs. 4 Nr. 1 EStG, aber nicht die altersmäßigen, da sie im März 2011 bereits das 21. Lebensjahr vollendet hat (B).

Auch eine Berücksichtigung nach § 32 Abs. 4 Nr. 2 Buchst. b EStG kann nicht in Betracht kommen, da sich T ab November nicht in einer Übergangszeit zwischen zwei Ausbildungsabschnitten, sondern in der Übergangszeit zwischen Ausbildung und Berufsausübung befindet (C).

T kann damit nur vom 01.01. bis 31.10.2011 berücksichtigt werden; die zu beachtende Einkunftsgrenze des § 32 Abs. 4 Sätze 2 bis 8 EStG ist mit der Ausbildungsvergütung erkennbar nicht überschritten (D). *(Ab 2012: Die Höhe der Ausbildungsvergütung ist unmaßgeblich.)*

## Zu Aufgabe 202
Richtig: B, D

Da S nur bis einschließlich September zu berücksichtigen ist, müssen die der M nach § 32 Abs. 6 Satz 3 Nr. 1 EStG zustehenden Freibeträge von (2.184 € × 2 =) 4.368 € und (1.320 € × 2 =) 2.640 € nach § 32 Abs. 6 Satz 5 EStG zeitanteilig mit $^9/_{12}$ von (4.368 € + 2.640 € =) 7.008 € = 5.256 € berechnet werden.

Auch der der M nach § 24b Abs. 1 EStG zustehende Entlastungsbetrag für Alleinerziehende ist nach Abs. 3 der Vorschrift zeitanteilig mit $^9/_{12}$ von 1.308 € = 981 € anzusetzen.

## Zu Aufgabe 203
Richtig: B

H vollendet im Juni 2011 sein 25. Lebensjahr, damit ist die Altersgrenze für eine Berücksichtigung nach § 32 Abs. 4 EStG ab Juli nicht mehr erfüllt. Da die Altersgrenze nach § 32 Abs. 5 Nr. 1 EStG um den geleisteten Grundwehrdienst von 9 Monaten (also bis März 2012) verlängert wird, ist aufgrund des Studiums § 32 Abs. 4 Nr. 2 Buchst. a EStG gegeben; H kann damit bis einschließlich September berücksichtigt werden.

Ab Oktober ist durch das Warten auf den Studienplatz zwar § 32 Abs. 4 Nr. 2 Buchst. c EStG gegeben, aber die Altersvoraussetzungen fehlen, da für Fälle des Abs. 4 Nr. 2 Buchst. c die Verlängerung nach Abs. 5 Nr. 1 nicht anzuwenden ist.

## Zu Aufgabe 204
Richtig: A

Bis einschließlich Oktober ist das Kind nach § 32 Abs. 3 EStG zu berücksichtigen, da es noch nicht das 18. Lebensjahr vollendet hat. Die eigenen Einkünfte sind insoweit unmaßgeblich.

## Lösungen: Einkommensteuer

Die Berücksichtigung des Kindes für die Monate November und Dezember nach § 32 Abs. 4 Nr. 2 Buchst. a EStG ist nach § 32 Abs. 4 Satz 2 bis 8 EStG abhängig von der Höhe der eigenen Einkünfte und Bezüge in diesen Monaten; diese dürfen nicht über $^2/_{12}$ des dort genannten Grenzbetrags von 8.004 € = 1.334 € liegen. Die eigenen Einkünfte betragen nach R 32.10 Abs. 1 i. V. m. R 33a.4 Abs. 2 Nr. 1 EStR

| | |
|---|---:|
| Bruttoarbeitslohn 2 × 630 € = | 1.260 € |
| ./. zeitanteiliger Arbeitnehmer-Pauschbetrag $^2/_{12}$ von 1.000 € = | 167 € |
| | 1.093 € |

Dieser Betrag liegt unter dem anteiligen Grenzbetrag, das Kind ist auch für November und Dezember zu berücksichtigen, sodass insgesamt (2.184 € + 1.320 € =) 3.504 € × 2 = 7.008 € als Freibeträge gem. § 32 Abs. 6 Satz 2 EStG in Betracht kommen.

*(Ab 2012: Für Kinder in der erstmaligen Berufsausbildung spielt die Höhe der eigenen Einkünfte und Bezüge für die steuerliche Berücksichtigung keine Rolle.)*

### Zu Aufgabe 205

Richtig:  A, B *(Ab 2012 – Richtig: A)*

Für jeden vollen Kalendermonat, in dem das Kind das 18. Lebensjahr noch nicht vollendet hat – hier von Januar bis einschließlich August –, wird es nach § 32 Abs. 3 EStG berücksichtigt; dabei spielen die eigenen Einkünfte und Bezüge des Kindes keine Rolle (A).

Für die Berücksichtigung des Kindes ab September nach § 32 Abs. 4 Nr. 2 Buchst. a EStG ist nach § 32 Abs. 4 Satz 2 EStG die Höhe der eigenen Einkünfte und Bezüge zu beachten (B). Nach § 32 Abs. 4 Satz 6 bis 8 EStG wären die nach Vollendung des 18. Lebensjahres erzielten eigenen Einkünfte und Bezüge maßgebend. Nach der DA 63.4.1.2 Abs. 4 der Dienstanweisungen zur Durchführung des Familienleistungsausgleichs nach dem X. Abschnitt des EStG (DA-FamEStG) wären die zeitanteiligen Einkünfte und Bezüge für den Monat August dabei mit $^{18}/_{30}$ anzusetzen (D). Nach Sinn und Zweck der Sätze 6 bis 8 ist die zeitanteilige Erfassung der Einkünfte und Bezüge für August nur dann vorzunehmen, wenn § 32 Abs. 4 Nr. 2 Buchst. a EStG nur in einem Teil des Monats vorliegt. Für den Monat August ist § 32 Abs. 4 Nr. 2 Buchst. a EStG aber überhaupt nicht anzuwenden, da das Kind für diesen Monat noch nach § 32 Abs. 3 EStG berücksichtigt wird. Die Antworten C und D wären daher nur dann zutreffend, wenn für das Kind in einem Teil des fraglichen Monats § 32 Abs. 4 EStG überhaupt nicht in Betracht kommt (DA 63.4.1.2 Abs. 1 Satz 2 DA-FamEStG).

*(Ab 2012: Sowohl für Kinder in der erstmaligen Berufsausbildung als auch für die Kinder in einem Ausbildungsdienstverhältnis ist die Höhe der eigenen Einkünfte und Bezüge für die steuerliche Berücksichtigung unmaßgeblich.)*

## Zu Aufgabe 206
Richtig: B

Nach § 31 EStG ist der Kinderfreibetrag, der Vater und Mutter jeweils nach § 32 Abs. 6 Satz 1 EStG neben dem Betreuungsfreibetrag zusteht, nur dann bei der Veranlagung zur Einkommensteuer abzuziehen, wenn die Minderung der Einkommensteuer durch Kinder- und Betreuungsfreibetrag höher ist als 50 % des Kindergeldes. Die Mutter erhält zwar das volle Kindergeld, im Wege des zivilrechtlichen Ausgleichs steht dem Vater aber die Hälfte des Betrags zu. Der Betreuungsfreibetrag steht Vater und Mutter zu, ein Antrag auf Übertragung wurde nicht gestellt.

## Zu Aufgabe 207
Richtig: D

Die Aufwendungen für die Ersatzbeschaffung der Waschmaschine sind nach R 33.2 EStR als außergewöhnliche Belastung gem. § 33 Abs. 1 EStG zu berücksichtigen. Bei der Höhe sind die notwendigen Aufwendungen von 530 € für eine vergleichbare Maschine anzusetzen. Es ist keine Kürzung vorzunehmen, da die alte Maschine keinen Restwert mehr hatte.

Die Bestattungskosten erfüllen die Voraussetzungen des § 33 Abs. 1 EStG und sind nach H 33.1–33.4 „Bestattungskosten", „Darlehen" und „Zinsen" EStH im VZ in Höhe von (5.500 € ./. 1.500 € ./. 1.000 € =) 3.000 € zuzüglich der gezahlten Zinsen von 40 €, insgesamt also mit 3.040 € erwachsen.

## Zu Aufgabe 208
Richtig: D

Die vor Abzug der zumutbaren Belastung berücksichtigungsfähigen Aufwendungen nach § 33 Abs. 1 EStG betragen:

| | |
|---|---|
| Krankenhauskosten | 3.500 € |
| ./. Erstattung Krankenversicherung | 2.800 € |
| | 700 € |
| ./. Krankenhaustagegeld (750 €, aber nur bis zur Höhe der durch einen Krankenhausaufenthalt verursachten Kosten, nicht aber Leistungen aus einer Krankentagegeldversicherung – H 33.1–33.4 „Ersatz von dritter Seite" EStH –) | 700 € |
| | 0 € |
| Krankheitskosten | 1.500 € |
| ./. Erstattung Krankenversicherung | 1.200 € |
| | 300 € |

## Zu Aufgabe 209
Richtig: D

Nach der Übersicht des § 33 Abs. 3 EStG beträgt die zumutbare Belastung bei einem Stpfl. mit zwei Kindern 2 % von 15.000 €.

## Zu Aufgabe 210
Richtig: A, D

Die gesamten Aufwendungen sind dem Stpfl. zwangsläufig erwachsen (§ 33 Abs. 2 EStG), zumal er sich ihnen aus rechtlichen Gründen nicht entziehen kann (A). Die Krankheitskosten sind im Rahmen des § 33 EStG zu berücksichtigen (H 33a.1 „Abgrenzung zu § 33 EStG" EStH), während die Unterhaltsleistungen im Kj. 01 mit dem Höchstbetrag nach § 33a Abs. 1 EStG abziehbar sind (D), da die tatsächlichen Aufwendungen höher sind.

## Zu Aufgabe 211
Richtig: B

Für die in Haushaltsgemeinschaft lebenden Eltern können bei den Söhnen die Aufwendungen insgesamt höchstens bis zur Höhe des zweifachen Höchstbetrags gem. § 33a Abs. 1 EStG (H 33a.1 „Unterhalt für mehrere Personen" EStH) berücksichtigt werden. Da die Söhne aber nur insgesamt 13.200 € im VZ aufgewendet haben, ist dieser Betrag nach § 33a Abs. 1 Satz 7 EStG auf K und L entsprechend ihrem Anteil an den Unterhaltsleistungen aufzuteilen. K erhält somit nach § 33a Abs. 1 EStG einen Betrag von ($5/_{11}$ von 13.200 € =) 6.000 € (B) und L einen Betrag von ($6/_{11}$ von 13.200 € =) 7.200 €.

## Zu Aufgabe 212
Richtig: B, C, D

Da die unterstützte Person eigene Einkünfte und Bezüge hat, die zur Bestreitung des Unterhalts bestimmt oder geeignet sind, ist § 33a Abs. 1 Satz 5 EStG zu beachten. Die eigenen Einkünfte und Bezüge werden wie folgt ermittelt (H 33a.1 „Anrechnung eigener Einkünfte und Bezüge" EStH i. V. m. R 32.10 EStR):

| | | |
|---|---:|---:|
| Einkünfte aus nichtselbständiger Arbeit: | | |
| Arbeitslohn (§ 19 Abs. 1 Nr. 1 EStG) | 3.000 € | |
| ./. Arbeitnehmer-Pauschbetrag (§ 9a Nr. 1 Buchst. a EStG) | 1.000 € | 2.000 € |
| Einkünfte aus Kapitalvermögen: | | |
| Einnahmen (§ 20 Abs. 1 Nr. 7 EStG) | 820 € | |
| ./. Sparer-Pauschbetrag (§ 20 Abs. 9 EStG) | 801 € | 19 € |
| Summe der Einkünfte | | 2.019 € |

## Lösungen: Einkommensteuer

Die Einkünfte aus Kapitalvermögen, die dem Kapitalertragsteuerabzug unterliegen, sind zwar grundsätzlich nach § 2 Abs. 5b EStG nicht in die Summe der Einkünfte einzubeziehen, nach Satz 2 Nr. 2 der Vorschrift gilt dies aber nicht für § 33a Abs. 1 Satz 5 EStG, sodass die Einkünfte aus Kapitalvermögen auch zu berücksichtigen sind.

Der Sparer-Pauschbetrag ist nach § 33a Abs. 1 Satz 5 i. V. m. § 32 Abs. 4 Satz 4 EStG nicht den Bezügen zuzuordnen.

Die eigenen Einkünfte und Bezüge des Vaters betragen danach 2.019 €. Das Vermögen (Sparguthaben) ist – wegen Geringfügigkeit – nicht zu berücksichtigen (R 33a.1 Abs. 2 EStR).

Ermittlung des abziehbaren Betrags:

| | |
|---|---|
| Summe der eigenen Einkünfte und Bezüge des Vaters | 2.019 € |
| übersteigt den Betrag von | 624 € |
| um | 1.395 €  (C) |

Der Höchstbetrag nach § 33a Abs. 1 EStG vermindert sich um 1.395 €; die Aufwendungen des Stpfl. liegen unter dem sich ergebenden Betrag, sie sind in der geleisteten Höhe von (350 € × 12 =) 4.200 € zu berücksichtigen.

*(Ab 2012: § 2 Abs. 5b Satz 2 EStG ist gestrichen; die sich aus den der Abgeltungssteuer unterliegenden Kapitalerträgen ergebenden Einkünfte sind nicht einzubeziehen. Die Summe der Einkünfte beträgt 2.000 €, der Höchstbetrag ist um 2.000 € ./. 624 € = 1.376 € zu vermindern.)*

### Zu Aufgabe 213
Richtig:  B, C

Da kein Anspruch auf einen Kinderfreibetrag oder Kindergeld besteht, ist § 33a Abs. 2 EStG nicht anzuwenden (B). Die Aufwendungen sind nach § 33a Abs. 1 i. V. m. § 33a Abs. 4 EStG (Ausbildung und Unterstützung bis einschließlich Juni) mit höchstens $^{6}/_{12}$ des Höchstbetrags gem. § 33a Abs. 1 EStG zu berücksichtigen. Der Sohn hat jedoch eigene Bezüge, sodass § 33a Abs. 1 Satz 5 EStG zu beachten ist. Die Einkünfte des Sohnes in 01 betragen 0 €.

Als eigene Bezüge ergeben sich nach H 33a.1 „Anrechnung ..." EStH i. V. m. R 32.10 EStR:

| | |
|---|---|
| 12 × 500 € = 6.000 €, davon entfallen auf den Unterhaltszeitraum | 3.000 € |
| ./. Kostenpauschale (R 32.10 Abs. 4 Satz 1 i. V. m. R 33a.4 Abs. 2 Nr. 1 EStR) von $^{6}/_{12}$ von 180 € = | 90 € |
| verbleiben | 2.910 € |

Ermittlung des abziehbaren Betrags nach § 33a Abs. 1 und 4 EStG (R 33a.4 Abs. 2 EStR):

| | |
|---|---|
| eigene Bezüge von | 2.910 € |
| übersteigen den Betrag von $^6/_{12}$ von 624 € | 312 € |
| um | 2.598 € |

Der anteilige Höchstbetrag nach § 33a Abs. 1 und 4 EStG von 4.002 € vermindert sich somit um 2.598 €. Aufgrund der Haushaltszugehörigkeit des Sohnes ist gem. R 33a.1 Abs. 1 Satz 5 EStR ein Aufwand des Stpfl. in Höhe des Höchstbetrags zu unterstellen. Ein Abzug lediglich der gezahlten Beträge kommt damit nicht in Betracht.

## Zu Aufgabe 214

Richtig:   D *(Ab 2012 – Richtig: C)*

W erfüllt ab Februar die altersmäßigen Voraussetzungen für den Abzug des Sonderfreibetrags nach § 33a Abs. 2 EStG. Für die Monate Februar und März kommt nach § 33a Abs. 2 Nr. 1 i. V. m. Abs. 4 EStG ein Freibetrag von $^2/_{12}$ von 924 € = 154 € in Betracht. Für die Monate April bis Juni sind je $^1/_{12}$ von 924 € zu berücksichtigen – also 3 × 77 € = 231 € –, da X während dieser Monate auswärts untergebracht ist. Für die Monate Oktober bis Dezember beträgt der anteilige Sonderfreibetrag $^3/_{12}$ von 924 € = 231 €; dieser ist aber um die Ausbildungszuschüsse zu mindern (§ 33a Abs. 4 Satz 3 EStG). Die Zuschüsse von (3 × 100 € =) 300 € sind um die Kostenpauschale nach R 32.10 Abs. 4 Satz 1 EStR von 180 € zu kürzen, sodass sich der für diese Monate zu gewährende Sonderfreibetrag mit 231 € ./. (300 € ./. 180 € =) 120 € = 111 € ergibt.

Insgesamt beträgt der in Betracht kommende Sonderfreibetrag gem. § 33a Abs. 2 EStG (154 € + 231 € + 111 € =) 496 €.

*(Ab 2012: Ein Kürzung des anteiligen Betrags von 231 € für die Monate Oktober bis Dezember um die Zuschüsse wird nicht vorgenommen; § 33a Abs. 2 Satz 2 EStG ist gestrichen. Der Sonderfreibetrag beträgt 154 € + 231 € + 231 € = 616 €.)*

## Zu Aufgabe 215

Richtig:   C

Der sich nach § 33a Abs. 2 EStG ergebende Betrag von 496 € (siehe zu Aufgabe 214) ist um die eigenen Einkünfte zu kürzen, soweit diese $^8/_{12}$ von 1.848 € = 1.232 € übersteigen; nach R 33a.4 Abs. 2 Nr. 2 EStR sind die Einkünfte aus Vermietung und Verpachtung anteilig mit $^8/_{12}$ von 1.980 € = 1.320 € dem anrechnungsfreien Betrag gegenüberzustellen. Der Sonderfreibetrag ergibt sich für die 8 Monate mit $^8/_{12}$ von 924 € = 616 €; er ist um (1.320 € ./. 1.232 € =) 88 € zu kürzen. Der verbleibende Sonderfreibetrag von (616 € ./. 88 € =) 528 € entfällt in Höhe von ($^3/_8$ von 528 € =) 198 € auf die Monate Oktober bis Dezember. Für diese Monate ist noch die Kürzung von 120 € aufgrund der Zuschüsse vorzunehmen, sodass der Sonderfreibetrag gem. § 33a Abs. 2 EStG mit

## Lösungen: Einkommensteuer

($^5/_8$ von 528 € =) 330 € + (198 € ./. 120 € =) 78 € = 408 € anzusetzen ist.

*(Ab 2012 entfällt eine Anrechnung der eigenen Einkünfte und Bezüge, sodass die Lösung zu Aufgabe 214 keine Änderung erfährt.)*

### Zu Aufgabe 216
Richtig: B

Der Pauschbetrag kann nach § 33b Abs. 5 EStG bei der Veranlagung der Eltern berücksichtigt werden, da die Tochter unbeschränkt einkommensteuerpflichtig ist, nur bei den Eltern steuerlich zu berücksichtigen ist und den Pauschbetrag nicht selbst in Anspruch nimmt.

Für die Höhe des Pauschbetrags ist der höchste Grad der Behinderung maßgebend (R 33b Abs. 7 EStR). Der zu berücksichtigende Pauschbetrag beträgt damit nach § 33b Abs. 3 Satz 2 EStG 890 €. Eine zeitanteilige Berechnung (D) wird auch bei einer Änderung des Grads der Behinderung im Laufe eines Jahres nicht vorgenommen.

### Zu Aufgabe 217
Richtig: B

Nach § 33b Abs. 3 EStG wird aufgrund des Vermerkes „H" im Ausweis der Pauschbetrag von 1.230 € bei einem Grad der Behinderung von 90 auf 3.700 € erhöht. Da E Hinterbliebenenbezüge als Witwe eines an den Folgen eines Dienstunfalls verstorbenen Beamten erhält, ist bei ihr der Hinterbliebenen-Pauschbetrag von 370 € gem. § 33b Abs. 4 Nr. 3 EStG zu berücksichtigen. Damit ergibt sich ein Abzug gem. § 33b EStG von insgesamt (3.700 € + 370 € =) 4.070 €.

### Zu Aufgabe 218
Richtig: D

Die Kapitalerträge unterliegen nach § 43 Abs. 1 Nr. 7 EStG dem Kapitalertragsteuerabzug. Die abgeltende Wirkung des Steuerabzugs tritt nach § 43 Abs. 5 EStG aber nicht ein, da die Erträge nach § 20 Abs. 8 EStG zu den Einkünften aus Gewerbebetrieb gehören (A).

Die Erträge sind in der angefallenen Höhe bei der Ermittlung der Einkünfte zu berücksichtigen, da ein Außerachtlassen nach § 2 Abs. 5b EStG nur für Kapitalerträge i. S. des § 32d Abs. 1 EStG in Betracht kommt; dort sind die unter § 20 Abs. 8 EStG fallenden Erträge aber ausdrücklich ausgenommen (B).

Auch die Aufwendungen sind in der angefallenen Höhe von 40 € abzuziehen, da § 20 Abs. 9 EStG mit dem Ansatz des Sparer-Pauschbetrags und dem Verbot des

Abzugs der tatsächlichen Aufwendungen nur bei einem Ansatz im Rahmen der Einkünfte aus Kapitalvermögen greift (C, D).

## Zu Aufgabe 219

Richtig:   A

Bei den Zinsen handelt es sich um Einnahmen aus Kapitalvermögen i. S. des § 20 Abs. 1 Nr. 7 EStG.

Die Voraussetzungen in § 43 Abs. 1 Nr. 7 EStG für die Erhebung der Steuer durch Abzug vom Kapitalertrag liegen nicht vor, die Zinsen unterliegen nicht dem Kapitalertragsteuerabzug.

Die Anwendung des gesonderten Steuersatzes von 25 % nach § 32d Abs. 1 EStG kommt für die Zinsen des A nicht in Betracht, da A und N als Gläubiger und Schuldner der Zinsen i. S. des § 20 Abs. 1 Nr. 7 EStG aufgrund des Verwandtschaftsverhältnisses (§ 15 Abs. 1 Nr. 5 AO) einander nahe stehende Personen sind und die Zinsen bei N Werbungskosten darstellen und für derartige Kapitalerträge nach § 32d Abs. 2 Nr. 1 Buchst. a EStG der gesonderte Steuersatz nicht gilt.

Zur Ermittlung der Einkünfte ist von den Zinsen von 3.100 € nicht der Sparer-Pauschbetrag gem. § 20 Abs. 9 EStG abzuziehen, da dieser Abzug nach § 32d Abs. 2 Satz 2 EStG ausdrücklich ausgeschlossen ist.

Als Folge sind die Einkünfte auch bei der Veranlagung des A zur Einkommensteuer zu erfassen, da § 2 Abs. 5b EStG nur für Kapitalerträge nach § 32d Abs. 1 und § 43 Abs. 5 EStG gilt.

## Zu Aufgabe 220

Richtig:   B, C

Die Zinsen gehören zu den Einkünften aus Kapitalvermögen (§ 20 Abs. 1 Nr. 7 EStG). Die einbehaltene Kapitalertragsteuer (besondere Erhebungsform der Einkommensteuer) und der darauf erhobene Solidaritätszuschlag dürfen nach § 12 Nr. 3 EStG bei der Ermittlung der Einkünfte nicht abgezogen werden. In Höhe des Freistellungsauftrags hat die Sparkasse nach § 44a Abs. 1 Nr. 1 i. V. m. Abs. 2 Nr. 1 EStG zu Recht vom Kapitalertragsteuerabzug Abstand genommen.

| | |
|---|---:|
| Gutschrift | 4.234 € |
| + Kapitalertragsteuer und Solidaritätszuschlag | 1.266 € |
| Einnahmen | 5.500 € |
| ./. Sparer-Pauschbetrag (§ 20 Abs. 9 EStG) | 801 € |
| Einkünfte aus Kapitalvermögen | 4.699 € |

Lösungen: Einkommensteuer

## Zu Aufgabe 221

Richtig:   A, B, C, D *(Ab 2012 – Richtig: A, B, D)*

Nach § 2 Abs. 5b Satz 1 EStG sind die Einkünfte aus Kapitalvermögen bei der Ermittlung der Summe der Einkünfte nicht einzubeziehen (A). Nach Satz 2 der Vorschrift ist die Einbeziehung auf Antrag möglich in den Fällen des § 10b und des § 32d Abs. 6 EStG (B).

Bei der Prüfung, ob die Einkunftsgrenze des § 32 Abs. 4 Satz 2 EStG für die eigenen Einkünfte und Bezüge des Kindes überschritten ist, sind die Einkünfte aus Kapitalvermögen nach § 2 Abs. 5b Satz 2 Nr. 2 EStG in jedem Fall zu berücksichtigen (C).

*(Ab 2012: § 2 Abs. 5b Satz 2 EStG ist aufgehoben; Antwort B ist aufgrund des § 32d Abs. 6 EStG zutreffend.)*

Nach § 43 Abs. 5 EStG gilt die Einkommensteuer mit dem Kapitalertragsteuerabzug als abgegolten (D).

## Zu Aufgabe 222

Richtig:   B, C

Stellt der Stpfl. einen Antrag gem. § 32d Abs. 4 EStG, erhöht sich seine ohne die Einkünfte aus Kapitalvermögen ermittelte tarifliche Einkommensteuer nach § 32d Abs. 3 Satz 2 EStG um 25 % seiner Einkünfte aus Kapitalvermögen – 25 % von 4.699 € = 1.175 €.

Nach § 2 Abs. 6 Satz 1 EStG ist die tarifliche Einkommensteuer zur Ermittlung der festzusetzenden Einkommensteuer um die Steuer von 1.175 € zu erhöhen, auf die festzusetzende Einkommensteuer wird dann die einbehaltene Kapitalertragsteuer von 1.200 € angerechnet.

Da sich für den Stpfl. dann eine günstigere Steuerlast ergibt, sollte er den Antrag stellen. Von der Höhe seiner tariflichen Einkommensteuer ist diese Entscheidung unabhängig (anders bei § 32d Abs. 6 EStG).

## Zu Aufgabe 223

Richtig:   B

Nachgewiesene Werbungskosten können nach § 20 Abs. 9 Satz 1 EStG bei der Ermittlung der Einkünfte aus Kapitalvermögen nicht berücksichtigt werden. Bei der Ermittlung der Einkünfte ist der (gemeinsame) Sparer-Pauschbetrag abzuziehen, der nach § 20 Abs. 9 EStG für die Ehegatten 1.602 € beträgt und grundsätzlich bei jedem Ehegatten zur Hälfte zu berücksichtigen ist. Eine Übertragung auf den anderen Ehegatten ist nur möglich, soweit der Betrag von 801 € von einem Ehegatten nicht voll ausgeschöpft werden kann (A). Eine andere Aufteilung ist nicht zulässig. Der Abzug des Sparer-Pauschbetrags darf nicht zu einem Verlust führen (D).

Lösungen: Einkommensteuer

Damit ergibt sich folgende Ermittlung der Einkünfte:

|  | Ehemann | Ehefrau |
|---|---|---|
| Einnahmen | 1.900 € | 600 € |
| Werbungskosten | --- | --- |
| Sparer-Pauschbetrag | 1.002 € | 600 € |
| Einkünfte | 898 € | 0 € |

**Zu Aufgabe 224**

Richtig:    C, D

Auch bei Einbeziehung der Einkünfte aus Kapitalvermögen in die Ermittlung der Größen „Summe der Einkünfte", „Gesamtbetrag der Einkünfte", „Einkommen" und „zu versteuerndes Einkommen" aufgrund eines Antrags nach § 32d Abs. 6 EStG dürfen die tatsächlichen Werbungskosten nach § 20 Abs. 9 EStG nicht abgezogen werden.

Der Steuersatz nach § 32d Abs. 1 EStG von 25 % kommt nicht zur Anwendung.

Die Kapitalertragsteuer ist gem. § 36 Abs. 2 EStG auf die festzusetzende Einkommensteuer anzurechnen.

*(Ab 2012: Durch die Aufhebung des § 2 Abs. 5b Satz 2 EStG sind die Einkünfte aus Kapitalvermögen i. S. des § 32d Abs. 1 EStG nunmehr aufgrund des § 32d Abs. 6 EStG den Einkünften hinzuzurechnen.)*

**Zu Aufgabe 225**

Richtig:    D

Der Aufwand stellt Herstellungsaufwand dar, der zwar die 4.000 €-Grenze des R 21.1 Abs. 2 EStR nicht übersteigt, aber der endgültigen Fertigstellung des Gebäudes dient. Eine Berücksichtigung kann nur im Wege der AfA erfolgen. Die AfA nach § 7 Abs. 4 EStG ist grundsätzlich zeitanteilig zu berechnen (A), und zwar nach § 9a EStDV ab dem Zeitpunkt der Fertigstellung – hier Oktober 03. Nach R 7.4 Abs. 9 Satz 3 EStR sind nachträgliche Herstellungskosten im Jahr ihrer Entstehung so zu behandeln, als ob sie zu Beginn des Jahres aufgewendet worden wären (D).

**Zu Aufgabe 226**

Richtig:    A, C

Da Bad und Dusche bisher nicht vorhanden waren, liegt Herstellungsaufwand vor, der im Wege der AfA nach § 7 Abs. 4 EStG zu berücksichtigen ist (A).

Eine besondere Absetzung für Abnutzung etwa von 10 % von 2.380 € = 238 € pro Jahr kommt nicht in Betracht (B).

## Lösungen: Einkommensteuer

Der Aufwand ohne Umsatzsteuer beträgt nicht mehr als 4.000 €, sodass er nach R 21.1 Abs. 2 EStR auf Antrag als Erhaltungsaufwand behandelt werden kann. Erhaltungsaufwand kann im Jahr der Leistung in voller Höhe als Werbungskosten berücksichtigt werden (C).

Die nicht als Vorsteuer abzugsfähige Umsatzsteuer von 380 € gehört in allen Fällen nach § 9b EStG zu dem begünstigten Aufwand.

### Zu Aufgabe 227

Richtig: B

Unter A wurde nur die Gebäude-AfA nach § 7 Abs. 4 Nr. 2 EStG ab Zeitpunkt der Fertigstellung (01.07.02) ermittelt; dabei sind die Aufwendungen für die Hecke als „lebende Umzäunung" nach H 6.4 „Umzäunung" EStH als Gebäudeherstellungskosten anzusetzen.

Berechnung:

| | | |
|---|---|---|
| 2 % von (310.000 € + 1.500 € =) 311.500 € | | 6.230 € |
| für 6 Monate | | 3.115 € |

Zu dieser AfA kommt aber noch die AfA für den Vorgarten hinzu, der nach R 21.1 Abs. 3 EStR als selbständiges Wirtschaftsgut einzuordnen ist und bei dem eine Nutzungsdauer von 10 Jahren zugrunde zu legen ist.

Berechnung:

| | |
|---|---|
| 10 % von 2.500 € | 250 € |
| für 6 Monate | 125 € |

Die insgesamt zu berücksichtigende AfA beträgt damit (3.115 € + 125 € =) 3.240 €.

### Zu Aufgabe 228

Richtig: A, B, C, D

Gemäß § 7 Abs. 5a EStG i. V. m. R 7.1 Abs. 6 i. V. m. R 4.2 Abs. 3 Nr. 5 i. V. m. R 4.2 Abs. 4 EStR liegen mit den vier unterschiedlich genutzten Geschossen vier Gebäudeteile vor, die als selbständige unbewegliche Wirtschaftsgüter anzusehen sind (A).

Die Anschaffungskosten des Erdgeschosses betragen

| | | | |
|---|---|---|---|
| $1/4$ des Kaufpreises von (720.000 € ./. 160.000 € =) 560.000 € | | = | 140.000 € |
| zuzüglich Nebenkostenanteil $^{560}/_{720}$ von 32.150 € = 25.006 €, | | | |
| $1/4$ von 25.006 € | | = | 6.252 € |
| | (B) | | 146.252 € |

Für den 1. Stock ist der Umsatzsteueranteil der Erwerbsnebenkosten
gem. § 9b Abs. 1 EStG auszuscheiden – Anschaffungskosten     140.000 €

$^{560}/_{720}$ von 31.200 € = 24.267 €; $^1/_4$ von 24.267 €    =   6.067 €

(C)   146.067 €

Bezüglich der eigengenutzten Wohnung ergeben sich keine Einkünfte, somit gehört auch die AfA für diesen Gebäudeteil zu den Kosten der Lebensführung i. S. des § 12 Nr. 1 EStG.

Für die übrigen Gebäudeteile kommen nur zeitanteilig lineare Absetzungen für Abnutzung nach § 7 Abs. 4 EStG in Betracht (§ 7 Abs. 1 Satz 4 EStG), da die Voraussetzungen des § 7 Abs. 5 EStG aufgrund des Alters des Gebäudes nicht erfüllt sind (D).

### Zu Aufgabe 229

Richtig:   B

Neben dem Zeitpunkt des Bauantrags erfüllt das Erdgeschoss in jedem Fall die Voraussetzungen des § 7 Abs. 4 Nr. 1 EStG, da es nicht Wohnzwecken dient und zum (notwendigen – R 4.2 Abs. 7 EStR) Betriebsvermögen des V gehört. Für den 2. Stock scheidet aufgrund der Wohnzwecknutzung die Anwendung des § 7 Abs. 4 Nr. 1 EStG aus. Für den 1. Stock ist die Anwendung des § 7 Abs. 4 Nr. 1 EStG abhängig von der Behandlung als (gewillkürtes – R 4.2 Abs. 9 EStR) Betriebsvermögen. § 7 Abs. 4 Nr. 2 EStG kommt nur für Gebäudeteile in Betracht, die nicht unter § 7 Abs. 4 Nr. 1 EStG fallen.

### Zu Aufgabe 230

Richtig:   C, D

Nach § 21 Abs. 2 EStG ist die Nutzungsüberlassung der Wohnung an den Onkel in einen entgeltlichen Teil von $^{500}/_{1.200}$ (R 21.3 EStR) und einen unentgeltlichen Teil von $^{700}/_{1.200}$ aufzuteilen. Neben dem auf die eigengenutzte Wohnung entfallenden Anteil von $^1/_3$ ($^{1.200}/_{3.600}$) sind damit auch $^1/_3$ von $^{700}/_{1.200}$ (= $^{700}/_{3.600}$) der Aufwendungen (Wohnung des Onkels) und damit insgesamt $^{1.900}/_{3.600}$ der Aufwendungen den Kosten der Lebensführung zuzuordnen.

### Zu Aufgabe 231

Richtig:   A, B, C, D

Die Einnahmen aus der Rente entsprechen den Einnahmen im Sinne des Einkommensteuerrechts (A). Der steuerpflichtige Teil der Rente ergibt sich nach § 22 Nr. 1 Satz 3 Buchst. a Doppelbuchst. aa EStG mit (Rentenbeginn 2011) 62 % von 14.000 € = 8.680 € (B). Nach Abzug des Werbungskosten-Pauschbetrags von 102 € (§ 9a Nr. 3 EStG) betragen die Einkünfte i. S. des § 22 Nr. 1 Satz 3 Buchst. a

Doppelbuchst. aa EStG 8.578 € (C). Die steuerfreien Einnahmen aus der Rente betragen (14.000 € ./. 8.680 € =) 5.320 € (D).

## Zu Aufgabe 232

Richtig:  B

Der der Besteuerung unterliegende Anteil der Rente ergibt sich nach § 22 Nr. 1 Satz 3 Buchst. a Doppelbuchst. aa Satz 3 EStG mit 52 % (Kohorte 2006). Nach Satz 4 und 5 der Vorschrift ist der steuerfreie Teil der Rente nach dem Jahresbetrag der Rente in 2007 (Jahr nach dem Beginn) zu bestimmen, hier also mit [52 % von (9 × 1.800 € + 3 × 1.850 € =) 21.750 € = 11.310 €; 21.750 € ./. 11.310 € =] 10.440 €. Dieser steuerfreie Teil gilt auch für 2011. Der 2011 anzusetzende steuerpflichtige Teil der Rente beträgt damit [(5 × 1.850 € + 7 × 1.880 € =) 22.410 €; 22.410 € ./. 10.440 € =] 11.970 €.

## Zu Aufgabe 233

Richtig:  C

Die Zusatzrente wird nicht aufgrund des früheren Dienstverhältnisses, sondern aufgrund der erbrachten Beitragszahlungen geleistet, eine Erfassung als Arbeitslohn kommt damit nicht in Betracht.

Da § 22 Nr. 1 Satz 3 Buchst. a Doppelbuchst. aa EStG nicht erfüllt ist, wird die Rente aus der VBL nach Doppelbuchst. bb der Vorschrift mit dem Ertragsanteil von 18 % (unter Berücksichtigung der Regelung in R 22.4 Abs. 3 EStR) als steuerpflichtige Einnahmen erfasst, da die Rente ab dem Monat gezahlt wird, in dem der Stpfl. sein 65. Lebensjahr vollendet hat.

## Zu Aufgabe 234

Richtig:  A

Die Rente wegen verminderter Erwerbsfähigkeit aus der privaten Leibrentenversicherung ist in ihrer Laufzeit auf 8 Jahre beschränkt, da mit Vollendung des 65. Lebensjahres die Umwandlung in ein Altersruhegeld erfolgt (R 22.4 Abs. 5 EStR). Für das Kj. 2011 ist daher nach § 55 Abs. 2 EStDV ein Ertragsanteil von 9 % anzusetzen.

Der sich nach § 22 Nr. 1 Satz 3 Buchst. a Doppelbuchst. bb EStG ergebende Ertragsanteil ist höher und kommt wegen der Beschränkung der Laufzeit für die Rente nicht in Betracht.

Die Rente wird nicht aus der gesetzlichen Rentenversicherung gewährt, sodass eine Besteuerung nach § 22 Nr. 1 Satz 3 Buchst. a Doppelbuchst. aa EStG nicht in Betracht kommt (BFH vom 13.04.2011, BStBl 2011 II S. 910).

## Lösungen: Einkommensteuer

### Zu Aufgabe 235
Richtig:   D

Ein privates Veräußerungsgeschäft bei Grundstücken liegt dann vor, wenn der Zeitraum zwischen Anschaffung und Veräußerung nicht mehr als 10 Jahre beträgt (§ 23 Abs. 1 Nr. 1 EStG). Zwar spricht der Gesetzgeber im § 23 Abs. 3 EStG vom Gewinn aus Veräußerungsgeschäften, doch sind Einkünfte daraus nach § 22 Nr. 2 EStG anzusetzen (sonstige Einkünfte). Es handelt sich somit um Überschusseinkünfte (§ 2 Abs. 2 Nr. 2 EStG), bei denen für den zeitlichen Ansatz § 11 EStG zu beachten ist.

Nach § 23 Abs. 3 EStG ist der Gewinn wie folgt zu ermitteln:

| | |
|---|---:|
| Veräußerungserlös | 60.000 € |
| ./. Veräußerungskosten/Werbungskosten | 2.000 € |
| ./. Anschaffungskosten | 50.000 € |
| | 8.000 € |

Da § 11 Abs. 1 EStG zu beachten ist, betrug der im Kj. 02 zugeflossene Überschuss (53.000 € ./. 52.000 € =) 1.000 €. Dieser Betrag ist auch nach § 22 Nr. 2 EStG anzusetzen, weil er nicht weniger als 600 € beträgt (§ 23 Abs. 3 Satz 5 EStG). Den restlichen Betrag von 7.000 € hat der Stpfl. im Kj. 03 zu versteuern (D).

### Zu Aufgabe 236
Richtig:   A, D

Nach § 2 Abs. 6 i. V. m. § 34g EStG ist die tarifliche Einkommensteuer von 500 € um 50 % der Parteispenden von 1.200 €, also um 600 € – höchstens 825 € nicht erreicht – zu ermäßigen. Eine Ermäßigung kann aber nicht zu einem Erstattungsbetrag führen; die festzusetzende Einkommensteuer beträgt daher 0 € (A). Nur die Lohnsteuer, nicht aber der Solidaritätszuschlag, ist nach § 36 Abs. 2 Nr. 2 EStG auf die festzusetzende Einkommensteuer anzurechnen, sodass sich eine Einkommensteuer-Erstattung von 800 € ergibt (D).

### Zu Aufgabe 237
Richtig:   C

Die Aufwendungen für die Hilfen im Haushalt sind nicht als außergewöhnliche Belastungen abzuziehen. Für sie ist eine Steuerermäßigung gem. § 35a EStG zu gewähren.

Gemäß § 35a Abs. 1 EStG ist für die geringfügig beschäftigte Haushaltshilfe die Einkommensteuer um 20 % von 1.800 € = 360 € (höchstens 510 €) zu ermäßigen; für die Hausgehilfin beträgt die Steuerermäßigung nach § 35a Abs. 2 EStG 20 % von 12.000 € = 2.400 € (höchstens 4.000 €).

Die Ermäßigung beträgt daher insgesamt (360 € + 2.400 € =) 2.760 €.

## Zu Aufgabe 238
Richtig: A

Die Ermäßigung nach § 35 Abs. 1 EStG ist für S für den Gewinn aus dem Einzelhandel nach Nr. 1 der Vorschrift mit 3,8 × 1.575 € = 5.985 € und für den anteiligen Gewinn aus der OHG nach Nr. 2 der Vorschrift mit (20 % von 1.300 € = 260 €) 3,8 × 260 € = 988 € anzusetzen; die gesamte Ermäßigung beträgt damit (5.985 € + 988 € =) 6.973 €.

Der auf die gewerblichen Einkünfte entfallende Anteil an der Einkommensteuer ist nach § 35 Abs. 1 Satz 1 EStG als Ermäßigungshöchstbetrag von der tariflichen Einkommensteuer vor Abzug der Ermäßigung gem. § 34g EStG zu ermitteln. Dabei sind nur die positiven Einkünfte zu berücksichtigen. Es ergibt sich danach ein Höchstbetrag von

$$\frac{(80.000\ € + 14.900\ € =)\ 94.900\ €}{(94.900\ € + 30.000\ € =)\ 124.900\ €} \times 33.000\ € = 25.073\ €,$$

der nicht überschritten wird.

Außerdem ist der Abzug des Steuerermäßigungsbetrags nach § 35 Abs. 1 Satz 5 EStG auf die Höhe der tatsächlich zu zahlenden Gewerbesteuer beschränkt; diese beträgt:

|   | 300 % von 1.575 € = | 4.725 € |
|---|---|---|
| + | 250 % von 260 € = | 650 € |
|   |   | 5.375 € |

Die Ermäßigung gem. § 35 EStG ist danach mit 5.375 € anzusetzen.

## Zu Aufgabe 239
Richtig: A, D

Für den VZ 05 werden gem. § 37 Abs. 3 Satz 2 EStG zum 10.06., 10.09. und 10.12. jeweils (21.800 € ./. 5.000 € = 16.800 €; 16.800 € : 3 =) 5.600 € festgesetzt, da die Erhöhung auch mindestens 100 € beträgt (§ 37 Abs. 5 EStG).

Für den VZ 03 kommt eine nachträgliche Erhöhung der 4. Vorauszahlung nach § 37 Abs. 4 i. V. m. Abs. 3 Satz 3 EStG nicht mehr in Betracht, da mehr als 15 Monate seit dem Ablauf des VZ verstrichen sind; wohl aber für den VZ 04. Die letzte Vorauszahlung für den VZ 04 könnte um (21.800 € ./. 4 × 5.000 € =) 1.800 € erhöht werden; diese Erhöhung ist aber nach § 37 Abs. 5 EStG nicht zulässig, da sich die Erhöhung nicht auf mindestens 5.000 € beläuft.

Ab dem 10.03.06 werden die Vorauszahlungen mit (21.800 € : 4 =) 5.450 € pro Quartal festgesetzt, da diese Erhöhung (5.450 € statt 5.000 €) mindestens 100 € beträgt.

## Lösungen: Einkommensteuer

**Zu Aufgabe 240**

Richtig:  A

Die Bemessungsgrundlage für die Zuschlagsteuern ist nach § 51a Abs. 2 EStG wie folgt zu ermitteln:

| | |
|---|---:|
| tarifliche Einkommensteuer nach Abzug der Freibeträge gemäß § 32 Abs. 6 EStG | 16.000 € |
| Ermäßigung gem. § 34g EStG (nicht § 35 EStG)   ./. | 800 € |
| Erhöhung um die Einkommensteuer auf die nach § 3 Nr. 40 EStG steuerfreien Einnahmen   + | 210 € |
| | 15.410 € |

# Lösungen: Lohnsteuer

## Zu Aufgabe 241
Richtig:   A, C, D

Für das Vorliegen eines Dienstverhältnisses ist es erforderlich, dass eine natürliche Person einem Wirtschaftsgebilde ihre Arbeitskraft schuldet und dabei weisungsgebunden tätig wird. Die natürliche Person übt dann diese Tätigkeit nichtselbständig aus (§ 1 Abs. 2 LStDV). Das ist immer dann der Fall, wenn eine natürliche Person im öffentlichen oder privaten Dienst gegen Entgelt beschäftigt ist (§ 19 Abs. 1 Nr. 1 EStG – § 1 Abs. 1 LStDV).

Wird jeweils nur eine erbrachte Leistung bezahlt, so wird das Entgelt nicht für das Schulden von Arbeitskraft, sondern für den Leistungserfolg entrichtet. Die derart erbrachten Leistungen werden nicht im Rahmen eines Dienstverhältnisses ausgeführt.

## Zu Aufgabe 242
Richtig:   A, B, D

Das Vorliegen eines Dienstverhältnisses ist allein abhängig von der nichtselbständigen (weisungsgebundenen) Ausübung der Tätigkeit.

B darf nur für die Fa. C tätig werden, er ist insoweit weisungsgebunden. Der Fahrtkostenersatz spricht für die nichtselbständige Ausübung der Tätigkeit, da eine selbständig tätige Person typischerweise auch das sich aus der Tätigkeit ergebende Risiko zu tragen hat. Soweit der Erfolg der Leistung von der Fa. C honoriert wird, trägt B das Risiko der Höhe der Einnahmen. Ein bezahlter Jahresurlaub zur Erhaltung der Arbeitskraft dagegen entledigt B eines Teils des Risikos der Tätigkeit.

Ob die Tätigkeit des B im Rahmen eines Dienstverhältnisses ausgeübt wird, lässt sich erst aufgrund des Gesamtbildes der Tätigkeitsmerkmale würdigen. Dazu ist es notwendig, zu erkennen, ob B im Wesentlichen bezüglich Art, Ort, Zeit und Umfang der Tätigkeit weisungsgebunden ist (H 19.0 „Allgemeines" LStH).

## Zu Aufgabe 243
Richtig:   B, D

Auch zwischen Ehegatten kann ein steuerrechtlich anzuerkennendes Dienstverhältnis bestehen, wenn das Dienstverhältnis (wie im Sachverhalt) ernsthaft vereinbart und den Vereinbarungen entsprechend tatsächlich durchgeführt wird. Der Arbeitslohn von 1.400 € wird aus einem Dienstverhältnis erzielt, da er angemessen ist und nicht den an andere Arbeitnehmer für eine gleichartige Tätigkeit gezahlten Lohn übersteigt (R 4.8 Abs. 1 EStR, H 4.8 „Arbeitsverhältnisse zwischen Ehegatten" EStH).

# Lösungen: Lohnsteuer

**Zu Aufgabe 244**

Richtig:    D

Die Unterrichtstätigkeit ist als Nebentätigkeit in Bezug auf die nichtselbständige oder selbständige Ausübung getrennt zu prüfen, da beide Tätigkeiten des L weder unmittelbar miteinander zusammenhängen noch für dasselbe Wirtschaftsgebilde ausgeübt werden.

Eine nebenberufliche Lehrtätigkeit an einer Schule oder einem Lehrgang mit festem Stundenplan kann nur dann als weisungsgebundene Tätigkeit angesehen werden, wenn der Unterrichtende in den Schul- oder Lehrgangsbetrieb fest eingegliedert ist. L erteilt an der Volkshochschule nur vier Stunden Unterricht wöchentlich während des Semesters und kann mit dieser geringen Stundenzahl nicht als fest in den Schulbetrieb eingegliedert angesehen werden (R 19.2 LStR). Da auch keine anderen Merkmale für das Vorliegen eines Dienstverhältnisses sprechen, ist L bezüglich der Unterrichtserteilung nicht weisungsgebunden und steht insoweit in keinem Dienstverhältnis.

**Zu Aufgabe 245**

Richtig:    C

Arbeitslohn liegt nur vor, wenn Einnahmen durch ein Dienstverhältnis veranlasst sind. Die Bezüge von der VBL werden aufgrund der geleisteten Beiträge und nicht aufgrund des früheren Dienstverhältnisses gezahlt. Sie sind kein Arbeitslohn (§ 2 Abs. 2 Nr. 2 Satz 2 LStDV). Sie sind daher auch keine Versorgungsbezüge i. S. des § 19 Abs. 2 EStG. Die Bezüge sind im Rahmen der Einkünfte i. S. des § 22 EStG als Leibrente mit dem Ertragsanteil zu erfassen.

**Zu Aufgabe 246**

Richtig:    B, C

Nach § 8 Abs. 1 EStG sind Einnahmen auch Güter, die in Geldeswert bestehen. Dazu gehören auch Sachbezüge, die aus einem Dienstverhältnis gewährt werden. Die Zurverfügungstellung des Krans ist durch das Dienstverhältnis veranlasst und stellt für E einen über eine bloße Aufmerksamkeit hinausgehenden geldwerten Vorteil dar (R 19.6 LStR). Der Sachbezug ist nach § 8 Abs. 3 EStG zu bewerten, da es sich bei der Zurverfügungstellung des Krans um eine Dienstleistung handelt (R 8.2 Abs. 1 Nr. 2 LStR).

**Zu Aufgabe 247**

Richtig:    D

Bei dem Betriebsausflug handelt es sich um eine herkömmliche Betriebsveranstaltung i. S. des R 19.5 LStR. Übliche Zuwendungen im Rahmen solcher Betriebsveranstaltungen gehören nicht zum Arbeitslohn, da das betriebliche Interesse des Arbeitgebers insoweit als überwiegend anzusehen ist.

Bezüglich der Saalmiete und der Aufwendungen für die Musikkapelle wird der einzelne Arbeitnehmer bereichert. Er erlangt insoweit einen geldwerten Vorteil aus dem Dienstverhältnis, es liegt Arbeitslohn vor. Zusammen mit Busfahrt und Verpflegung stellen die Aufwendungen aber trotzdem keinen Arbeitslohn dar, da sie mit 105 € geldwertem Vorteil pro Arbeitnehmer nicht über bei solchen Veranstaltungen übliche Zuwendungen von geringem Wert hinausgehen. Nach der Anweisung in R 19.5 LStR ist von üblichen Zuwendungen, die nicht als Arbeitslohn anzusehen sind, immer auszugehen, wenn der Gesamtwert der Zuwendungen 110 € pro Teilnehmer nicht übersteigt.

## Zu Aufgabe 248
Richtig: A

Geldzuwendungen gehören unabhängig von ihrer Höhe und unabhängig vom Anlass stets zum Arbeitslohn.

Die Zuwendung des Buches könnte nach R 19.6 Abs. 1 LStR als eine Aufmerksamkeit aus persönlichem Anlass des Arbeitnehmers angesehen werden, da ihr Wert 40 € nicht übersteigt. Da der Gesamtwert der Sachzuwendungen aus Anlass des Jubiläums aber mit (80 € + 35 € =) 115 € den in R 19.3 Abs. 2 Nr. 3 LStR genannten Grenzbetrag von 110 € übersteigt, sind sämtliche Zuwendungen als Arbeitslohn anzusehen.

## Zu Aufgabe 249
Richtig: A

Da die Zuwendungen durch das Dienstverhältnis veranlasst sind und in Geld bestehen, handelt es sich um steuerpflichtigen Arbeitslohn; es kommt weder eine Steuerbefreiung noch eine Begünstigung nach R 19.5 oder 19.6 LStR in Betracht.

§ 34 Abs. 2 Nr. 4 i. V. m. Abs. 1 EStG ist auf die Jubiläumszuwendungen an N anzuwenden (R 34.4 Abs. 2 EStR und H 39b.6 „Fünftelungsregelung" LStH); nach H 34.4 „Jubiläumszuwendungen" EStH sind dabei aber die aus Anlass des Unternehmensjubiläums gezahlten 400 € auszuscheiden. Die Fünftelregelung des § 34 Abs. 1 EStG ist damit nur auf den Betrag von 1.500 € anzuwenden.

## Zu Aufgabe 250
Richtig: A, B

Gemäß § 3 Nr. 62 Satz 1 EStG ist der Zuschuss des V an W zu dessen Krankenversicherung bei einer Ersatzkasse in Höhe von 198 € steuerfrei, da W krankenversicherungspflichtig ist und der Arbeitgeber zur Leistung dieses Zuschusses gesetzlich verpflichtet ist. 198 € bleiben danach steuerfrei. Der verbleibende Betrag von 32 €

ist steuerpflichtig und damit im Bruttoarbeitslohn zu erfassen (R 3.62 Abs. 2 Nr. 1 LStR).

## Zu Aufgabe 251

Richtig:   C

J erhält sowohl von M als auch von F aufgrund des Dienstverhältnisses (R 19.6 LStR) Waren, die nicht überwiegend für den Bedarf der Arbeitnehmer vertrieben oder hergestellt werden. Die Wertgrenze von 40 € in R 19.6 Abs. 1 LStR für die Einordnung als nicht anzusetzende Aufmerksamkeit ist überschritten. Da auch keine Pauschalbesteuerung nach § 40 EStG in Betracht kommt, ist die Bewertung der Sachbezüge nach § 8 Abs. 3 EStG vorzunehmen. Danach sind die Waren mit den um 4 % geminderten Endpreisen des M und des F anzusetzen, d. h. mit 96 % von 3.451 € = 3.312,96 € bei M und mit 96 % von 535 € = 513,60 € bei F. Diese Vorteile sind aber in jedem Dienstverhältnis nach § 8 Abs. 3 Satz 2 EStG bis zur Höhe von 1.080 € im Kalenderjahr steuerfrei (R 8.2 Abs. 1 Nr. 1 LStR). Aus dem Warenbezug von M ergibt sich danach für J ein steuerpflichtiger Arbeitslohn von (3.312,96 € ./. 1.080 € =) 2.232,96 € (C), aus dem Warenbezug von F verbleibt kein steuerpflichtiger Arbeitslohn.

## Zu Aufgabe 252

Richtig:   A, C, D

G erhält für die tatsächlich geleistete Stunde Feiertagsarbeit einen Zuschlag von 26 € neben dem Grundlohn. Der Zuschlag bleibt gem. § 3b Abs. 1 Nr. 4 EStG bis zur Höhe von 150 % des Grundlohns von 20 € – also bis 30 € – steuerfrei. Da der neben dem Grundlohn gezahlte Zuschlag (R 3b Abs. 1 LStR) nur 26 € beträgt, ist er auch in dieser Höhe steuerfrei. Als steuerpflichtiger Arbeitslohn ist daher lediglich der Grundlohn von 20 € zu erfassen.

## Zu Aufgabe 253

Richtig:   B

Gemäß § 38a Abs. 1 Satz 2 EStG (siehe § 11 Abs. 1 Satz 4 EStG) gilt laufender Arbeitslohn in dem Kalenderjahr als bezogen, in dem der Lohnzahlungszeitraum endet. Ohne Rücksicht auf den tatsächlichen Zufluss gilt danach das Gehalt für den Monat Dezember 01 mit Ablauf des 31.12.01 als bezogen. Obwohl U zu diesem Zeitpunkt noch lebte, ist der Arbeitslohn Frau U als Einnahme zugeflossen und ihr daher zuzurechnen, allerdings als Einnahme für das Kalenderjahr 01.

Gemäß § 38a Abs. 1 Satz 3 EStG wird der als Arbeitslohn aus dem Dienstverhältnis gezahlte sonstige Bezug in Form der Sondervergütung (Tantieme) in dem Zeitpunkt bezogen, in dem er dem Arbeitnehmer zufließt. Da U im Zeitpunkt des Zuflusses (Zahlung am 04.02.02) nicht mehr lebte, konnte er auch über diesen Betrag keine wirtschaftliche Verfügungsmacht mehr erlangen. Vielmehr ist die Sondervergütung von 15.000 € Frau U zugeflossen und gehört zu ihrem Arbeitslohn des Kalenderjahres 02 (R 19.9 LStR), da zum Arbeitslohn auch Bezüge und Vorteile eines Rechtsnachfolgers (Erbin) aus dem Dienstverhältnis des Rechtsvorgängers gehören (§ 2 Abs. 2 Nr. 2 LStDV).

## Zu Aufgabe 254
Richtig:   C

Aufwendungen, die sowohl beruflichen Zwecken als auch der privaten Lebensführung dienen, sind nur dann insoweit, als sie beruflichen Zwecken dienen, als Werbungskosten zu berücksichtigen, wenn eine Trennung der Aufwendungen leicht und einwandfrei (d. h. ohne unzumutbares Eindringen in die Privatsphäre des Stpfl.) möglich ist. Ist das – wie im Sachverhalt – nicht möglich und die private Mitbenutzung nicht von untergeordneter Bedeutung, so gehört der gesamte Aufwand nach § 12 Nr. 1 EStG zu den nichtabzugsfähigen Ausgaben; eine Aufteilung kommt nicht in Betracht (R 9.1 Abs. 1 und 2 LStR, H 9.1 „Videorecorder" LStH).

## Zu Aufgabe 255
Richtig:   D

Die von R erbrachte Dienstleistung zum Zwecke der Ausbildung wird mit Bezügen vergütet, die gem. § 19 EStG steuerpflichtigen Arbeitslohn darstellen. Obwohl sich R noch in der Ausbildung befindet und Ausbildungskosten grundsätzlich zu den Kosten der privaten Lebensführung i. S. des § 12 Nr. 5 EStG gehören, die nur im Rahmen des § 10 Abs. 1 Nr. 7 EStG berücksichtigt werden können, sind die Aufwendungen des R unmittelbar durch das zum Zweck der Ausbildung eingegangene Dienstverhältnis veranlasst. Aufwendungen aber, die durch ein gegenwärtiges Dienstverhältnis veranlasst sind, aus dem steuerpflichtige Einnahmen fließen, sind Werbungskosten. Die Aufwendungen des R stellen daher gem. § 9 EStG in Höhe von 925 € Werbungskosten (R 9.2 LStR, H 9.2 „Ausbildungsdienstverhältnis" LStH) dar.

## Zu Aufgabe 256
Richtig:   A

Für Fahrten zwischen Wohnung und Arbeitsstätte mit dem eigenen PKW kann K die Entfernungspauschale gem. § 9 Abs. 1 Nr. 4 EStG arbeitstäglich als Werbungskosten geltend machen. Die Mittagsheimfahrt kann nicht zu einer Erhöhung des Werbungskostenabzugs führen. Die Leistung des Arbeitgebers ist von diesem richtigerweise nicht steuerfrei belassen worden, da § 3 Nr. 32 EStG nur für Sammelbeförderungen durch den Arbeitgeber in Betracht kommt. Da der Aufwendungssatz des Arbeitgebers dem normalen Lohnsteuerabzug unterworfen wurde, kommt eine Kürzung der Werbungskosten insoweit nicht in Betracht. Die abzugsfähigen Werbungskosten ergeben sich 01 mit 220 Arbeitstage × 10 km × km-Satz der

## Lösungen: Lohnsteuer

Entfernungspauschale. Wäre die Ersatzleistung pauschal besteuert worden, hätte gem. § 40 Abs. 2 Satz 3 EStG eine Kürzung der Werbungskosten erfolgen müssen.

**Zu Aufgabe 257**

Richtig: B

Gemäß § 9 Abs. 1 Nr. 4 EStG ist bei Fahrten zwischen Wohnung und Arbeitsstätte mit dem eigenen PKW für jeden Kilometer, den die Wohnung von der Arbeitsstätte entfernt liegt, die Entfernungspauschale arbeitstäglich zu berücksichtigen. Für S ergibt sich danach ein Werbungskostenabzug für 10 km in Höhe der Pauschale. Die Umwegstrecke von 6 km kann auch bei einer Fahrgemeinschaft von Ehegatten nach Tz. 1.5 des BMF-Schreibens vom 31.08.2009 (BStBl 2009 I S. 891) nicht berücksichtigt werden.

Für R kommt, da der Grad der Behinderung bei ihm 80 beträgt, § 9 Abs. 2 Nr. 1 EStG in Betracht. Danach kann R die tatsächlichen Aufwendungen für Fahrten zwischen Wohnung und Arbeitsstätte geltend machen. Ohne Einzelnachweis der tatsächlichen Aufwendungen kann R nach R 9.10 Abs. 3 i. V. m. R 9.5 Abs. 1 Satz 5 LStR i. V. m. H 9.5 „Pauschale Kilometersätze" LStH 0,30 € für jeden gefahrenen Kilometer (= 0,60 € für jeden Kilometer der Entfernung) geltend machen. Für R ergibt sich für jeden Tag der Benutzung des PKW ein Werbungskostenabzug von (0,30 €/km × 40 km =) 12 €.

Da die Ehefrau den behinderten Ehemann zu dessen regelmäßiger Arbeitsstätte bringt, könnte auch deren Rückfahrt zur Wohnung als sog. „Leerfahrt" nach R 9.10 Abs. 3 LStR mit dem pauschalen Kilometersatz von 0,30 € angesetzt werden. Meines Erachtens muss daher die Stecke von (16 km ./. 10 km =) 6 km als durch das Dienstverhältnis des Ehemannes verursachte Leerfahrt mit dem pauschalen Kilometersatz angesetzt werden. Danach beträgt der Werbungskostenabzug für R pro Tag 0,30 €/km für (40 km + 12 km =) 52 km.

**Zu Aufgabe 258**

Richtig: A, D

Die Fahrten zwischen Wohnung und Arbeitsstätte in mehreren Dienstverhältnissen sind für sich zu betrachten, allerdings darf für die Ermittlung der Entfernungspauschale des § 9 Abs. 1 Nr. 4 EStG nach Tz. 1.8 des BMF-Schreibens (siehe Aufgabe 257) nur maximal die Hälfte der tatsächlich gefahrenen Kilometer angesetzt werden. Für A ergeben sich daher 16 km. Für C betragen die Entfernungen zwar (10 km + 6 km =) 16 km, er legt aber tatsächlich an einem Arbeitstag nur eine Strecke von (10 km + 8 km + 6 km =) 24 km zurück; es können bei ihm nur ($^1/_2$ von 24 km =) 12 km angesetzt werden.

Die Aufwendungen des B und des D für Mittagsfahrten sind nach H 9.5 „Allgemeines" LStH als Reisekosten zu berücksichtigen. Für die verbleibenden Fahrstrecken ist nach H 9.10 „Fahrtkosten – bei einfacher Fahrt" LStH für jeden gefahrenen

Kilometer die Hälfte der Entfernungspauschale gem. § 9 Abs. 1 Nr. 4 EStG anzusetzen; für B sind das (10 km + 8 km =) 18 km, d. h. für 9 km ist die Entfernungspauschale anzusetzen; für D sind das (20 km + 12 km =) 32 km, d. h., für 16 km ist die Entfernungspauschale anzusetzen.

## Zu Aufgabe 259
Richtig:   A

Gemäß § 9 Abs. 1 Nr. 6 und 7 i. V. m. § 7 Abs. 1 EStG können Arbeitsmittel, deren Nutzung sich über einen Zeitraum von mehr als einem Jahr erstreckt, mit der jährlichen Absetzung für Abnutzung als Werbungskosten berücksichtigt werden. Da nach § 9 Abs. 1 Nr. 7 Satz 2 i. V. m. § 6 Abs. 2 EStG die Aufwendungen für Arbeitsmittel im Jahr der Verausgabung in voller Höhe als Werbungskosten abgesetzt werden können, wenn die Anschaffungskosten ohne Umsatzsteuer (R 9.12 LStR) für das einzelne Arbeitsmittel 410 € nicht übersteigen, sind die Aufwendungen für den Schreibtisch, den Rechner und das Schreibtisch-Set im Kalenderjahr 02 in voller Höhe als Werbungskosten absetzbar. Lediglich für den Computer ist nur die Absetzung für Abnutzung von (1.200 € : 3 =) 400 € als Werbungskosten zu berücksichtigen. Dieser Betrag ist nach § 7 Abs. 1 Satz 4 EStG für das Kalenderjahr 02 nur in Höhe von $^9/_{12}$ von 400 € = 300 € anzusetzen, da die Nutzung in diesem Jahr erst ab dem Monat April vorlag (zeitanteilige Absetzung für Abnutzung).

W kann daher für diese Aufwendungen 476 € + 119 € + 47,60 € + 300 € = 942,60 € als Werbungskosten geltend machen.

## Zu Aufgabe 260
Richtig:   A, C

Da sich die regelmäßige Arbeitsstätte des S im März in Goslar befindet, wird er in Köln für die Dauer von 4 Monaten außerhalb seiner Wohnung und seiner regelmäßigen Arbeitsstätte tätig. Es handelt sich um eine vorübergehende Auswärtstätigkeit, da S in Köln nur vorübergehend beruflich tätig ist (R 9.4 LStR). Ab 01.12. wird S in Salzgitter an seiner (neuen) regelmäßigen Arbeitsstätte tätig, eine Auswärtstätigkeit liegt damit nicht vor.

Sowohl für die Tätigkeit in Köln als auch in Salzgitter ab 01.12. erfüllt S die Voraussetzungen der doppelten Haushaltsführung i. S. des § 9 Abs. 1 Nr. 5 Satz 2 EStG. Nach R 9.11 Abs. 1 Satz 2 LStR liegt eine doppelte Haushaltsführung aber nicht vor, solange eine Auswärtstätigkeit gegeben ist, sodass für S nur im Dezember eine doppelte Haushaltsführung gegeben ist.

## Zu Aufgabe 261
Richtig:   B, C

## Lösungen: Lohnsteuer

F wird außerhalb seiner regelmäßigen Arbeitsstätte (Apotheke) und seiner Wohnung vorübergehend tätig; F befindet sich daher auf einer beruflich veranlassten Auswärtstätigkeit, die Aufwendungen stellen nach R 9.4 LStR Reisekosten dar.

Als Werbungskosten (Reisekosten) kommen nach § 9 Abs. 1 Satz 1 EStG die Fahrtkosten für die Hin- und Rückfahrt mit dem eigenen PKW in Betracht, die ohne Einzelnachweis nach R 9.5 Abs. 1 LStR i. V. m. H 9.5 „Pauschale Kilometersätze" LStH in Höhe von 0,30 € pro gefahrenen Kilometer – hier also mit 0,30 €/km × 26 km = 7,80 € – abzugsfähig sind.

Die Zahlung des Arbeitgebers in Höhe von 5,20 € ist als Reisekostenvergütung gem. § 3 Nr. 16 EStG steuerfrei, sodass sich der Werbungskostenabzug für die Fahrtkosten gem. § 3c Abs. 1 EStG i. V. m. H 9.5 „Werbungskostenabzug und Erstattung durch den Arbeitgeber" LStH um 5,20 € auf 2,60 € ermäßigt.

Für den Verpflegungsmehraufwand anlässlich der Auswärtstätigkeit kommt kein Werbungskostenabzug in Betracht, da die vorübergehende Tätigkeit nicht länger als 8 Stunden gedauert hat (§ 4 Abs. 5 Nr. 5 EStG).

### Zu Aufgabe 262

Richtig: A, D

T ist zwar vorwiegend außerhalb des Werks in Hildesheim tätig, trotzdem ist das Werk seine regelmäßige Arbeitsstätte, da er diese ortsfeste betriebliche Einrichtung des Arbeitgebers immer wieder aufsucht (mehr als durchschnittlich ein Arbeitstag je Arbeitswoche – R 9.4 Abs. 3 LStR). Das Werk ist als Mittelpunkt seiner Tätigkeit anzusehen.

T befindet sich damit auf einer Auswärtstätigkeit, da er in Mannheim beruflich außerhalb seiner Wohnung und seiner regelmäßigen Arbeitsstätte vorübergehend tätig wird. Eine doppelte Haushaltsführung kommt nicht in Betracht, da T dafür in Mannheim eine regelmäßige Arbeitsstätte haben müsste.

### Zu Aufgabe 263

Richtig: A

Der Abzug von Fahrtkosten aus Anlass einer Auswärtstätigkeit als Werbungskosten (Reisekosten – R 9.4 Abs. 1 LStR) ist grundsätzlich gem. § 9 Abs. 1 Satz 1 EStG i. V. m. R 9.5 Abs. 1 LStR in nachgewiesener Höhe möglich. Bei Ausführung dieser Fahrten mit dem eigenen PKW ist es nach H 9.5 „Pauschale Kilometersätze" LStH möglich, ohne Einzelnachweis 0,30 € pro gefahrenen Kilometer als Werbungskosten zu berücksichtigen. Für die Hinfahrt nach Mannheim am 05.03.04 und für die Rückfahrt am 05.04.04 kann T daher jeweils (400 km × 0,30 €/km =) 120 € als Werbungskosten geltend machen.

Die Zwischenheimfahrt am 14./15.03. mit dem eigenen PKW ist nach H 9.5 „Allgemeines" Nr. 1 LStH ebenfalls als Werbungskosten zu berücksichtigen.

Danach kann T für seine Heimfahrt 0,30 € pro gefahrenen Kilometer – hier also 2 × 400 km × 0,30 €/km = 240 € – als Werbungskosten geltend machen. Der Werbungskostenabzug für die Fahrtkosten beträgt damit insgesamt 2 × 120 € + 240 € = 480 €.

**Zu Aufgabe 264**

Richtig: A

Mehraufwendungen für Verpflegung anlässlich einer Auswärtstätigkeit können als Reisekosten (R 9.6 LStR) nach § 9 Abs. 5 i. V. m. § 4 Abs. 5 Nr. 5 EStG mit 24 € täglich bei einer Abwesenheit von 24 Stunden, mit 12 € bei einer Abwesenheit von (mindestens) 14 bis 24 Stunden und mit 6 € bei einer Abwesenheit von (mindestens) 8 bis 14 Stunden als Werbungskosten berücksichtigt werden.

Am 05.03. (von 10 Uhr bis 24 Uhr), am 14.03. und am 05.04. (jeweils von 0 Uhr bis 20 Uhr) ist T mindestens 14 Stunden abwesend. Für diese 3 Tage ist daher jeweils ein Pauschbetrag von 12 € zu berücksichtigen. Hieraus ergeben sich Werbungskosten in Höhe von 36 €. Am 15.03. ist T nur von 17 bis 24 Uhr und damit unter 8 Stunden von Wohnung und regelmäßiger Arbeitsstätte abwesend, für diesen Reisetag ist kein Verpflegungsmehraufwand anzusetzen. Für die restlichen 28 Tage des Aufenthalts in Mannheim war T 24 Stunden von Wohnung und regelmäßiger Arbeitsstätte abwesend; es sind 28 × 24 € = 672 € als Verpflegungsmehraufwand anzusetzen.

Die Mehraufwendungen für Verpflegung kann T insgesamt mit 672 € + 36 € = 708 € als Werbungskosten geltend machen.

**Zu Aufgabe 265**

Richtig: D

Gemäß § 9 Abs. 1 Satz 1 EStG i. V. m. R 9.5 Abs. 1 und R 9.7 Abs. 2 LStR kommen für Z die nachgewiesenen Fahrt- und Unterbringungskosten in Höhe von 150 € als Werbungskosten in Betracht.

Außerdem ist der Mehraufwand für Verpflegung als Werbungskosten zu berücksichtigen. Dieser ergibt sich nach § 9 Abs. 5 i. V. m. § 4 Abs. 5 Nr. 5 EStG für den 15.09. mit 6 € ($11^{1}/_{2}$ Stunden – unter 14, aber mindestens 8 Stunden) und für den 16.09. mit 12 € (19 Stunden – unter 24, aber mindestens 14 Stunden). Es ergeben sich insgesamt 6 € + 12 € = 18 € Mehraufwendungen für Verpflegung und damit anlässlich der Auswärtstätigkeit insgesamt 150 € + 18 € = 168 € berücksichtigungsfähige Aufwendungen.

Für die Ermittlung der Höhe des für Z möglichen Werbungskostenabzugs aufgrund der Auswärtstätigkeit sind diese Aufwendungen gem. § 3c Abs. 1 EStG nur insoweit zu berücksichtigen, als der Arbeitgeber sie nicht steuerfrei erstattet hat. Z kann daher aufgrund der Dienstreise 168 € ./. 150 € = 18 € als Werbungskosten geltend machen.

## Lösungen: Lohnsteuer

### Zu Aufgabe 266
Richtig: C

Die Einnahme von 900 € wurde von H aus einem gegenwärtigen Dienstverhältnis erzielt und fällt damit nicht unter die gem. § 19 Abs. 2 EStG begünstigten Versorgungsbezüge. Obwohl die Voraussetzungen für die Gewährung des Altersentlastungsbetrags gem. § 24a EStG gegeben sind, ist dieser bei der verlangten Lösung nicht zu berücksichtigen, da er erst von der Summe der Einkünfte zur Ermittlung des Gesamtbetrags der Einkünfte abzuziehen ist.

Dem Bruttoarbeitslohn von 900 € sind nach § 2 Abs. 2 Nr. 2 EStG die tatsächlichen Werbungskosten von 910 € gegenüberzustellen, sodass sich die Einkünfte mit (900 € ./. 910 € =) ./. 10 € ergeben.

Ein Abzug des Arbeitnehmer-Pauschbetrags von 1.000 € kommt nicht in Betracht, da gem. § 9a Satz 2 EStG dieser Abzug nicht zu negativen Einkünften führen darf.

### Zu Aufgabe 267
Richtig: A, C

Von den Pensionszahlungen von 18.000 €, die Versorgungsbezüge i. S. des § 19 Abs. 2 Nr. 1 Buchst. a EStG darstellen, bleiben ein Versorgungsfreibetrag in Höhe von (Versorgungsbeginn vor 2005 – 40 % von (1.450 € × 12 =) 17.400 € = 6.960 €, höchstens 3.000 €) 3.000 € und ein Zuschlag zum Versorgungsfreibetrag von 900 € steuerfrei, es verbleibt ein steuerpflichtiger Betrag von 14.100 €. Der steuerpflichtige Arbeitslohn von (14.100 € + 13.000 € aus dem gegenwärtigen Dienstverhältnis =) 27.100 € ist um die Rückzahlung von 800 € zu kürzen, da für sonstige Bezüge bezüglich des Zu- und Abflusses § 38a Abs. 1 i. V. m. § 11 EStG anzuwenden ist. Die Rückzahlung der zu viel gezahlten Tantieme ist nicht als Werbungskosten (§ 9 EStG nicht erfüllt), sondern als negative Einnahme zum Ausgleich der im Kalenderjahr 01 vorgenommenen Besteuerung zu behandeln.

Von dem verbleibenden steuerpflichtigen Arbeitslohn von 26.300 € ist zur Ermittlung der Einkünfte neben dem Werbungskosten-Pauschbetrag von 102 € aufgrund der Versorgungsbezüge nach § 9a Nr. 1 EStG noch der Arbeitnehmer-Pauschbetrag von 1.000 € abzuziehen, sodass die Einkünfte des F aus nichtselbständiger Arbeit für das Kalenderjahr 02 (26.300 € ./. 102 € ./. 1.000 € =) 25.198 € betragen.

### Zu Aufgabe 268
Richtig: A, C

Aufgrund des Versorgungsbeginns in 2010 ist bei M ein Versorgungsfreibetrag von 32 %, höchstens 2.400 €, und ein Zuschlag zum Versorgungsfreibetrag von 720 € jährlich zu berücksichtigen.

Bemessungsgrundlage für die Berechnung des Versorgungsfreibetrags ist das Zwölffache der Bezüge für den ersten vollen Monat, bei M damit 1.800 € × 12 =

21.600 €. Der Versorgungsfreibetrag von (32 % von 21.600 € =) 6.912 €, höchstens 2.400 €, – bei M also 2.400 € – ist für 2010 aber aufgrund des Versorgungsbeginns zum 01.03. nur mit $^{10}/_{12}$ von 2.400 € = 2.000 € anzusetzen. Der Zuschlag zum Versorgungsfreibetrag von 720 € ist für 2010 ebenso nur mit von $^{10}/_{12}$ von 720 € = 600 € anzusetzen. Die Abzüge gem. § 19 Abs. 2 EStG betragen damit für 2010 (2.000 € + 600 € =) 2.600 €.

Da M zur Kohorte 2010 gehört, erfolgt für 2011 keine Neuberechnung, sodass 2011 und in den Folgejahren der Versorgungsfreibetrag mit 2.400 € und der Zuschlag zum Versorgungsfreibetrag mit 720 € zu berücksichtigen sind, ungeachtet der Pensionserhöhungen. Es sind damit ab 2011 jährlich (2.400 € + 720 € =) 3.120 € abzuziehen.

## Zu Aufgabe 269

Richtig: B

Gemäß § 39 Abs. 2 Satz 1 EStG wäre die Stadt Goslar für die Ausstellung der Lohnsteuerkarte für das Kalenderjahr 02 zuständig, da J in deren Bezirk am 20.09.01 seine Hauptwohnung hatte. Lohnsteuerkarten werden aber letztmalig für 2010 ausgestellt, danach sollen ab 2012 die Daten vom Bundeszentralamt für Steuern (BZSt) per Datenbank als Elektronische LohnSteuerAbzugsMerkmale (ELStAM) zur Verfügung gestellt werden. Für den Übergangszeitraum (§ 52b Abs. 1 EStG) ab 2011 wird gem. § 52b Abs. 3 EStG vom Finanzamt eine Ersatzbescheinigung ausgestellt, wenn keine Papierlohnsteuerkarte vorliegt. Ansonsten gelten im Übergangszeitraum die Lohnsteuerkarten 2010 weiter.

*(Ab 2012 entfällt § 52b EStG; es werden nach § 39 EStG Lohnsteuerabzugsmerkmale durch das Wohnsitzfinanzamt des Arbeitnehmers gebidet.)*

## Zu Aufgabe 270

Richtig: A, B, C

Die Lohnsteuerkarten 2010 behalten auch für 2011 ihre Gültigkeit (bis zur Einführung des ELStAM-Verfahrens), das gilt auch für eingetragene Freibeträge. Auch in 2011 kann ein Antrag auf erstmalige Eintragung eines Freibetrags auf der Lohnsteuerkarte (2010) gestellt werden.

Änderungen des Familienstandes durch Heirat oder Geburt eines Kindes sind nach wie vor der Gemeinde mitzuteilen, die steuerliche Umsetzung durch Änderung der Steuerklasse oder der Zahl der Kinder erfolgt ab 2011 aber ausschließlich durch das Finanzamt (§ 52b Abs. 2 EStG). *(Ab 2012: Siehe zu Aufgabe 269.)*

## Zu Aufgabe 271

Richtig: D

## Lösungen: Lohnsteuer

Da die Ehefrau des G nicht unbeschränkt einkommensteuerpflichtig ist, kommt für G weder die Steuerklasse vier noch die Steuerklasse drei in Betracht. G wäre daher in die Steuerklasse eins einzureihen. Außerdem ist die Zahl der Kinderfreibeträge zu bescheinigen. Sohn Tonio ist nicht unbeschränkt einkommensteuerpflichtig und damit nicht nach § 39 Abs. 3 Nr. 2 EStG *(ab 2012: § 39 Abs. 4 Nr. 2 EStG)* zu berücksichtigen. Für die Eintragung des Zählers für den Sohn Manuel und der sich aufgrund der daraus resultierenden Berücksichtigung des Entlastungsbetrags für Alleinerziehende ergebenden Steuerklasse zwei (§ 38b Nr. 2 EStG) ist gem. § 39 Abs. 3a i. V. m. § 39e Abs. 1 i. V. m. § 52b Abs. 2 EStG das Finanzamt zuständig *(ab 2012 nach § 39 Abs. 2 EStG)*.

### Zu Aufgabe 272

Richtig: B, D

Für Arbeitnehmer, die im Kalenderjahr die Voraussetzungen der Ehegattenbesteuerung nicht erfüllen, ist für das 1. Dienstverhältnis die Steuerklasse mit „zwei" zu bescheinigen, wenn bei ihnen aufgrund eines Kindes i. S. des § 32 EStG der Entlastungsbetrag für Alleinerziehende nach § 24b EStG zu berücksichtigen ist (§ 38b Nr. 2 EStG).

Abweichend hiervon sind verwitwete Arbeitnehmer ohne Rücksicht auf das Alter im Kalenderjahr nach dem Tod des Ehegatten in Steuerklasse drei einzureihen, wenn der verstorbene Ehegatte im Zeitpunkt des Todes unbeschränkt einkommensteuerpflichtig war und die Ehegatten zu diesem Zeitpunkt nicht dauernd getrennt lebten (§ 38b Nr. 3 Buchst. b EStG).

### Zu Aufgabe 273

Richtig: D

Nach § 39 Abs. 5 Satz 3 EStG *(ab 2012: § 39 Abs. 6 Satz 3 EStG)* ist ein Steuerklassenwechsel bei Arbeitnehmerehegatten im Laufe des Kalenderjahres nur einmal möglich. Aufgrund der Anweisung des R 39.2 Abs. 5 LStR gilt diese Einschränkung nicht, wenn der Steuerklassenwechsel deswegen beantragt wird, weil ein Ehegatte keinen Arbeitslohn mehr bezieht. Der beantragte Steuerklassenwechsel ist daher möglich. Er ist gem. § 39 Abs. 5 Satz 4 EStG mit Wirkung vom 01.11.2011 an (Beginn des auf die Antragstellung vom 08.10.2011 folgenden Monats) vorzunehmen.

### Zu Aufgabe 274

Richtig: C

Für Anträge auf Wechsel der Steuerklasse bei Arbeitnehmerehegatten ist ab 2011 nach § 52b EStG *(ab 2012: § 39 Abs. 6 EStG)* das Finanzamt zuständig. Das Finanzamt Peine hat als Wohnsitzfinanzamt im Zeitpunkt der Vorlage der Lohnsteuerkarte die Bearbeitung des Antrags vorzunehmen.

Lösungen: Lohnsteuer

## Zu Aufgabe 275
Richtig:    B

Die Eintragung der sich im Laufe des Kalenderjahres ergebenden steuerlichen Berücksichtigung des Sohnes nach § 32 Abs. 4 EStG ist gem. § 39 Abs. 5 Satz 1 und 2 EStG *(ab 2012: § 39 Abs. 6 EStG)* vom Finanzamt mit Wirkung ab 10.01.02 einzutragen. Da W bis zum 25.01.02 von ihrem Ehemann nicht dauernd getrennt lebte, verbleibt es für das Kalenderjahr 02 bei der Steuerklasse drei. Lediglich ein gemeinsamer Antrag beider Ehegatten auf Steuerklassenwechsel wäre möglich, wenn beide Arbeitnehmer wären.

## Zu Aufgabe 276
Richtig:    A, B, C, D

Der berücksichtigungsfähige Betrag ist wie folgt zu ermitteln:

1. Gemäß § 39a Abs. 1 Nr. 4 EStG – der Pauschbetrag gem. § 33b von        720 €

2. Gemäß § 39a Abs. 1 Nr. 1 EStG – Werbungskosten, soweit sie den Arbeitnehmer-Pauschbetrag von 1.000 € übersteigen        0 €

3. Gemäß § 39a Abs. 1 Nr. 2 EStG Sonderausgaben i. S. des § 10 Abs. 1 Nr. 4 EStG, soweit sie den Sonderausgaben-Pauschbetrag von 36 € übersteigen        1.164 €

4. Gemäß § 39a Abs. 1 Nr. 3 EStG der als außergewöhnliche Belastung nach § 33a Abs. 1 EStG zu gewährende Betrag von        1.500 €

    Summe = berücksichtigungsfähiger Betrag:        3.384 €

## Zu Aufgabe 277
Richtig:    A

Die nach § 39a Abs. 1 Nr. 1 bis 3 EStG berücksichtigungsfähigen Beträge können neben dem Pauschbetrag gem. § 33b EStG eingetragen werden, da gem. § 39a Abs. 2 Satz 4 EStG

die Aufwendungen an Werbungskosten, soweit sie den
Arbeitnehmer-Pauschbetrag von 1.000 € übersteigen        0 €
die Aufwendungen in Sonderausgaben in Höhe von        1.200 €
und der gem. § 33a EStG abziehbare Betrag in Höhe von        1.500 €

mit insgesamt        2.700 €

die Grenze von 600 € übersteigen, und zwar um 2.100 €.

Lösungen: Lohnsteuer

## Zu Aufgabe 278

Richtig: C

Gemäß § 39a Abs. 2 EStG ist der Freibetrag von 3.384 € vom Finanzamt insgesamt als Jahresfreibetrag zu vermerken. Gemäß § 39a Abs. 2 Satz 6 EStG ist der Freibetrag auf die der Antragstellung folgenden Monate gleichmäßig zu verteilen. Der Antrag ist im Juni gestellt, der monatliche Freibetrag beträgt 3.384 € : 6 Monate = 564 € ab Juli 02.

## Zu Aufgabe 279

Richtig: B

Der maßgebende Betrag ist gem. § 39a Abs. 3 Satz 2 EStG für die Ehegatten gemeinsam zu ermitteln:

| | |
|---|---:|
| Die Aufwendungen beider Ehegatten i. S. des § 9 EStG, soweit bei dem jeweiligen Ehegatten 1.000 € überstiegen wurden, betragen | 924 € |
| Die Vorsorgeaufwendungen i. S. des § 10 Abs. 1 Nr. 3a EStG sind nicht zu berücksichtigen. | |
| Die Aufwendungen beider Ehegatten i. S. des § 10 Abs. 1 Nr. 4 EStG betragen 316 € + 200 € = | 516 € |
| Die Aufwendungen beider Ehegatten i. S. des § 33 EStG betragen | 1.080 € |
| Der Verlust aus Vermietung und Verpachtung ist bei der Ermittlung der Grenze nicht zu berücksichtigen. | |
| Summe der Aufwendungen = maßgebender Betrag | 2.520 € |

## Zu Aufgabe 280

Richtig: D

Der Jahresfreibetrag ergibt sich gem. § 39a Abs. 3 EStG wie folgt:

Außer den jedem Ehegatten getrennt zuzuordnenden Werbungskosten sind die Beträge gemeinsam zu ermitteln und je zur Hälfte aufzuteilen.

| | Freibetrag J | Freibetrag K |
|---|---:|---:|
| Erhöhte Werbungskosten (über 1.000 €) | 924 € | 0 € |
| Erhöhte eintragungsfähige Sonderausgaben (über 72 € – Pauschbetrag bei Ehegatten) | 222 € | 222 € |
| Übertrag: | 1.146 € | 222 € |

|  |  |  |
|---|---:|---:|
| Übertrag: | 1.146 € | 222 € |
| Abzugsfähiger Betrag der außergewöhnlichen Belastungen 1.080 € ./. 1.600 € = | 0 € | 0 € |
| Verlust aus Vermietung und Verpachtung 4.200 € | 2.100 € | 2.100 € |
| Jahresfreibeträge: | 3.246 € | 2.322 € |

Gemäß § 39a Abs. 2 Satz 7 EStG sind die Freibeträge mit Wirkung vom 01.01. des Kalenderjahres an einzutragen, da der Antrag der Ehegatten im Januar gestellt wurde.

Der Monatsfreibetrag für J beträgt (3.246 € : 12 Monate =) 271 €; der Monatsfreibetrag für K beträgt (2.322 € : 12 Monate =) 194 €.

## Zu Aufgabe 281
Richtig:  C

Gemäß § 39b Abs. 2 EStG hat H zunächst den Lohnzahlungszeitraum (Monat) und den laufenden Arbeitslohn (500 €) festzustellen und diesen durch Multiplikation mit 12 auf einen Jahresarbeitslohn hochzurechnen. Von diesem Arbeitslohn ist der Versorgungsfreibetrag und der monatliche Freibetrag von 50 €, hochgerechnet auf 12 Monate – also 600 € – abzuziehen. Mit dem sich ergebenden Betrag hat H unter Berücksichtigung der Abzüge gem. § 39b Abs. 2 Satz 5 EStG und der Steuerklasse drei die Lohnsteuer des G für das Jahr und durch Division mit 12 für den Monat April zu ermitteln.

## Zu Aufgabe 282
Richtig:  A, B

Sowohl das Gehalt von 700 € als auch der Fahrtkostenbeitrag stellen laufenden Arbeitslohn dar; die Weihnachtsgratifikation ist (unabhängig von ihrer Höhe) als sonstiger Bezug einzuordnen (R 39b.2 LStR).

Für den Fahrtkostenbeitrag kann F die Lohnsteuer nach § 40 Abs. 2 EStG mit einem Pauschsteuersatz erheben, dazu ist er aber nicht verpflichtet; F kann den Beitrag als laufenden Arbeitslohn dem normalen Lohnsteuerabzug unterwerfen, sodass nach § 39b Abs. 2 EStG 700 € bzw. 730 € als laufender Arbeitslohn zu besteuern sind.

Für die Weihnachtsgratifikation ist alternativlos die Besteuerung nach § 39b Abs. 3 EStG als sonstiger Bezug durchzuführen.

## Zu Aufgabe 283
Richtig:  C

Da die Eintragungen auf der Lohnsteuerkarte 2010 auch für 2011 ihre Gültigkeit behalten, ist ein Jahresfreibetrag von 6.000 € und daraus resultierend ein Monatsfreibetrag von 500 € ab Januar 2011 für den Lohnsteuerabzug bei N zu berücksichtigen (H 39a.1 „Allgemeines" LStH). (Für die Berücksichtigung im ELStAM-Verfahren sind die Freibeträge neu zu beantragen.)

**Zu Aufgabe 284**

Richtig: D

Gemäß § 41 Abs. 1 EStG i. V. m. § 4 Abs. 2 LStDV hat der Arbeitgeber den Arbeitslohn, getrennt nach Barlohn und Sachbezügen, die einbehaltene Lohnsteuer und die steuerfreien Vergütungen getrennt in dem Lohnkonto einzutragen. In den Arbeitslohn sind die steuerfreien Vergütungen nicht einzubeziehen.

**Zu Aufgabe 285**

Richtig: B, D

Bei Eröffnung einer Betriebsstätte ist für die Bestimmung des Lohnsteuer-Anmeldungszeitraums im Kalenderjahr der Eröffnung die für den ersten vollen Kalendermonat nach der Eröffnung abzuführende und auf einen Jahresbetrag umgerechnete Lohnsteuer maßgebend (§ 41a Abs. 2 Satz 4 EStG).

Der erste volle Kalendermonat nach der Eröffnung ist der Monat Mai 01, sodass die für diesen Monat abzuführende Lohnsteuer auf einen Jahresbetrag umzurechnen (also mit 12 zu multiplizieren) ist.

Für die Bestimmung des Lohnsteuer-Anmeldungszeitraums des Kalenderjahres 02 ist nach § 41a Abs. 2 Satz 3 EStG die für die Zeit von der Betriebseröffnung bis zum 31.12.01 abzuführende Lohnsteuer auf einen Jahresbetrag umzurechnen (also mit $^{12}/_9$ zu multiplizieren). Der errechnete Jahresbetrag ist maßgebend.

**Zu Aufgabe 286**

Richtig: A, B, C, D

Nach § 41b Abs. 1 EStG ist in der Lohnsteuerbescheinigung, die nach Beendigung des Dienstverhältnisses zu erteilen ist, die Dauer des Dienstverhältnisses, die Höhe des Arbeitslohns einschließlich der sonstigen Bezüge in einer Summe (hier: 14.700 €) und die hierauf entfallende einbehaltene Lohnsteuer (hier: 1.624,20 €) anzugeben.

Gemäß § 39b Abs. 1 und § 41b Abs. 1 EStG hat der Arbeitgeber nach Beendigung des Dienstverhältnisses die Lohnsteuerkarte und die Lohnsteuerbescheinigung dem Arbeitnehmer auszuhändigen, wenn das Dienstverhältnis vor Ablauf des Kalenderjahres beendet wird.

## Lösungen: Lohnsteuer

Nach Ablauf des Kalenderjahres hat auch die Fa. Z die Lohnsteuerkarte an V auszuhändigen, da sie die Lohnsteuerbescheinigung der Fa. W enthält und V zur Einkommensteuer veranlagt wird.

Die steuerfreien Ersatzleistungen bei doppelter Haushaltsführung sind nach § 41b Abs. 1 Nr. 10 EStG ebenfalls zu bescheinigen.

### Zu Aufgabe 287

Richtig: A, B, D

Weil die Fa. Z am 31.12.01 mindestens 10 Arbeitnehmer beschäftigt hat und die Lohnsteuerbescheinigung aus dem Dienstverhältnis bei der Fa. W vorliegt, ist die Fa. Z nach § 42b Abs. 1 EStG zur Durchführung des Lohnsteuer-Jahresausgleichs verpflichtet, da auch ein Ausschließungsgrund nach § 42b Abs. 1 Satz 4 EStG nicht vorliegt.

Nach § 42b Abs. 2 EStG ist die Jahreslohnsteuer bei dem Jahresarbeitslohn von (14.700 € + 12.000 € =) 26.700 € zu ermitteln.

Der Lohnsteuer-Jahresausgleich kann gem. § 42b Abs. 3 EStG noch spätestens bei der Lohnabrechnung für den Monat März 02 durchgeführt werden.

Die erstattete Lohnsteuer ist gem. § 42b Abs. 4 EStG in jedem Fall bei der Lohnsteuerbescheinigung für das Kalenderjahr 01 zu berücksichtigen.

### Zu Aufgabe 288

Richtig: C

Für die Ehegatten ist eine Veranlagung zur Einkommensteuer gem. § 46 Abs. 2 Nr. 3a EStG durchzuführen, da die Ehegatten beide Arbeitslohn bezogen haben, die Ehegatten zusammenzuveranlagen sind und die Ehefrau nach der Steuerklasse fünf besteuert worden ist.

§ 46 Abs. 2 Nr. 1 EStG ist nicht anzuwenden, da die Einkünfte aus Vermietung und Verpachtung nicht mehr als 410 € positiven Überschuss ergeben, sondern einen Verlust.

§ 46 Abs. 2 Nr. 2 EStG ist ebenfalls nicht anzuwenden, da keiner der Ehegatten nebeneinander von mehreren Arbeitgebern Arbeitslohn bezogen hat. Eine Veranlagung auf Antrag (§ 46 Abs. 2 Nr. 8 EStG) kann nur in Betracht kommen, wenn sonst kein Veranlagungsgrund gegeben ist.

### Zu Aufgabe 289

Richtig: B

Weder betragen die Einkünfte des R, die nicht dem Steuerabzug vom Arbeitslohn zu unterwerfen waren, ggf. gekürzt um den Altersentlastungsbetrag gem. § 24a EStG,

Lösungen: Lohnsteuer

mehr als 410 € (hier 450 € ./. 180 € = 270 €) noch hat er dem Progressionsvorbehalt unterliegende Leistungen in einer solchen Höhe erhalten; § 46 Abs. 2 Nr. 1 EStG ist nicht erfüllt (A).

Da R aus zwei verschiedenen früheren Dienstverhältnissen Versorgungsbezüge (also Arbeitslohn) erhält, ist R nach § 46 Abs. 2 Nr. 2 EStG zur Einkommensteuer zu veranlagen (B).

§ 46 Abs. 2 Nr. 3a EStG kommt nicht in Betracht, da die Einkommensteuer des R wohl nach dem Splittingtarif ermittelt wird (§ 32a Abs. 6 Nr. 1 EStG) und ein Teil der Bezüge nach Steuerklasse sechs zu besteuern war, aber keine Ehegattenveranlagung durchzuführen ist (C).

§ 46 Abs. 2 Nr. 6 EStG kann für R nur für das Kalenderjahr 01 in Betracht kommen (D).

**Zu Aufgabe 290**

Richtig:   D

Die Ehegatten sind aus folgenden Gründen nicht von Amts wegen zu veranlagen:

Die nicht dem Lohnsteuerabzug unterliegenden Einkünfte betragen mit 400 € (1.000 € ./. 600 €) abzüglich des Altersentlastungsbetrags nach § 24a EStG nicht mehr als 410 € (§ 46 Abs. 2 Nr. 1 EStG).

Keiner der Ehegatten bezieht nebeneinander von mehreren Arbeitgebern Arbeitslohn (§ 46 Abs. 2 Nr. 2 EStG).

Bei den Ehegatten war die beim Lohnsteuerabzug nach § 39b Abs. 2 EStG zu berücksichtigende Vorsorgepauschale nicht größer als der für Vorsorgeaufwendungen abziehbare Betrag (§ 46 Abs. 2 Nr. 3 EStG).

Keiner der Ehegatten war nach der Steuerklasse fünf oder sechs zu besteuern (§ 46 Abs. 2 Nr. 3a EStG).

Da auch keine andere Vorschrift für eine Veranlagung von Amts wegen erfüllt ist, bleibt nach § 46 Abs. 2 Nr. 8 EStG nur noch die Möglichkeit einer Veranlagung auf Antrag.

# Lösungen: Körperschaftsteuer

## Zu Aufgabe 291
Richtig: A, B, C, D

Die Körperschaftsteuer ist eine besondere Art der Einkommensteuer für juristische Personen. Wie die Einkommensteuer gehört die Körperschaftsteuer zu den direkten Steuern, weil der Steuerschuldner und der Steuerträger identisch sind. Außerdem ist die Körperschaftsteuer eine Personensteuer, die nicht als Betriebsausgabe abgezogen werden darf. Das Aufkommen der Körperschaftsteuer steht dem Bund und den Ländern gemeinsam zu (Art. 106 Abs. 3 GG). Die Körperschaftsteuer gehört daher zu den Gemeinschaftsteuern.

## Zu Aufgabe 292
Richtig: A, B

Unbeschränkt körperschaftsteuerpflichtig sind die in § 1 Abs. 1 KStG genannten juristischen Personen. Sowohl die GmbH als auch die Volksbank gehören dazu. Hat eine juristische Person weder ihre Geschäftsleitung noch ihren Sitz im Inland, aber inländische Einkünfte, so ist sie mit diesen beschränkt steuerpflichtig (§ 2 KStG). Eine OHG gehört als Personengesellschaft nicht zu den juristischen Personen.

## Zu Aufgabe 293
Richtig: C

Da das Körperschaftsteuergesetz den Zeitpunkt des Beginns der Körperschaftsteuerpflicht nicht bestimmt, sind zivilrechtliche Regelungen und wirtschaftliche Überlegungen maßgebend.

Die Steuerpflicht beginnt bei juristischen Personen nicht erst mit der Eintragung in das Handelsregister, sondern schon durch die notarielle Beurkundung des Gesellschaftsvertrages, hier am 15.12.01 (C). Bis zu diesem Zeitpunkt lag eine Vorgründungsgesellschaft vor, die steuerlich als OHG oder GbR behandelt wird. Die Gründer beziehen dann als Mitunternehmer gem. § 15 Abs. 1 Nr. 2 EStG Einkünfte aus Gewerbebetrieb (H 2 KStH).

## Zu Aufgabe 294
Richtig: C

Bei der Ermittlung des Einkommens sind einkommensteuerliche und körperschaftsteuerliche Abzugsverbote zu beachten.

So dürfen nach § 10 Nr. 2 KStG die Körperschaftsteuer, der Solidaritätszuschlag und Aufwendungen, für die nach § 4 Abs. 5 EStG ein Abzugsverbot gilt, die

Bemessungsgrundlage nicht mindern. Die als Einnahme gebuchte Körperschaftsteuererstattung ist vom Einkommen abzuziehen. Die Spenden für mildtätige und kirchliche Zwecke wurden im Rahmen des § 9 Abs. 1 Nr. 2 KStG ordnungsgemäß erfasst. Parteispenden sind nicht abzugsfähig.

Aufsichtsratsvergütungen dürfen lediglich zur Hälfte als Ausgabe behandelt werden (§ 10 Nr. 4 KStG).

Berechnung:

| | | |
|---|---|---:|
| Gewinn | | 240.000 € |
| KSt-Zahlung | + | 23.000 € |
| SolZ-Zahlung | + | 1.265 € |
| KSt-Erstattung | ./. | 2.265 € |
| Geschenke | + | 3.200 € |
| Spenden an Parteien | + | 7.800 € |
| Aufsichtsratsvergütungen | + | 9.000 € |
| Einkommen für den VZ 01 | | 282.000 € |

## Zu Aufgabe 295

Richtig: A, B, C, D

Nach § 8 Abs. 3 Satz 2 KStG dürfen verdeckte Gewinnausschüttungen das Einkommen der Körperschaft nicht mindern.

Eine verdeckte Gewinnausschüttung im Sinne dieser Vorschrift liegt vor, wenn die Gesellschaft ihren Gesellschaftern einen Vorteil gewährt, den gesellschaftsfremde Personen nicht erhalten würden. In den Beispielen A bis D liegen verdeckte Gewinnausschüttungen vor.

# Lösungen: Gewerbesteuer

**Zu Aufgabe 296**

Richtig: A, B

Die Berechtigung zur Erhebung der Gewerbesteuer steht den Gemeinden zu. Nach § 1 GewStG ist die Gewerbesteuer eine Gemeindesteuer (A) und keine Gemeinschaftsteuer.

Ihr Wesen liegt darin, dass sich die Höhe der Steuerschuld nach der Leistungsfähigkeit des Steuergegenstandes (Gewerbebetrieb) richtet. Bei der Bemessung der Steuer kommt es nicht auf die Leistungsfähigkeit des Steuerschuldners (Unternehmer) an. Damit ist die Gewerbesteuer eine Sachsteuer und keine Personensteuer. Nach § 3 Abs. 2 AO ist die Gewerbesteuer eine Realsteuer (B).

**Zu Aufgabe 297**

Richtig: A, D

Die land- und forstwirtschaftlichen Nebenbetriebe bzw. Nebenleistungen sind von selbständigen Gewerbebetrieben abzugrenzen.

Zu den Einkünften aus Land- und Forstwirtschaft gehören nach § 13 Abs. 2 Nr. 1 EStG auch die Einkünfte aus land- und forstwirtschaftlichen Nebenbetrieben.

Es handelt sich hierbei um Betriebe, die für sich allein betrachtet einen Gewerbebetrieb darstellen würden, die jedoch mit der landwirtschaftlichen Urproduktion derart eng verbunden sind, dass der land- und forstwirtschaftliche Hauptbetrieb die wesentliche wirtschaftliche Grundlage für den Nebenbetrieb bildet. Der Nebenbetrieb muss dem Hauptbetrieb zu dienen bestimmt sein, d. h. ihn fördern, verbilligen oder seinen Ertrag steigern.

Es werden unterschieden Be- oder Verarbeitungsbetriebe und Substanzbetriebe.

Die Abgrenzung zum selbständigen Gewerbebetrieb wird beim verarbeitenden Betrieb danach vollzogen, ob die eingesetzte Rohstoffmenge regelmäßig und nachhaltig überwiegend zugekauft wird und das be- und verarbeitete Produkt überwiegend für den Verkauf bestimmt ist (R 2.1 Abs. 1 GewStR i. V. m. R 15.5 Abs. 3 EStR). Ist dies der Fall, so liegt kein Nebenbetrieb vor.

Nach diesen Grundsätzen handelt es sich bei der Molkerei um einen selbständigen Gewerbebetrieb (A).

Ein Substanzbetrieb, der dauernd und nachhaltig Substanz an Fremde veräußert, ist nur als land- und forstwirtschaftlicher Nebenbetrieb anzusehen, wenn die gewonnene Substanz überwiegend im eigenen land- und forstwirtschaftlichen Betrieb verwendet wird (R 15.5 Abs. 3 Satz 4 EStR). Danach stellt die Kiesgrube eine gewerbliche Tätigkeit (D), die Torfgewinnung hingegen einen unselbständigen Teil des gärtnerischen Betriebs dar.

Gelegentlich werden durch den Landwirt Dienstleistungen (z. B. Fuhrleistungen) erbracht. Nach R 15.5 Abs. 10 EStR sind Einkünfte aus solchen Tätigkeiten aus Vereinfachungsgründen zu den Einkünften aus Land- und Forstwirtschaft zu rechnen, wenn die Empfänger der Leistungen ebenfalls Land- und Forstwirte sind und die Einnahmen aus dieser Tätigkeit nicht mehr als ein Drittel des Gesamtumsatzes des landwirtschaftlichen Betriebs und nicht mehr als 51.500 € im Wirtschaftsjahr betragen.

**Zu Aufgabe 298**

Richtig: D

Auch die Einkünfte aus Tierzucht und Tierhaltung gehören zu den Einkünften aus Land- und Forstwirtschaft, wenn die Tierbestände den in § 13 Abs. 1 Nr. 1 EStG angegebenen Umfang nicht übersteigen [für die ersten 20 Hektar nicht mehr als 10 Vieheinheiten (VE), für die nächsten 10 Hektar nicht mehr als 7 VE, für die nächsten 20 Hektar nicht mehr als 6 VE, für die nächsten 50 Hektar nicht mehr als 3 VE und für die weitere Fläche nicht mehr als 1,5 VE – alles je Hektar].

Bei der Feststellung der Tierbestände ist von der regelmäßigen und nachhaltigen Erzeugung oder Haltung während der Wirtschaftsjahre auszugehen. Der maßgebende Umrechnungsschlüssel für die Vieheinheiten ergibt sich aus R 13.2 EStR.

Insgesamt darf der Landwirt in dem vorgegebenen Beispiel nachhaltig (20 × 10 VE + 10 × 7 VE =) 270 VE erzeugen bzw. halten. Da diese Grenze überschritten wird, gehört der darüber hinausgehende Tierbestand zur gewerblichen Tierzucht und Tierhaltung. Dabei sind zunächst die weniger flächenabhängigen Tierzweige der gewerblichen Tierzucht zuzurechnen.

Da sowohl die Schweinemast als auch die Legehennenhaltung nach R 13.2 Abs. 2 EStR zu den weniger flächenabhängigen Tierzweigen gehören, ist die Schweinemast wegen der größeren Zahl der VE der gewerblichen Tierzucht und Tierhaltung zuzurechnen.

Da die verbleibenden Tierbestände die Zahl der zulässigen VE dann nicht mehr überschreiten, gehören sie zur landwirtschaftlichen Tierzucht und Tierhaltung.

**Zu Aufgabe 299**

Richtig: C

Die Tätigkeit als Fahrlehrer unterliegt als unterrichtende Tätigkeit nicht der Gewerbesteuer. Es handelt sich hier um Einkünfte aus selbständiger Arbeit (vgl. § 18 Abs. 1 Nr. 1 EStG). Wenn diese Einkünfte mit gewerblichen Einkünften z. B.

## Lösungen: Gewerbesteuer

aus einem Kraftfahrzeughandel zusammentreffen, spricht man von einer gemischten Tätigkeit.

Bei einer gemischten Tätigkeit ist nur die gewerbliche Tätigkeit als Gewerbebetrieb anzusehen.

Das gilt auch dann, wenn ein enger sachlicher und wirtschaftlicher Zusammenhang zwischen den Tätigkeiten gegeben ist. Und zwar so lange, wie eine getrennte steuerliche Behandlung durch eine getrennte Buchführung oder Schätzung möglich ist.

Sind die Tätigkeiten derart unlösbar miteinander verflochten, dass sie sich gegenseitig bedingen, so sind sie als einheitlicher Gewerbebetrieb zu behandeln – vgl. R 2.1 Abs. 1 GewStR i. V. m. H 15.6 „gemischte Tätigkeit" EStH.

Im vorliegenden Fall ist eine Trennung der Tätigkeiten durchaus möglich. Die Einkünfte aus der Tätigkeit als Fahrlehrer sind Einkünfte aus selbständiger Arbeit. Der Kraftfahrzeughandel ist ein Gewerbebetrieb.

### Zu Aufgabe 300
Richtig:   A, B, D

Die Ausübung einer freiberuflichen Tätigkeit nach § 18 Abs. 1 Nr. 1 EStG stellt keinen Gewerbebetrieb dar. Auch die gemeinsame Ausübung selbständiger Arbeit im Rahmen z. B. einer Gesellschaft bürgerlichen Rechts ist grundsätzlich keine gewerbliche Betätigung.

Eine solche Gesellschaft wird aber dann zum Gewerbebetrieb, wenn eine berufsfremde Person als Gesellschafter beteiligt ist (A, D) – vgl. R 2.1 Abs. 1 GewStR i. V. m. H 15.6 „Gesellschaft" EStH.

Eine Personengesellschaft, die von Angehörigen eines freien Berufs gegründet wird, kann einen Gewerbebetrieb darstellen. Diese Vermutung kann jedoch dadurch widerlegt werden, dass nachgewiesen wird, dass die Gesellschaft sich mit einer freiberuflichen Tätigkeit befasst und ein Handelsgewerbe eindeutig nicht betrieben wird (C) – vgl. H 5.1 „Handelsregister – Personengesellschaft" EStH.

Gründen jedoch mehrere Personen zur Ausübung einer Tätigkeit i. S. des § 18 Abs. 1 Nr. 1 EStG eine Kapitalgesellschaft, so unterliegt diese nach § 2 Abs. 2 GewStG der Gewerbesteuer (R 2.1 Abs. 4 GewStR). Diese gesetzliche Vermutung ist nicht widerlegbar (B).

### Zu Aufgabe 301
Richtig:   B

Gewerbeertrag ist der nach den Vorschriften des Einkommensteuergesetzes zu ermittelnde Gewinn aus Gewerbebetrieb, der bei der Ermittlung des Einkommens für den dem Erhebungszeitraum entsprechenden Veranlagungszeitraum zu berück-

# Lösungen: Gewerbesteuer

sichtigen ist (§ 7 GewStG). Dieser Betrag ist um die in den §§ 8 und 9 GewStG bezeichneten Beträge zu korrigieren.

Zum Gewerbeertrag gehören auch Gewinne oder Verluste, die beim Übergang von der Gewinnermittlung nach § 4 Abs. 3 EStG zur Gewinnermittlung durch Betriebsvermögensvergleich entstanden sind. Hat der Betriebsinhaber einen Antrag auf Verteilung eines Übergangsgewinns nach R 4.6 Abs. 1 EStR gestellt, so gilt die Verteilung auch für die Gewerbesteuer (R 7.1 Abs. 3 Satz 8 GewStR).

Gewinne oder Verluste aus der Veräußerung oder Aufgabe eines Gewerbebetriebs gehören dagegen nicht zum Gewerbeertrag. Das gilt auch für Gewinne oder Verluste, die sich aus der Veräußerung einer Beteiligung an einer Personengesellschaft, die zum notwendigen Betriebsvermögen gehörte, ergeben haben (R 7.1 Abs. 3 Satz 5 GewStR).

Berechnung:

|   | | |
|---|---|---:|
| | Laufender Gewinn des Kalenderjahres 04 | 40.000 € |
| + | $1/3$ des im Kalenderjahr 02 angefallenen Übergangsgewinns | 5.000 € |
| + | Verlust aus der Veräußerung der Beteiligung an der Personengesellschaft | 10.000 € |
| | | 55.000 € |

## Zu Aufgabe 302

Richtig:   A, B, C, D

In der Regel wird man den Gewinn aus dem Einkommensteuerbescheid auch für Zwecke der Gewerbesteuer verwenden dürfen (A).

Ist ein Gewinnfeststellungsbescheid erteilt worden, so ist der Gewinn dieses Bescheides regelmäßig Ausgangspunkt für die Ermittlung des Gewerbeertrages (B, C).

Es bedarf jedoch einer selbständigen Gewinnermittlung für die Gewerbesteuer, wenn Vorschriften für die Gewinnermittlung ausdrücklich auf die Einkommensteuer beschränkt sind, sich die Nichtanwendung aus dem Wesen der Gewerbesteuer ergibt (Hinweis auf die Ausführungen zu Aufgabe 301) oder der Gewinn laut Einkommensteuer- bzw. Feststellungsbescheid falsch ermittelt wurde, vgl. H 7.1 (1) „Eigenständige Ermittlung des Gewerbeertrags" GewStH (D).

## Zu Aufgabe 303

Richtig:   B

Die Zinsen sind als Entgelte für Schulden in voller Höhe für eine Hinzurechnung nach § 8 Nr. 1 Buchst. a GewStG zu berücksichtigen ohne Rücksicht darauf, welcher Betrag als Dauerschuld anzusehen ist.

Neben den Zinsen von 5.600 € sind auch die Gewinnanteile des stillen Gesellschafters nach § 8 Nr. 1 Buchst. c GewStG für die Hinzurechnung zu berücksichtigen.

Eine Hinzurechnung kommt aber nur insoweit in Betracht, als der Freibetrag von 100.000 € überschritten wird. Die Hinzurechnung nach § 8 Nr. 1 GewStG beträgt $^1/_4$ von (125.600 € ./. 100.000 € =) 25.600 € = 6.400 €.

## Zu Aufgabe 304
Richtig:     B

Die Renten- und die Pachtzahlungen werden für eine Hinzurechnung nach § 8 Nr. 1 GewStG unabhängig davon berücksichtigt, ob sie beim Empfänger zur Gewerbesteuer herangezogen werden.

Bei den Rentenzahlungen sind nach § 8 Nr. 1 Buchst. b GewStG nur die Beträge hinzuzurechnen, die auch den Gewinn gemindert haben; das ist die Differenz zwischen der Summe der gezahlten Beträge von (12 × 5.000 € =) 60.000 € und der Verminderung des Passivpostens von (400.000 € ./. 360.000 € =) 40.000 €, hier also 20.000 € (R 8.1 Abs. 2 GewStR).

Nach § 8 Nr. 1 Buchst. d GewStG sind ein Fünftel der Miet- und Pachtzinsen für die Benutzung von beweglichen Wirtschaftsgütern des Anlagevermögens, die im Eigentum eines anderen stehen, dem Gewinn hinzuzurechnen. Für eine Hinzurechnung ergibt sich damit ein Betrag von $^1/_5$ von (12.000 € + 10.000 € =) 22.000 € = 4.400 €. Zu den Pachtzinsen gehören nach H 8.1 (4) „Miet- und Pachtzinsen" GewStH auch die nach vertraglicher Verpflichtung aufgewendeten Beträge für die Instandhaltung des Inventars. Die die Räumlichkeiten betreffenden Pachtzahlungen von 36.000 € sind nach § 8 Nr. 1 Buchst. e GewStG mit $^1/_2$ von 36.000 € = 18.000 € für eine Hinzurechnung zu berücksichtigen.

Die Zinsen sind nach § 8 Nr. 1 Buchst. a GewStG mit 58.000 € für eine Hinzurechnung zu berücksichtigen.

Da der Freibetrag von 100.000 € mit (20.000 € + 4.400 € + 18.000 € + 58.000 € =) 100.400 € um 400 € überschritten wird, sind dem Gewinn nach § 8 Nr. 1 GewStG $^1/_4$ von 400 € = 100 € hinzuzurechnen.

## Zu Aufgabe 305
Richtig:     A

Nach § 9 Nr. 1 Satz 1 GewStG ist die Summe des Gewinns und der Hinzurechnungen um 1,2 % des Einheitswerts des Grundbesitzes zu kürzen, der zum Betriebsvermögen des Unternehmens gehört. Als Bemessungsgrundlage für den Kürzungsbetrag sind 140 % der nach den Wertverhältnissen vom 01.01.1964 festgestellten Einheitswerte anzusetzen (R 9.1 Abs. 2 GewStR).

Die Zugehörigkeit zum Betriebsvermögen ist nach den Vorschriften des Einkommensteuerrechts zu beurteilen (vgl. § 20 GewStDV i. V. m. R 4.2 Abs. 7 EStR und H 4.2 Abs. 7 „Miteigentum" EStH). Danach können Grundstücke nur zum Betriebsvermögen gerechnet werden, wenn diese dem Unternehmer auch steuerlich zuzurechnen sind. Da das Grundstück Braunlage, Finkenweg 4, im Eigentum der Ehefrau steht und eine vom bürgerlichen Recht abweichende Zurechnung (z. B. nach § 39 Abs. 2 AO) nicht in Betracht kommt, ist eine Kürzung nach § 9 Nr. 1 Satz 1 GewStG für dieses Grundstück nicht vorzunehmen.

Die Frage, ob der Grundbesitz zum Betriebsvermögen des Unternehmers gehört, ist grundsätzlich nach dem Stand zu Beginn des Erhebungszeitraums zu beurteilen (R 9.1 Abs. 1 GewStR). Somit kommt eine Kürzung für das Grundstück Braunlage, Sachsenring 1, im Erhebungszeitraum 02 noch in Betracht, für das Grundstück Braunlage, Petersberg 2, allerdings noch nicht.

Maßgebend für die Kürzung ist der Einheitswert, der auf den letzten Feststellungszeitpunkt vor dem Ende des Erhebungszeitraums lautet. Für das Grundstück Braunlage, Wiesenweg 3, ist die Kürzung also vom Einheitswert auf den 01.01.02 zu berechnen.

Berechnung:

|  | Einheitswerte |
|---|---|
| 1. Braunlage, Sachsenring 1 | 10.000 € |
| 2. Braunlage, Wiesenweg 3 | 40.000 € |
|  | 50.000 € |
| 140 % | 70.000 € |
| Kürzungsbetrag 1,2 % | 840 € |

**Zu Aufgabe 306**
Richtig:  D

Hinweis auf die Ausführungen zu Aufgabe 305.

Die Zugehörigkeit zum Betriebsvermögen ist nach den Vorschriften des Einkommensteuerrechts zu beurteilen (R 4.2 Abs. 7 EStR).

Ist nur ein Teil eines Grundstücks einkommensteuerlich zum Betriebsvermögen des Unternehmers zu rechnen, so ist für die Berechnung der Kürzung nach § 9 Nr. 1 Satz 1 GewStG von dem Teil des Einheitswerts auszugehen, der auf den in den Steuerbilanzen ausgewiesenen Teil des Grundstücks entfällt (R 9.1 Abs. 1 GewStR).

Dabei kommt es nicht darauf an, ob das Grundstück bzw. der Grundstücksteil zum notwendigen oder gewillkürten Betriebsvermögen gehört. Die Kürzung kommt auch für einen Grundstücksteil in Betracht, der zwar für eigene gewerbliche Zwecke genutzt wird, aber einkommensteuerlich nicht zum Betriebsvermögen zu rechnen ist, weil er von untergeordneter Bedeutung ist (R 9.1 Abs. 1 GewStR i. V. m. R 4.2 Abs. 8 EStR).

Berechnung:

Einheitswerte

| | | | |
|---|---|---|---|
| 1. Bad Sachsa, Marktstraße 1 | 40 % von 15.000 € | = | 6.000 € |
| 2. Bad Sachsa, Ringstraße 2 | 100 % von 23.000 € | = | 23.000 € |
| 3. Bad Sachsa, Drosselweg 3 | 60 % von 50.000 € | = | 30.000 € |
| 4. Bad Sachsa, Steinkamp 4 | 10 % von 10.000 € | = | 1.000 € |
| | | | 60.000 € |
| 140 % | | | 84.000 € |
| Kürzungsbetrag 1,2 % | | | 1.008 € |

## Zu Aufgabe 307

Richtig: C

Da die KG mit dem erzielten Gewinn selbst der Gewerbesteuer unterliegt, ist nach § 9 Nr. 2 der Gewinn des G um den Gewinnanteil von 25.000 € zu kürzen.

Bezüglich der Mieteinnahmen aus der Überlassung des betrieblichen LKW an den Kunden handelt es sich zwar um Mietzinsen für die Überlassung eines nicht in Grundbesitz bestehenden Wirtschaftsguts des Anlagevermögens i. S. des § 8 Nr. 1 Buchst. d GewStG, die beim Mieter zu einer Hinzurechnung führen können, eine Kürzung des Gewinns sieht das GewStG aber nicht (nicht mehr seit 2008) vor.

## Zu Aufgabe 308

Richtig: A, C

Weicht bei Unternehmen, die Bücher nach den Vorschriften des HGB zu führen verpflichtet sind, das Wirtschaftsjahr, für das sie regelmäßig Abschlüsse machen, vom Kalenderjahr ab, so gilt der Gewerbeertrag als in dem Erhebungszeitraum bezogen, in dem das Wirtschaftsjahr endet, § 10 Abs. 2 GewStG. Das GewStG folgt damit der in § 4a Abs. 2 Nr. 2 EStG niedergelegten Regelung über die zeitliche Zuordnung des Gewinns aus Gewerbebetrieb bei vom Kalenderjahr abweichendem Wirtschaftsjahr.

Das bedeutet, dass für den Erhebungszeitraum 01 keine Gewerbesteuer auf den Gewerbeertrag anfällt (A). Für den Erhebungszeitraum 02 ist der Gewerbeertrag mit 60.000 € anzusetzen (C).

## Zu Aufgabe 309
Richtig:   A, B, C

Nach § 11 Abs. 1 GewStG ist der Gewerbeertrag auf volle 100 € abzurunden. Danach ist ein Abzug von 24.500 € vorzunehmen, soweit es sich bei den Gewerbetreibenden um eine natürliche Person oder um eine Personengesellschaft handelt.

Für die Anwendung der Steuermesszahl ergeben sich damit

| | |
|---|---:|
| für die GmbH | 6.000 €, |
| für die OHG (30.500 € ./. 24.500 € =) | 6.000 €, |
| für den Elektrohändler (30.500 € ./. 24.500 € =) | 6.000 €, |
| für den Hausgewerbetreibenden (37.000 € ./. 24.500 € =) | 12.500 €. |

Die Steuermesszahl für die GmbH, für die OHG und den Elektrohändler beträgt 3,5 % (§ 11 Abs. 2 GewStG), die für den Hausgewerbetreibenden 56 % von 3,5 % des Gewerbeertrags (§ 11 Abs. 3 GewStG).

Der Steuermessbetrag ist daher für die GmbH, für die OHG und den Elektrohändler mit 3,5 % von 6.000 € = 210 € festzusetzen, für den Hausgewerbetreibenden jedoch mit (3,5 % von 12.500 € = 437,50 €, 56 % von 437,50 € =) 245 €.

## Zu Aufgabe 310
Richtig:   A, B, C

Steht die Hebeberechtigung bezüglich desselben Betriebs in einem Erhebungszeitraum mehreren Gemeinden zu, so ist der Gewerbesteuermessbetrag zu zerlegen (§ 28 GewStG).

Das gilt, wenn ein Gewerbebetrieb Betriebsstätten in mehreren Gemeinden unterhält (A), wenn sich die (eine) Betriebsstätte eines Gewerbebetriebs über mehrere Gemeinden erstreckt (B) – vgl. § 30 GewStG – oder wenn die (eine) Betriebsstätte des Gewerbebetriebs innerhalb eines Erhebungszeitraums in eine andere Gemeinde verlegt worden ist (C).

Eine Zerlegung kommt dagegen nicht in Betracht, wenn ein Unternehmer mehrere selbständige Gewerbebetriebe unterhält. In diesen Fällen ist der Gewerbeertrag jedes Betriebs gesondert zu ermitteln und für jeden Betrieb ein Gewerbesteuermessbetrag festzusetzen (D).

# Lösungen: Bewertung

### Zu Aufgabe 311
Richtig:  C

Hinweis auf § 1 Abs. 2 BewG.

### Zu Aufgabe 312
Richtig:  B

Hinweis auf § 11 Abs. 1 BewG.

### Zu Aufgabe 313
Richtig:  C

Für die unverzinsliche und befristete Kapitalforderung ist nach § 12 Abs. 3 BewG der Gegenwartswert zu ermitteln. Der Berechnung wird die Tabelle 1 der Anlage zum gleichlautenden Ländererlass vom 07.12.2001 (BStBl 2001 I S. 1041) zugrunde gelegt.

Die Restlaufzeit des Darlehens ist nach Tz. 2.1 des o. a. Erlasses taggenau zu berechnen. Sie beträgt am 01.01.2010 noch 13 Jahre und 1 Tag.

Berechnung (interpolieren):

| | | | |
|---|---|---|---|
| Gegenwartswert | 13 Jahre | = | 0,499 |
| Gegenwartswert | 14 Jahre | = | 0,473 |
| Differenz | | = | 0,026  : 360 Tage |
| | | = | 0,00007 |

Gegenwartswert für 13 Jahre und 1 Tag:

0,499
./. 0,00007

0,49893 × 20.000 €  = 9.978 €

### Zu Aufgabe 314
Richtig:  B

Es handelt sich um eine Rente auf bestimmte Zeit. Nach § 13 Abs. 1 BewG ist der Kapitalwert zu ermitteln. Für die Ermittlung des Kapitalwerts ist es unerheblich, ob die Zahlungen am Anfang oder Ende des Jahres erfolgen, weil das Gesetz eine mittelschüssige Zahlungsweise unterstellt. Bei Zahlung am 01.01. würde sich somit keine Änderung der nachfolgenden Lösung ergeben.

Kapitalwert am 01.01.2010:

Anlage 9a zum BewG (9 Jahre) 7,143 × 5.000 € =  <u>35.715 €</u>

## Zu Aufgabe 315

Richtig: C

Die Kapitalforderung ist nach § 12 Abs. 3 BewG und unter Verwendung der Tabellen des Ländererlasses (vgl. zu Aufgabe 313) zu bewerten.

a) Ermittlung des Gegenwartswerts der am
01.01.2010 noch nicht getilgten 4 Raten:

Tabelle 2 (oder 7) (4 Jahre) 3,602 × 3.000 € =  10.806 €

b) Ermittlung des Gegenwartswerts
der Restforderung von 7.000 €:

Tabelle 1 (15 Jahre) 0,448 × 7.000 € =  <u>3.136 €</u>

Gegenwartswert 01.01.2010  <u>13.942 €</u>

## Zu Aufgabe 316

Richtig: D

Die Bewertung der Rente auf Lebenszeit erfolgt nach § 14 Abs. 1 BewG.

A vollendet mit Ablauf des 31.12.2009 sein 45. Lebensjahr.

Der Vervielfältiger nach der Anlage zum BMF-Schreiben vom 01.10.2009 (BStBl 2009 I S. 1169) beträgt 15,617.

Kapitalwert am 01.01.2010: 8.000 € × 15,617 =  <u>124.936 €</u>

*(Der Kapitalwert der Rente beträgt – bei einem Geburtsdatum 01.01.1967 – am 01.01.2012 nach dem ab 01.01.2012 geltenden Vervielfältiger – siehe BMF-Schreiben vom 26.09.2011, BStBl 2011 I S. 834 – 8.000 € × 15,661 = 125.288 €.)*

## Zu Aufgabe 317

Richtig: D

Der Gegenwartswert der Kapitalforderung ist nach § 12 Abs. 3 BewG und unter Verwendung der Tabellen des Ländererlasses (vgl. zu Aufgabe 313) zu ermitteln.

Die Laufzeit der Kapitalforderung ist von der Lebenserwartung der Amalie Müller (M) am Stichtag abhängig. M hatte am 01.01.2010 ihr 54. Lebensjahr erreicht. Ihre Lebenserwartung beträgt noch 30 Jahre. Die Forderung wird somit in 30 Jahren fällig.

Lösungen: Bewertung

Gegenwartswert am 01.01.2010:

Tabelle 1 (30 Jahre) 0,201 × 35.000 € =         7.035 €

## Zu Aufgabe 318
Richtig:   B

Es handelt sich um eine Höchstzeitrente (abgekürzte Leibrente). Unter Beachtung des § 13 Abs. 1 Satz 2 BewG ergibt sich folgende Vergleichsberechnung:

a) § 13 Abs. 1 Satz 1 BewG

    Tabelle 7 (oder 2) (19 Jahre) 11,927 × 6.000 € =         71.562 €

b) § 14 Abs. 1 BewG

    A ist am 01.01.2010 54 Jahre alt.
    Seine Lebenserwartung beträgt 25 Jahre.

    6.000 € × 13,996 =         83.976 €

Der niedrigere Kapitalwert von 71.562 € ist anzusetzen (§ 13 Abs. 1 Satz 2 BewG).

## Zu Aufgabe 319
Richtig:   C

Am 01.01.2013 (0.00 Uhr) hat A noch eine Forderung von 8 × 3.000 €. Der Gegenwartswert ist nach § 12 Abs. 1 BewG und Tabelle 2 zu ermitteln:

    Tabelle 2 (8 Jahre) 6,509 × 3.000 € =         19.527 €

## Zu Aufgabe 320
Richtig:   B

Der Kapitalwert der Leibrente ist nach § 14 Abs. 1 BewG und der Anlage zum BMF-Schreiben vom 01.10.2009 (BStBl 2009 I S. 1169) zu berechnen:

7.000 € × 13,560 =         94.920 €
4.000 € × 2,85 (16,410 ./. 13,560) =         11.400 €

Kapitalwert am 01.01.2010         106.320 €

*(Der Kapitalwert der Rente beträgt am 01.01.2012 nach den ab 01.01.2012 geltenden Vervielfältigern nach dem BMF-Schreiben vom 26.09.2011, BStBl 2011 I S. 834:*

*7.000 € × 13,617 =         95.319 €*
*4.000 € × 2,813 (16,430 ./. 13,617) =         11.252 €*

*Kapitalwert am 01.01.2012         106.571 €)*

## Zu Aufgabe 321
Richtig: B

Hinweis auf § 19 Abs. 1 BewG.

## Zu Aufgabe 322
Richtig: B, C, D

Nur für den Grundbesitz werden Einheitswerte festgestellt. Zum Grundbesitz gehören die Betriebe der Land- und Forstwirtschaft, die Grundstücke (siehe im Einzelnen § 75 BewG) und die Betriebsgrundstücke (§ 19 Abs. 1 BewG). Der Wert von gewerblichen Betrieben wird nicht in Form von Einheitswerten festgestellt (§ 98a BewG).

## Zu Aufgabe 323
Richtig: A, B

Die Einheitswerte werden nach den Vorschriften des Bewertungsgesetzes in Zeitabständen von je sechs Jahren festgestellt (Hauptfeststellung) – A.

§ 19 BewG bestimmt abschließend, für welche wirtschaftlichen Einheiten Einheitswerte festzustellen sind – B.

Die festgestellten Einheitswerte müssen der Besteuerung zugrunde gelegt werden (§ 182 Abs. 1 AO) – C.

Für die wirtschaftlichen Einheiten des Betriebsvermögens werden keine Einheitswerte festgestellt (vgl. § 19 Abs. 1 BewG) – D.

## Zu Aufgabe 324
Richtig: B, C, D

Auf den 01.01.2011 ist eine kombinierte Zurechnungs-, Art- und Wertfortschreibung durchzuführen.

1. Eine Zurechnungsfortschreibung ist durchzuführen, weil der Eigentümer des Grundstücks wechselte und das Grundstück als wirtschaftliche Einheit bestehen blieb (§ 22 Abs. 2 BewG) – D.

2. Eine Artfortschreibung muss erfolgen, weil die Art des Grundstücks (Einfamilienhaus) von der zuletzt getroffenen Feststellung (unbebautes Grundstück) abweicht (§ 22 Abs. 2 BewG) – B.

3. Eine Wertfortschreibung ist durchzuführen, weil die Voraussetzungen des § 22 Abs. 1 BewG erfüllt sind – C.

Lösungen: Bewertung

## Zu Aufgabe 325
Richtig:   A, B

Vor der Veräußerung bestanden zwei wirtschaftliche Einheiten (Betriebe des A und B). Da B nach dem Erwerbsvorgang alle Ländereien von einer Hofstelle aus bewirtschaftet, hat er den erworbenen Betrieb mit seinem bisherigen verschmolzen. Ab 01.06. besteht also nur noch eine wirtschaftliche Einheit. Der Einheitswert für den veräußerten Betrieb ist auf den 01.01.2011 aufzuheben (§ 24 Abs. 1 Nr. 1 und Abs. 2 BewG) – A.

Für den Betrieb des B ist auf den 01.01.2011 eine Wertfortschreibung durchzuführen, weil die Wertgrenzen des § 22 Abs. 1 BewG überschritten sind – B.

Eine Zurechnungsfortschreibung setzt voraus, dass

1. eine bestehende wirtschaftliche Einheit
2. den Eigentümer wechselt und
3. als wirtschaftliche Einheit bestehen bleibt.

Da die letzte Voraussetzung nicht erfüllt ist, darf eine Zurechnungsfortschreibung nicht durchgeführt werden – C.

## Zu Aufgabe 326
Richtig:   A, B

Der nach § 30 BewG abgerundete Wert des Betriebs der Land- und Forstwirtschaft auf den 01.01.2011 weicht vom zuletzt festgestellten Einheitswert auf den 01.01.1984 um mehr als 5.000 DM (beachte Umrechnung in €) nach unten ab. Es ist eine Wertfortschreibung durchzuführen (§ 22 Abs. 1 BewG).

Durch den Verkauf des bisher zum Betrieb der Land- und Forstwirtschaft gehörenden Landstreifens wurde eine wirtschaftliche Einheit neu gegründet. Auf den 01.01.2011 ist daher eine Nachfeststellung durchzuführen (§ 19 Abs. 1, § 23 Abs. 1 Nr. 1 und Abs. 2 BewG).

Eine Zurechnungsfortschreibung kommt nicht in Betracht, weil keine bestehende wirtschaftliche Einheit den Eigentümer wechselte und als wirtschaftliche Einheit bestehen blieb.

## Zu Aufgabe 327
Richtig:   A, D

Hinweis auf § 22 Abs. 1 BewG.

## Zu Aufgabe 328
Richtig:   B, C

## Lösungen: Bewertung

Auf den 01.01.2011 ist eine Zurechnungsfortschreibung durchzuführen (§ 22 Abs. 2 BewG), weil der Eigentümer gewechselt hat. Da das Grundstück kein Betriebsgrundstück mehr ist, ist außerdem eine Artfortschreibung wegen Änderung der Vermögensart vorzunehmen.

### Zu Aufgabe 329
Richtig: C

Hinweis auf § 9 Abs. 1 BewG.

### Zu Aufgabe 330
Richtig: A, B, C

Hinweis auf § 75 Abs. 4 i. V. m. Abs. 2 und 3 BewG.

### Zu Aufgabe 331
Richtig: A, C

Es handelt sich um ein gemischt genutztes Grundstück (§ 75 Abs. 4 BewG).

Das Grundstück ist nur in Höhe von 80 % ein Betriebsgrundstück, da nur der eigenbetrieblichen Zwecken dienende Teil ertragsteuerlich zum Betriebsvermögen gehört (Abschn. 13 des gleichlautenden Ländererlasses vom 25.06.2009, BStBl 2009 I S. 698). Es ist mit 140 % des Einheitswerts dieses Anteils bei der Ermittlung des Gewerbesteuermessbetrags zu berücksichtigen (§ 9 Nr. 1 GewStG i. V. m. § 121a BewG).

### Zu Aufgabe 332
Richtig: B, C

Grundbesitzwerte nach § 138 BewG werden nur im Bedarfsfall ermittelt.

Die auf den 01.01.1935 oder 01.01.1964 festgestellten Einheitswerte sind bei der Grunderwerbsteuer ab 01.01.1997 nicht mehr anwendbar (§ 138 Abs. 1 BewG).

An deren Stelle tritt der sog. Grundbesitzwert (Bedarfswert), der gesondert festgestellt wird. Bei der Bedarfsbewertung werden die Wertverhältnisse zum Besteuerungszeitpunkt festgestellt.

### Zu Aufgabe 333
Richtig: C

Unbebaute Grundstücke werden nach § 145 BewG bewertet. Dabei wird wie folgt vorgegangen:

| | |
|---|---|
| 1.100 m² × 110 €/m² = | 121.000 € |
| abzüglich 20 % = | ./. 24.200 € |
| Grundbesitzwert | 96.800 € |

Der so ermittelte Grundbesitzwert wird auf volle 500 Euro nach unten abgerundet und beträgt dann 96.500 € (§ 139 BewG).

## Zu Aufgabe 334

Richtig:   A, B, C, D

Vergleiche § 146 BewG.

## Zu Aufgabe 335

Richtig:   D

Für die Bewertung der bebauten Grundstücke ist die Summe der vereinbarten Jahresmieten zu ermitteln.

Danach wird wie folgt vorgegangen (§ 146 BewG):

| | | |
|---|---|---|
| 12,5 × 40.220 € | = | 502.750 € |
| abzüglich (20 Jahre × 0,5 %) | = | ./. 50.275 € |
| | | 452.475 € |
| Grundbesitzwert (abgerundet) | = | 452.000 € |

Mindestwertprüfung (§ 146 Abs. 6 BewG):

| | | |
|---|---|---|
| 620 m² × 250 €/m² | = | 155.000 € |
| abzüglich 20 % | = | ./. 31.000 € |
| | | 124.000 € |

Der anzusetzende Grundbesitzwert beträgt 452.000 €.

## Zu Aufgabe 336

Richtig:   B

Das Einfamilienhaus wurde vom Eigentümer selbst genutzt. Daher tritt an die Stelle der Jahresmiete die übliche Miete (§ 146 BewG), also 13.500 € (150 m² × 7,50 €/m² × 12).

Eine Wertminderung wegen des Alters kommt nicht in Betracht, weil seit der Bezugsfertigkeit bis zum Besteuerungszeitpunkt kein Jahr vollendet worden ist (§ 146 Abs. 4 BewG).

Lösungen: Bewertung

Da das bebaute Grundstück ausschließlich Wohnzwecken dient und nicht mehr als zwei Wohnungen enthält, ist der ermittelte Grundstückswert um 20 % zu erhöhen (§ 146 Abs. 5 BewG).

Berechnung:

| | | |
|---|---|---|
| 13.500 € × 12,5 | = | 168.750 € |
| Wertminderung wegen Alters | = | 0 € |
| Grundbesitzwert | = | 168.750 € |
| Zuschlag (20 %) | = | 33.750 € |
| Grundbesitzwert | = | 202.500 € |
| Mindestwertprüfung (§ 146 Abs. 6 BewG): | | |
| 800 m² × 75 €/m² | = | 60.000 € |
| abzüglich 20 % | = | ./. 12.000 € |
| | | 48.000 € |

Der anzusetzende Grundbesitzwert beträgt 202.500 €.

**Zu Aufgabe 337**

Richtig:   C

Das Zweifamilienhaus wurde nicht genutzt. Daher tritt an die Stelle der Jahresmiete die übliche Miete (§ 146 Abs. 3 BewG), also 15.120 € (180 m² × 7 €/m² × 12). Wegen Alters kommt eine Wertminderung von 25 % (Höchstsatz) in Betracht (§ 146 Abs. 4 BewG). Auch bei einem Zweifamilienhaus ist der ermittelte Grundstückswert um 20 % zu erhöhen (§ 146 Abs. 5 BewG).

Berechnung:

| | | |
|---|---|---|
| 15.120 € × 12,5 | = | 189.000 € |
| Wertminderung 25 % | = | ./. 47.250 € |
| Grundbesitzwert | = | 141.750 € |
| Zuschlag (20 %) | = | 28.350 € |
| Grundbesitzwert | = | 170.100 € |
| Mindestwertprüfung (§ 146 Abs. 6 BewG): | | |
| 1.000 m² × 100 €/m² | = | 100.000 € |
| abzüglich 20 % | = | ./. 20.000 € |
| | | 80.000 € |

Der anzusetzende Grundbesitzwert (abgerundet) beträgt 170.000 €.

# Lösungen: Umsatzsteuer

### Zu Aufgabe 338
Richtig: A

Bei indirekten Steuern sind Steuerschuldner (der, der die Steuer an den Gläubiger zu entrichten hat) und Steuerträger (der, der durch die Steuer letztlich belastet wird) zwei verschiedene Wirtschaftsgebilde. Darum ist C falsch. Indirekte Steuern werden unmittelbar bei dem Steuerschuldner erhoben. Dieser hat jedoch die Möglichkeit, sie auf den Steuerträger zu überwälzen (A). Da der Staat die indirekten Steuern nicht unmittelbar bei den Steuerträgern erhebt, kann er auch nicht deren wirtschaftliche und persönliche Verhältnisse berücksichtigen (D). Die indirekten Steuern werden deshalb verschiedentlich auch als unsozial bezeichnet.

Die Feststellung unter B ist – für sich gesehen – richtig. Sie darf aber nicht daraus gefolgert werden, dass die Umsatzsteuer eine indirekte Steuer ist. Sie ergibt sich vielmehr daraus, dass die Umsatzsteuer nach Art. 106 Abs. 3 GG zu den Gemeinschaftsteuern gehört.

### Zu Aufgabe 339
Richtig: A, B, D

Nach Art. 106 Abs. 3 GG sind die Einkommen- und die Umsatzsteuer Gemeinschaftsteuern, d. h., ihr Aufkommen steht dem Bund, den Ländern und den Gemeinden gemeinschaftlich zu (A).

Bei den direkten Steuern sind Steuerschuldner und Steuerträger identisch. Schuldner der Einkommensteuer ist die natürliche Person, die ein zu versteuerndes Einkommen hat. Da sie die Einkommensteuer nicht auf andere überwälzen kann, ist sie auch Steuerträger. Die Einkommensteuer ist deshalb eine direkte Steuer (B). Zur Umsatzsteuer als indirekte Steuer vgl. die Lösung zu Aufgabe 338. „Besitzsteuern" ist ein Sammelbegriff für die Steuern vom Einkommen, Ertrag und Vermögen. Die Einkommensteuer ist also eine Besitzsteuer, die Umsatzsteuer dagegen nicht (C). Da die Umsatzsteuer an Vorgänge des wirtschaftlichen Verkehrs (Lieferungen, sonstige Leistungen) anknüpft, ist sie eine Verkehrsteuer.

Die Höhe der Steuerschuld ist bei den Subjektsteuern (Personensteuern), wie z. B. der Einkommensteuer, von den persönlichen Verhältnissen des Stpfl., u. a. von seinem Familienstand, abhängig (D). Die Bemessung der Objektsteuern (Sachsteuern) steht dagegen in keinem Zusammenhang mit den persönlichen Verhältnissen des Steuerschuldners. Sie richtet sich allein nach den Eigenschaften des Steuergegenstandes, z. B. bei der Umsatzsteuer nach den Besonderheiten der Lieferungen oder sonstigen Leistungen (D).

Lösungen: Umsatzsteuer

**Zu Aufgabe 340**

Richtig:  D

Die Umsatzsteuer ist eine Allphasensteuer, weil sie auf jeder Stufe des Wirtschaftsablaufs erhoben wird, also beim Erzeuger, Hersteller, Großhändler und Einzelhändler. Wäre sie eine Mehrphasensteuer, würde sie nur auf mehreren, aber nicht auf allen Wirtschaftsstufen erhoben (B).

Die Umsatzsteuer wird als Nettoumsatzsteuer bezeichnet, weil jeder Unternehmer im Ergebnis nur die Differenz zwischen seinem Umsatz und den an ihn für sein Unternehmen bewirkten Umsätzen anderer Unternehmer zu versteuern hat. Diese Differenz ist die Wertschöpfung durch den Unternehmer. Sie wird auch Mehrwert genannt.

Gesetzestechnisch wird jedoch (außer z. B. bei der Differenzbesteuerung nach § 25a UStG) nicht so verfahren, dass der Unternehmer von seinem Umsatz die Vorumsätze abzieht und von dem Nettoumsatz die Steuer berechnet (C). Der Unternehmer darf vielmehr von der Steuer auf seinen Umsatz die Umsatzsteuerbeträge abziehen, die ihm andere Unternehmer für Leistungen für sein Unternehmen gesondert in Rechnung gestellt haben (§ 15 Abs. 1 UStG). Die Umsatzsteuer ist deshalb eine Steuer mit Vorsteuerabzug.

**Zu Aufgabe 341**

Richtig:  C

§ 1 UStG enthält keine abschließende Aufzählung der der Umsatzsteuer unterliegenden Vorgänge (A). Weitere Tatbestände enthält z. B. § 14c UStG (zu hoher bzw. unberechtigter Steuerausweis).

Umsätze, die die Tatbestandsmerkmale einer der Nummern des § 1 Abs. 1 UStG erfüllen, werden – wie die Überschrift des § 1 UStG zeigt – als steuerbare Umsätze bezeichnet (B). Steuerpflichtig sind diese Umsätze nur dann, wenn für sie keine der Befreiungsvorschriften (z. B. § 4 UStG) zutrifft.

Steuerbare Umsätze sind entweder steuerpflichtig oder steuerbefreit. Deshalb ist die Aussage C richtig.

Die Aussage D trifft in dieser Allgemeinheit nicht zu. Die bei der Einfuhr anfallende Umsatzsteuer (§ 1 Abs. 1 Nr. 4 UStG) unterliegt besonderen Vorschriften. Sie ist rechtlich eine Verbrauchsteuer und wird von den Behörden der Zollverwaltung erhoben (§ 21 Abs. 1 und 2 UStG).

**Zu Aufgabe 342**

Richtig:  D

Grundsätzlich muss bei einem innergemeinschaftlichen Erwerb der Erwerber ein Unternehmer sein; davon gibt es aber Ausnahmen in § 1a Abs. 1 Nr. 2 Buchst. b

UStG – juristische Person, die kein Unternehmer ist – und in § 1b Nr. 1 UStG – innergemeinschaftlicher Erwerb eines neuen Fahrzeugs durch einen Nichtunternehmer.

Auch bei Leistungsumsätzen muss der Leistende nicht immer ein Unternehmer sein; nach § 2a EStG wird der Lieferer eines in das übrige Gemeinschaftsgebiet gelangenden neuen Fahrzeugs, wenn er kein Unternehmer ist, für diese Lieferung wie ein solcher behandelt.

## Zu Aufgabe 343
Richtig: A, B, C, D

Steuerfähigkeit im Sinne des Umsatzsteuerrechts ist die Fähigkeit, Träger umsatzsteuerlicher Rechte und Pflichten sein zu können.

Steuerfähig im umsatzsteuerlichen Sinne sind natürliche Personen ohne Rücksicht auf ihre Geschäftsfähigkeit (A, C, D) und juristische Personen. Darüber hinaus ist jedes wirtschaftliche Gebilde steuerfähig, das – ohne natürliche oder juristische Person zu sein – als solches in nach außen erkennbarer Form selbständig gewerblich oder beruflich handelnd auftritt, wie z. B. offene Handelsgesellschaften, Kommanditgesellschaften oder Grundstücksgemeinschaften (B).

## Zu Aufgabe 344
Richtig: B, C, D

Die unter A fallenden Personen sind nicht begriffsnotwendig Unternehmer, weil das nach § 2 Abs. 1 Satz 1 UStG erforderliche Tatbestandsmerkmal „selbständig" fehlt. B enthält eine umfassende Definition des Unternehmerbegriffs, vgl. § 2 Abs. 1 Satz 1 und 3 UStG. Es genügt, wenn eine gewerbliche oder eine berufliche Tätigkeit selbständig ausgeübt wird (§ 2 Abs. 1 Satz 1 UStG); darum trifft C zu.

Da die Gewinnerzielungsabsicht voraussetzt, dass eine Einnahmeerzielungsabsicht vorliegt, sind auch die unter D genannten Personen Unternehmer.

## Zu Aufgabe 345
Richtig: A, B, D

Nachhaltigkeit liegt vor, wenn tatsächlich mehrere gleichartige Handlungen unter Ausnutzung derselben Gelegenheit oder desselben dauernden Verhältnisses vorgenommen werden (BFH, BStBl 1954 III S. 238). Da der Arbeiter mehrmals unter Ausnutzung derselben Gelegenheit – Kauf und Instandsetzung – Gebrauchtwagen veräußert, ist er nachhaltig tätig (A). Auf den zeitlichen Abstand zwischen den einzelnen Geschäften kommt es grundsätzlich nicht an.

Auch bei einer nur einmaligen Handlung ist die Nachhaltigkeit gegeben, sofern sie auf Wiederholung angelegt ist, Abschn. 2.3 Abs. 5 UStAE (B).

## Lösungen: Umsatzsteuer

Die Veräußerung des Privatgrundstücks (C) ist ein einmaliger Vorgang, der in keinem Zusammenhang mit dem Gewerbebetrieb steht. Dass der Kaufpreis in mehreren Raten gezahlt wird, ist unerheblich. Es kommt nicht darauf an, dass nachhaltig Einnahmen erzielt werden, sondern darauf, dass eine nachhaltige Tätigkeit ausgeübt wird.

Die Witwe schließt zwar nur einen Mietvertrag ab (D). Tätigkeit i. S. des § 2 Abs. 1 Satz 1 UStG ist aber nicht der Abschluss des bürgerlich-rechtlichen Verpflichtungsgeschäfts, sondern die Erfüllung des Verpflichtungsgeschäfts. Die Witwe erfüllt es, indem sie fortgesetzt, also nachhaltig, die Benutzung des Zimmers durch den Mieter duldet (Abschn. 2.3 Abs. 5 UStAE).

### Zu Aufgabe 346

Richtig:   A, D

R übt die Tätigkeit des Münzverkaufens nachhaltig aus (A), da er mehrere gleichartige Handlungen unter Ausnutzung derselben Gelegenheit ausführt. Nach der grammatischen Auslegung des § 2 Abs. 1 UStG würde – da die anderen Voraussetzungen ebenfalls gegeben sind – die Unternehmereigenschaft des R zu bejahen sein. Nach der Rechtsprechung des BFH (Urteil von 29.06.1987, BStBl 1987 II S. 744) führt eine gelegentliche Veräußerung von Gegenständen des Privatvermögens aber nur dann zur Unternehmereigenschaft, wenn damit auch ein Händlerverhalten verbunden ist. Solange die An- und Verkäufe von Gegenständen des Privatvermögens nicht auf einen planmäßigen Güterumschlag gerichtet sind, sondern nur den privaten Neigungen z. B. des Münzsammelns dienen, begründet eine solche Tätigkeit keine Unternehmereigenschaft, Abschn. 2.3 Abs. 6 UStAE (D).

### Zu Aufgabe 347

Richtig:   C

Das Finanzamt als rechtlich unselbständige Behörde handelt für das Bundesland, zu dessen Steuerverwaltung es gehört. Das Land ist eine rechtsfähige Körperschaft des öffentlichen Rechts, das wie alle juristischen Personen steuerfähig im Sinne des Umsatzsteuerrechts ist (B). Nach § 2 Abs. 3 UStG sind Körperschaften des öffentlichen Rechts aber nur im Rahmen ihrer Betriebe gewerblicher Art und ihrer land- und forstwirtschaftlichen Betriebe gewerblich oder beruflich tätig. Dass das Finanzamt keinen derartigen Betrieb darstellt, bedarf keiner näheren Begründung. Die Veräußerung der Schreibmaschine stellt keine Leistung im Rahmen des Unternehmens des Landes dar und ist deshalb nicht steuerbar, Abschn. 2.11 UStAE (C).

Nachhaltigkeit liegt dagegen vor, weil die Behörden des Landes hin und wieder gebrauchte Gegenstände veräußern (D).

## Zu Aufgabe 348
Richtig: A, B, C, D

Leistungen sind nur dann steuerbar i. S. des § 1 Abs. 1 Nr. 1 UStG, wenn sie im Rahmen des Unternehmens bewirkt werden.

Zu den Leistungen im Rahmen des Unternehmens gehören Grund- und Hilfsgeschäfte sowie Nebentätigkeiten eines Unternehmers (Abschn. 2.7 UStAE).

Grundgeschäfte sind die Geschäfte, die den eigentlichen Gegenstand des Unternehmens bilden, für einen Arzt mithin die Behandlung von Patienten (A, C). Unentgeltliche Behandlungen erfüllen zwar nicht den Wortlaut des § 1 Abs. 1 Nr. 1 UStG, werden aber den entgeltlichen sonstigen Leistungen nach § 3 Abs. 9a UStG gleichgestellt (C).

Hilfsgeschäfte sind die Geschäfte, die – ohne Grundgeschäfte zu sein – der Bewirtschaftung des dem Unternehmen gewidmeten Vermögens dienen. Dazu zählt insbesondere die gelegentliche Veräußerung von Wirtschaftsgütern des Anlagevermögens (B), aber auch der entgeltliche Verzicht auf Rechtspositionen, die für das Unternehmen begründet wurden (D).

## Zu Aufgabe 349
Richtig: B, D

Ein steuerbarer Umsatz i. S. des § 1 Abs. 1 Nr. 1 UStG liegt nur vor, wenn ein Leistungsaustausch gegeben ist (Abschn. 1.1 UStAE). Unter diesem Begriff fasst man die beiden Tatbestandsmerkmale „Leistung (als Oberbegriff für „Lieferung oder sonstige Leistung") gegen Entgelt" zusammen. Der Leistungsaustausch setzt also nicht voraus, dass die Leistung von einem Unternehmer bewirkt wird (A). „Unternehmer" ist Tatbestandsmerkmal für die Steuerbarkeit nach § 1 Abs. 1 Nr. 1 UStG, nicht aber für den Leistungsaustausch.

Die Leistung muss von dem Leistenden an einen Leistungsempfänger, also an einen zweiten Beteiligten, bewirkt werden (B). Innenumsätze, d. h. Umsätze zwischen mehreren Betrieben desselben Unternehmers, sind deshalb mangels Leistungsaustauschs nicht steuerbar i. S. des § 1 Abs. 1 Nr. 1 UStG.

Ein Leistungsaustausch setzt voraus, dass der Leistung eine Gegenleistung, das Entgelt, gegenübersteht. Die Gegenleistung braucht aber nicht vereinbart zu sein (C). Auch eine freiwillige Zuwendung ist Entgelt, wenn zwischen ihr und der Leistung ein wirtschaftlicher Zusammenhang (eine innere Verknüpfung) besteht (D).

## Zu Aufgabe 350
Richtig: A, D

Lösungen: Umsatzsteuer

Zwischen welchen der beteiligten Personen ein Leistungsaustausch im umsatzsteuerlichen Sinne stattgefunden hat, ist nach den bestehenden privatrechtlichen Rechtsbeziehungen zu beurteilen.

Zwischen B und C ist ein Werkvertrag i. S. des § 631 BGB abgeschlossen worden, aufgrund dessen C eine Leistung (die Reparatur) und B eine Gegenleistung (Bezahlung des Rechnungsbetrags) zu erbringen hatte. Zwischen C und B liegt deshalb ein Leistungsaustausch vor (A), zwischen C und A dagegen nicht (C), weil zwischen diesen beiden Personen keine Rechtsbeziehungen bestehen. A überweist den Rechnungsbetrag für B.

A überweist den Rechnungsbetrag nicht, weil er von B eine Leistung erhalten hat (B), sondern weil er kraft gesetzlicher Vorschrift verpflichtet ist, einen von ihm schuldhaft verursachten Schaden zu ersetzen. Die Geldüberweisung durch A stellt mithin echten Schadensersatz dar, Abschn. 1.3 UStAE (D).

**Zu Aufgabe 351**

Richtig:   C

Wenn Vereinsbeiträge ohne Rücksicht auf die tatsächliche oder vermutete Inanspruchnahme der Vereinsleistungen gezahlt werden, sind sie nicht auf Leistungsaustausch, sondern auf Leistungsvereinigung gerichtet. Sie sollen der Erreichung des allgemeinen Vereinszwecks dienen. Bei diesen echten Mitgliederbeiträgen entfällt der Leistungsaustausch mangels innerer Verknüpfung mit den einzelnen Vereinsleistungen (A, C). Beweisanzeichen für echte Mitgliederbeiträge ist, dass sie in gleicher oder gleichmäßiger Höhe erhoben werden, unabhängig davon, in welchem Umfang Vereinsleistungen in Anspruch genommen werden (Abschn. 1.4 UStAE).

Davon abgesehen ist aber ein Leistungsaustausch zwischen einem Verein und dem einzelnen Mitglied durchaus möglich, etwa wenn Sonderleistungen des Vereins vorliegen, die neben den allgemeinen Mitgliederbeiträgen berechnet werden und von der tatsächlichen Inanspruchnahme der Leistungen abhängen, z. B. Verkauf verbilligter Eintrittskarten zu Veranstaltungen an Mitglieder (D).

Aussage B ist falsch, weil einem nicht eingetragenen Sportverein zwar die Rechtsfähigkeit i. S. des BGB, nicht aber die Steuerfähigkeit im Sinne des Umsatzsteuerrechts fehlt (vgl. die Lösung zu Aufgabe 343).

**Zu Aufgabe 352**

Richtig:   A, B, D

Leistung im Sinne des Umsatzsteuerrechts ist jedes Tun (A), Dulden (B) oder Unterlassen (D), das Gegenstand des Rechtsverkehrs sein kann. Ausgenommen ist jedoch die reine Entgeltsentrichtung durch Geldzahlung oder Überweisung (C), weil ihr kein selbständiger wirtschaftlicher Gehalt zukommt (Abschn. 1.1 Abs. 3 UStAE). Sie ist Entgelt, aber bei wirtschaftlicher Betrachtung keine Leistung.

Zu beachten ist, dass unter den umsatzsteuerlichen Leistungsbegriff die Lieferungen (§ 3 Abs. 1 UStG) und die sonstigen Leistungen (§ 3 Abs. 9 UStG) fallen.

## Zu Aufgabe 353

Richtig: B, D

Der Gegenstandsbegriff des bürgerlichen Rechts (§§ 90, 90a BGB) ist weit gefasst. Er umfasst körperliche Gegenstände (Sachen und Tiere), Rechte und immaterielle Wirtschaftsgüter. Der Gegenstandsbegriff des Umsatzsteuerrechts ist enger (C). Gegenstände i. S. des § 3 Abs. 1 UStG sind neben Sachen und Tieren (B) nur einige unkörperliche Gegenstände, nämlich solche, die im Wirtschaftsverkehr wie Sachen umgesetzt werden. Dazu gehören in erster Linie Energien, z. B. Elektrizität, Wärme, Wasserkraft (D). Rechte, Dienstleistungen und immaterielle Wirtschaftsgüter, z. B. Firmenwert und Kundenstamm sind umsatzsteuerrechtlich keine Gegenstände (Abschn. 3.1 Abs. 1 und 4 UStAE).

## Zu Aufgabe 354

Richtig: C

Geliefert wird in dem Augenblick, in dem der Unternehmer den Abnehmer befähigt, im eigenen Namen wie ein Eigentümer über einen Gegenstand zu verfügen. Die bloße Verschaffung des Besitzes aufgrund eines Besitzmittlungsverhältnisses, z. B. eines Mietvertrages, reicht nicht aus (A). Regelmäßig wird geliefert, wenn bürgerlich-rechtlich das Eigentum übergeht. Im vorliegenden Fall geht das Eigentum erst mit Zahlung der zweiten Kaufpreisrate, also am 30.04.01, auf B über (D). B hatte bereits am 01.04.01 eine eigentümerähnliche Stellung erhalten. Die Parteien hatten an diesem Tag die für den Eigentumsübergang erforderlichen Erklärungen (Einigung über den Eigentumsübergang, § 929 Satz 2 BGB) abgegeben. B war bereits unmittelbarer Besitzer. A hatte von diesem Tag an keine Möglichkeit mehr, über den PKW zu verfügen, sofern B seine ausstehenden Verpflichtungen rechtzeitig erfüllte (wovon im Regelfall ausgegangen werden kann). Diese Überlegung rechtfertigt es, auch im Fall einer Lieferung unter Eigentumsvorbehalt (§ 449 BGB) eine Lieferung im Sinne des UStG anzunehmen (C).

Der bloße Abschluss des Verpflichtungsgeschäftes (Kaufvertrag) ist für den Zeitpunkt der Lieferung ohne Bedeutung (B).

## Zu Aufgabe 355

Richtig: B, D

Bei einer Verpfändung wird der Pfandgläubiger zwar unmittelbarer Besitzer, nicht aber Eigentümer des Gegenstandes. Er erwirbt lediglich das Recht, den verpfändeten Gegenstand zu veräußern, sobald die gesicherte Forderung fällig und noch nicht bezahlt ist (§ 1204 Abs. 1, § 1228 BGB). Bis zu diesem Zeitpunkt ist er weder Eigentümer noch hat er eine eigentümerähnliche Stellung. Die Verpfändung allein stellt also noch keine Lieferung i. S. des § 3 Abs. 1 UStG dar (A). Das Gleiche gilt für die Sicherungsübereignung (C). Bei ihr erwirbt zwar der Sicherungsnehmer (hier die Bank B) das bürgerlich-rechtliche Eigentum an dem Gegenstand. Er erlangt aber – wirtschaftlich gesehen – nicht die Möglichkeit, wie ein normaler Eigentümer über den Gegenstand zu verfügen (vgl. dazu § 903 BGB und § 39 Abs. 2 Nr. 1 AO). Unmittelbarer Besitzer bleibt der Sicherungsgeber (hier der Fleischermeister); er darf den Gegenstand auch benutzen. Nach Abwicklung des Kredits – Zahlung der Zinsen, Rückzahlung des kreditierten Betrags – muss der Sicherungsnehmer den Gegenstand zurückübereignen. Der Sicherungsnehmer hat nur dann die Möglichkeit, wie ein Eigentümer über den Gegenstand zu verfügen, wenn der Sicherungsgeber seinen Verpflichtungen aus dem Kreditvertrag nicht nachkommt. Erst in diesem Augenblick wird der sicherungsübereignete Gegenstand geliefert.

In den Fällen B und D liegen dagegen Lieferungen i. S. des § 3 Abs. 1 UStG vor, obwohl die Abnehmer nicht Eigentümer im Sinne des bürgerlichen Rechts geworden sind. Der Kunde konnte nicht Eigentümer der Armbanduhr werden, weil es bei gestohlenen Sachen keinen Eigentumserwerb kraft guten Glaubens gibt (§§ 932, 935 BGB). Er erlangte aber tatsächlich die Möglichkeit, wie ein Eigentümer über die Sache zu verfügen, z. B. durch Veräußerung. Der Sechsjährige konnte nicht durch Einigung über den Eigentumsübergang und Übergabe (§ 929 BGB) Eigentümer der Eisportion werden, weil die Willenserklärungen eines Geschäftsunfähigen (§ 104 Nr. 1 BGB) nichtig sind (§ 105 Abs. 1 BGB). Er hatte aber die Möglichkeit erhalten, das Eis zu verzehren. Da dies praktisch die einzig sinnvolle Möglichkeit ist, über eine einzeln erworbene Eisportion zu verfügen, ist ihm die Verfügungsmacht verschafft worden.

**Zu Aufgabe 356**

Richtig:    D

Da A beauftragt wurde, einen Rohbau zu errichten, ist er verpflichtet, ein bestimmtes Arbeitsergebnis herbeizuführen. Das ist das Kennzeichen für einen Werkvertrag, § 631 Abs. 1 BGB (C). Bei einem Dienstvertrag würde lediglich die Arbeitskraft geschuldet.

A verwendet für den Rohbau selbst beschaffte Hauptstoffe, bewirkt also eine Werklieferung, § 3 Abs. 4 UStG. Gegenstand der Lieferung ist bei einer Werklieferung das fertige Werk, hier also der Rohbau (D). Aufgrund des Werkvertrages wird eine einheitliche Leistung – die Lieferung des Rohbaus – bewirkt, die umsatzsteuerlich nicht in eine Lieferung (der Baustoffe) und eine sonstige Leistung (Herstellungsarbeiten) zerlegt werden darf (A, B).

**Zu Aufgabe 357**

Richtig:    C

A wird für B aufgrund eines Werkvertrages (§ 631 BGB) tätig, weil er sich zur Herstellung von Möbeln verpflichtet hat, also für einen Arbeitserfolg einstehen muss. Die Leistung des Unternehmers bei einem Werkvertrag kann eine Lieferung oder eine sonstige Leistung sein. Eine Lieferung ist nur dann anzunehmen, wenn der Unternehmer zur Herstellung der Gegenstände selbst beschafften Hauptstoff verwendet (§ 3 Abs. 4 UStG). Bei der Herstellung der von B bestellten Möbel ist Hauptstoff nur das Holz. Nägel, Leim, Scharniere und Lack sind bei der Herstellung eines Schranks Nebensachen. Da A den Hauptstoff nicht selbst beschaffte, sondern vom Besteller B erhielt, handelt es sich nicht um eine Lieferung von Möbeln (D). A bewirkt vielmehr mit der Herstellung der einzelnen Möbelstücke sonstige Leistungen i. S. des § 3 Abs. 9 UStG an B (Aussage C), die als Werkleistung bezeichnet wird (Abschn. 3.8 UStAE). Die einzelne sonstige Leistung (Herstellung des Möbelstücks) ist umsatzsteuerlich eine Leistungseinheit. Sie darf nicht in eine Lieferung (Verwendung der Nebensachen, vgl. Aussage A) und eine sonstige Leistung (reine Herstellungsarbeiten) aufgeteilt werden.

B liefert dem A kein Eichenholz (Aussage B), weil er ihm nicht die Verfügungsmacht über das Holz verschafft. A erhält das Holz nur, um daraus für B Möbel zu fertigen. Er darf nicht wie ein Eigentümer darüber verfügen, z. B. Möbel für Dritte daraus herstellen. Es handelt sich um eine sog. Materialgestellung.

## Zu Aufgabe 358
Richtig:   B, D

Wenn A seine Gesellen verpflegt, erbringt er diesen gegenüber Leistungen (je nach Sachverhalt Lieferungen bzw. sonstige Leistungen). Die Beherbergung der Gesellen stellt eine sonstige Leistung (§ 3 Abs. 9 UStG) des A an die Gesellen dar. Aussage B ist mithin richtig. Mit ihrer Arbeitsleistung erbringen die Gesellen eine sonstige Leistung an A. Der Begriff der sonstigen Leistung setzt nicht voraus, dass ein Unternehmer tätig wird, § 3 Abs. 9 UStG (A).

A verpflegt und beherbergt seine Gesellen aus betrieblichen Gründen, er erbringt damit eine Leistung und wird im Rahmen seines Unternehmens tätig. Dass A kein besonders berechnetes Entgelt erhält, hindert nach § 1 Abs. 1 Nr. 1 i. V. m. § 3 Abs. 1b und 9a UStG die Steuerbarkeit nicht (Abschn. 1.8 UStAE). Aussage C stimmt nicht. Ein und derselbe Vorgang kann nur bei ein und derselben Person nicht der Lohn- und der Umsatzsteuer unterliegen. Die Sachbezüge der Gesellen unterliegen bei ihnen der Lohnsteuer; die Hingabe der Sachbezüge unterliegt bei A der Umsatzsteuer.

Da den sonstigen Leistungen der Gesellen Lieferungen und sonstige Leistungen des A gegenüberstehen und A zum Ausgleich der Mehrleistung noch den Barlohn zahlt, handelt es sich um einen tauschähnlichen Umsatz mit Baraufgabe, vgl. § 3 Abs. 12 Satz 2 UStG (D).

## Zu Aufgabe 359
Richtig:   A, C, D

## Lösungen: Umsatzsteuer

Sicher ist, dass dem A die Verfügungsmacht über die Fernsehgeräte verschafft wurde. An ihn wurde also geliefert. Da vor ihm C die Verfügungsmacht hatte, liegt es nahe, eine Lieferung des C an A anzunehmen. Diese Annahme (B) ist jedoch nicht richtig.

Nach dem Sachverhalt liegt ein Reihengeschäft i. S. des Abschn. 3.14 Abs. 1 und 2 UStAE vor. Mehrere Unternehmer – C und B – schließen Umsatzgeschäfte über dieselben Gegenstände (Fernsehgeräte) ab und erfüllen diese Geschäfte dadurch, dass der erste Unternehmer C unmittelbar dem letzten Abnehmer A die Verfügungsmacht verschafft. Die Lieferung an A ist gleichzeitig als Lieferung des Unternehmers C (an B) und des Unternehmers B (an A) anzusehen. Da C an B liefert und B an A, sind die Aussagen A und C richtig.

Die Aussage D ist zutreffend, da der Ort für die Lieferung des C nach § 3 Abs. 6 Satz 1, 2 und 5 UStG in Kassel ist und für die Lieferung des B nach § 3 Abs. 6 Satz 5 i. V. m. Abs. 7 Nr. 2 UStG in Göttingen.

### Zu Aufgabe 360
Richtig: B, D

Nach § 1 Abs. 2 Satz 1 UStG gehören die dort aufgeführten Gebiete – wie z. B. auch der Freihafen Hamburg – zwar zum Gebiet der Bundesrepublik Deutschland, aber nicht zum Inland im Sinne des Umsatzsteuergesetzes. Zum Ausland zählt nach § 1 Abs. 2 Satz 2 UStG alles, was nicht zum Inland gehört. Der Freihafen Hamburg ist damit umsatzsteuerlich dem Ausland zuzuordnen. Da zum Gemeinschaftsgebiet nach § 1 Abs. 2a Satz 1 UStG nur das Inland – also nicht die Freihäfen – und das übrige Gemeinschaftsgebiet zählen, gehört der Freihafen Hamburg zum Drittlandsgebiet i. S. des § 1 Abs. 2a Satz 3 UStG.

### Zu Aufgabe 361
Richtig: A, D

Der Ort der Lieferung ist gem. § 3 Abs. 5a UStG nach § 3 Abs. 6 UStG zu bestimmen, da § 3c (und §§ 3e, 3f, 3g) UStG nicht in Betracht kommt.

Befördern ist nach § 3 Abs. 6 Satz 2 UStG jede Fortbewegung des Liefergegenstandes. Wird die Beförderung von einem selbständigen Beauftragten ausgeführt oder besorgt, liegt nach § 3 Abs. 6 Satz 3 UStG ein Versenden vor. Sowohl die Beförderung als auch die Versendung können vom Unternehmer oder vom Abnehmer vorgenommen werden. § 3 Abs. 7 Satz 1 UStG kann nur herangezogen werden, wenn der Liefergegenstand nicht befördert oder versendet wird.

Wenn – wie hier – ein Abholgeschäft vorliegt, ist der Ort der Lieferung nach § 3 Abs. 6 UStG zu ermitteln, weil der Abnehmer den Gegenstand versendet. Der Ort ist nach § 3 Abs. 6 Satz 1 und 4 UStG Hannover, weil dort mit der Übergabe an den Frachtführer die Versendung beginnt.

## Lösungen: Umsatzsteuer

**Zu Aufgabe 362**
Richtig: A, D

Zwischen A und B ist ein Werkvertrag (§ 631 BGB) abgeschlossen worden. Da das Baumaterial von A beschafft wird, handelt es sich um eine Werklieferung (§ 3 Abs. 4 UStG). Gegenstand der Lieferung ist bei einer Werklieferung das fertige Werk (Leistungseinheit), hier also das schlüsselfertige Fertighaus mit Keller. Da das fertige Gebäude weder befördert noch versendet worden ist, kommt es darauf an, wo es sich befand, als B die Verfügungsmacht erlangte, vgl. § 3 Abs. 7 Satz 1 UStG. A bewirkt mithin eine nicht steuerbare Lieferung im Ausland (A). Es liegt daher auch kein innergemeinschaftliches Verbringen i. S. des § 3 Abs. 1a UStG bezüglich der Fertighausteile vor, mit der Folge, dass bezüglich der Ortsbestimmung § 3c UStG angewandt werden könnte.

Zwischen A und C wurde ebenfalls ein Werkvertrag abgeschlossen, aufgrund dessen C an A das Kellergeschoss zu liefern hatte. Diese Lieferung wurde nach § 3 Abs. 7 Satz 1 UStG in Venlo ausgeführt (D).

**Zu Aufgabe 363**
Richtig: A, C, D

Bei sämtlichen vier Vorgängen handelt es sich um Lieferungen. Nach § 3 Abs. 5a UStG ist der Ort dann nach § 3 Abs. 6 bis 8 UStG zu bestimmen, wenn § 3c (und §§ 3e, 3f, 3g) UStG nicht in Betracht kommt. In allen Fällen liegt ein Versenden i. S. des § 3 Abs. 6 Satz 3 UStG vor, da jeweils ein selbständiger Beauftragter den Transport ausführt. Die Waren gelangen auch jeweils aus dem Gebiet eines Mitgliedstaates – hier: Deutschland – in das Gebiet eines anderen Mitgliedstaates. Insoweit sind die Voraussetzungen des § 3c Abs. 1 UStG erfüllt. Das weitere Tatbestandsmerkmal des Versendens durch den Lieferer ist bei der Lieferung an den belgischen Privatkunden K nicht erfüllt. Da auch § 3 Abs. 8 UStG nicht zutrifft, ist der Ort der Lieferung gem. § 3 Abs. 6 Satz 1 UStG in Göttingen; der Vorgang ist steuerbar (D). Bei den übrigen Lieferungen ist die Versendung durch den Lieferer i. S. des § 3c Abs. 1 UStG gegeben.

Sowohl bei T als auch bei L handelt es sich um Unternehmer, die den Gegenstand für ihr Unternehmen erwerben, und sie gehören zu den in § 1a Abs. 1 Nr. 2 UStG genannten Personen. § 3c Abs. 2 Nr. 1 UStG ist damit nicht erfüllt. § 3c Abs. 1 UStG ist für die Lieferung an T nicht anzuwenden, da an T verbrauchsteuerpflichtige Tabakwaren geliefert werden und nach § 3c Abs. 5 Satz 2 UStG keine weitere Prüfung in § 3c UStG (insbesondere nicht Abs. 2 Nr. 2) vorzunehmen ist. Der Ort der Lieferung an T ist gem. § 3 Abs. 6 Satz 1 UStG in Göttingen, der Umsatz ist steuerbar (A).

L gehört weder zu den in § 3c Abs. 2 Nr. 1 UStG noch zu den in § 3c Abs. 2 Nr. 2 UStG genannten Wirtschaftsgebilden, der Ort der Lieferung ist wie bei der Lieferung an T in Göttingen, der Umsatz ist steuerbar (C).

## Lösungen: Umsatzsteuer

Für die Lieferung des verbrauchsteuerpflichtigen Weins an den dänischen Privatkunden P ist § 3c Abs. 2 Nr. 1 UStG erfüllt, nach § 3c Abs. 5 Satz 2 UStG ist keine weitere Prüfung in § 3c UStG (insbesondere nicht Abs. 3 und 4) erforderlich und der Ort nach § 3c Abs. 1 UStG dort, wo die Versendung endet. Der Ort der Lieferung ist in Dänemark, der Vorgang ist nicht steuerbar (B).

Die Angaben zu den Lieferschwellen in der Aufgabe waren für die Lösung danach entbehrlich.

### Zu Aufgabe 364

Richtig:   B

A bewirkt mit der Beförderung eine sonstige Leistung (§ 3 Abs. 9 UStG). Der Ort der sonstigen Leistung wird nach §§ 3a, 3b, 3e, 3f UStG bestimmt.

Nach der Grundregel des § 3a Abs. 1 UStG würde die Beförderungsleistung in Aachen ausgeführt, weil A von dort aus sein Unternehmen betreibt (A).

Der Ort einer Beförderungsleistung ist jedoch nach der Ausnahmeregel des § 3b Abs. 1 UStG zu bestimmen. Danach kommt es darauf an, wo die Beförderung bewirkt wird. Bei grenzüberschreitender Beförderung ist der auf das Ausland entfallende Teil der Beförderungsleistung nicht steuerbar (B). Kurze Beförderungsstrecken im Inland können als ausländische Beförderungsstrecken angesehen werden, § 3b Abs. 1 Satz 4 Nr. 1 UStG. Kurz in diesem Sinne sind aber nur Strecken bis zu 10 km, § 5 UStDV (C).

Der Ort einer innergemeinschaftlichen Beförderung wird nur für die Beförderung von Gegenständen in § 3a Abs. 2 UStG (für einen Unternehmer für dessen Unternehmen) und in § 3b Abs. 3 UStG (an andere Leistungsempfänger) abweichend geregelt.

### Zu Aufgabe 365

Richtig:   D

Die Leistungen der Rechtsanwälte gehören zu den in § 3a Abs. 4 Nr. 3 UStG aufgeführten sonstigen Leistungen. Da B als Empfänger einer solchen Leistung kein Unternehmer ist und seinen Wohnsitz im Drittlandsgebiet hat, wird die Leistung des A außerhalb des Inlands in Basel ausgeführt, § 3a Abs. 4 Satz 1 UStG. Sie ist mithin nicht steuerbar (D).

Aussage B beruht auf § 3a Abs. 1 UStG. Diese Grundregel darf jedoch nicht angewendet werden, wenn einer der Ausnahmefälle der übrigen Absätze des § 3a UStG vorliegt. Die Aussagen A und C würden voraussetzen, dass es sich bei der Leistung des A um eine wissenschaftliche Tätigkeit handelt, vgl. § 3a Abs. 3 Nr. 3 Buchst. a UStG. Die Rechtsberatung und die Durchsetzung der Rechtsansprüche durch A erfüllen dieses Tatbestandsmerkmal nicht. Es handelt sich um die typische praktische Berufstätigkeit eines Rechtsanwalts.

## Lösungen: Umsatzsteuer

**Zu Aufgabe 366**
Richtig:　B

Die sonstige Leistung des A (§ 3 Abs. 9 UStG) dient der Vorbereitung von Bauleistungen. Sie ist damit eine „sonstige Leistung im Zusammenhang mit einem Grundstück" und wird dort ausgeführt, wo das Grundstück liegt, also in Braunlage, § 3a Abs. 3 Nr. 1 Satz 1 und 2 Buchst. c UStG.

Die in § 3a Abs. 3 UStG enthaltenen Tatbestände haben Vorrang vor allen anderen Bestimmungen des § 3a UStG.

**Zu Aufgabe 367**
Richtig:　C

F tätigt, weil er die Waschmaschine im eigenen Namen, aber für Rechnung des W verkauft, ein Kommissionsgeschäft i. S. des § 383 HGB. Es handelt sich für ihn um eine Verkaufskommission. Nach § 3 Abs. 3 UStG liefert bei einer Verkaufskommission der Kommittent (hier W) an den Kommissionär (hier F). Entgelt ist der erzielte Verkaufspreis abzüglich der Provision. Aussage A träfe insoweit zu. Die Lieferung zwischen Kommittent und Kommissionär liegt aber erst im Zeitpunkt der Lieferung an den Abnehmer – hier also im Oktober – vor (Abschn. 3.1 Abs. 3 Satz 7 UStR). Folgerichtig liegt dann auch im Oktober eine Lieferung des F an K zum Endverkaufspreis vor (C).

Eine sonstige Leistung (Geschäftsbesorgung) des F an W (vgl. Aussage B) könnte nur angenommen werden, wenn von einer unmittelbaren Lieferung des W an K ausgegangen wäre. Das lässt § 3 Abs. 3 UStG jedoch nicht zu.

**Zu Aufgabe 368**
Richtig:　B, D

Handelsvertreter gehören zu einer Gruppe von Unternehmern, die im Umsatzsteuerschrifttum als Agenten bezeichnet werden. Agenten werden im fremden Namen und für fremde Rechnung tätig. Das von ihnen vermittelte Umsatzgeschäft wird unmittelbar zwischen ihrem Auftraggeber und dem Kunden abgeschlossen. A und C sind also Partner eines Kaufvertrages über einen Staubsauger. Mithin liefert A unmittelbar an C (Aussage D). B bewirkt eine sonstige Leistung (Vermittlung des Kaufvertrages) an A (Aussage B).

Dass C den Kaufpreis an B entrichtet und dieser nur den um die Provision gekürzten Betrag an A weiterleitet, beruht auf der dem B von A erteilten Inkassovollmacht. Diese besondere Abrede über den Zahlungsweg hat nichts mit der Frage zu tun, wer an wen Leistungen im Sinne des Umsatzsteuergesetzes bewirkt.

**Zu Aufgabe 369**
Richtig:　A, C

## Lösungen: Umsatzsteuer

Ein Unternehmer, der sich aus einem Unternehmen selbst versorgt, hätte umsatzsteuerliche Vorteile gegenüber den anderen Endverbrauchern, wenn nur der Leistungsaustausch besteuert würde. Da die Umsatzsteuer ihrer Wirkung nach jeden Endverbrauch erfassen soll und der Grundsatz der Gleichmäßigkeit der Besteuerung zu beachten ist, durfte der Gesetzgeber die Unternehmer in diesen Fällen nicht günstiger stellen als Dritte, die beim Empfang gleicher Leistungen die Umsatzsteuer im Preis zu tragen haben. Das ist der Grund für die Besteuerung der unentgeltlichen Wertabgaben (A).

Der Vorsteuerabzug ist grundsätzlich auch dann zulässig, wenn Vorleistungen zur Ausführung von unentgeltlichen Wertabgaben verwendet werden. § 15 Abs. 2 UStG schließt den Vorsteuerabzug nur aus, wenn Vorleistungen zur Ausführung bestimmter steuerfreier oder bestimmter nicht steuerbarer Umsätze dienen (B).

Der Hinweis auf § 1 Abs. 1 Nr. 1 UStG in den einleitenden Worten vor § 4 Nr. 1 UStG stellt klar, dass die Steuerbefreiungen bei allen unter diese Vorschriften fallenden Umsätzen – also auch bei unentgeltlichen Wertabgaben – anwendbar sind (C). Der Unternehmer soll auch insoweit nicht schlechter gestellt sein als die übrigen Endverbraucher.

Während die Tatbestände des § 3 Abs. 1b Nr. 1 und 2 UStG Leistungen im Rahmen des Unternehmens für unternehmensfremde Zwecke erfordern, werden beim Tatbestand des § 3 Abs. 1b Nr. 3 UStG Aufwendungen für aus unternehmerischen Gründen erbrachte Leistungen (D) erfasst, soweit sie nach § 4 Abs. 5 und 7 EStG abzugsfähige Betriebsausgaben darstellen und nicht von geringem Wert sind (z. B. Sachpreise bei Preisausschreiben zu Werbezwecken). Für die nicht abzugsfähigen Betriebsausgaben kommt § 3 Abs. 1b Nr. 3 UStG nicht in Betracht, soweit für sie in § 15 Abs. 1a UStG der Vorsteuerabzug ausgeschlossen ist.

**Zu Aufgabe 370**
Richtig:   D

A hat für seine Tochter einen Gegenstand (den Schrank) hergestellt, den Hauptstoff für diesen Gegenstand (das Holz) aber nicht selbst beschafft. Nägel, Leim, Scharniere und Lack sind bei der Herstellung des Schranks lediglich Nebensachen. A bewirkt deshalb keine Lieferung, sondern eine sonstige Leistung (Werkleistung – Abschn. 3.3 Abs. 5 UStAE) an seine Tochter, die mangels Entgelts keinen Leistungsaustausch darstellt, aber trotzdem steuerbar ist (A).

Eine unentgeltliche Wertabgabe i. S. des § 3 Abs. 1b UStG, die einer Lieferung gegen Entgelt gleichgestellt wird, liegt dann vor, wenn die Leistung einem Dritten gegenüber eine Lieferung wäre. Das ist hier nicht der Fall (B, C).

Für die unentgeltlich im Rahmen des Unternehmens erbrachte sonstige Leistung fehlt ein betrieblicher Grund; sie erfolgt für Zwecke außerhalb des Unternehmens. Es liegt deshalb eine unentgeltliche Wertabgabe i. S. des § 3 Abs. 9a Nr. 2 UStG vor. Der Umsatz ist damit steuerbar nach § 1 Abs. 1 Nr. 1 UStG (D).

## Lösungen: Umsatzsteuer

**Zu Aufgabe 371**

Richtig: B

A duldet laufend die Benutzung der Wohnungen seines Hauses durch die Mieter, um den Mietzins zu erhalten. Er ist daher selbständig und nachhaltig zur Erzielung von Einnahmen tätig und somit Unternehmer i. S. des § 2 Abs. 1 UStG. Aussage A stimmt deshalb nicht.

Mit der Vermietung der Wohnungen bewirkt A steuerbare sonstige Leistungen (§ 1 Abs. 1 Nr. 1, § 3 Abs. 9 UStG), die nach § 4 Nr. 12 Buchst. a UStG steuerbefreit sind (B). Der dem Unternehmen dienende Gegenstand ist das bebaute Grundstück. Da dieser Gegenstand nicht dauernd den unternehmerischen Bereich verlässt, kommt eine unentgeltliche Wertabgabe nach § 3 Abs. 1b UStG nicht in Betracht (C). Das Bewohnen der Wohnung im eigenen Mehrfamilienhaus könnte vielmehr eine steuerbare unentgeltliche Wertabgabe i. S. des § 3 Abs. 9a UStG darstellen. Diese setzt aber voraus, dass der Gegenstand ganz oder teilweise zum Vorsteuerabzug berechtigt hat. Aus dem Mehrfamilienhaus ergibt sich gem. § 15 Abs. 1b und 2 UStG keine Vorsteuerabzugsberechtigung, mit der Eigennutzung liegt danach keine steuerbare unentgeltliche Wertabgabe vor (Abschn. 3.4 Abs. 7 UStAE).

**Zu Aufgabe 372**

Richtig: B

Der Lebensmittelgroßhandel, eine in Einnahmeerzielungsabsicht ausgeübte nachhaltige Tätigkeit, wird selbständig von der OHG betrieben. Die OHG ist umsatzsteuerfähig, weil sie – trotz fehlender Rechtsfähigkeit – als solche in nach außen erkennbarer Form selbständig gewerblich handelnd auftritt. Folglich ist die OHG Unternehmer i. S. des § 2 Abs. 1 UStG. Die Gesellschafter selbst sind keine Unternehmer, weil sie den Lebensmittelgroßhandel im Namen der OHG betreiben.

A tätigt keinen steuerbaren Umsatz, weil er kein Unternehmer ist (A).

Die OHG tätigt unentgeltliche Wertabgaben i. S. von § 3 Abs. 1b Nr. 1 UStG, da eine vom Willen des Unternehmers – hier der OHG, vertreten durch A – gesteuerte Wertabgabe des Unternehmens für unternehmensfremde Zwecke vorliegt (Abschn. 3.2 Abs. 1 UStAE).

**Zu Aufgabe 373**

Richtig: D

A bewirkt eine Lieferung i. S. des § 3 Abs. 1 UStG an seinen Sohn B. Die von B gezahlten 4.000 € sind umsatzsteuerlich als Entgelt anzusehen, weil der Entgeltsbegriff nicht Gleichwertigkeit mit der empfangenen Leistung voraussetzt. Da auch die anderen Tatbestandsmerkmale des § 1 Abs. 1 Nr. 1 UStG erfüllt sind, liegt ein

## Lösungen: Umsatzsteuer

steuerbarer Leistungsumsatz vor. Eine unentgeltliche Wertabgabe kommt nicht in Betracht, da ein Leistungsempfänger (der Sohn) als zweiter Beteiligter am Leistungsaustausch vorhanden ist. Die Höhe der Gegenleistung taugt nicht zur Abgrenzung zwischen Leistungsumsätzen und unentgeltlichen Wertabgaben. Die Lieferung ist auch steuerpflichtig. Bemessungsgrundlage ist aber nicht das Entgelt in Höhe von 4.000 € (§ 10 Abs. 1 UStG), sondern nach § 10 Abs. 5 Nr. 1 i. V. m. Abs. 4 Nr. 1 UStG der Einkaufspreis (ggf. zuzüglich Nebenkosten) von 30.000 €, weil B eine dem Einzelunternehmer A nahe stehende Person ist und der Einkaufspreis das Entgelt übersteigt.

### Zu Aufgabe 374
Richtig: A, C

In dem Augenblick, in dem A beginnt, auf einem Teilstück eines Betriebsgrundstücks ein eigenes Einfamilienhaus zu errichten, überführt er das unbebaute Teilstück aus dem Unternehmensvermögen in das Privatvermögen. Er tätigt damit eine steuerbare unentgeltliche Wertabgabe (§ 3 Abs. 1b Nr. 1 UStG), da er auch die nach § 3 Abs. 1b Satz 2 UStG erforderliche Vorsteuerabzugsberechtigung (bei der Anschaffung) hatte. Gegenstand der Entnahme ist das unbebaute Grundstück. Obwohl kein Rechtsträgerwechsel vorliegt, ist § 4 Nr. 9 Buchst. a UStG anwendbar. Entsprechend ist die unter § 1 Abs. 1 Nr. 1 i. V. m. § 3 Abs. 1b Nr. 1 UStG fallende Entnahme eines Grundstücks steuerfrei (Abschn. 3.3 Abs. 7 UStAE – A).

Um die Entnahme eines bebauten Grundstücks (B, D) kann es sich nicht handeln, weil der Grund und Boden bereits bei Baubeginn entnommen worden ist. A entnimmt aber bei Fertigstellung des Hauses das Einfamilienhaus und tätigt damit eine steuerpflichtige unentgeltliche Wertabgabe nach § 3 Abs. 1b Nr. 1 UStG, da er für die verwendeten Baustoffe den Vorsteuerabzug geltend gemacht hat (C). § 4 Nr. 9 Buchst. a UStG findet keine Anwendung.

### Zu Aufgabe 375
Richtig: A, B, D

Eine unentgeltliche Wertabgabe i. S. des § 3 Abs. 9a UStG setzt voraus, dass das Handeln des Unternehmers zu unternehmensfremden Zwecken einem Dritten gegenüber eine sonstige Leistung im Rahmen des Unternehmens darstellen würde (Abschn. 3.4 Abs. 1 UStAE). Einem Dritten hätte H erlaubt, einen dem Betrieb dienenden Gegenstand (den PKW) zu benutzen, das wäre eine sonstige Leistung durch Dulden gewesen (§ 3 Abs. 9 UStG). Soweit H den PKW für private Zwecke nutzt, tätigt er damit eine unentgeltliche Wertabgabe i. S. des § 3 Abs. 9a Nr. 1 UStG, da er auch die Vorsteuer abziehen konnte.

Die Bemessungsgrundlage für diese steuerpflichtige unentgeltliche Wertabgabe ergibt sich nach § 10 Abs. 4 Nr. 2 UStG mit:

vorsteuerbelastete lfd. Kosten (14.934 € ./. 8.334 € =)   6.600 €
zuzüglich auf den § 15a UStG-Zeitraum von 5 Jahren
verteilte Anschaffungskosten von 50.000 €                 10.000 €
$^{9.000\,(km)}/_{30.000\,(km)}$ von                      16.600 € = 4.980 €

Die unternehmerische Nutzung des PKW für Fahrten zwischen Wohnung und Betrieb ist umsatzsteuerlich ohne Bedeutung, da in § 15 Abs. 1a UStG die Vorschrift des § 4 Abs. 5 Nr. 6 EStG nicht aufgeführt ist. Der Kostennachweis und die Führung eines Fahrtenbuches sind insoweit nur ertragsteuerlich zu berücksichtigen.

## Zu Aufgabe 376

Richtig:   C

Für die Steuerbarkeit ist es ohne Bedeutung, dass K belgischer Staatsangehöriger ist, vgl. § 1 Abs. 2 Satz 3 UStG (B). Die Lieferung des K ist nicht steuerbar nach § 1 Abs. 1 Nr. 1 UStG, weil K kein Unternehmer ist. Das Fehlen der Unternehmereigenschaft darf aber nicht wie in Aussage A begründet werden. Als Verkäufer der Schmalfilmkamera ist K selbständig tätig. Er wird aber nicht nachhaltig tätig (§ 2 Abs. 1 Satz 3 UStG), weil es sich um ein einmaliges Vorkommnis handelt.

Der Vorgang ist für F nicht als innergemeinschaftlicher Erwerb gegen Entgelt steuerbar, weil nach § 1a Abs. 1 Nr. 3 Buchst. a UStG die Lieferung an den Erwerber durch einen Unternehmer gegen Entgelt im Rahmen seines Unternehmens ausgeführt werden muss, K liefert aber nicht als Unternehmer im Rahmen seines Unternehmens.

## Zu Aufgabe 377

Richtig:   A, C

In den aufgeführten Fällen zu A, C und D gelangt jeweils ein Gegenstand aus dem Gebiet eines Mitgliedstaates in das Gebiet eines anderen Mitgliedstaates – hier nach Deutschland. Die Grundvoraussetzung für einen innergemeinschaftlichen Erwerb ist lediglich für die Lieferung des Gabelstaplers nicht erfüllt (B).

Der Erwerber muss nach § 1a Abs. 1 Nr. 2 Buchst. a UStG ein Unternehmer sein. Für den Erwerb durch N ist das nicht der Fall; da es sich aber um ein neues Fahrzeug i. S. des § 1b Abs. 2 und 3 UStG handelt, liegt hier nach § 1b Abs. 1 UStG gleichwohl ein innergemeinschaftlicher Erwerb vor. Dieser Erwerb wird nach § 3d UStG in Nürnberg und damit im Inland bewirkt, der Vorgang ist gem. § 1 Abs. 1 Nr. 5 UStG steuerbar (A).

Die Sonderregelung des § 1b UStG kann für den Erwerb durch E nicht angewandt werden, da es sich nicht um ein neues Fahrzeug handelt (Laufleistung von mehr als 6.000 km in 2 Jahren wird unterstellt). E ist als Erwerber Unternehmer, er erhält den PKW aber nicht von einem Unternehmer im Rahmen dessen Unternehmens, sodass nach § 1a Abs. 1 Nr. 3 UStG kein innergemeinschaftlicher Erwerb vorliegt (D).

Der Baustoffhändler H tätigt bezüglich des LKW keinen Erwerb, er verbringt (= transportiert außerhalb eines Liefervorgangs) mit dem LKW einen Gegenstand des Unternehmens aus dem übrigen Gemeinschaftsgebiet (hier: Niederlande) in das Inland zu seiner nicht nur vorübergehenden unternehmerischen Verfügung, er erfüllt damit die Fiktion des § 1a Abs. 2 UStG. Danach gilt H insoweit als Erwerber, das Verbringen gilt als innergemeinschaftlicher Erwerb gegen Entgelt. Der Ort des Erwerbs ist nach § 3d UStG Bad Bentheim, der Erwerb erfolgt damit im Inland und ist nach § 1 Abs. 1 Nr. 5 UStG steuerbar (C).

Aufgrund der Sachverhaltsvorgabe kommt eine Anwendung der Absätze 3 und 4 des § 1a UStG nicht in Betracht.

**Zu Aufgabe 378**

Richtig: B, C, D

Die Voraussetzungen des § 1a Abs. 1 UStG für einen innergemeinschaftlichen Erwerb gegen Entgelt sind für den Kauf des Computers sämtlich erfüllt. Da Z ein Erwerber i. S. des § 1a Abs. 3 Nr. 1 Buchst. a UStG ist und es sich bei dem Computer nicht um ein neues Fahrzeug oder um verbrauchsteuerpflichtige Waren handelt (§ 1a Abs. 5 UStG), muss für das Vorliegen eines innergemeinschaftlichen Erwerbs die Erwerbsschwelle nach § 1a Abs. 3 Nr. 2 UStG überschritten sein bzw. muss nach Absatz 4 auf die Anwendung des Absatzes 3 verzichtet worden sein. Ist der Verzicht ausgesprochen worden, liegt auch ohne Überschreiten der Erwerbsschwelle ein innergemeinschaftlicher Erwerb vor (C). Ansonsten darf für das Vorliegen eines innergemeinschaftlichen Erwerbs der Gesamtbetrag der Erwerbsentgelte (= Nettobeträge) weder im vorangegangenen noch im laufenden Jahr (voraussichtlich) über 12.500 € liegen. Ergeben sich keine anderen Auslandsgeschäfte, liegt der Gesamtbetrag des Entgelts von 12.000 € unter der Erwerbsschwelle, es liegt kein innergemeinschaftlicher Erwerb vor (A). Liegen die Erwerbsentgelte in beiden oder in einem der beiden Jahre über der Schwelle, ist ein innergemeinschaftlicher Erwerb gegeben (B, D). Auch wenn für den Erwerb des PKW die Erwerbsschwelle gem. § 1a Abs. 5 UStG unmaßgeblich war, muss der Erwerb bei der Schwellenberechnung berücksichtigt werden.

**Zu Aufgabe 379**

Richtig: A, B

H bewirkt eine steuerbare Lieferung im Inland (§ 1 Abs. 1 Nr. 1, § 3 Abs. 1 UStG), weil er den Rasenmäher versendet und dem Frachtführer in Nürnberg übergeben hat (§ 3 Abs. 6 Satz 1 bis 4 UStG). Der Unternehmer H versendet den Gegenstand nach Zürich und damit ins Drittlandsgebiet, es liegt eine nach § 4 Nr. 1 Buchst. a i. V. m. § 6 Abs. 1 Nr. 1 UStG steuerfreie Ausfuhrlieferung vor (B). Das Vorliegen eines ausländischen Abnehmers ist kein Tatbestandsmerkmal in § 6 Abs. 1 Nr. 1 UStG (C).

## Lösungen: Umsatzsteuer

**Zu Aufgabe 380**

Richtig:   A, B

Es liegt ein Reihengeschäft (Abschn. 3.14 Abs. 1 UStAE) i. S. des § 3 Abs. 6 Satz 5 UStG vor. Der Transport kann nur einer der beiden Lieferungen zugeordnet werden.

Holt R den Mäher selbst ab (C), kann der Transport nur der Lieferung an ihn zugeordnet werden; der Ort der Lieferung des G ist dann nach § 3 Abs. 7 Satz 2 Nr. 1 UStG in Göttingen, da sie als sog. „ruhende" Lieferung der Beförderungslieferung vorangeht. § 6a Abs. 1 Nr. 1 UStG ist für die Lieferung des G nicht erfüllt, der Umsatz ist steuerpflichtig.

Befördert G als Unternehmer den Mäher (A), ist der Ort seiner Lieferung nach § 3 Abs. 6 Satz 1 und 5 UStG in Göttingen, der Umsatz ist steuerbar. § 6a Abs. 1 Nr. 1 UStG ist ebenso erfüllt wie die Voraussetzungen in Nr. 2 Buchst. a und Nr. 3, da der Abnehmer des G der Unternehmer K ist, der in Frankreich auch Erwerbsumsatzsteuer zu entrichten hat (§ 1a UStG entsprechend); es liegt eine steuerfreie innergemeinschaftliche Lieferung gem. § 4 Nr. 1 Buchst. b UStG vor.

Dieselbe Lösung ergibt sich nach § 3 Abs. 6 Satz 6 UStG, wenn K als Abnehmer auch in dieser Eigenschaft den Transport durchführt oder durchführen lässt (B), da dann der Transport ebenfalls der Lieferung des G an K zugeordnet wird.

Transportiert K aber als Lieferant (D), ist seiner Lieferung der Transport zuzuordnen und die Lieferung des G als „ruhende" Lieferung steuerbar und steuerpflichtig.

**Zu Aufgabe 381**

Richtig:   A, C

B hat mit A das Umsatzgeschäft abgeschlossen. Er liefert deshalb das Garn an A. Die Lieferung gilt nach § 3 Abs. 5a i. V. m. Abs. 6 Satz 1 UStG als in Neuss ausgeführt, weil dort die Beförderung begann und § 3c UStG nicht anzuwenden ist. Sie ist mithin steuerbar (§ 1 Abs. 1 Nr. 1 UStG), aber nach § 4 Nr. 1 Buchst. b, § 6a UStG steuerbefreit. Zwar ist der von B gelieferte Gegenstand (Garn) so nicht in das übrige Gemeinschaftsgebiet gelangt; § 6a Abs. 1 Satz 2 UStG stellt aber klar, dass eine innergemeinschaftliche Lieferung im Sinne des Gesetzes auch vorliegt, wenn der Liefergegenstand vor der Versendung durch einen Beauftragten bearbeitet oder verarbeitet worden ist.

C wird für A aufgrund eines Werkvertrages (§ 631 BGB) tätig. C beschafft das Garn nicht selbst (Fall der Materialgestellung), bewirkt also eine sonstige Leistung an A (Werkleistung – Abschn. 3.8 Abs. 1 UStAE). Diese Leistung ist nicht steuerbar; Begründung: Der Empfänger der sonstigen Leistung ist ein Unternehmer – § 3a Abs. 3 Nr. 3 Buchst. c UStG ist damit nicht erfüllt –; der Ort ist nach § 3a Abs. 2 UStG dort, wo der Empfänger sein Unternehmen betreibt, also in Maastricht.

## Lösungen: Umsatzsteuer

**Zu Aufgabe 382**

Richtig: C, D

A entnimmt die Polstergarnitur zu unternehmensfremden Zwecken, § 3 Abs. 1b Nr. 1 i. V. m. Satz 2 UStG ist erfüllt. Der Ort der unentgeltlichen Wertabgabe befindet sich gem. § 3f UStG dort, wo der Unternehmer sein Unternehmen betreibt, hier also in Köln.

Der steuerbare Umsatz ist auch steuerpflichtig (C). Ob die Voraussetzungen einer Steuerbefreiungsvorschrift – hier kommt § 4 Nr. 1 Buchst. b UStG in Betracht – bei einer steuerbaren unentgeltlichen Wertabgabe gegeben sind, ist gelegentlich schwierig zu beurteilen, weil die Formulierung der Steuerbefreiungsvorschriften auf steuerbare entgeltliche Leistungsumsätze i. S. des § 1 Abs. 1 Nr. 1 UStG zugeschnitten ist. § 4 Nr. 1 Buchst. b i. V. m. § 6a UStG kann bei der unentgeltlichen Wertabgabe nicht angewendet werden, weil sich kein der Erwerbsbesteuerung unterliegender Vorgang ergibt.

Der Entnahmetatbestand ist erfüllt, wenn die Polstergarnitur die Lagerräume in Köln verlässt. Der weitere Transport ist ein außerbetrieblicher Vorgang. Durch den Transport mit dem Firmenlieferwagen tätigt A eine steuerbare unentgeltliche Wertabgabe i. S. des § 3 Abs. 9a Nr. 1 UStG, da sich der Ort gem. § 3f UStG in Köln befindet. Da es sich nicht um eine grenzüberschreitende Güterbeförderung von Gegenständen der Ausfuhr handelt, ist dieser Umsatz nicht nach § 4 Nr. 3 Buchst. a UStG steuerbefreit (D).

**Zu Aufgabe 383**

Richtig: D

Soweit R Räume vermietet, ist er Unternehmer i. S. des § 2 Abs. 1 UStG. Das bebaute Grundstück dient seinem Unternehmen. Für die unentgeltliche Überlassung einer Wohnung an S, einen nahen Familienangehörigen, sind private Gründe ausschlaggebend. R tätigt damit eine steuerbare unentgeltliche Wertabgabe i. S. des § 3 Abs. 9a UStG, da er auch zumindest teilweise aus dem Haus vorsteuerabzugsberechtigt ist.

Dieser Umsatz ist aufgrund der Rechtsprechung des EuGH nicht nach § 4 Nr. 12 Buchst. a UStG steuerbefreit. Es liegt keine Vermietung vor, da es an einem Mietzins fehlt; die unentgeltliche Wertabgabe ist daher steuerpflichtig.

**Zu Aufgabe 384**

Richtig: A, C

Soweit die Vermietung an andere Unternehmer für deren Unternehmen (Praxen der Freiberufler, Läden) erfolgt, sind diese Umsätze durch den Verzicht nach § 9 Abs. 1 UStG steuerpflichtig (A, C), wenn die Mieter Umsätze ausführen, die zum Vorsteuerabzug berechtigen (§ 9 Abs. 2 UStG).

Die Vermietung an das Finanzamt erfolgt nicht an einen anderen Unternehmer, die Vermietung bleibt steuerfrei (D).

Für die Vermietung an die GmbH ist § 9 Abs. 1 UStG zwar auch erfüllt, nach § 9 Abs. 2 UStG ist der Verzicht jedoch unzulässig, da eine Nutzung zu Wohnzwecken erfolgt, die nicht zum Vorsteuerabzug berechtigt. § 27 Abs. 2 UStG kommt aufgrund des Baujahres nicht in Betracht.

## Zu Aufgabe 385
Richtig:     A, C

K bewirkte eine Lieferung i. S. des § 3 Abs. 1 UStG. Da der PKW zu 60 % beruflichen Zwecken diente, erfolgt die Veräußerung im Rahmen des Unternehmens. Sie stellt ein nach § 1 Abs. 1 Nr. 1 UStG steuerbares Hilfsgeschäft dar.

§ 4 Nr. 14 UStG ist nicht anwendbar, weil diese Vorschrift nur die heilberufliche Tätigkeit des Arztes von der Umsatzsteuer befreit, nicht aber seine Hilfsgeschäfte aus Anlagenverkäufen (B). Gleichwohl ist der Umsatz nicht steuerpflichtig (D). Nach § 4 Nr. 28 UStG ist die Lieferung eines Gegenstandes steuerfrei, wenn der Unternehmer diesen Gegenstand vorher ausschließlich für eine nach § 4 Nr. 8 bis 27 UStG steuerfreie Tätigkeit verwendet hat. Das ist hier der Fall. K hatte den PKW zu 60 % benutzt, um Umsätze auszuführen, die nach § 4 Nr. 14 UStG steuerfrei waren. Die private Nutzung ist nicht steuerbar, da § 3 Abs. 9a UStG wegen des mangelnden Vorsteuerabzugs nicht erfüllt ist.

K konnte bei Anschaffung des PKW gem. § 15 Abs. 2 Nr. 1 UStG keinen Vorsteuerabzug in Anspruch nehmen. Durch § 4 Nr. 28 UStG soll erreicht werden, dass es beim Verkauf in solchen Fällen nicht zu einer umsatzsteuerlichen Doppelbelastung kommt.

## Zu Aufgabe 386
Richtig:     B, D

Für die unter § 1 Abs. 1 Nr. 1 und 5 UStG fallenden Umsätze ist nach § 10 Abs. 1 UStG grundsätzlich das Entgelt die Bemessungsgrundlage. Für die unentgeltlichen Wertabgaben und die Einfuhr (§ 1 Abs. 1 Nr. 4 UStG) nennt der Gesetzgeber andere Begriffe als Bemessungsgrundlage (A).

Tauschähnliche Umsätze (zum Begriff vgl. § 3 Abs. 12 Satz 2 UStG) gehören zu den Umsätzen i. S. des § 1 Abs. 1 Nr. 1 UStG. Für sie ist demnach Bemessungsgrundlage das Entgelt, § 10 Abs. 2 Satz 2 UStG (B).

Die Begriffsbestimmung für das Entgelt bei C ist nicht richtig. Der Leistungsempfänger wendet auch die im Bruttopreis enthaltene Umsatzsteuer auf, um die Leistung zu erhalten. Die Umsatzsteuer gehört jedoch, wie § 10 Abs. 1 Satz 2 UStG zu entnehmen ist, nicht zum Entgelt.

Die Bemessungsgrundlage muss auch für die steuerfreien Umsätze ermittelt werden, weil der Unternehmer für Zwecke der Besteuerung u. a. die gesamten steuerbaren Umsätze aufzeichnen muss, § 22 Abs. 2 Nr. 1 und 2 UStG (D).

## Zu Aufgabe 387

Richtig: B, C

Die Erlaubnis zur Benutzung des Fernsprechgeräts stellt eine sonstige Leistung des G an den K dar (§ 3 Abs. 9 UStG), die auch steuerbar i. S. des § 1 Abs. 1 Nr. 1 UStG ist, weil K für diese Leistung ein Entgelt entrichtet (B). Die von K gezahlten 7,14 € sind kein durchlaufender Posten (§ 10 Abs. 1 Satz 5 UStG), den G im Namen der Telekom vereinnahmt und im Namen des K verausgabt (A). Voraussetzung für einen durchlaufenden Posten wären unmittelbare Rechtsbeziehungen zwischen der Telekom und K, aufgrund derer die Telekom von K den genannten Betrag zu fordern hätte. Die Telekom steht aber nur mit G, dem Inhaber des Anschlusses, in unmittelbarer Rechtsbeziehung (Abschn. 10.4 UStAE).

Bemessungsgrundlage für die Leistung des G sind die von K gezahlten 7,14 €, abzüglich der darin enthaltenen Umsatzsteuer (§ 10 Abs. 1 UStG). Da der Steuersatz für den Umsatz 19 % beträgt (§ 12 Abs. 1 UStG), muss die Steuer mit $^{19}/_{119}$ bzw. mit 15,97 % des Aufwands herausgerechnet werden. Nach Abzug der so errechneten Steuer von 1,14 € ergibt sich eine Bemessungsgrundlage von 7,14 € ./. 1,14 € = 6 € (C).

## Zu Aufgabe 388

Richtig: B

M bewirkt an K eine steuerpflichtige Lieferung des Fotokopiergeräts (§ 1 Abs. 1 Nr. 1, § 3 Abs. 1 UStG), die mit 19 % zu versteuern ist. Entgelt und damit Bemessungsgrundlage ist alles, was K aufgewendet hat, um diese Lieferung zu erhalten, also 428 €, abzüglich der in diesem Betrag enthaltenen Umsatzsteuer (§ 10 Abs. 1 Satz 1 und 2 UStG). Umsatzsteuer in diesem Sinne ist die Steuer, die nach den Vorschriften des Umsatzsteuergesetzes bei Zahlung eines derartigen Bruttobetrags anfällt. Die Steuer beträgt bei einem Steuersatz von 19 % $^{19}/_{119}$ bzw. 15,97 % des Bruttobetrags, also 68,34 €. Folglich beträgt die Bemessungsgrundlage 359,66 €.

## Zu Aufgabe 389

Richtig: A

E bewirkt an N eine steuerpflichtige Lieferung der Waschmaschine (§ 1 Abs. 1 Nr. 1, § 3 Abs. 1 UStG). Da E keinen besonderen Antrag gestellt hat, versteuert er seine Umsätze nach vereinbarten Entgelten (§ 16 Abs. 1 Satz 1, § 20 Abs. 1 UStG). Bei dieser Besteuerungsart entsteht die Steuerschuld mit Ablauf des Voranmeldungszeitraums, in dem die Leistung ausgeführt wurde (§ 13 Abs. 1 Nr. 1 Buchst. a Satz 1 UStG). E liefert bereits im August 01. Dass die Lieferung unter Eigentumsvorbehalt erfolgte, ändert daran nichts. Wer unter Eigentumsvorbehalt erwirbt, wird wirtschaftlicher Eigentümer und erhält auch die Verfügungsmacht über den Gegenstand. E hat deshalb in der Voranmeldung für August 01 das gesamte Entgelt für die Lieferung anzugeben.

Die im Gesamtbetrag von 1.200 € enthaltenen Finanzierungszuschläge von 200 € stellen die Gegenleistung für die unselbständige Nebenleistung der Kreditgewährung dar, da eine Kreditgewährung im Zusammenhang mit einer Warenlieferung nur dann als gesonderte Leistung anzusehen ist, wenn sie (einschließlich der Kreditkosten) gesondert vereinbart wird und auch der Jahreszins schon in der Vereinbarung angegeben wird (Abschn. 3.11 UStAE). Die unselbständige Nebenleistung teilt das Schicksal der Hauptleistung; § 4 Nr. 8 Buchst. a UStG ist damit für die Kreditgewährung des E nicht anwendbar. Bei Anwendung des Regelsteuersatzes ergibt sich bei dem Bruttobetrag von 1.200 € eine Bemessungsgrundlage von 1.008,40 € und eine Umsatzsteuer von 191,60 €.

## Zu Aufgabe 390
Richtig:   A, B, C

E ist als Eisenwarenhändler und als Vermieter von Wohnungen Unternehmer i. S. des § 2 Abs. 1 UStG. Zu seinem Unternehmen gehören das Einzelhandelsgeschäft und das Mietwohngrundstück. E tätigt deshalb noch keinen steuerbaren Umsatz, als er den Rasenmäher auf das Mietwohngrundstück transportiert; denn der Gegenstand wird in diesem Augenblick noch nicht aus dem Unternehmen entnommen (nichtsteuerbarer Innenumsatz – B). Eine unentgeltliche Wertabgabe i. S. des § 3 Abs. 1b UStG liegt vielmehr erst bei Beginn des Transports des Rasenmähers zum Einfamilienhaus vor (A). § 4 Nr. 28 UStG kommt nicht zur Anwendung, weil E infolge des Verzichts auf Steuerbefreiungen mit der Vermietung der Praxisräume auch steuerpflichtige Umsätze tätigt.

Als Bemessungsgrundlage für die unentgeltliche Wertabgabe ist der Einkaufspreis des Rasenmähers von 220 € anzusetzen, § 10 Abs. 4 Nr. 1 UStG (C).

## Zu Aufgabe 391
Richtig:   C, D

Bei Abschluss des Kaufvertrages einige Tage vor dem Weihnachtsfest haben H und K entweder ausdrücklich oder stillschweigend vereinbart, dass dem K ein innerhalb einer kurzen Frist auszuübendes Umtauschrecht zustehen soll, falls das Buch nicht gefällt. Das geht daraus hervor, dass H bereit ist, das Buch unter Anrechnung des vollen Preises zurückzunehmen.

Ein solcher Umtausch ist kein Tausch i. S. des § 3 Abs. 12 Satz 1 UStG. Es liegt nur ein Kaufvertrag vor, aufgrund dessen H auch nur eine Lieferung zu bewirken hat. Die Lieferung des ersten Buches wird rückgängig gemacht. Geliefert i. S. des § 3 Abs. 1 UStG wird letztlich nur das zweite Buch. Die Bemessungsgrundlage dafür ist der Nettopreis des zweiten Buches, also 70 €. Gleichwohl hatte H im Dezember 01 zunächst von einem Umsatz mit einer Bemessungsgrundlage von 60 € auszugehen und nach § 17 Abs. 1 Satz 7 UStG erst im Januar 02 eine Korrektur der Umsatzsteuer nach § 17 Abs. 1 Satz 1 UStG für den Differenzbetrag von 10 € vorzunehmen.

**Zu Aufgabe 392**

Richtig: A, B, C, D

Da der Vorjahresgesamtumsatz des R mehr als 250.000 € (§ 20 Abs. 2 UStG – vom 01.07.2009 bis 31.12.2011: 500.000 €) betragen hat, muss R seine Umsätze im laufenden Kalenderjahr nach vereinbarten Entgelten besteuern (§ 16 Abs. 1 Satz 1, § 20 Abs. 1 Nr. 1 UStG). Bei dieser Besteuerungsart entsteht die Steuer grundsätzlich mit Ablauf des Voranmeldungszeitraums, in dem die Leistung ausgeführt wurde (§ 13 Abs. 1 Nr. 1 Buchst. a Satz 1 UStG). In die Voranmeldung für diesen Zeitraum ist der Umsatz aufzunehmen.

Wenn – wie hier – eine Werklieferung vorliegt, ist der Umsatz erst mit der Übergabe des fertigen Werks ausgeführt. Danach wäre das Gesamtentgelt von 50.000 € in die Voranmeldung für Juli aufzunehmen.

Es ist jedoch bei Berechnung der Steuer nach vereinbarten Entgelten die Ist-Besteuerung vor Leistungsausführung zu beachten, vgl. § 13 Abs. 1 Nr. 1 Buchst. a Satz 4 UStG. Danach sind Entgelte oder Teilentgelte, die vor Ausführung der Leistung entrichtet worden sind, bereits im Monat der Vereinnahmung steuerlich zu erfassen. Ob eine Rechnung mit gesondertem Steuerausweis erteilt wurde, ist entscheidungsunerheblich. In die Voranmeldung für April sind deshalb 8.000 € aufzunehmen (A). Die im Juni gezahlten 11.000 € werden im Voranmeldungszeitraum Mai noch nicht erfasst, weil die Vereinnahmung erst im Juni erfolgte. Das in die Voranmeldung für Juni aufzunehmende Entgelt beträgt (20.000 € + 11.000 € = 31.000 €; $^{100}/_{119}$ von 31.000 € =) 26.050,42 € (C). In die Voranmeldung für Juli ist dann noch der bislang nicht erfasste Betrag – 50.000 € ./. (8.000 € + 26.050,42 €) = 15.949,58 € – aufzunehmen (D).

**Zu Aufgabe 393**

Richtig: A, B, C, D

Aufgrund der Lieferung im Februar entsteht für R nach § 13 Abs. 1 Nr. 1 Buchst. a Satz 1 UStG eine Umsatzsteuer von 418 € mit Ablauf des Voranmeldungszeitraums Februar (B). Diese Lieferung wird im August rückgängig gemacht, da R das Gerät zurücknimmt (D). Nach § 17 Abs. 2 Nr. 3 i. V. m. Abs. 1 Satz 1 UStG hat R die Umsatzsteuer zu berichtigen, und zwar nach § 17 Abs. 1 Satz 7 UStG in der Voranmeldung für August auf 0 € (C).

Die von R nicht erstatteten Teile der Ratenzahlungen sind als Entgelt für die sonstige Leistung der Überlassung des Fernsehgerätes zur Nutzung anzusehen.

Diese ist mit der Abholung des Gerätes als ausgeführt anzusehen, sodass für R die in Antwort A mit 101,45 € berechnete Umsatzsteuer mit Ablauf des Augusts entsteht.

## Zu Aufgabe 394
Richtig: B

U bewirkt an R eine steuerpflichtige Lieferung des Geschenkpakets (§ 3 Abs. 1, § 1 Abs. 1 Nr. 1 UStG). Dabei ist die Hauptlieferung die Lieferung des Paketinhalts. Nebenleistungen sind die Lieferung des Verpackungsmaterials und das Versenden des Pakets. Stehen Nebenleistungen – wie hier – in unmittelbarem wirtschaftlichem Zusammenhang mit einer Hauptleistung, teilen sie das umsatzsteuerliche Schicksal der Hauptleistung (Abschn. 3.10 UStAE).

Die Lieferung von Dauerwurst und Rollschinken unterliegt nach § 12 Abs. 2 Nr. 1 UStG i. V. m. Nr. 2 (Rollschinken) und Nr. 28 (Dauerwurst) der Anlage 2 zum UStG dem ermäßigten Steuersatz von 7 %. Wein ist in der Anlage zum UStG nicht aufgeführt; insoweit findet also der Steuersatz von 19 % Anwendung.

Das Entgelt für die begünstigten Waren verhält sich zu dem Entgelt für die nicht begünstigten Waren wie 2:1. In demselben Verhältnis ist das Entgelt für die Nebenleistungen (15 €) in einen begünstigten und einen nicht begünstigten Betrag aufzuteilen.

| | |
|---|---|
| 7 % von 110 € = | 7,70 € |
| 19 % von 55 € = | 10,45 € |
| Umsatzsteuer = | 18,15 € (B) |

## Zu Aufgabe 395
Richtig: D

Wenn H sich und seiner Familie fertige Menüs aus der Küche seines Hotels servieren lässt, tätigt er eine steuerpflichtige unentgeltliche Wertabgabe i. S. des § 3 Abs. 1b Nr. 1 UStG. Fertige Menüs gehören ebenso wie sonstige Lebensmittel zu den Gegenständen der Anlage 2 zum UStG. Suppen fallen unter Nr. 33, Hauptgerichte unter Nr. 28, 32 oder 33, Nachspeisen unter Nr. 31, 32 oder 33. Ausgenommen sind nur Speisen, deren Charakter durch Kaviar, Langusten, Hummer, Austern oder Schnecken bestimmt wird (vgl. Nr. 28 der Anlage 2 zum UStG). Das ist bei „bescheidenen" Gerichten nicht der Fall. Die unentgeltliche Wertabgabe der fertigen Menüs durch H unterliegt deshalb dem ermäßigten Steuersatz von 7 % (§ 12 Abs. 2 Nr. 1 UStG). Die Einordnung des Essens nach § 3 Abs. 9 UStG als sonstige Leistung und damit als unentgeltliche Wertabgabe i. S. des § 3 Abs. 9a Nr. 2 UStG betrifft nur die Abgaben von Speisen mit zusätzlichen Serviceleistungen, sodass die Anwendung des Steuersatzes von 19 % nicht in Betracht kommt (Abschn. 3.6 UStAE, BMF vom 16.10.2008, BStBl 2008 I S. 949).

Die in Aussage A wiedergegebene Ansicht findet im Gesetz keine Stütze.

Lösungen: Umsatzsteuer

**Zu Aufgabe 396**

Richtig: D

Der Verkauf eines zum betrieblichen Anlagevermögen gehörenden Gegenstandes, der Schreibmaschine, ist eine steuerbare Lieferung als Hilfsgeschäft (§ 1 Abs. 1 Nr. 1 UStG). Dieser steuerbare Umsatz ist auch steuerpflichtig; denn § 4 Nr. 28 UStG träfe nur zu, wenn die Grundgeschäfte des Z steuerbefreit wären. Das ist jedoch nicht der Fall, da der Betrieb eines zahntechnischen Labors nicht unter § 4 Nr. 14 UStG fällt.

Leistungen der Zahntechniker unterliegen nach § 12 Abs. 2 Nr. 6 UStG dem ermäßigten Steuersatz von 7 %. Das gilt aber nur insoweit, als es sich um die eigentliche Tätigkeit, also die Grundgeschäfte des Zahntechnikers, handelt. Der Verkauf der Schreibmaschine ist kein Umsatz „aus der Tätigkeit als" Zahntechniker. Dieser Umsatz unterliegt deshalb dem Regelsteuersatz von 19 %.

**Zu Aufgabe 397**

Richtig: C

Umsatzsteuer fällt für den Veranlagungszeitraum 02 nicht an, wenn der nach § 19 Abs. 1 Satz 1 UStG maßgebende Umsatz zuzüglich der darauf entfallenden Steuer im Vorjahr 17.500 € nicht überstiegen hat und zu Beginn des Jahres 02 zu erwarten war, dass er in diesem Jahr 50.000 € nicht übersteigen würde. Zum maßgebenden Umsatz in diesem Sinne gehören nicht Umsätze von Wirtschaftsgütern des Anlagevermögens (§ 19 Abs. 1 Satz 2 UStG). Die für den alten Schreibtisch vereinnahmten 300 € bleiben deshalb außer Ansatz. Maßgebender Umsatz des Jahres 01 zuzüglich der darauf entfallenden Steuer sind daher die vereinnahmten 17.000 €. Nach den Angaben des Sachverhalts konnte zu Beginn des Jahres 02 nicht davon ausgegangen werden, dass die Umsätze dieses Jahres 50.000 € übersteigen würden. Bei H wird deshalb für die Umsätze des Kalenderjahres 02 keine Umsatzsteuer erhoben.

Das gilt jedoch nicht für die 570 €, die H dem Kfz-Händler gesondert in Rechnung stellte. Wer unter § 19 Abs. 1 UStG fällt, ist nicht zum gesonderten Steuerausweis berechtigt (§ 19 Abs. 1 Satz 4 UStG). Tut er es trotzdem, schuldet er den gesondert ausgewiesenen Betrag (§ 14c Abs. 2, § 19 Abs. 1 Satz 3 UStG).

**Zu Aufgabe 398**

Richtig: B, C, D

Die Leistungen des B werden an R als Unternehmer erbracht, damit kommt eine Anwendung des § 25 UStG hierfür nicht in Betracht. Die einzelnen Leistungen sind als sog. „Kettengeschäft" jeweils nach den allgemeinen Vorschriften des Umsatzsteuergesetzes zu besteuern (Abschn. 25.1 UStAE).

Die Leistung des R an seine Kunden ist nach § 25 Abs. 1 UStG als eine einheitliche sonstige Leistung anzusehen. Der Besteuerung unterliegt nach § 25 Abs. 3 UStG nur der Unterschiedsbetrag (Marge) zwischen dem Reisepreis der Kunden und dem Aufwand des R für die Reisevorleistungen, die hier in vollem Umfang von B erbracht werden.

**Zu Aufgabe 399**

Richtig: A, C

Mit dem PC-Verkauf tätigt H einen steuerbaren und steuerpflichtigen Umsatz, da der Vorgang als Hilfsgeschäft auch in den Rahmen des Unternehmens fällt. Bemessungsgrundlage ist nach § 10 Abs. 1 UStG das Entgelt von $^{100}/_{119}$ von 2.200 € = 1.848,74 €; unter Anwendung des Steuersatzes von 19 % nach § 12 Abs. 1 UStG ergibt sich eine Umsatzsteuer von 19 % von 1.848,74 € = 351,26 €, die nach § 14 UStG in einer Rechnung auszuweisen ist. Der PKW-Verkauf gehört zu den Grundgeschäften, es ergibt sich eine Umsatzsteuer von $^{19}/_{119}$ von 4.400 € = 702,52 €, die ebenfalls in einer Rechnung auszuweisen ist.

Da H als Kfz-Händler Wiederverkäufer von ohne Umsatzsteuer an ihn gelieferten Gegenständen ist und er mit dem PC und dem PKW auch an ihn ohne Umsatzsteuer gelieferte Gegenstände verkauft, käme für diese Umsätze auch die Differenzbesteuerung nach § 25a UStG in Betracht. Nach der aufgrund des Urteils des BFH vom 29.06.2011 (BStBl 2011 II S. 839) geänderten Fassung des Abschn. 25a.1 Abs. 4 Satz 3 UStAE (BStBl 2011 I S. 983) kann § 25a UStG auf den Verkauf des PC aber nicht angewendet werden, da dieser nicht zum Weiterverkauf erworben worden ist. Für den Verkauf des PKW sind die Voraussetzungen erfüllt. Nach § 25a Abs. 3 UStG ergibt sich die Bemessungsgrundlage mit $^{100}/_{119}$ von (4.400 € ./. 4.000 € =) 400 € = 336,13 €, da der Steuersatz bei Anwendung des § 25a UStG nach § 25a Abs. 5 Satz 1 UStG stets 19 % beträgt. Die geschuldete Umsatzsteuer von 19 % von 336,13 € = 63,86 € darf nach § 14a Abs. 6 UStG nicht gesondert in der Rechnung ausgewiesen werden.

**Zu Aufgabe 400**

Richtig: D

R bewirkt an S eine steuerpflichtige Lieferung von Obst und Gemüse (§ 1 Abs. 1 Nr. 1, § 3 Abs. 1 UStG). Bemessungsgrundlage sind 214 € abzüglich der darin enthaltenen Umsatzsteuer (§ 10 Abs. 1 Satz 1 und 2 UStG). Für die Lieferungen von Obst und Gemüse beträgt der Steuersatz 7 % (§ 12 Abs. 2 Nr. 1 UStG i. V. m. Nr. 10 und 11 der Anlage 2 zum UStG). Für die Lieferung fallen also bei R 14 € Umsatzsteuer an. Da R aber in seiner Rechnung einen höheren als diesen Steuerbetrag ausweist, schuldet er nach § 14c Abs. 1 UStG auch den Mehrbetrag von 100 €, insgesamt also 114 €.

S ist nach § 15 Abs. 1 Nr. 1 UStG bei Vorliegen der dort genannten Voraussetzungen befugt, die ihm in Rechnung gestellte Steuer als Vorsteuer abzuziehen, aber nach Abschn. 15.2 Abs. 1 UStAE nur insoweit, als die Umsatzsteuer für den Umsatz geschuldet wird; nicht etwa die darüber hinausgehende, vom leistenden Unterneh-

## Lösungen: Umsatzsteuer

mer gem. § 14c Abs. 1 UStG als überhöht ausgewiesene geschuldete Umsatzsteuer. S darf deshalb nur $^7/_{107}$ von 214 € = 14 € Vorsteuer abziehen. Er hat aber nach § 14 UStG gegen R einen Anspruch auf Ausstellung einer berichtigten Rechnung (Abschn. 15.2 Abs. 10 UStAE).

**Zu Aufgabe 401**

Richtig:   D

V erwirbt mit dem Zweitwagen einen einheitlichen Gegenstand. Er darf die ihm von K gesondert in Rechnung gestellten 1.900 € als Vorsteuer abziehen, wenn der Zweitwagen „für sein Unternehmen" erworben wird (§ 15 Abs. 1 Nr. 1 UStG). V kann die Vorsteuer abziehen, wenn er eine entsprechende Entscheidung getroffen hat; die Zuordnung zum ertragsteuerlichen Betriebsvermögen ist hierfür nicht zwingend maßgebend.

Ein Gegenstand, der zum einen Teil unternehmerischen und zum anderen Teil unternehmensfremden Zwecken dienen soll, wird grundsätzlich „für das Unternehmen" erworben (vgl. Abschn. 15.2 Abs. 21 UStAE). Eine Ausnahme (Folge: kein Vorsteuerabzug) gilt nach § 15 Abs. 1 Satz 2 UStG nur dann, wenn der Anteil der unternehmerischen Verwendung unter 10 % liegt.

Der Unternehmer hat auch die Entscheidungsfreiheit, den Gegenstand nur teilweise als zum Unternehmen gehörig zu betrachten. Wird der Gegenstand nur mit seinem unternehmerisch genutzten Teil (bei V 30 %) dem Unternehmen zugeordnet, kann auch die Vorsteuer nur mit diesem Anteil abgezogen werden. V kann dann nur 30 % von 1.900 € = 570 € Vorsteuer abziehen (D). Die Zuordnungsentscheidung trifft der Unternehmer mit der Inanspruchnahme des Vorsteuerabzugs.

**Zu Aufgabe 402**

Richtig:   B

Grundsätzlich darf Vorsteuer nur abgezogen werden, wenn die Steuer von anderen Unternehmen gesondert in Rechnung gestellt worden ist (§ 15 Abs. 1 Nr. 1 UStG). Daran fehlt es hier. Ein Ausschluss des Abzugs nach § 15 Abs. 1a UStG kommt nicht in Betracht.

§ 15 Abs. 5 Nr. 1 UStG lässt zu, dass durch Rechtsverordnung Ausnahmen von der Voraussetzung des gesonderten Steuerausweises festgelegt werden. Diese Ausnahmen sind in der UStDV enthalten.

Die Rechnung des Hoteliers erfüllt die Voraussetzungen des § 33 UStDV für eine Kleinbetragsrechnung (Gesamtbetrag unter 150 €). Die Fahrkarte (Fahrausweis) gilt nach § 34 UStDV als Rechnung. Bei solchen Rechnungen ist der Vorsteuerabzug zulässig, wenn der Unternehmer den Rechnungsbetrag in Entgelt und Steuerbetrag aufteilt (§ 35 UStDV). Nach § 35 Abs. 1 UStDV ergibt sich für U aus der Hotelrechnung ein Vorsteuerabzug von $^7/_{107}$ von 90 € = 5,88 € bei der Angabe „Steuersatz

7 %"; aus dem Fahrausweis ergibt sich für U ein Vorsteuerabzug von $^{19}/_{119}$ von 146 € = 23,31 €.

Ein Vorsteuerabzug aus einkommensteuerlich ansetzbaren Pauschbeträgen für den Verpflegungsmehraufwand ist nicht zulässig.

V darf also (5,88 € + 23,31 € =) 29,19 € Vorsteuer abziehen.

**Zu Aufgabe 403**

Richtig: A

Zum Unternehmen des G gehören die Möbeltischlerei und das gemischt genutzte Grundstück (§ 2 Abs. 1 Satz 2 UStG). Die Voraussetzungen des § 15 Abs. 1 Nr. 1 UStG liegen also für den in Rechnung gestellten Betrag vor.

Während die nach § 4 Nr. 12 Buchst. a UStG steuerfreie Vermietung des Obergeschosses nach § 15 Abs. 2 Nr. 1 UStG zum Ausschluss des Vorsteuerabzugs aus damit im Zusammenhang stehenden Vorumsätzen führt, bleibt der Vorsteuerabzug aus Vorumsätzen im Zusammenhang mit den nach § 4 Nr. 1 UStG steuerfreien grenzüberschreitenden Lieferungen nach § 15 Abs. 3 Nr. 1 Buchst. a UStG erhalten. Daneben gestatten auch die von G getätigten steuerpflichtigen Umsätze für die damit im Zusammenhang stehenden Vorumsätze den Vorsteuerabzug. Verwendet der Unternehmer eine empfangene Leistung nur zum Teil zur Ausführung von Umsätzen, die den Vorsteuerabzug ausschließen bzw. gestatten, ist der hierfür angefallene Vorsteuerbetrag nach § 15 Abs. 4 UStG aufzuteilen.

Die Aufteilung nach § 15 Abs. 4 UStG mit sachgerechter Zuordnung des Vorsteuerbetrags zu den ausgeführten Umsätzen (Abschn. 15.17 UStAE) führt aufgrund der gleichen Nutzflächen im Erd- und Obergeschoss zur hälftigen Aufteilung des Vorsteuerbetrags. Der auf das Erdgeschoss entfallende Anteil von 950 € ist abzugsfähig, der auf das Obergeschoss entfallende Anteil von 950 € ist vom Vorsteuerabzug ausgeschlossen (A).

**Zu Aufgabe 404**

Richtig: D

Für den Vorsteuerabzug in 2005 waren die steuerpflichtigen Umsätze maßgebend. Nach § 15a Abs. 1 UStG ist eine Berichtigung des Vorsteuerabzugs erforderlich, wenn innerhalb eines Zeitraums von 10 Jahren (bei Grundstücken – sonst 5 Jahre oder kürzere Nutzungsdauer) eine Änderung der für den Vorsteuerabzug maßgebenden Verhältnisse eintritt. Das gilt nach § 15a Abs. 8 UStG auch bei einer Veräußerung oder Entnahme (= Lieferung i. S. des § 3 Abs. 1b UStG). Da die Veräußerung der Gesamtfläche durch U aufgrund des erklärten Verzichts auf die Steuerbefreiung gem. § 4 Nr. 9 Buchst. a UStG nur zu $^{3}/_{4}$ (an Rechtsanwalt und an Dachdecker) steuerpflichtig ist und die Veräußerung an den Beamten steuerfrei bleibt, muss für $^{1}/_{4}$ der Vorsteuerbeträge von geänderten Verhältnissen ausgegangen werden.

Die Vorsteuer von $^1/_4$ von 12.800 € = 3.200 € ist nach § 15a Abs. 5 UStG gleichmäßig auf die Zeit vom 01.03.2005 bis 28.02.2015 zu verteilen (§ 45 UStDV – Ende mit Februar 2015, da vor dem 16.03.2015 Ablauf der 10 Jahre). Pro Kalenderjahr steht damit für die Berichtigung ein Betrag von 320 € zur Disposition. Nach § 15a Abs. 9 UStG ist die steuerliche Behandlung des Veräußerungsvorgangs für den restlichen Zeitraum maßgebend. Der aufgrund des steuerfreien Verkaufs zu berichtigende Vorsteuerabzug beträgt damit:

| | | |
|---|---|---:|
| für 2011 | $^{11}/_{12}$ von 320 € = | 293,33 € |
| für 2012 bis 2014 | 3 × 320 € = | 960,00 € |
| für 2015 | $^2/_{12}$ von 320 € = | 53,33 € |
| insgesamt also | | 1.306,66 € |

Bei einer Veräußerung ist nach § 44 Abs. 4 UStDV die Berichtigung des Vorsteuerabzugs für den Rest des Berichtigungszeitraums bereits bei der Berechnung der Vorauszahlung für den Voranmeldungszeitraum vorzunehmen, in dem die Veräußerung stattgefunden hat; bei U also für Februar 2011 der Gesamtbetrag von 1.306,66 €.

## Zu Aufgabe 405

Richtig:   B, D

N wird für die Lieferung des Fahrzeugs gem. § 2a UStG wie ein Unternehmer behandelt, da es sich um ein neues Fahrzeug i. S. des § 1b Abs. 2 und 3 UStG handelt, das bei der Lieferung in das übrige Gemeinschaftsgebiet gelangt.

N kann nach § 15 Abs. 1 Nr. 1 i. V. m. Abs. 4a UStG nur einen Vorsteuerbetrag in Höhe von 19 % von 38.000 € = 7.220 € geltend machen, da bei einer steuerpflichtigen Lieferung nur so viel Umsatzsteuer angefallen wäre (B). Für N ist der Umsatz als innergemeinschaftliche Lieferung gem. § 4 Nr. 1 Buchst. b i. V. m. § 6a UStG steuerfrei, sodass ein Vorsteuerabzug gem. § 15 Abs. 2 i. V. m. Abs. 3 Nr. 1 UStG nicht ausgeschlossen ist.

Der Vorsteuerabzug ist nach § 15 Abs. 4a Nr. 3 UStG erst im Zeitpunkt der innergemeinschaftlichen Lieferung möglich (D).

## Zu Aufgabe 406

Richtig:   B, C

Voranmeldungszeitraum ist nach § 18 Abs. 2 Satz 1 UStG das Kalendervierteljahr. Lediglich in den Fällen, in denen die Zahllast für das vorangegangene Kalenderjahr positiv (§ 18 Abs. 2 Satz 2 UStG) oder negativ (§ 18 Abs. 2a UStG) mehr als 7.500 € beträgt, ist der Kalendermonat der Voranmeldungszeitraum, im Fall der positiven Zahllast zwingend, im Fall der negativen Zahllast möglich. In allen anderen Fällen ist das Kalendervierteljahr der Voranmeldungszeitraum (C, D).

## Lösungen: Umsatzsteuer

Die Voranmeldungen sind nach § 18 Abs. 1 Satz 1 UStG bis zum 10. Tag nach Ablauf des Voranmeldungszeitraums abzugeben. Diese Frist ist nach § 18 Abs. 6 UStG i. V. m. § 46 UStDV auf Antrag um einen Monat zu verlängern. Die Auflage der Anmeldung und Entrichtung einer Sondervorauszahlung gilt nach §§ 47, 48 UStDV nur für Unternehmer, deren Voranmeldungszeitraum der Kalendermonat ist. R hat daher zum 10.04.02 keine Sondervorauszahlung zu entrichten. Hat er bislang keine Fristverlängerung beantragt, so reicht nach § 48 Abs. 1 UStDV die Antragstellung bis zum 10.04.02 aus; die erste Voranmeldung für 02 ist dann zum 10.05.02 abzugeben.

S dagegen muss die Sondervorauszahlung bis zum 10.02.02 anmelden und entrichten, um die Fristverlängerung in Anspruch nehmen zu können. Die erste Voranmeldung für 02 hat er dann bis zum 10.03.02 abzugeben. Eines erneuten Fristverlängerungsantrags bedarf es zum 10.02.02 nicht.

### Zu Aufgabe 407

Richtig:   A, D

Nach § 18 Abs. 2 Satz 4 UStG ist für A, B und D der Kalendermonat der Voranmeldungszeitraum, sie haben daher nach § 47 Abs. 1 UStDV eine Sondervorauszahlung zu entrichten. Für C ist das Kalendervierteljahr der Voranmeldungszeitraum, da die Zahllast 04 von 7.300 € unter 7.500 € liegt; er hat damit keine Sondervorauszahlung zu entrichten.

Für A ergibt sich die Sondervorauszahlung nach § 47 Abs. 1 Satz 2 und Abs. 2 UStDV aufgrund der hochgerechneten Summe der Vorauszahlungen von (5.500 € : 10 = 550 €; 550 € × 12 =) 6.600 € mit $^1/_{11}$ von 6.600 € = 600 €. Für B ergibt sich nach denselben Vorschriften eine Sondervorauszahlung von (2.400 € : 4 = 600 €; 600 € × 12 = 7.200 €; $^1/_{11}$ von 7.200 € =) 634 €.

Für D ergibt sich die Sondervorauszahlung nach § 47 Abs. 3 UStDV in Höhe des Durchschnitts der zu erwartenden Vorauszahlung mit (7.200 € : 12 =) 600 €.

## Zu Ihrer Arbeitserleichterung

ist ein gesonderter Antwortbogen beigefügt, auf dem für jedes Fachgebiet die Aufgabennummern und Lösungsbuchstaben angegeben sind.

Durchkreuzen Sie die nach Ihrer Meinung richtigen Lösungsbuchstaben und vergleichen Sie diese dann mit den Lösungen im jeweiligen Fachgebiet.

Einzelheiten siehe Arbeitsanleitung auf Seite 13.